Handelsvertragliches Gesellschaftskollisionsrecht im völker- und unionsrechtlichen Normengefüge

Berliner Schriften zum internationalen, ausländischen und deutschen Privatrecht

Herausgegeben von Prof. Dr. Helmut Grothe, Freie Universität Berlin

Band 16

Zur Qualitätssicherung und Peer Review der vorliegenden Publikation

Die Qualität der in dieser Reihe erscheinenden Arbeiten wird vor der Publikation durch den Herausgeber der Reihe geprüft.

Notes on the quality assurance and peer review of this publication

Prior to publication, the quality of the work published in this series is reviewed by the editors of the series.

Patricia Ernst

Handelsvertragliches Gesellschaftskollisionsrecht im völker- und unionsrechtlichen Normengefüge

Die Anknüpfung des Gesellschaftsstatuts im Freundschafts-, Handels- und Schifffahrtsvertrag zwischen Deutschland und den U.S.A.

PETER LANG
Berlin · Bruxelles · Chennai · Lausanne · New York · Oxford

Bibliografische Information der Deutschen Nationalbibliothek
Die Deutsche Nationalbibliothek verzeichnet diese Publikation in der Deutschen Nationalbibliografie; detaillierte bibliografische Daten sind im Internet über http://dnb.d-nb.de abrufbar.

Zugl.: Berlin, Freie Univ., Diss., 2023

Gefördert durch den Deutschen Akademischen Austauschdienst e.V.(DAAD)

DE-188
ISSN 2364-4370
ISBN 978-3-631-92669-7 (Print)
ISBN 978-3-631-92679-6 (E-Book)
ISBN 978-3-631-92680-2 (E-PUB)
DOI 10.3726/b22352

Verlegt durch Peter Lang GmbH, Berlin (Deutschland)
info@peterlang.com

Diese Publikation wurde begutachtet.

www.peterlang.com

Meinen Eltern

Vorwort

Die vorliegende Arbeit wurde im März 2022 beim Fachbereich Rechtswissenschaft der Freien Universität Berlin als Dissertation eingereicht. Die in ihrer Einleitung angesprochenen handelsvertraglichen Themen beanspruchen heute mehr Geltung denn je.

Meinem Doktorvater Prof. Dr. Helmut Grothe gebührt besonderer, herzlicher Dank: Zum einen ist es seiner herausragenden Vorlesung zum internationalen Gesellschaftsrecht zu verdanken, dass ich mich diesem komplexen, interessanten Thema später gewidmet habe. Zum anderen hat mir die Tätigkeit als wissenschaftliche Mitarbeiterin an dem von ihm geleiteten Institut für Internationales Privatrecht, Internationales Zivilverfahrensrecht und Rechtsvergleichung die intensive Befassung mit einer Vielzahl von internationalprivatrechtlichen Fragen ermöglicht und so mein Verständnis kollisionsrechtlicher Zusammenhänge verstärkt. Prof. Dr. Andreas Engert, LL.M. (Univ. Chicago) danke ich für die rasche Erstellung des Zweitgutachtens. Weiterer Dank gilt dem Deutschen Akademischen Austauschdienst e.V., der die mehrmonatigen Recherchearbeiten an der U.C. Hastings, San Francisco, finanziell ermöglicht hat.

Danken möchte ich nicht zuletzt auch denjenigen, die mich mit Anregungen, Zuspruch und Kritik bei der Erstellung dieser Arbeit unterstützt haben, darunter Dr. Clemens Trautmann, Antonia Ernst und Dr. Niko Stutz. Von Herzen danke ich schließlich meinen Eltern Claudia Wallpach-Ernst und Karl-Georg Ernst, die den Fortgang meiner Dissertation durchgängig mit viel Verständnis und Zuwendung begleitet haben.

Berlin, 9. März 2025 *Patricia Ernst*

Inhaltsverzeichnis

Abkürzungsverzeichnis

a.A.	andere Auffassung
a.F.	alte Fassung
AG	Aktiengesellschaft/Amtsgericht
AktG	Aktiengesetz
AEUV	Vertrag über die Arbeitsweise der Europäischen Union
AJIL	American Journal of International Law
Am. J. Comp. L.	American Journal of Comparative Law
BB	Betriebs-Berater
Bd.	Band
BeckOK	Beck'sche Online-Kommentare
BFH	Bundesfinanzhof
BGB	Bürgerliches Gesetzbuch
BGBl.	Bundesgesetzblatt
BGH	Bundesgerichtshof
BGHZ	Entscheidungen des Bundesgerichtshofs in Zivilsachen
Beschl. v.	Beschluss vom
Bus.	Business
BVerfG	Bundesverfassungsgericht
BVerwG	Bundesverwaltungsgericht
Calif.	California
CCC	California Corporation Code
Colum.	Columbia
DB	Der Betrieb
DBA	Doppelbesteuerungsabkommen
ders.	derselbe
DGCL	Delaware General Corporation Law
DNotZ	Deutsche Notar-Zeitschrift
DZWIR	Deutsche Zeitschrift für Wirtschafts- und Insolvenzrecht
EGBGB	Einführungsgesetz zum Bürgerlichen Gesetzbuch

EGV	Vertrag zur Gründung der Europäischen Gemeinschaft
Einl.	Einleitung
EMRK	Europäische Menschenrechtskonvention
et al.	et alii (und andere)
EuG	Europäisches Gericht erster Instanz
EuGH	Gerichtshof der Europäischen Union
EuZW	Europäische Zeitschrift für Wirtschaftsrecht
EWiR	Entscheidungen zum Wirtschaftsrecht
f./ff.	folgende
FamRZ	Zeitschrift für das gesamte Familienrecht
FHSV	Freundschafts-, Handels- und Schifffahrtsvertrag zwischen den USA und Deutschland
FS	Festschrift
GATS	General Agreement on Trade in Services
GATT	General Agreement on Tariffs and Trade
GbR	Gesellschaft bürgerlichen Rechts
GewO	Gewerbeordnung
GG	Grundgesetz
ggf.	gegebenenfalls
GmbH	Gesellschaft mit beschränkter Haftung
GmbHG	Gesetz betreffend die Gesellschaften mit beschränkter Haftung
GmbHR	GmbH Rundschau
GRUR	Gewerblicher Rechtschutz und Urheberrecht
GYIL	German Yearbook of International Law
Harv.	Harvard
HGB	Handelsgesetzbuch
Hs.	Halbsatz
ICJ	International Court of Justice
IGH	Internationaler Gerichtshof
ILC	International Law Commission
InfAuslR	Informationsbrief Ausländerrecht

IntGesR	Internationales Gesellschaftsrecht
IntHuGR	Internationales Handels- und Gesellschaftsrecht
IPR	Internationales Privatrecht
IPRax	Praxis des Internationalen Privat- und Verfahrensrechts
IStR	Internationales Steuerrecht
JFHSV	Freundschafts-, Schifffahrts- und Handelsvertrag zwischen den USA und Japan
JZ	Juristenzeitung
Kap.	Kapitel
KG	Kommanditgesellschaft
L. Q.	Law Quarterly
L. Rev.	Law Review
Mich.	Michigan
MittBayNot	Mitteilungen des Bayerischen Notarvereins, der Notarkasse und der Landesnotarkammer Bayern
MoMiG	Gesetz zur Modernisierung des GmbH-Rechts und zur Bekämpfung von Missbräuchen
MPEPIL	Max Planck Encyclopedias of International Law
MüKo	Münchener Kommentar
m.w.N.	mit weiteren Nachweisen
NJOZ	Neue Juristische Online-Zeitschrift
NJW	Neue Juristische Wochenzeitschrift
NJW-RR	Neue Juristische Wochenzeitschrift - Rechtsprechungsreport
Nr.	Nummer
N.Y.	New York
NZG	Neue Zeitschrift für Gesellschaftsrecht
OECD-MA	OECD (Organisation for Economic Co-operation and Development)-Musterabkommen
OHG	Offene Handelsgesellschaft
OLG	Oberlandesgericht
Pepp.	Pepperdine
PCIJ	Permanent Court of International Justice

RabelZ	Rabels Zeitschrift für ausländisches und internationales Privatrecht
RefE	Referentenentwurf
RG	Reichsgericht
RGZ	Entscheidungen des Reichsgerichts in Zivilsachen
RIW	Recht der internationalen Wirtschaft
R.M.B.C.A.	Revised Model Business Corporation Act
Rn.	Randnummer
Rs.	Rechtssache
Slg.	Gerichtshof der Europäischen Union: Sammlung der Recht-sprechungdes Gerichtshofes und des Gerichts Erster Instanz
StIGH	Ständiger Internationaler Gerichtshof
TTIP	Transatlantic Trade and Investment Partnership-Abkommen
Urt. v.	Urteil vom
VGH	Hessischer Verwaltungsgerichtshof
vgl.	vergleiche
WM	Wertpapier-Mitteilungen
WTO	World Trade Organization
WÜRV	Wiener Übereinkommen über das Recht der Verträge
YBILC	Yearbook of International Law Commission
ZaöRV	Zeitschrift für ausländisches öffentliches Recht und Völkerrecht
ZEuS	Zeitschrift für europarechtliche Studien
ZEV	Zeitschrift für Erbrecht und Vermögensnachfolge
ZGR	Zeitschrift für Unternehmens- und Gesellschaftsrecht
Ziff.	Ziffer
ZIP	Zeitschrift für Wirtschaftsrecht
ZPO	Zivilprozessordnung
ZRP	Zeitschrift für Rechtspolitik
ZvglRWiss	Zeitschrift für vergleichende Rechtswissenschaft

A. Einführung

I. Problemstellung

Das internationale Gesellschaftsrecht und nicht zuletzt auch die Frage der Anerkennung US-amerikanischer Gesellschaften in Deutschland haben seit der Jahrtausendwende eine äußerst dynamische Entwicklung erlebt, in deren Zentrum die Diskussion um die kollisionsrechtliche Anknüpfung des Gesellschaftsstatuts an den Ort des effektiven Verwaltungssitzes bzw. den Gründungsort einer Gesellschaft steht. Die Rechtsprechung des Europäischen Gerichtshofes zur Niederlassungsfreiheit von Gesellschaften ist insbesondere seit der im Jahr 2002 zu Zuzugsfällen ergangenen *Überseering*-Entscheidung ein wesentlicher Treiber dieser Entwicklung. Hoffnungen eines Teils der internationalprivatrechtlichen Wissenschaft, dass der deutsche Gesetzgeber bei der Reform des GmbH-Rechts im Jahr 2008 eine Hinwendung Deutschlands zur Gründungstheorie normiert, haben sich nicht erfüllt. Ebenso wenig wurde ein Referentenentwurf des Bundesjustizministeriums aus demselben Jahr, der die grundlegende Einführung der Gründungstheorie zum Ziel hatte, weiterverfolgt. Im amerikanisch-europäischen Verhältnis wiederum sind die erwarteten Impulse durch eine weitere Integration der Rechts- und Handelssysteme in Gestalt des *Transatlantic Trade and Investment Partnership*-Abkommens (TTIP) nach Scheitern mehrjähriger Verhandlungen ausgeblieben[1]. Damit ist die Problemstellung im nationalen Kollisionsrecht im Wesentlichen wieder auf den *status quo ante* zurückgefallen. Für das US-amerikanisch-deutsche Verhältnis bedeutet dies konkret, dass der im Jahr 1954 geschlossene Freundschafts-, Handels- und Schiffahrtsvertrag (FHSV) der vorrangige Ausgangspunkt aller internationalgesellschaftsrechtlichen Überlegungen bleibt. Dieses Instrument passt, rund fünfundsechzig Jahre nach Vertragsschluss, bemerkenswerterweise zu der Präferenz der bis vor kurzem amtierenden republikanischen US-Administration, die multilaterale Handelsordnung der *World Trade Organization* zu schwächen und durch bilaterale Handelsverträge zu substituieren[2], womit die handelswirtschaftliche Rechtslage auch als „Zurück in die

---

1 Vgl. zu der Schnittstelle des TTIP und der Freundschafts-, Handels- und Schifffahrtsverträge *Coyle/Yackee*, Ariz. St. L. J. 49 (2017), 61, 62.

2 Vgl. bspw. zur Drohung des US-Präsidenten, aus der World Trade Organization auszutreten: https://www.handelsblatt.com/politik/international/unzufriedener-us-praesident-trump-droht-mit-austritt-aus-der-wto/22979518.html?ticket=ST-1368715-dTbRpSl27UdSzbt-qAykf-ap2 (zuletzt aufgerufen am 13.03.2022), sowie zu seiner Abneigung gegenüber multilateralen Abkommen: https://ideas.darden.virginia.edu/2018/09/an-expensive-lesson-in-economics-trump-and-the-wto/ (zuletzt aufgerufen am 13.03.2022).

Zukunft" gewertet werden konnte. Die gegenwärtige US-Regierung setzt diese protektionistische Außenhandelspolitik, anfänglichen europäischen Hoffnungen zum Trotz, in vielerlei Hinsicht fort.[3]

Nach wie vor ist die Problematik der Anerkennung US-amerikanischer Gesellschaften in Deutschland von den erheblichen materiellen Unterschieden des deutschen und des US-amerikanischen Gesellschaftsrechts geprägt. Da die Rechtsfähigkeit von juristischen Personen ein Produkt nationaler Gesetzgebung ist, liegt dieser naturgemäß ein Regelungskonzept zugrunde, das Entstehungsvoraussetzungen einer Gesellschaft und rechtliche Folgen ihrer Selbstständigkeit in ein möglichst optimal austariertes Abhängigkeitsverhältnis setzt. Gerade im Bereich haftungsbeschränkter Gesellschaften kommen dabei Gläubigerschutz- und Transparenzvorschriften eine grundlegende Rolle zu. In den beiden Rechtssystemen haben sich dabei unterschiedliche Lösungsansätze bei der Abwägung widerstreitender Interessen herausgebildet, insbesondere wird Gläubigerschutz in den USA weniger durch materielle Mindestkapitalerfordernisse als vielmehr über privatautonome vertragliche Vereinbarungen bewirkt[4]. Flankiert wird diese Regelungsfreiheit insbesondere durch Ausschüttungsverbote und, im Bereich von börsennotierten Unternehmen, durch die umfangreichen Befugnisse der US-amerikanischen Kapitalmarktaufsicht (*Securities and Exchange Commission*)[5].

---

3 https://www.forbes.com/sites/stuartanderson/2022/01/04/biden-following-trumps-lead-dims-the-outlook-for-us-trade/?sh=78b70de51d9a (zuletzt aufgerufen am 13.03.2022).

4 *Von Bonin* in *Hirte/Bücker*, Grenzüberschreitende Gesellschaften, S. 101.

5 Die *Securities and Exchange Commission* ist bspw. im Gegensatz zur deutschen BaFin zur Zivilklage berechtigt, kann über das Rechtsinstitut der *Subpoena* umfassende Untersuchungen der Unternehmen durchführen und erhebliche Geldstrafen verhängen, vgl. *Litsoukov*, BaFin and the SEC: An international comparison of supervisory practice, abzurufen über https://www.bafin.de/SharedDocs/Veroeffentlichungen/EN/Fachartikel/2015/fa_bj_1510_bafin_und_sec_en.html (zuletzt aufegrufen am 13.03.2022). Als weitere Schutzmaßnahme hat sich in der US-amerikanischen Rechtsprechung *case law* zur einzelfallbezogenen Nachrangigkeit von Gesellschafteransprüchen ähnlich den früheren deutschen Regelungen des § 32a GmbHG a.F. zu eigenkapitalersetzenden Gesellschafterdarlehen entwickelt, vgl. *Zimmer*, Internationales Gesellschaftsrecht, S. 280 m. w. N. zu entsprechender Rechtsprechung. Neben der Rechtsprechung zur Unterordnung der Gesellschafteransprüche haben sich insbesondere der *„equity insolvency"*-Test bzw. der *„balance sheet"*-Test als Vorraussetzung einer Ausschüttung durchgesetzt. Hiernach muss die Geschäftsleitung die solvenzbezogene Unbedenklichkeit vor einer Ausschüttung bestätigen, § 6.40 (c) (1) Revised Model Business Corporation Act.

Auf solche Unterschiede in der Ausgestaltung ist es unter anderem[6] rückführbar, weshalb gerade gläubigerschutzfreundliche Staaten wie Deutschland die Hinnahme von fremden Rechtsgebilden als problematisch ansehen. Gleichzeitig ist es mit dem Ziel der Globalisierung des Handels schwer vereinbar, fremden Gesellschaften eine Geschäftstätigkeit durch Nichtanerkennung ihrer rechtlichen Existenz zu erschweren. In diesem Zielkonflikt ist die kollisionsrechtliche Frage des auf eine US-amerikanische Gesellschaft anwendbaren Rechts zu sehen. Flankiert werden diese jeweiligen Gesellschaftsrechtssysteme daher durch unterschiedliche nationale Kollisionsregeln. Während Deutschland zum Schutz seines inländischen Regelungssystems grundsätzlich[7] das Recht des tatsächlichen Verwaltungssitzes einer Gesellschaft auf diese anwendet (sog. Sitztheorie), richtet sich das anwendbare Recht in den USA größtenteils nach dem Recht des Gründungsorts (sog. Gründungstheorie).

Diese Problematik wird in der Praxis insbesondere dann relevant, wenn eine US-amerikanische Gesellschaft einen spürbaren Tätigkeitsschwerpunkt in Deutschland aufweist oder die US-amerikanische Gründung sogar eine bewusste Umgehung deutschen Gesellschaftsrechts vermuten lässt. Manche US-Bundesstaaten haben sich unter Unternehmern eine Reputation als „Gesellschaftsgründungsoasen“ aufgrund besonders gründungs- und gründerfreundlicher Regelungen erworben[8]. Im Verhältnis zwischen Deutschland und den USA treten Anerkennungsfragen dabei besonders häufig auf, weil beide Staaten durch intensive Handelsbeziehungen miteinander verbunden sind: die USA sind der wichtigste Abnehmer deutscher Waren und Deutschland ist der fünftwichtigste Handelspartner der USA.[9]

---

6 Weitere Aspekte bestehen in den erheblichen Unterschieden hinsichtlich der Arbeitnehmermitbestimmung und dem Schutz von Minderheitsgesellschaftern.

7 Für Gesellschaften aus EU-Mitgliedstaaten gilt auf Grundlage der EuGH-Rechtsprechung zur Niederlassungsfreiheit in bestimmten Fällen nach überwiegender Ansicht die Gründungstheorie, vgl. nachfolgend unter C., II., 1., b., dd.

8 Selbst in den USA wurde die Gründung in einem US-Bundesstaat, zu dem es sonst kaum Verbindungen der Gesellschaft gibt, bereits im Jahr 1891 als möglicher *fraud upon the law* diskutiert, vgl. *Thatcher*, Yale L. J. 1 (1891), 52.

9 Statistisches Bundesamt, Rangfolge der Handelspartner im Außenhandel der Bundesrepublik Deutschland, im Jahr 2021: https://www.destatis.de/DE/ZahlenFakten/GesamtwirtschaftUmwelt/Aussenhandel/Tabellen/RangfolgeHandelspartner.pdf?__blob=publicationFile (zuletzt aufgerufen am 13.03.2022); United States Census Bureau, Top Trading Partners, Stand: Januar 2022: https://www.census.gov/foreign-trade/statistics/highlights/toppartners.html (zuletzt aufgerufen am 13.03.2022).

Die vorliegende Untersuchung analysiert den internationalprivatrechtlichen Gehalt des FHSV im Lichte der neueren Entwicklungen. Dabei kann sie sich auf diverse Vorarbeiten stützen. Bereits seit den späten 1970er Jahren hat die kollisionsrechtliche Relevanz des FHSV eine kontroverse Diskussion in der Literatur erfahren[10]. Weiteren Auftrieb hat die Debatte nicht zuletzt in den Jahren 2003 und 2004 durch Entscheidungen des Bundesgerichtshofes erhalten[11], denen eine Reihe von aufschlussreichen Entscheidungsbesprechungen folgte[12]. Der Bundesgerichtshof hat dabei eine internationalprivatrechtliche Relevanz des FHSV uneingeschränkt festgestellt, wobei die exakte Reichweite der Verweisung auch im Nachgang umstritten bleibt. Ein Schwerpunkt dieser Arbeit ist daher erneut der mittlerweile fast schon klassischen Fragestellung gewidmet, ob und inwieweit dem FHSV eine eingeschränkte Kollisionsnorm zu entnehmen ist, wobei die Verfasserin unter strenger Berücksichtigung völkerrechtlicher Auslegungsmethodik zu einer neuen Sichtweise gelangt.

Zudem haben in dem bislang stark aus der bilateralen deutsch-amerikanischen Perspektive geführten, wissenschaftlichen Diskurs unionsrechtliche Entwicklungen und Prinzipien zu wenig Beachtung gefunden. Ein weiterer Schwerpunkt dieser Arbeit ist daher der Frage gewidmet, ob sich unionsrechtliche Vorgaben über staatsvertragliche Meistbegünstigungsregelungen auf die Anknüpfung des Gesellschaftsstatuts auswirken können. Allgemein bekannte Voraussetzungen wie das Vorliegen „gleichartiger Umstände" und die „Gewährung" von Vergünstigungen verschließen sich einer allzu raschen Einordnung und erfordern eine genauere Auseinandersetzung.

Völker- und völkergewohnheitsrechtliche Grundsätze werden schließlich erneut im Kontext der partiellen Einschränkung der Anerkennung von US-Auslandsgesellschaften unter den Gesichtspunkten des *genuine link* und des *ordre public* relevant. Nicht nur bedarf die Anwendung von nationalen kollisionsrechtlichen Rechtsinstituten wie dem des *ordre public* im staatsvertraglichen Kontext einer Untersuchung. Umgekehrt stellt sich auch die Frage nach dem Bestand und

---

10 S. bspw. *Berndt*, JZ 1996, 187; *Bungert*, ZVglRWiss 93 (1994), 117; *Ebenroth/Bippius*, NJW 1988, 2137 und *Großfeld* in Staudinger, IntGesR, Rn. 218.

11 BGH, Urt. v. 29. Januar 2003 - VIII ZR 155/02; BGH, Urt. v. 05. Juli 2004 – II ZR 389/02; BGH, Urt. v. 13. Oktober 2004 – I ZR 245/01.

12 Hervorzuheben sind insbesondere die Veröffentlichungen von *Kindler* in MüKo, IntGesR, Rn. 522; *Dammann*, RabelsZ 68 (2004), 607; *Kaulen*, Anerkennung von Gesellschaften, S. 99; *Kegel/Schurig*, IPR, S. 588 f.; *Paal*, RIW 2005, 735; *Neumann*, Genuine link-Kriterium, S. 1 und *Tomschin*, Anerkennung, S. 1, die sich größtenteils auch mit der Anwendung des *genuine link*-Kriteriums im Rahmen des FHSV beschäftigen.

der Berücksichtigung einschränkender völkerrechtlicher Prinzipien auf einen zivilrechtlichen Sachverhalt im Rahmen eines vertragsautonom auszulegenden Staatsvertrages.

Auch wenn die Diskussion um Anerkennung von sog. „Scheinauslandgesellschaften“ nun bereits seit mehreren Jahrzehnten geführt wird[13], zeigt sich doch, dass diese Problematik nicht nur im konkreten Verhältnis zwischen Deutschland und den USA nach wie vor eine Vielzahl ungelöster Rechtsfragen bereithält. Vor allem ist sie exemplarisch für die Verflechtung kollisions-, gemeinschafts- und völkerrechtlicher Regelungen in der internationalen Handels- und Wirtschaftsordnung. Damit kann die Auseinandersetzung mit dem FHSV auch Impulse und Fingerzeige für die Gestaltung der sich in Verhandlung befindlichen bilateralen Handelsverträge und für gesetzgeberische Initiativen geben, worauf die Verfasserin in einem abschließenden Ausblick eingeht.

II. Grundlagen des deutschen internationalen Gesellschaftsrechts

Deutsche Gerichte haben das anwendbare ausländische Recht von Rechts wegen bei Sachverhalten mit Auslandsberührung zu ermitteln und anzuwenden[14]. Kollisionsregelungen können dabei grundsätzlich dem Gemeinschaftsrecht, dem Völkerrecht sowie subsidiär dem nationalen Recht zu entnehmen sein.

1. Unionsrechtliche und staatsvertragliche Kollisionsregelungen

Der Versuch, das Gesellschaftskollisionsrecht durch das europäische Übereinkommen über die gegenseitige Anerkennung von Gesellschaften und juristischen Personen vom 20. Februar 1968[15] zu vereinheitlichen, ist mangels Ratifikation einer hinreichenden Anzahl von Staaten ohne Erfolg geblieben. Zwischen den europäischen Mitgliedstaaten hat sich indes auf der Grundlage der Rechtsprechung des Europäischen Gerichtshofes zur Niederlassungsfreiheit für viele Bereiche eine Anknüpfung des Gesellschaftsstatuts an das Recht des Gründungsstaates einer Gesellschaft herausgebildet. Dies lässt sich jedoch nicht auf Sachverhalte mit außereuropäischen Staaten übertragen, sodass es hier im Fall fehlender

13 Vgl. *Leuering*, ZRP 2008, 73 m. w. N.

14 Vgl. hierzu weitere Ausführungen bei *Trautmann*, Kollisionsrecht im nationalen Zivilverfahren, S. 164 f., 175 ff.

15 Der Text des Zustimmungsgesetzes vom 18. Mai 1972 ist abgedruckt in BGBl. II 1972, 369.

staatsvertraglicher Regelungen bei ungeschriebenem deutschem internationalem Privatrecht verbleibt. Aus internationalen Übereinkommen wie dem Allgemeinen Übereinkommen über den Handel mit Dienstleistungen (GATS)[16] oder der Europäischen Menschenrechtskonvention (EMRK) ergeben sich ebenfalls keine kollisionsrechtlichen Vorgaben[17].

2. Nationale Kollisionsregelungen

a. Nationale Reformbestrebungen

aa. Gesetz zur Modernisierung des GmbH-Rechts und zur Bekämpfung von Missbräuchen

Das Gesetz zur Modernisierung des GmbH-Rechts und zur Bekämpfung von Missbräuchen (MoMiG)[18] adressiert unter anderem Fragestellungen des internationalen Wettbewerbs und bezweckt, *inter alia*, auch eine Verbesserung der Attraktivität des deutschen Standortes für Kapitalgesellschaften. Es trifft jedoch keine Aussage zugunsten einer Abkehr von der Sitztheorie[19]. Zwar umfasst das MoMiG Regelungen, durch die § 4a GmbHG und § 5 AktG derart geändert wurden, dass nunmehr ein Auseinanderfallen des statutarischen Sitzes, d. h. des bei der Registrierung der Gesellschaft im Handelsregister angegebenen Sitzes, und des tatsächlichen Verwaltungssitzes möglich ist. Ursprünglich war der satzungsmäßige Sitz nach dem Ort gesellschaftsvertraglich zu bestimmen, an dem sich der Betrieb der Gesellschaft oder ihre Geschäftsleitung befand oder die Verwaltung geführt wurde. Nunmehr genügt die Bestimmung eines jedweden Ortes, solange sich dieser im Inland befindet. Letzteres stellt jedoch gerade keine generelle Abwendung von der Sitztheorie dar, sondern sichert nur in gewissem Umfang die Mobilität deutscher Gesellschaften. Umstritten ist allein, ob es sich bei § 4a GmbHG und § 5 AktG um eine versteckte Kollisionsnorm handelt, die entgegen der Sitztheorie bei Verlegung des tatsächlichen Verwaltungssitzes noch deutsches Recht auf die Frage des Fortbestands der Gesellschaft anwendet[20]. Nach entgegengesetzter Ansicht hängt jedoch auch in diesem Fall der Bestand der Gesellschaft nach deutschem internationalem Gesellschaftsrecht von dem Recht des Staates ab,

16 BGBl. II 1994, 1643.
17 Vgl. hierzu bspw. BGH, Urt. v. 27. Oktober 2008 - II ZR 158/06.
18 BGBl. I 2008, 2026. Das MoMiG ist am 1. November 2008 in Kraft getreten.
19 *Kindler*, AG 2007, 721, 725.
20 So trotz dogmatischer Bedenken *Hupka* in MüKo, GmbHG, § 4a, Rn. 106 f.; *Servatius* in Baumbach/Hueck, GmbHG, § 4a, Rn. 11 m. w. N.

in den die Gesellschaft ihren Verwaltungssitz verlegt hat[21]. Nur vor den Gerichten eines Staates, der auf den grenzüberschreitenden Sachverhalt Gründungsrecht anwendet, wäre ihr Bestand gesichert[22]. Ohne auf diesen Rechtsstreit im Detail eingehen zu wollen, folgt die vorliegende Arbeit letzterem Verständnis und ordnet § 4a GmbHG und § 5 AktG als rein sachrechtlich wirkende Normen ein. Denn auch nach diesem Verständnis würde, bei einer Anwendung der Gründungstheorie in Form der Sachnormverweisung, der Fortbestand der Gesellschaft trotz ihres ausländischen Verwaltungssitzes gesichert sein, d. h. das gesetzgeberische Ziel höherer Mobilität wäre gewährleistet[23]. Verlegt die deutsche Gesellschaft ihren Verwaltungssitz unter Beibehaltung ihres Satzungssitzes in das europäische Ausland, so würden die europäischen Gerichte auf Grundlage der EuGH-Rechtsprechung zu Zuzugsfällen auf Basis der Niederlassungsfreiheit zur Anwendung von Gründungsrecht gehalten sein. Da es sich nach der überwiegenden Ansicht hierbei um eine Sachnormverweisung handelt[24], käme daher deutsches Recht als das Recht des Gründungsstaates zur Anwendung. Auf Grundlage der neuen § 4a GmbHG und § 5 AktG steht das Auseinanderfallen von Verwaltungssitz und statutarischem Sitz dem wirksamen Bestand einer deutschen Gesellschaft nicht mehr entgegen. Die Gesellschaft wäre daher trotz teilweisen Wegzugs in das europäische Ausland dort noch als rechtsfähig anzuerkennen. Doch auch vor deutschen Gerichten würde sie als rechtsfähig bestehen, ohne dass hierfür den § 4 GmbHG, § 5 AktG eine kollisionsrechtliche Bedeutung beigemessen werden müsste. Zwar ist der Rechtsprechung des EuGH für Wegzugsfälle keine verpflichtende Anwendung der Gründungstheorie zu entnehmen[25]. Daher wird teilweise angenommen, dass deutsche Gerichte bei Wegzugsfällen deutscher Gesellschaften in das europäische Ausland auf diese die Sitztheorie mit der Folge anwenden könnten, dass hiernach dann das Recht des ausländischen Staates Anwendung finden muss. Da die Gesellschaft nach deutschem Recht organisiert wäre, könnte

21 Vgl. hierzu z. B. *Gebert/Fingerhuth*, IStR 2009, 445, 446.

22 *Gebert/Fingerhuth*, IStR 2009, 445.

23 Die Regierungsbegründung zum MoMiG-Entwurf nennt auf S. 29 insbesondere eine Mobilitätsgleichstellung der deutschen Gesellschaft mit Gesellschaften anderer europäischer Staaten im Rahmen der durch die EuGH-Rechtsprechung festgelegten Gründungstheorie, Gesetzesentwurf der Bundesregierung, Entwurf eines Gesetzes zur Modernisierung des GmbH-Rechts und zur Bekämpfung von Missbräuchen (MoMiG) vom 25. Juli 2007, BT-Drs. 16/6140.

24 Vgl. z. B. *Forsthoff* in Grabitz/Hilf/Nettesheim, EU-Recht, AEUV, Art. 54, Rn. 18 f.

25 *v. Hein* in MüKo, EGBGB, Art. 4, Rn. 150. Vgl. für eine ausführliche Darstellung der einzelnen EuGH-Entscheidungen zur Niederlassungsfreiheit unten unter C. II. 1. b.

nach Maßgabe des ausländischen Rechts die Auflösung der Gesellschaft drohen. Tatsächlich besteht eine solche Gefahr jedoch nicht. Denn bei der deutschen Verweisung auf das Recht des effektiven Verwaltungssitzes handelt es sich um eine Gesamtnormverweisung, die auch die Anwendung des ausländischen Kollisionsrechts befiehlt[26]. Innerhalb der Europäischen Gemeinschaft wiederum ist damit zwingend auf die Gründungstheorie verwiesen, da deren Anwendung für den ausländischen Staat, für den sich der Sachverhalt als Zuzugsfall darstellt, nach der EuGH-Rechtsprechung vorgeschrieben ist. Auf Grundlage der Gründungstheorie erfolgt in dem vorgenannten Fall eine Rückverweisung auf deutsches Recht. Ein solcher *renvoi* ist sodann nicht nur nach internationalprivatrechtlichen Grundsätzen anzunehmen, sondern verweist als Sachnormverweisung direkt auf deutsches Sachrecht. Wie bereits erörtert, würde die deutsche Gesellschaft auf Grundlage der neuen §4a GmbHG, § 5 AktG auch in dieser Variante daher ihre Rechtsfähigkeit beibehalten können.

Aber auch hiervon abgesehen kann nicht davon ausgegangen werden, dass der Gesetzgeber in einer Vorschrift, die auch zuvor keine kollisionsrechtliche Regelung enthalten hat, nunmehr eine rechtsformspezifische, kollisionsrechtliche Einzelregelung hat treffen wollen. Hierfür spricht umso mehr, dass dem Gesetzgeber die Bedeutung einer Abkehr von der Sitztheorie zum Zeitpunkt der Abfassung des MoMiG bewusst war, da er dies beinah zeitgleich in einem gesonderten Gesetzesentwurf diskutierte[27]. Eine kollisionsrechtliche Aussage im Rahmen der § 4a GmbHG, § 5 AktG durfte daher zum damaligen Zeitpunkt nicht für notwendig befunden worden sein und hätte jedenfalls einer der Bedeutung entsprechenden Klarstellung bedurft[28]. Umgekehrt gilt daher auch für die außereuropäische (Kapital-) Gesellschaft, die ihren Verwaltungssitz nach Deutschland verlegt, dass für ihren Rechtsfortbestand ein Rechtsformwechsel zur deutschen (Kapital-) Gesellschaft notwendig ist[29].

---

26 *Leible* in Michalski, GmbHG, Bd. 1, Systematische Darstellung, Rn. 67.

27 Referentenentwurf des Bundesjustizministeriums vom 8. Januar 2008 für ein Gesetz zum Internationalen Privatrecht der Gesellschaften, Vereine und juristischen Personen des Privatrechts, abrufbar unter https://rsw.beck.de/docs/librariesprovider5/rsw-dokumente/Referentenentwurf IGR (zuletzt aufgerufen am 13.03.2022)

28 Selbst *Hupke* merkt in MüKo, GmbHG, § 4a, Rn. 106 an, dass der Vorschrift des § 4a GmbHG jedenfalls keine generelle Hinwendung zur Gründungsanknüpfung entnommen werden kann.

29 *Servatius* in Baumbach/Hueck, GmbHG, § 4a, Rn. 14. S. hierzu auch sogleich unten bei A. II. 2. b. aa.

bb. *Referentenentwurf für ein Gesetz zum Internationalen Privatrecht der Gesellschaften*

Schließlich kann auch nicht auf den Referentenentwurf des Bundesjustizministeriums vom 8. Januar 2008 für ein Gesetz zum Internationalen Privatrecht der Gesellschaften, Vereine und juristischen Personen des Privatrechts (EGBGB-RefE) zurückgegriffen werden. Dieser geht auf einen Vorschlag einer vom Bundesjustizministerium im September 2003 ins Leben gerufenen Expertenkommission, den Deutschen Rat für Internationales Privatrecht, zurück. Die Gruppe von einigen führenden Vertretern der internationalprivatrechtlichen Lehre[30] hatte unter der Federführung von Prof. Dr. Jürgen Sonnenberger neben einem Entwurf für eine Anpassung des Gemeinschaftsrechts zugunsten einer Festschreibung der Gründungstheorie auch einen Vorschlag für eine entsprechende nationale Regelung erarbeitet[31]. Der hierauf aufbauende Referentenentwurf sieht eine Neufassung der Art. 10 ff. EGBGB vor und knüpft in Art. 10 Abs. 1 EGBGB-RefE das Gesellschaftsstatut an das Recht des Staates an, in dem die Gesellschaft, der Verein oder die juristische Person des Privatrechts registriert sind bzw. subsidiär an das Recht, nach dem sie gegründet wurden:

> Gesellschaften, Vereine und juristische Personen des Privatrechts unterliegen dem Recht des Staates, in dem sie in ein öffentliches Register eingetragen sind. Sind sie nicht oder noch nicht in ein öffentliches Register eingetragen, unterliegen sie dem Recht des Staates, nach dem sie organisiert sind.

Diese Kollisionsregel sollte bestimmungsgemäß nicht nur im Europäischen Raum, sondern auch mit Bezug auf Drittstaaten gelten[32]. Auch insofern folgt der Referentenentwurf dem Vorschlag der Expertenkommission, die sich überwiegend zugunsten einer umfassenden Anwendung der Gründungstheorie auch außerhalb der Europäischen Gemeinschaft ausgesprochen hatte[33]. Die damalige Bundesjustizministerin benannte den Referentenentwurf explizit als wichtiges Mittel zur Ermöglichung struktureller Flexibilität und Mobilität und für die Wahrung

---

30 Zu den Mitgliedern der Expertenkommission gehörten unter anderem Prof. Dr. Horst Eidenmüller, Prof. Dr. Peter Behrens, Prof. Dr. Otto Sandrock und Prof. Dr. Dr. h.c. Jürgen Basedow.

31 *Sonnenberger*, Vorschläge und Berichte zur Reform des europäischen und deutschen internationalen Gesellschaftsrechts; s. a. *Sonnenberger/Bauer*, RIW 2006 (Beilage 1 zu Heft 4), S. 1f.

32 *Leuering*, ZRP 2008, 73.

33 *Wagner/Timm*, IPrax 2008, 81, 85.

der Rechtssicherheit in internationalen Handelsbeziehungen[34]. Neben der Festschreibung der Gründungstheorie für das gesamte Gesellschaftsstatut, d. h. für ihre Rechtsnatur, Rechts- und Handlungsfähigkeit, ihre Gründung und Auflösung, ihren Namen oder Firma, die Organisations- und Finanzverfassung, die Vertretungsmacht der Organe, den Erwerb und Verlust der Mitgliedschaft sowie der verbundenen Rechte und Pflichten, die Haftung der Gesellschaft, ihrer Mitglieder und Organe und der Haftung wegen Verletzung gesellschaftsrechtlicher Pflichten sowie auch für das auf die Umwandlung anwendbare Recht, sieht der Entwurf zudem die Möglichkeit eines grenzüberschreitenden Rechtsformwechsels vor. Zwar sollte die Rechtslage damit laut der Entwurfsbegründung eindeutig zugunsten der Gründungstheorie geändert werden und, auch unter dem Gesichtspunkt von Meistbegünstigungsregelungen in Staatsverträgen, ein Gleichlauf zwischen der Behandlung von europäischen und außereuropäischen Gesellschaften geschaffen werden[35]. Dabei wurde übersehen, dass die kollisionsrechtlichen Regelungen des Referentenentwurfs über den inhaltlichen Regelungsbereich der EuGH-Rechtsprechung hinausgehen. Der Entwurf sah sich jedoch, auch dessen ungeachtet, bereits erheblichem Widerstand ausgesetzt. Dieser beruhte auf generellen Bedenken gegenüber der Gründungstheorie, wie z. B. den Konsequenzen für Fragen des deutschen Gläubiger- und Verkehrsschutzes, hatte aber auch die Befürchtung der Umgehung deutscher Vorschriften zum Gegenstand[36]. Nach derzeitigem Stand erscheint es unwahrscheinlich, dass der Referentenentwurf in dieser Form noch im Parlament diskutiert werden wird[37].

Im Ergebnis bestehen daher keine geschriebenen nationalen Vorschriften über die Anknüpfung des Gesellschaftsstatuts[38].

b. Ungeschriebenes deutsches Gesellschaftskollisionsrecht

Die Anknüpfung entweder an den Staat der Gründung einer Gesellschaft oder an den Staat des tatsächlichen Verwaltungssitzes einer Gesellschaft gehörte daher

---

34 Pressemitteilung des BMJ vom 7. Januar 2008, abrufbar über https://rsw.beck.de/aktuell/gesetzgebung/gesetzgebungsvorhaben-zusaetzliche-materialien/internationales-privatrecht-der-gesellschafen (zuletzt aufgerufen am 13.03.2022).

35 Referentenentwurf des BMJ zu einem Gesetz zum Internationalen Privatrecht der Gesellschaften, Vereine und juristischen Personen, S. 7.

36 *Franz*, BB 2009, 1250, 1255; *Leible* in Michalski, GmbHG, Bd. 1, Systematische Darstellung 2, Rn. 18; *Kindler* in MüKo, IntGesR, Rn. 64.

37 *Gebert/Fingerhuth*, IStR 2009, 445, 446; *Raiser/Veil*, Recht der Kapitalgesellschaften, § 8, Rn. 6.

38 *Hausmann* in Staudinger, Übersicht Art. 7 EGBGB unter anderem, Vorb., Rn. 1.

über viele Jahrzehnte zu den *„längsten kontrovers diskutierten Fragen des internationalen Gesellschaftsrechts“*[39] und stellt sich, wie bereits die letzten Reformbestrebungen erkennen lassen, als keinesfalls beendet dar.

aa. Sitztheorie

In der Rechtsprechung der deutschen Gerichte hat sich indes seit langem die Anwendung der Sitztheorie durchgesetzt[40]. Dem hat sich ein Teil der Lehre angeschlossen, wobei sich bis zum heutigen Tag auch Befürworter der Gründungstheorie oder anderer Anknüpfungstheorien[41] finden lassen. Die Konsequenzen dieser Streitentscheidung reichen weit: folgt man der Sitztheorie, so ist bei effektivem Verwaltungssitz einer Gesellschaft in Deutschland immer auch deutsches Recht für die Gesamtheit der für ihre Gründung, Organisation, Außenwirkung und Auflösung maßgeblichen Regelungen anzuwenden. Unter dem „effektiven Verwaltungssitz“ ist dabei der Sitz der Hauptverwaltung der Gesellschaft zu verstehen[42]. Verlegt eine im Ausland gegründete Gesellschaft ihren tatsächlichen Verwaltungssitz nach Deutschland, führt dies daher zu einem Statutenwechsel. Der Typenzwang des deutschen Gesellschaftsrechts hat sodann zur Folge, dass die ausländische Gesellschaft, z. B. in Form einer Kapitalgesellschaft mit beschränkter Haftung, nur nach den Maßgaben des deutschen Rechts - und damit zwingend unter Beachtung einer Registrierung im deutschen Handelsregister als Gesellschaft deutschen Rechts - fortbestehen kann. Die Gesellschaft würde in ihrer konkreten ausländischen Rechtsform somit nicht in Deutschland anerkannt werden[43]. Nach der Rechtsprechung würde ihr nur Rechts- und Parteifähigkeit in Form einer Gesellschaft bürgerlichen Rechts zukommen. Für die Gesellschafter hätte dies unter anderemunter anderem die unbeschränkte eigene Haftung zur Folge[44]. Umgekehrt würde eine deutsche Gesellschaft ihre Rechtsfähigkeit dann verlieren, wenn sie ihren Verwaltungssitz in einen anderen, der Sitztheorie folgenden Staat

---

39 *Kindler* in MüKo, IntGesR, Rn. 351.

40 BGH NJW 2009, 289; BGH NJW 2003, 1607; BGH NJW 1986, 2194.

41 Vgl. zu weiteren Theorien einer gesellschaftsrechtlichen Anknüpfung bspw. *Sandrock*, RabelsZ 42 (1978), 227.

42 *Großfeld* in Staudinger, IntGesR, Rn. 18; *Fingerhuth/Rumpf*, IPRax 2008, 90.

43 *Schaub* in Ebenroth/Baujong/Joost/Strohn, HGB, Anhang § 12, Rn. 20 ff.; *Wassermeyer* in Wassermeyer, DBA, Art. 1 OECD-MA 2017, Rn. 26 zur Aberkennung der Rechtsfähigkeit trotz Beibehaltung der Steuerpflichtigkeit.

44 *Leuering*, ZRP 2008, 73, 74.

verlegen würde[45]. Hierfür unerheblich sind die Änderungen durch das MoMiG, durch die § 4a GmbHG und § 5 AktG derart geändert wurde, dass nunmehr ein Auseinanderfallen des statutarischen Sitzes und des tatsächlichen Verwaltungssitzes möglich ist. Letzteres kann nur dann den Fortbestand der Gesellschaft sichern, wenn diese ihren effektiven Verwaltungssitz in einen Staat verlegt, der kollisonsrechtlich das Gesellschaftsstatut an den Ort der Gründung anknüpft[46].

bb. Gründungstheorie

Die Anwendung der Gründungstheorie sichert hingegen auch bei einer Verlegung des Verwaltungssitzes den Fortbestand der Rechtsfähigkeit der Gesellschaft. Denn unabhängig von dem tatsächlichen Tätigkeitsort der Gesellschaft, wird die Gesellschaft ausschließlich nach dem Recht des Staates beurteilt, nach dessen Recht sie gegründet wurde. Das Gesellschaftsstatut richtet sich dabei häufig nach dem Recht des Ortes des Handelsregisters, bei dem die Gesellschaft registriert wurde, wenn in dem jeweiligen Drittstaat ein solches Register existiert[47]. Damit beugt die Gründungstheorie auch bei Verlegung des Verwaltungssitzes einer Gesellschaft einem Statutenwechsel vor. Dieser praktikablen Anknüpfung steht nach immer noch weit verbreitetem deutschem Verständnis die mögliche Ausnutzung zur Umgehung von deutschen Gläubiger-, Minderheitengesellschafter- und Arbeitnehmerschutzvorschriften entgegen, die mangels Anwendbarkeit des deutschen Rechts auf in Drittstaaten gegründete Gesellschaften dann nicht anwendbar wären[48]. Als wahrscheinliche Folge einer Anknüpfung an das Gründungsrecht wird die Gründung von sog. Scheinauslandsgesellschaften angesehen, die einzig zum Zweck der Anwendbarkeit fremden Rechts im Ausland gegründet werden, jedoch faktisch allein in Deutschland tätig sind. Im Rahmen der Gründungstheorie ist es den Gesellschaftern nämlich möglich, sich durch die Festlegung des Gründungsortes das auf sie anwendbare Recht auszusuchen. Derzeit wird die Gründungstheorie insbesondere im angloamerikanischen Rechtsraum vertreten sowie, in Teilen, im Rahmen der EuGH-Rechtsprechung oder auch z. B. in der Schweiz. Die sich für Mehrheitsgesellschafter klar als Vorteil darstel-

---

45 Auf die Gefahr der Nichtanerkennung weist *Hoffmann* in Michalski, GmbHG, Bd. 2, § 53, Rn. 118 hin. Für die Auswirkungen der Verlegung in einen der Gründungstheorie folgenden Staat vgl. z. B. *Kindler* in MüKo, IntGesR, Rn. 501.

46 Vgl. hierzu z. B. *Gebert/Fingerhuth*, IStR 2009, 445, 446.

47 *Wall* in Hausmann/Odersky, IPR in der Notarspraxis, § 18, Rn. 11.

48 Auch bei Anwendung der Gründungstheorie kann allerdings im Einzelfall bspw. durch den deutschen *ordre public* deutschen Regelungen von grundsätzlicher Bedeutung zur Anwendung verholfen werden.

lende Möglichkeit, ein Rechtssystem auszuwählen, das ihre Interessen besonders begünstigt, kann auf anderer Seite zum Nachteil von Minderheitsgesellschaftern und Gesellschaftsgläubigern sein. Für den einzelnen Staat stellt sich damit die Frage, ob er sich dem Wettbewerb um das liberalste Gesellschaftssystem stellen möchte, der auch als "race to the bottom" bzw., positiver ausgedrückt, als "race to the top" bezeichnet wird[49].

III. Grundlagen des US-amerikanischen internationalen Gesellschaftsrechts

1. Einzelstaatliche Regelung des US-Gesellschaftskollisionsrechts

Mit Unterzeichnung eines völkerrechtlichen Staatsvertrages durch den US-amerikanischen Präsidenten werden dessen Vorschriften zu unmittelbar anwendbarem nationalem Recht[50]. Auch im US-amerikanischen Kollisionsrecht gehen staatsvertragliche Kollisionsregelungen dann den nationalen Wertungen allerdings vor[51]. Hiervon abgesehen obliegt die Regelung des Gesellschaftsstatuts in den USA. den einzelnen Bundesstaaten[52]. Die US-Bundesstaaten folgen zur Anknüpfung des auf fremde Gesellschaften anwendbaren Rechts allerdings grundsätzlich[53] der Gründungsstheorie, derzufolge die Existenz einer Gesellschaft, ihre Auflösung, sowie ein Großteil der Rechte, Pflichten sowie des Haftungsumfanges ihrer Organe nach dem Recht ihres Gründungsstaates zu beurteilen sind. Dies ergibt sich als *case law* aus der hierzu ergangenen Rechtsprechung[54] und hat sich in Sec. 297 des Restatement of the Law, second, Conflict of Laws (1971) niedergeschlagen: „*Incorporation by one state will be recognized by other states.*".

---

49 *Wall* in Hausmann/Odersky, IPR in der Notarspraxis, § 18, Rn. 17.

50 *Lane*, Pepp. L. Rev. 16 (1989), 383 m. w. N.

51 *Bayitch*, Miami L. Q. 8 (1954), 501, 502.

52 *Bayitch*, Miami L. Q. 8 (1954), 501, 502; *Kersting*, 28 Brook. J. Int'l L. (2002), 2, m. w. N.; *Trautman*, Law & Contemp. Probs. 41 (1977), 105, 111.

53 Es lassen sich allerdings durchaus auch Entscheidungen finden, die auf Gesellschaften mit engen Verbindungen zu einem anderen US-Bundesstaat das Recht dieses Staates anwenden, vgl. *Oldham*, Denv. L. J. 57 (1980), 345; *N.N.*, Duke L. J. 1960, 477, 478 unter Verweis auf *Mansfield Hardwood Lumber Co. v. Johnson*, 361 U.S. 885 (1959).

54 *State v. Topeka Water Co.*, 61 Kan. 547, 60 P. 337 (1900); *Cumberland Telegraph & Telephone Co. v. Louisville Home Tel. Co.*, 114 Ky. 892, 72 S.W. 4 (1903); *Lancaster v. Amsterdam Improvement Co.*, 140 N.Y. 576, 35 N.E. 964 (1894); *Demarest v. Flack*, 128 N.Y. 205, 28 N.E. 645 (1891); *Oakdale Mfg. Co. v. Garst*, 18 R.I. 484, 28 A. 973 (1894). Nur in wenigen US-Bundesstaaten, wie z. B. Louisiana, existiert das Kollisionsrecht als verschriftlichtes Recht, vgl. *Symeonides*, La. L. Rev. 54 (1993), 497, 498.

In den *comments*[55] des *American Law Institute*, welches das *case law* der USA systematisch in den *restatements* rechtsunverbindlich zusammenfasst, werden Auswirkungen dieser Regelung näher erläutert. Hiernach ist von der Anerkennung einer Gesellschaft in Form der Anwendung ihres Gründungsrechts beispielsweise auch die begrenzte Haftung der Gesellschafter umfasst, während hingegen die Erlaubnis zu geschäftlicher Tätigkeit von den besonderen Vorraussetzungen des Forums abhängig gemacht werden kann[56]. Im Rahmen der Anwendung der Gründungstheorie durch die US-Bundesstaaten kommt der sog. *internal affairs doctrine* besondere Bedeutung zu, die der US Supreme Court in *CTS Corp. V. Dynamics Corp. of America*[57]

55 Sec. 297 Restatement, second, Conflict of Laws - comments:

"a. *Meaning of recognition. A distinction must here be drawn between recognition of a foreign incorporation and permitting a foreign corporation to do various kinds of acts. The corporate status will be recognized everywhere, but, as stated in Topic 4 (ss 311–312) of this Chapter, it is customary for a state to place limitations upon the privilege of a foreign corporation to do business, or to conduct other activities, within its territory. The more important effects of the recognition of a corporate status are stated in Comments b-d.*

b. *Suits by and against the corporation. The capacity to sue and to be sued in the corporate name pertains to a corporation's status as such. Most States of the United States, however, refuse to permit actions on local transactions to be brought in their courts by foreign corporations which do business within their territory without having complied with their statutory requirements (see s 312). Apart from this one qualification, a state will permit a foreign corporation to bring suit in its courts. A state will likewise permit actions to be brought in its courts against a foreign corporation over which it has judicial jurisdiction (see ss 42–52).*

c. *Limitation of shareholders' liability. Insofar as this protection is accorded them in the state of incorporation, a state will usually recognize the immunity of the shareholders of a foreign corporation from being sued as individuals on matters arising out of the acts or omissions of the corporation and from having their individual property made responsible for obligations of the corporation.*

d. *The local law of the state of incorporation will be applied to determine a corporation's purposes and whether a given act is ultra vires. As to what law determines the legal consequences of a corporate act, see ss 301–302.*

e. *For a foreign organization to be recognized as a corporation by the courts of a second state, it is not necessary that the method of incorporation followed in the incorporating state be the same as that followed in the second state.*

f. *Permission to do isolated acts. A state will usually permit a foreign corporation to perform within its territory such isolated acts as do not amount to the doing of business.*".

56 Vgl. *comment* a zu Sec. 297 Restatement, second, Conflict of Laws.

57 *CTS Corp. V. Dynamics Corp. Of America* 481 U.S. 69, 87–94, 107 S.Ct. 1637, 1648–52, 95 L.Ed.2d. 67 (1987).

näher erläutert[58]. Nach der *internal affairs doctrine* ist das Recht des Gründungsstaates auf alle inneren Verhältnisse einer Gesellschaft anzuwenden:

> So long as each State regulates voting rights only in the corporations it has created, each corporation will be subject to the law of only one State. No principle of corporation law and practice is more firmly established than a State's authority to regulate domestic corporations, including the authority to define the voting rights of shareholders. [...] It thus is an accepted part of the business landscape in this country for States to create corporations, to prescribe their powers, and to define the rights that are acquired by purchasing their shares.

In *McDermott Inc. v. Lewis*[59] wurde zudem festgestellt, dass die *internal affairs doctrine* nicht nur für Gesellschaften eines anderen US-Bundesstaates, sondern auch für ausländische Gesellschaften Geltung beansprucht. Weitere Einzelheiten der Anknüpfung des Gesellschaftsstatuts lassen sich auch anhand der Rechtsprechung der kalifornischen Gerichte nachvollziehen. Auch hier ist das Kollisionsrecht nicht als geschriebenes Recht festgelegt, sondern muss dem *case law* entnommen werden. Dieses folgt ebenfalls der *incorporation doctrine*. So heißt es beispielsweise in *McDermott v. Bear Film Co.*[60] : „*Since Color-Pix is an Oregon corporation, the laws of that state govern its internal procedures and fix its corporate power to make the conveyance in question.*"

In *Thatcher v. City Terrace Cultural Center*[61] wird weiterhin festgestellt, dass auch die Auflösung einer Gesellschaft nach dem Recht ihres Gründungsstaates

---

58 *Majchrzak*, T. Jefferson L. Rev. 24 (2001), 83, 84.

59 *Mc Dermott Inc. v. Lewis*, 531 A.2d. 206 (Del. 1987).

60 *McDermott v. Bear Film Co.*, 219 Cal.App.2d. 607, 33 Cal.Rptr.486 (1963).

61 *Thatcher v. City Terrace Cultural Center*, 181 Cal. App.2d. 433, 5 Cal. Rptr. 396 (1960). Das Gericht begründet seine Entscheidung wie folgt: „*It appears to be settled law that the effect of the dissolution of a corporation, or its expiration otherwise, depends upon the law of its domicile [...]". and that a defunct foreign corporation has no greater capacity or higher standing to commence or maintain an action in the state of the forum than it would have in the state of its domicile (citations)." (Fidelity Metals Corp. v. Risley, 77 Cal.App.2d 377, 381 [175 P.2d 592].) Section 158 of the Restatement, supra, provides: "If a corporation is dissolved by the state of incorporation, another state will recognize that the association has been deprived of the legal attributes of incorporation; and if the exercise of powers incident to incorporation is suspended by the state of incorporation, this suspension will be effective in another state." Comment (a) to section 158 states: "a. The method of dissolution or suspension is a question for the state of incorporation, but the courts of another state will inquire whether there has been such a compliance with the prescribed method as to render the dissolution or suspension a valid one, unless the question has already been passed upon by the state of incorporation." As already noted, the validity of the dissolution proceedings has previously been sustained (without dissent, we observe) by the New York intermediate appellate court (113 N.Y.S.2d 755), and that state's Court of Appeals (305 N.Y. 258 [112 N.E.2d 280]); such determination is therefore binding on a California court.*"

zu beurteilen ist. Die Grenze der Anwendung des Rechts des Inkorporationsstaates einer Gesellschaft ziehen die Gerichte Kaliforniens dort, wo es sich um Geschäftsakte der Gesellschaft in Kalifornien handelt und das Rechtsgeschäft selbst, und nicht etwa Haftungsfragen oder Fragen der Handlungsfähigkeit, im Mittelpunkt des Rechtsstreits stehen[62]. Die *incorporation doctrine* regelt demnach das auf die Gesellschaft anzuwendende Recht, nicht jedoch das Recht, das auf Rechtsgeschäfte der Gesellschaft anzuwenden ist. Das hierdurch zur Anwendung berufene Gesellschaftsstatut umfasst nach der Entscheidung *Edgar v. MITE Corp.* die inneren Verhältnisse einer Gesellschaft (*internal affairs*), d. h. in erster Linie die Beziehungen zwischen der Gesellschaft, ihren Anteilseignern und ihren *directors* und *officers*[63]. Ein Revisionsgericht Kaliforniens zählt in der Entscheidung *Friese v. Superior Court*[64] die verschiedenen Aspekte dieser internal affairs konkret auf und nennt hierbei unter Bezug auf State Farm Mutual Automobile Ins.

---

62 *McLean v. Tucker*, 26 Cal.App.2d. 126 (at 131), 78 P.2d. 1168 (at 1170). Hier stellt das Revisionsgericht fest:
„*While there appears to be some confusion in the language of text-writers as to what constitutes the charter of a corporation, it seems to be pretty well settled that a foreign corporation doing business in the state of California is subject to the laws of the state of California as to the business therein transacted, and unless the charter provisions of the corporation contain limiting clauses, general statutes of the state where the corporation is organized do not control. […] To the same effect is the case of* Vanderpool v. Gorman, 140 N. Y. 563 [35 N. E. 932, 37 Am. St. Rep. 601, 24 L. R. A. 548], *where we find the following: "The question of the validity of an attempted transfer of title to an assignee for creditors by a corporation organized in one state and doing business in another, is for the state in which the property is situate. Property of a domestic corporation situated outside of the state would not be subject to our jurisdiction."*

63 *Edgar v. MITE Corp.*, 457 U.S. 624 (1982), „*The internal affairs doctrine is a conflict of laws principle which recognizes that only one State should have the authority to regulate a corporation's internal affairs - matters peculiar to the relationships among or between the corporation and its current officers, directors, and shareholders - because otherwise a corporation could be faced with conflicting demands.*"

64 *Friese v. Superior Court*, 134 Cal. App. 4th 693 (2005), „*Internal affairs" include " 'steps taken in the course of the original incorporation, … the adoption of by-laws, the issuance of corporate shares, the holding of directors' and shareholders' meetings, the declaration and payment of dividends and other distributions, charter amendments, mergers, consolidations, and reorganizations, the reclassification of shares and the purchase and redemption by the corporation of outstanding shares of its own stock.'" (In re Harnischfeger Industries, Inc. (Bankr. D.Del. 2003) 293 B.R. 650, 662, italics added; accord, In re Sagent Technology, Inc., Derivative Lit. (N.D.Cal. 2003) 278 F. Supp. 2d 1079, 1090–1091.).*"

Co. v. Superior Court[65] unter anderem Handlungen der Gesellschaftsgründung, Satzungen, die Herausgabe von Gesellschaftsanteilen, Gesellschafterversammlungen, Gewinnausschüttungen, Verschmelzungen und Restrukturierungen. Die Anwendung der Gründungstheorie in den USA ist jedoch auch im Lichte der *internal affairs doctrine* besehen nicht so zu verstehen, dass sie ausschließlich auf die Innenverhältnisse der Gesellschaft beschränkt ist. Vielmehr umfasst das zur Anwendung berufene Recht auch solche Rechtsfragen, die Auswirkungen auf Außenstehende haben, wie beispielsweise die Haftung der Gesellschaft und ihrer *officers* und *directors* gegenüber Gesellschaftsgläubigern[66].

2. Einschränkungen der Anwendung des Gesellschaftsstatuts nach US-Recht

In einigen US-Bundesstaaten, wie beispielsweise Kalifornien, existieren teilweise restriktivere gesellschaftsrechtliche Regelungen als in traditionell liberalen Bundesstaaten, wie z. B. Delaware[67]. Daher gibt es auch in rein US-amerikanischen Sachverhalten Gesellschaftsgründungen in liberalen Bundesstaaten zum Zweck der Umgehung „gründerfeindlicherer" Gesellschaftsrechtssysteme anderer Bundesstaaten. So kennt z. B. das Gesellschaftsrecht des Bundesstaates Delaware das Prinzip des *cumulative votings* nicht, während dies im kalifornischen Gesellschaftsrecht zum Schutz von Minderheitsanteileignern verankert ist[68]. Um die Umgehung besonderer Schutzvorschriften zu Gunsten von beispielsweise Minderheitsgesellschaftern zu verhindern, bedienen sich einige US-Bundesstaaten spezieller Vorschriften, die ausgesuchte Regelungen des lokalen Gesellschaftsrechts auf die *internal affairs* einer Gesellschaft mit nur geringfügiger Verbindung

65 *State Farm Mutual Ins. Co. v. Superior Court*, 114 Cal. App. 4th 434 (2003).

66 *Kieninger*, Wettbewerb der Privatrechtsordnungen, S. 107 m. w. N.

67 Delaware dominiert mit seinen geschäftsführerfreundlichen Regelungen das US-amerikanische Gesellschaftsrecht des 20. Jahrhunderts, *Newman*, Hastings L. J. 28 (1976), 119. Vgl. umfassend zu einem Vergleich des liberalen Gesellschaftsrechts des US-Bundesstaates Delaware mit dem des US-Bundesstaates Kalifornien *Halloran/Hammer*, UCLA L. Rev. 23 (1976), 1282, 1295–1324.

68 S. zum *cumulative voting* in Kalifornien z. B. 138 Cal.App.3d. 216, 187 Cal.Rptr. 852 (1983) und allgemein zum Institut des *cumulative voting* als Mittel des Schutzes von Minderheitsgesellschaftern s. *Dalebout*, BYU L.Rev. 1989, 1199.

zu ihrem Gründungsstaat anwenden[69]. Besonders sind hier New York und Kalifornien hervorzuheben, da diese weitreichende Beschränkungen aufstellen[70]. In Kalifornien werden *pseudo-foreign corporations* hiernach der Spezialregelung des Sec. 2115 des California Corporation Code (CCC) unterworfen. Inhaltlich ordnet Sec. 2115 CCC die Anwendung verschiedener Schutzvorschriften immer dann an, wenn eine Gesellschaft zu hälftigen Anteilen eine Beziehung zu dem US-Bundesstaat Kalifornien erkennen lässt[71]. Der Test für die Anwendbarkeit des Sec. 2115 CCC baut auf den drei für die kalifornische Konzessionssteuer ausschlaggebenden Faktoren (Eigentum, Personalkosten und Eigentum)[72] und der Analyse, ob dieser Wert mehr als 50 % des insgesamt für diese Gesellschaft zu ermittelnden Betrags entspricht, auf[73]. Neben dem *payroll, property and sales*-Test ist ein weiterer Test durchzuführen, bei dem die Beziehung der Gesellschaft zu Kalifornien anhand des Wohnsitzes ihrer stimmberechtigten Anteilseigner gemessen wird. Handelt es sich nach diesem Test um eine *pseudo-foreign corporation*, so beruft Sec. 2115 (b) CCC ausgewählte Normen des kalifornischen Gesellschaftsrechts zur

---

69 *Majchrzak*, T. Jefferson L. Rev. 24 (2001), 83, 85. Louisiana und New Jersey haben die internal affairs doctrine bewusst nicht in ihre kollisionsrechtlichen Kodifizierungen aufgenommen, um der Rechtsprechung entsprechenden Spielraum zu lassen, *N.N.* in Harv. L. Rev. 115 (2002), 1480.

70 Alabama und Texas haben beispielweise ebenfalls Spezialregelungen für *pseudo-foreign corporations*, Kieninger, Wettbewerb der Privatrechtsordnungen, S. 109.

71 *„Section 2115. (a) A foreign corporation (other than a foreign association or foreign nonprofit corporation but including a foreign parent corporation even though it does not itself transact intrastate business) is subject to the requirements of subdivision (b) commencing on the date specified in subdivision (d) and continuing until the date specified in subdivision (e) if:*

(1) The average of the property factor, the payroll factor, and the sales factor (as defined in Sections 25129, 25132, and 25134 of the Revenue and Taxation Code) with respect to it is more than 50 percent during its latest full income year and

(2) more than one-half of its outstanding voting securities are held of record by persons having addresses in this state appearing o the books of the corporation on the record date for the latest meeting of shareholders held during its latest full income year or, if no meeting was held during that year, on the last day of the latest full income year. […].“

72 Selbst für Gesellschaften, bei deren Konzessionssteuererrechnung besondere Faktoren genutzt werden, ist im Rahmen des Sec. 2115 CCC eine hypothetische Errechnung anhand dieser drei Faktoren vorzunehmen.

73 *Walker* in Marsh's California Corporation Law, § 26.04, S. 76.

Anwendung. Größtenteils handelt es sich dabei um Normen die die Wahl, Absetzung oder Haftung der *directors* betreffen, sowie um einige Normen zum Schutz der Rechte der Anteilseigner im Fall einer Umwandlung. Erhebliche Auswirkungen hat dies im Verhältnis zu in Delaware gegründeten Gesellschaften beispielsweise im Bereich der Stimmmöglichkeiten von Minderheitsgesellschaftern. So hat die zwingende Anwendung von Sec. 708 (a), (b) und (c) CCC[74] die Teilnahme aller Anteilseigner am *cumulative voting* zur Folge. Abweichungen zugunsten von Minderheitsgesellschaftern bestehen z. B. auch im Bereich der Absetzung eines *director*. Das kalifornische Recht sieht dabei unter anderem zwingend die Möglichkeit der Abwahl eines *director* durch ein Gericht sowie den Einsatz einer *cumulative voting* Stimmenmehrheit als Veto gegenüber der Abwahl eines *director* vor. *Pseudo-foreign corporations* unterfallen zudem den kalifornischen Buchführungs- und Offenlegungsvorschriften der Sec. 1500 und Sec. 1501 CCC[75]

---

74 „*Section 708. (a) Except as provided in Sections 301.5 and 708.5, every shareholder complying with subdivision (b) and entitled to vote at any election of directors may cumulate such shareholder's votes and give one candidate a number of votes equal to the number of directors to be elected multiplied by the number of votes to which the shareholder's shares are normally entitled, or distribute the shareholder's votes on the same principle among as many candidates as the shareholder thinks fit.*
(b) No shareholder shall be entitled to cumulate votes (i.e., cast for any candidate a number of votes greater than the number of votes that the shareholder normally is entitled to cast) unless the candidate or candidates' names have been placed in nomination prior to the voting and the shareholder has given notice at the meeting prior to the voting of the shareholder's intention to cumulate the shareholder's votes. If any one shareholder has given that notice, all shareholders may cumulate their votes for candidates in nomination.
(c) Except as provided in Section 708.5, in any election of directors, the candidates receiving the highest number of affirmative votes of the shares entitled to be voted for them up to the number of directors to be elected by those shares are elected; votes against the director and votes withheld shall have no legal effect."

75 „*Section 1500. Each corporation shall keep adequate and correct books and records of account and shall keep minutes of the proceedings of its shareholders, board and committees of the board […].*
1501.(a) (1) The board shall cause an annual report to be sent to the shareholders not later than 120 days after the close of the fiscal year, unless in the case of a corporation with less than 100 holders of record of its shares (determined as provided in Section 605) this requirement is expressly waived in the bylaws. […]."

und des Chapter 16 CCC[76]. Da im Bereich der Offenlegung von Insider-Geschäften erhebliche Abweichungen zu Delaware'schem Gesellschaftsrecht bestehen, erhofft sich der kalifornische Gesetzgeber durch die zwingende Anwendung der Normen einen Rückgang solcher Geschäfte bei *pseudo-foreign corporations* in Kalifornien[77]. Minderheitsgesellschafter werden weiterhin auch im Bereich von Umwandlungs- und Umstrukturierungsmaßnahmen in Kalifornien besonders geschützt. So verlangt z. B. Section 1001 (d) CCC[78] im Gegensatz zu § 271 (a) Delaware Code Ann. tit.8[79] für den Fall, dass die verkaufende Gesellschaft von der erwerbenden kontrolliert wird oder beide von einer dritten Gesellschaft kontrolliert werden, eine 90 % Stimmenmehrheit der Anteilseigner der verkaufenden Gesellschaft[80]. Insgesamt zeigt sich bei alldem, dass der Schutz der Minderheitsanteilseigner den eigentlichen Fokus der Beschränkung der Gründungstheorie

---

76 „*Section 1600. (a) A shareholder or shareholders holding at least 5 percent in the aggregate of the outstanding voting shares of a corporation or who hold at least 1 percent of those voting shares and have filed a Schedule 14A with the United States Securities and Exchange Commission[…]shall have an absolute right to do either or both of the following: (1) inspect and copy the record of shareholders' names and addresses and shareholdings during usual business hours upon five business days' prior written demand upon the corporation, or (2) obtain from the transfer agent for the corporation, upon written demand and upon the tender of its usual charges for such a list […], a list of the shareholders' names and addresses, who are entitled to vote for the election of directors, and their shareholdings, as of the most recent record date for which it has been compiled or as of a date specified by the shareholder subsequent to the date of demand. […].*"

77 *Newman*, Hastings L.J. 28 (1976–1977), 119, 142.

78 „*Section 1001 (d): If the acquiring party in a transaction pursuant to subdivision (a) of this section or subdivision (g) of Section 2001 is in control of or under common control with the disposing corporation, the principal terms of the sale must be approved by at least 90 percent of the voting power of the disposing corporation […].*"

79 *§ 271 (a) Delaware Code Ann., tit. 8: "Every corporation may […] sell, lease or exchange all or substantially all of its property and assets […], upon such terms and conditions and for such consideration […], as its board of directors or governing body deems expedient and for the best interests of the corporation, when and as authorized by a resolution adopted by the holders of a majority of the outstanding stock of the corporation entitled to vote thereon […].*".

80 Es gibt einige wenige in Section 1001 CCC aufgeführte Ausnahmen.

bildet[81]. Abgesehen von solchen Spezialnormen, verbleibt es jedoch vorerst[82] bei der Anwendung der *incorporation doctrine* im Rahmen der kollisionsrechtlichen Regelung des Gesellschaftsstatuts.

IV. Rechtspolitischer Hintergrund der deutschen Anknüpfung an die Sitztheorie

Die rechtspolitische Diskussion zu der Anknüpfung des Gesellschaftsstatuts steht in engem Zusammenhang mit Fragen des Gläubiger- und Verkehrsschutzes sowie der unternehmerischen Mitbestimmung. Dabei wird unter anderem den deutschen Mindestkapitalvorschriften eine besondere Schutzfunktion beigemessen. Gläubiger einer Gesellschaft sollen auf die anfängliche Aufbringung sowie die fortwährende Aufrechterhaltung eines bestimmten Stammkapitals vertrauen können. Zwar kennt das deutsche Recht mittlerweile die Unternehmergesellschaft mit einem Stammkapital von lediglich einem Euro als Kapitalgesellschaft. Dies lässt jedoch nicht die Schutzfunktion deutschen Gesellschaftsrechts entfallen[83]. Eine Überprüfung des Kapitals durch den einzelnen Gläubiger auf der Grundlage von im Handelsregister veröffentlichten Daten ist nach gegenwärtigem Gesetzesstand gemäß § 325a HGB nur bei Zweigniederlassungen europäischer Gesellschaften in Deutschland möglich, sodass im Verhältnis zu Gesellschaften aus außereuropäischen Drittstaaten Informationsdefizite auf Seiten der Gläubiger verbleiben. § 13 HGB, § 35a GmbHG und § 80 AktG erstrecken zwar bestimmte Publizitätserfordernisse auch auf ausländische Gesellschaften, jedoch gelten diese nur für ausländische Gesellschaften mit eingetragener (bzw. analog für nicht eingetragene) Zweigniederlassung in Deutschland[84].

Mit Blick auf die Mitbestimmung ist grundsätzlich zwischen der betrieblichen und der unternehmerischen Mitbestimmung zu unterscheiden. Fragen der betrieblichen Mitbestimmung von Arbeitnehmern z. B. auf Grundlage nationaler

81 So auch *Oldham*, Santa Clara L.Rev. 17 (1977), 85, 99.

82 Trotz der schon lange währenden, überwiegenden Akzeptanz der interal affairs doctrine wird diese doch regelmäßig angegriffen und es erscheint nicht vollkommen ausgeschlossen, dass sich noch weitere US-Bundesstaaten den Wertungen des kalifornischen Rechts anschließen, vgl. *Stevens*, B. C. L. Rev. 48 (2007), 1047, 1082.

83 *Franz*, BB 2009, 1250, 1253.

84 *Schindler* in BeckOK, GmbhG, § 35a, Rn. 30 f. Umstritten ist dabei, inwiefern den Publizitätsanforderungen hinreichend nach Maßgabe der § 13 HGB, § 35a GmbHG und 80 AktG in Verbindung mit der *lex fori* Rechnung getragen wird, *Franz*, BB 2009, 1250, 1259.

Betriebsverfassungsgesetze, werden unabhängig von dem Gesellschaftsstatut nach dem Recht der Belegenheit des Betriebsortes angeknüpft[85]. Nach teilweise umstrittener[86] Begründung dieser Anknüpfung, knüpft dies an den Umstand an, dass die betriebliche Mitbestimmung die gemeinsame betriebliche Willens- und Entscheidungsfindung von Arbeitgeber und Arbeitnehmer im Rahmen des kollektiven Arbeitsrechts darstellt[87]. Anders stellt sich die Situation hingegen für Fragen der unternehmerischen Mitbestimmung, d. h. für die Regelungen betreffend die Beteiligung von Arbeiternehmern an der Willensbildung im Unternehmen, dar. Nach deutschem Recht wird dies, abhängig von bestimmten Schwellenwerten, durch die strukturelle Sicherstellung der Wahl von Arbeitnehmern in den Aufsichtsrat umgesetzt. Diese Regelungen haben daher unmittelbare Auswirkungen auf die Organisation einer Gesellschaft und hängen daher eng mit den entsprechenden gesellschaftsrechtlichen Normen zusammen. Nach überwiegender Meinung ist daher die unternehmerische Mitbestimmung als Teil des Gesellschaftsstatuts anzuknüpfen. Da die dem deutschen Gesetzgeber für den Arbeitnehmerschutz so wichtige Arbeitnehmerbeteiligung in vielen anderen Staaten nicht oder jedenfalls nicht in entsprechender Weise vorhanden ist und daher auch strukturell keine entsprechenden Gremien oder Organe gesellschaftsrechtlich vorgesehen sind, ist eine unternehmerische Mitbestimmung abhängig von der Anwendung deutschen Rechts auf ausländische Gesellschaften[88]. Gleichzeitig schmälert die Anwendung dieser Regelungen die Attraktivität Deutschlands als Wirtschafts- und Investitionsstandort für diese Gesellschaften, sorgt jedoch auch für ein sog. *level playing field* im Verhältnis zu deutschen Gesellschaften[89]. Aufgrund vorgenannter Erwägungen findet sich selbst bei Befürwortern des generellen Übergangs Deutschlands zur einheitlichen Anwendung der Gründungstheorie eine Vielzahl von Stimmen, die für bestimmte Einzelfälle aus Schutzerwägungen heraus Sonderanknüpfungen befürworten[90].

---

85 *Spahlinger/Wegen*, Internationales Gesellschaftsrecht, Rn. 299.

86 Vormals wurde dies insbesondere am Territorialitätsprinzip festgemacht. Vgl. hierzu auch *Ego* in MüKo, AktG, Bd. 7, B., Kap. 3, Rn. 612 m. w. N.

87 *Ego* in MüKo, AktG, Bd. 7, B., Kap. 3, Rn. 612 f.

88 So kennt schon ein Großteil der Gesellschaften anderer Mitgliedstaaten keine paritätische Arbeitnehmerbeteiligung, vgl. *Ego* in MüKo, AktG, Bd. 7, B., Kap. 3, Rn. 627.

89 *Franz*, BB 2009, 1250, 1254.

90 So bspw. auch OLG Hamburg, Urt. v. 30. März 2007 - 11 U 231/04 = NZG 2007, 597.

V. Gang der Untersuchung

Die Beurteilung der eingangs geschilderten Problematik erfordert in einem ersten Schritt die Prüfung der Frage, welches Recht auf US-amerikanische Gesellschaften mit Geschäftstätigkeit in Deutschland anwendbar ist. Aufgrund des Vorrangs völkerrechtlicher Verträge gegenüber nationalem Kollisionsrecht wird unter Abschnitt B dieser Arbeit der kollisionsrechtliche Regelungsgehalt des deutsch-US-amerikanischen Freundschafts-, Handels- und Schifffahrtsvertrages von 1954 unter besonderer Berücksichtigung der sachlichen Reichweite dieser Regelungen untersucht. Anschließend wird in Abschnitt C der Frage einer Anwendung unionsrechtlicher Vorgaben über die Meistbegünstigungsklausel des FHSV nachgegangen. Nach der Feststellung des anwendbaren Rechts diskutiert die vorliegende Arbeit schließlich in Abschnitt D verschiedene Ansätze der Rechtsprechung und der Literatur, dem Gesellschaftsstatut in missbräuchlichen Einzelfällen die Anwendung zu versagen. Die Untersuchung schließt in Abschnitt E mit einer Zusammenfassung der Ergebnisse und einer Bewertung der Notwendigkeit gesetzgeberischen bzw. zwischenstaatlichen Handelns.

B. Unmittelbare kollisionsrechtliche Regelung des Gesellschaftsstatuts im Rahmen des deutsch-US-amerikanischen Freundschafts-, Handels- und Schifffahrtsvertrages von 1954

I. Der Anwendungsbereich des deutsch-US-amerikanischen Freundschafts-, Handels- und Schifffahrtsvertrages von 1954[91]

Der FHSV wurde 1954 zur Verbesserung der Handelsbeziehungen zwischen Deutschland und den USA geschlossen[92] und enthält überwiegend Bestimmungen zur Inländergleichbehandlung und Freizügigkeit von Staatsangehörigen und Gesellschaften der anderen Vertragspartei sowie zur Geltung des Meistbegünstigungsprinzips[93]. Bereits mit Datum vom 8. Dezember 1923 hatten die Vertragsparteien einen Freundschafts-, Handels- und Konsularvertrag[94] geschlossen, der im Kern ähnliche Themengebiete behandelte, aber während des zweiten Weltkrieges ausgesetzt wurde. Wenngleich die Aussetzung des Konsularvertrages mit einem Interimsabkommen mit Wirkung vom 3. Juni 1953 wieder aufgehoben worden war, wurde der Konsularvertrag in den 50er Jahren nicht mehr als den wirtschaftlichen Entwicklungen gerecht empfunden[95]. Um eine Grundlage für eine verbesserte Wirtschafts- und Investitionstätigkeit zwischen der Bundesrepublik Deutschland und den Vereinigten Staaten

---

91 Freundschafts-, Handels- und Schifffahrtsvertrag zwischen der Bundesrepublik Deutschland und den Vereinigten Staaten von Amerika, vom 29. Oktober 1954 (BGBl. 1956 II, S. 488).

92 Vergleiche Präambel des FHSV.

93 So z. B. in Art. II, III Abs. 1, IV, V Abs. 5, VI Abs. 1, VII u. v. a.

94 Gesetz über den Freundschafts-, Handels- und Konsularvertrag zwischen dem Deutschen Reiche und den Vereinigten Staaten von Amerika vom 17. August 1925, RGBl. 1925 II, 795 (in Deutschland ratifiziert am 20. August 1925).

95 *Kern*, BB 1956, 257.

von Amerika zu schaffen sowie zur Förderung und Festigung des Vertrauens in die wiederaufgenommenen geschäftlichen Beziehungen, wurde daher der FHSV entworfen und gelegentlich eines USA-Besuchs des damaligen Bundeskanzlers in Washington am 29. Oktober 1954 unterzeichnet. Art. XXV Abs. 5 S. 2 FHSV enthält eine Regelung zur Anerkennung des rechtlichen Status von Gesellschaften des jeweils anderen Vertragsteils. Der Vertrag ist am 8. Mai 1956 in Kraft getreten.

Der Anwendungsbereich des FHSV umfasst nach Art. XXVI FHSV räumlich alle Land- und Wassergebiete, über die eine der beiden Vertragsparteien Hoheitsgewalt hat oder hoheitliche Befugnisse ausübt[96]. Temporal löst der FHSV mit Wirkung ab dem 14. Juli 1956 den Freundschafts-, Handels- und Konsularvertrag zwischen Deutschland und den Vereinigten Staaten von Amerika vom 8. Dezember 1923 ab. Von der in Art. XXIX Abs. 3 FHSV aufgeführten Kündigungsmöglichkeit hat bislang keine der Vertragsparteien Gebrauch gemacht, sodass der FHSV derzeit wirksam besteht. Der persönliche Anwendungsbereich umfasst unter anderem die Staatsangehörigen und Gesellschaften des jeweils anderen Vertragspartners, wie sich beispielsweise aus Art. 1 Abs. 1, Art. 5 und Art. 6 FHSV entnehmen lässt. Art. XXV Abs. 5 S. 1 und 6 FHSV enthält vertragsautonome Definitionen der Vertragssubjekte[97]. Sachlich ist das Abkommen breit

96 Mit Ausnahme der Panamakanalzone und des Mandatsgebiets der Pazifischen Inseln, Art. XXVI Abs. 1, letzter HS. Eine Regelung von mittlerweile ausschließlich historischem Interesse wurde in Art. XXVI Abs. 2 und 3 FHSV für das seinerzeit geteilte Berlin getroffen, nach der die Anwendbarkeit des FHSV sich nur auf das dem Berliner Senat hoheitlich zuzuordnende Gebiet erstrecken sollte. Zudem stand die Gültigkeit des Vertrages unter dem Vorbehalt einer von der deutschen Bundesregierung abzugebenden Erklärung über die Erfüllung der für die Anwendung des Vertrages in Berlin erforderlichen Voraussetzungen.

97 Art. XXV Abs. 5 S. 1 FHSV lautet: „*Der Ausdruck „Gesellschaften" in diesem Vertrag bedeutet Handelsgesellschaften, Teilhaberschaften sowie sonstige Gesellschaften, Vereinigungen und juristische Personen, dabei ist es unerheblich, ob ihre Haftung beschränkt oder nicht beschränkt und ob ihre Tätigkeit auf Gewinn oder nicht auf Gewinn gerichtet ist.*" Für Staatsangehörige stellt Art. XXV Abs. 6 fest: „*Unbeschadet anderer Methoden zur Feststellung der Staatsangehörigkeit gilt eine Person im Besitz eines von den zuständigen Behörden eines Vertragsteils ausgestellten Reisepasses oder eines im Protokoll genannten gültigen Ausweispapiers als Staatsangehöriger des betreffenden Vertragsteils.*"

gefächert und umfasst Aspekte der wirtschaftlichen Beziehungen der Vertragsparteien zueinander[98].

II. Auslegungsmethodik der Art. 31 ff. Wiener Übereinkommen über das Recht der Verträge

Kern der vorliegenden Arbeit ist die Auslegung der Regelungen des FHSV. Der anzuwendenden Auslegungsmethodik im Bereich des Völkervertragsrechts kommt daher besondere Bedeutung zu.

1. Anwendbarkeit

Soweit streitige Begriffe des FHSV der Auslegung bedürfen, kommen zuvorderst die speziellen Auslegungsregeln völkerrechtlicher Verträge, namentlich die Art. 31 ff. des Wiener Übereinkommens über das Recht der Verträge (WÜRV), in Betracht. Die Anwendbarkeit dieser Regelungen scheitert jedoch zunächst an der in diesem Übereinkommen ausdrücklich angelegten zeitlichen sowie persönlichen Grenzziehung des Anwendungsbereichs. Zwar haben sowohl die Bundesrepublik Deutschland wie auch die Vereinigten Staaten von Amerika das WÜRV unterschrieben, letztere haben es jedoch nicht ratifiziert[99,100]. Nach Art. 82 WÜRV ist die Hinterlegung einer Ratifikationsurkunde beim Generalsekretär der

98 Vgl. bspw. die Präambel des FHSV *„Von dem Wunsch geleitet […] engere wirtschaftliche und kulturelle Beziehungen zwischen den beiden Völkern zu fördern, sowie in der Überzeugung, dass diesen Zielen Vereinbarungen dienen, durch welche zu beiderseitigem Nutzen der Handel zwischen den beiden Ländern gefördert wird und Kapitalanlagen angeregt werden sowie gegenseitige Rechte und Vergünstigungen begründet werden […]"* und Art. 1 Abs. 2 FHSV *„Zwischen den Gebieten der beiden Vertragsteile besteht gemäß den Bestimmungen dieses Vertrages Freiheit des Handels und der Schiffahrt."*

99 Eine Ratifikation stellt im Falle eines Vertrages zwischen Staaten die Abgabe einer förmlichen, ausdrücklichen und zustimmenden Erklärung durch das Staatsoberhaupt dar, an den Vertrag von nun an gebunden zu sein. In der Praxis erfolgte dies regelmäßig, wie auch im Fall des WÜRV, durch die Übergabe oder Hinterlegung von Ratifikationsurkunden. Vgl. *Ipsen*, Völkerrecht, § 13, S. 468 f.

100 Die Bundesrepublik Deutschland hat die Ratifikationsurkunde am 21. Juli 1987 beim Generalsekretär der Vereinten Nationen hinterlegt. Status des WÜRV abrufbar auf: https://treaties.un.org/PAGES/ViewDetailsIII.aspx?src=TREATY&mtdsg_no=XXIII-1&chapter=23&Temp=mtdsg3&clang=_en (zuletzt aufgerufen am 30.12.2018).

Vereinten Nationen jedoch Voraussetzung, um Vertragspartei des WÜRV zu werden. In der Konsequenz ist das Übereinkommen auf die Staatsverträge mit den Vereinigten Staaten von Amerika grundsätzlich nicht anwendbar. Auch zeitlich ist das WÜRV nicht anwendbar, da das Übereinkommen erst mit Hinterlegung der fünfunddreißigsten Ratifikationsurkunde am 20. August 1987 in Kraft getreten ist und damit dem Abschluss des FHSV zeitlich nachfolgt[101]. Art. 4 WÜRV verbietet die rückwirkende Anwendung des Übereinkommens auf vor Inkrafttreten des WÜRV geschlossene Verträge[102].

Allerdings handelt es sich nach weit verbreiteter Ansicht bei einigen Regelungen des WÜRV, und hier insbesondere bei Art. 31–33 WÜRV, um die Kodifizierung bereits völkergewohnheitsrechtlich anerkannter Auslegungsregeln[103]. Diese Auslegungsregeln beanspruchen somit nicht nur für einen Vertrag Anwendung, dessen Vertragspartner, wie im Fall des FHSV, das WÜRV nicht ratifiziert haben, sondern auch für Verträge, die vor dem Inkrafttreten des WÜRV abgeschlossen worden sind[104]. Die Rechtsprechung des Internationalen Gerichtshofes (IGH) zeigt, dass völkergewohnheitsrechtlich anerkannte Auslegungsregeln beispielsweise auf Völkerrechtsverträge aus den fünfziger Jahren angewendet werden können. So hat der IGH in einer Entscheidung vom 3. Februar 1994 die in Art. 31 und Art. 32 WÜRV niedergeschriebenen Auslegungsregeln als Völkergewohnheitsrecht bezeichnet und diese auf die im Zentrum des Rechtsstreits stehenden Klauseln des Vertrages über Freundschaft und gute Nachbarschaft zwischen Frankreich und Libyen von 1955 angewendet.[105] Auch in einer Entscheidung vom 12. Dezember 1996 wendete der IGH die in Art. 31 und Art. 32 WÜRV niedergeschriebenen Auslegungsregeln in Bezug auf Klauseln des Freundschaftsvertrages zwischen dem Iran und

101 Vgl. Art. 84 Abs. 1 WÜRV.

102 Art. 28 WÜRV schreibt ebenfalls ein Verbot rückwirkender Anwendung von Verträgen fest, ist jedoch im Gegensatz zu Art. 4 WÜRV auf Verträge anwendbar, die nach Inkrafttreten des WÜRV geschlossen wurden, während sich Art. 4 WÜRV ausschließlich auf das WÜRV selbst bezieht.

103 *Ipsen*, Völkerrecht, § 14, S. 476; *Verdross/ Simma*, Universelles VölkerR, S. 491, § 775; *Ress*, Auslegung völkerrechtlicher Verträge, S. 54.

104 Vgl. *von Arnauld*, Völkerrecht, Rn. 196; *Graf Vitzthum/Proelß*, Völkerrecht, 1. Abschnitt, Rn. 123; *Ipsen*, Völkerrecht, § 14, S. 476 mit Verweis auf eine Schiedsgerichtsentscheidung vom 16. Mai 1980, GYIL 1980, 414.

105 *Territorial Dispute* (Libyan Arab Jamahiriya v. Chad) I.C.J. Reports 1994, 6, 21f.

den Vereinigten Staaten von Amerika von 1955 an.[106,107] Schließlich hat das auch das *US State Department* die Anwendung der Auslegungsregeln des WÜRV als völkergewohnheitsrechtlich vorgeschrieben anerkannt[108].

2. Methodik

Laut Art. 31 Abs. 1 WÜRV ist ein Vertrag *„nach Treu und Glauben in Übereinstimmung mit der gewöhnlichen, seinen Bestimmungen in ihrem Zusammenhang zukommenden Bedeutung und im Lichte seines Ziels und Zwecks auszulegen"*. Zuallererst ist daher der Wortlaut einer „Bestimmung" (in der englischsprachigen Fassung: „terms") in seinem Zusammenhang innerhalb des Vertrages für die Auslegung von Bedeutung. Nach der in Art. 31 Abs. 1 WÜRV normierten

---

106 *Oil Plattforms* (Islamic Republic of Iran v. United States of America) I.C.J. Reports 1996, 803, 812.

107 Die völkergewohnheitsrechtliche Natur der in Art. 31 WÜRV niedergelegten Regeln spiegelt sich in § 325 des Restatement of the Law, Third, Foreign Relations Law of the United States wieder. Dessen Absatz 1 entspricht dem ersten Absatz des Art. 31 WÜRV, während § 325 Abs. 2 Teile des Art. 31 Abs. 3 WÜRV dem Wortlaut nach beinhaltet. Die *Restatements* dienen dem Zweck, das aus Präjudizien hervorgegangene, teilweise als unübersichtlich empfundene Common Law klar gegliedert und systematisch geordnet wiederzugeben. Im Bereich des Völkerrechts geben die *Restatements* in erster Linie Völkergewohnheitsrecht wieder und zu einem weiteren Teil Völkervertragsrecht. Dieses Recht wird samt Kommentar, sowie Hinweisen auf bundesstaatliche Abweichungen in den sog. Restatements des American Law Institutes, einer eigens zu diesem Zweck 1923 gegründeten Einrichtung, ohne Fortbildung oder Verbesserung veröffentlicht. Das *Restatement* für den Bereich des Rechts auswärtiger Beziehungen erschien 1987 in seiner aktuellen, dritten Auflage und wird gegenwärtig überarbeitet. Aktuell wird es in folgender Fassung genutzt:
"*§ 325 Interpretation of International Agreement*
(1) An international agreement is to be interpreted in good faith in accordance with the ordinary meaning to be given to its terms in their context and in the light of its object and purpose.
(2) Any subsequent agreement between the parties regarding the interpretation of the agreement, and subsequent practice between the parties in the application of the agreement, are to be taken into account in its interpretation."
Einzige Abweichung der Praxis der USA von den Auslegungsregeln des WÜRV sieht das *American Law Institute* in der bevorzugten Benutzung der *travaux preparatoires* durch US-amerikanische Spruchkörper, während solche Materialien nach Art. 32 WÜRV nur bspw. bei Mehrdeutigkeit der auszulegenden Bestimmung hinzuziehen sind.

108 *Coulter*, Wake Forest L. Rev. 25 (1990), 287, 296.

ordinary meaning rule kommt es dabei auf die gewöhnliche und teilweise auch fachspezifische, nicht jedoch die technische Bedeutung des gebrauchten Wortes an.[109] Es handelt sich hierbei um eine streng objektive Art der Auslegung[110]. Der subjektive Wille der Parteien ist für die Auslegung nur insofern von Bedeutung, als er bereits in den Bestimmungen des Vertrages seinen Niederschlag gefunden hat.[111] Maßgebender Zeitpunkt für die Bestimmung der gewöhnlichen Bedeutung eines Begriffs ist der Zeitpunkt des Vertragsabschlusses.[112] Allerdings gebietet es der objektive Auslegungsansatz, einem über einen längeren Zeitraum hinweg eintretenden Bedeutungswandel durch dynamische Auslegung des Begriffs unter Beachtung einer durch Ziel und Zweck des Vertrages gesetzten Grenze Rechnung zu tragen.[113]

Ziel und Zweck des Vertrages sind als eigenständige Auslegungsmomente heranzuziehen, dürfen aber nicht zu einer vom Wortlaut losgelösten Auslegung auf der Grundlage des erforschten Parteiwillens führen[114]. Sie müssen im Vertragstext angelegt oder zumindest in der Präambel oder begleitenden Übereinkünften zu erkennen sein[115] und sollen die Bedeutung einer Bestimmung des Vertrages mit dem Ziel größtmöglicher Effektivität konkretisieren[116]. Die teleologische Auslegung darf sich jedoch nicht zu Gunsten der Effektivität über Wortlaut und

109 *Ipsen*, Völkerrecht, § 14, S. 474; *Graf Vitzthum/Proelß*, Völkerrecht, 1. Abschnitt, Rn. 123. Eine besondere Bedeutung darf einem Begriff gemäß Art. 31 Abs. 4 WÜRV nur dann zugeordnet werden, wenn die Vertragsparteien dies übereinstimmend so beschlossen haben.

110 *Graf Vitzthum/Proelß*, Völkerrecht, 1. Abschnitt, Rn. 123.

111 Der „objektive Ansatz" hat sich nach ganz h. M. gegenüber dem „subjektiven Ansatz" durchgesetzt und seinen Niederschlag in Art. 31 Abs. 1 WÜRV gefunden. Denn die sich maßgeblich am Vertragsparteiwillen orientierende Auslegung versagt dort, wo sich kein übereinstimmender Parteiwillen feststellen lässt; YBILC 1966 Vol. II, S. 220 (Berichterstattung der Völkerrechtskommission der Vereinten Nationen an die Generalversammlung); *Hobe*, Einführung Völkerrecht, Kap. 3, S. 160; *Ipsen*, Völkerrecht, § 14, S. 474; *Brötel*, Jura, 1988, 343 (348); *Bernhardt*, Auslegung völkerrechtlicher Verträge, S. 89.

112 *Dahm/Delbrück/Wolfrum*, Völkerrecht, § 153 II. 1. a), S. 640.

113 *Dahm/Delbrück/Wolfrum*, Völkerrecht, § 153 II. 1. a), S. 641; *Ipsen*, Völkerrecht, § 14, S. 480 f.

114 Auch *Ipsen* sieht diese Gefahr, a. a. O.

115 *Bernhardt*, Auslegung völkerrechtlicher Verträge, S. 89.

116 Der Effektivitätsgrundsatz („effet utile") stellt eine aus der teleologischen Auslegung entwickelte, völkergewohnheitsrechtlich anerkannte Auslegungsregel dar, die völkerrechtlichen Verträgen zur Verwirklichung ihres Regelungszwecks verhilft. *Ipsen*, Völkerrecht, § 14, S. 478; *Vogel* in DBA, Einl OECD-MA, Rn. 106a f.

Sinn der Bestimmungen hinwegsetzen, sondern ist in erster Linie restriktiv und als Bestätigung der grammatischen Auslegung anzuwenden[117]. Bestandteil des Zusammenhangs, in dem eine Bestimmung zu lesen ist, sind zunächst der Vertragstext selbst, dessen Präambel und etwaige Anlagen, sowie weiterhin nach Art. 31 Abs. 2 WÜRV auch Übereinkünfte oder Urkunden, die anlässlich des Vertrages getroffen bzw. abgefasst und angenommen worden sind. Ebenfalls können nach Art. 31 Abs. 3 WÜRV auch spätere Übereinkünfte über die Vertragsauslegung oder mit Blick auf die Auslegung des Vertrages übereinstimmendes Verhalten der Parteien sowie die zwischen den Parteien geltenden Rechtssätze des Völkerrechts gleichberechtigt zur Vertragsauslegung herangezogen werden[118].

Auch wenn nach der Formulierung des Art. 31 WÜRV die Auslegung zunächst am Wortlaut ansetzt, kommt der grammatischen, teleologischen und der systematischen Auslegungsmethode gleiches Gewicht zu[119]. Aus der Formulierung der Überschrift des Art. 31 WÜRV „Allgemeine Auslegungsregel" ist zudem die unbestrittene Intention der Völkerrechtskommission (*International Law Commission* (ILC)) erkennbar, dass die Auslegungsmethoden nicht einzeln nebeneinander, sondern als eine zusammengefasste und ineinandergreifende Methodik angewendet werden sollen.[120]

Art. 32 WÜRV bestimmt in konsequenter Anwendung der objektiven Auslegungsmethodik den ergänzenden Rückgriff auf die sog. *travaux préparatoires* als nur subsidiär zu gebrauchendes Auslegungsmittel unter der Voraussetzung, dass das nach Art. 31 WÜRV gewonnene Auslegungsergebnis lediglich bestätigt werden soll. In anderen Fällen dürfen die *traveaux préparatoires* dann herangezogen werden, wenn die Bedeutung der auszulegenden Klausel „mehrdeutig oder dunkel" oder das Auslegungsergebnis „offensichtlich sinnwidrig oder

---

117 *Interpretation of Peace Treaty* (Bulgaria, Hungary, Romania) I. C. J. Reports 1950, 221, 229 (Advisory Opinion); YBILC 1966 Vol. II, S. 219 (Berichterstattung der Völkerrechtskommission der Vereinten Nationen an die Generalversammlung); *Sorel/Boré Eveno* in Damrosh/Henkin/Pugh/Schachter/Smit, International Law, S. 831.

118 Vgl. auch *The Corfu Channel Case* (United Kingdom of Great Britain v. Peoples' Republic of Albania) I. C. J. Reports 1949, 4, 24 f. (Judgment).

119 YBILC 1966 Vol. II, S. 219 f. (Berichterstattung der Völkerrechtskommission der Vereinten Nationen an die Generalversammlung).

120 YBILC 1966 Vol. II, S. 219 f. (Berichterstattung der Völkerrechtskommission der Vereinten Nationen an die Generalversammlung); *Ipsen*, Völkerrecht, § 14, S. 476. Die Völkerrechtskommission ist ein Nebenorgan der Vereinten Nationen und wurde 1947 von der UN Generalversammlung für die Fortentwicklung des Völkerrechts gegründet.

unvernünftig" ist.[121] *Travaux préparatoires* bezeichnet dabei die Vorarbeiten und Umstände, unter denen ein Vertrag zustande gekommen ist[122]. Die Vertragsmaterialien umfassen Verhandlungsprotokolle, offizielle Regierungserklärungen und Erklärungen anderer staatlicher Organe, die unmittelbar auf den Vertrag bezogen sind[123]. Unter den „Umständen des Vertragsabschlusses" sind die damaligen Erfordernisse der Zeit und insbesondere die Interessenlage der Vertragsparteien zu verstehen[124], wobei jedoch nur auf objektive, hinter dem Vertrag stehende Bedürfnisse, nicht jedoch auf den subjektiven Parteiwillen abzustellen ist[125]. Weitere Auslegungsregeln nennt das WÜRV nicht und sind damit, soweit sie sich nicht bereits aus den bestehenden Regeln des Art. 31 WÜRV ableiten oder diesen dienen, gewohnheitsrechtlich nicht anerkannt.[126]

Dem synoptisch in Englisch und Deutsch abgefassten FHSV ist auf Grund seiner zweisprachigen Natur zu entnehmen, dass beide Textfassungen als authentisch gelten sollen[127]. Nach Art. 33 Abs. 1 WÜRV sind alle authentischen Vertragstexte in gleicher Weise maßgebend. Der FHSV macht von der nach Art. 31 Abs. 1 WÜRV grundsätzlich eingeräumten Möglichkeit, einer Sprache Anwendungsvorrang zuzugestehen, keinen Gebrauch. Dies führt nach Art. 31 Abs. 3 und 4 WÜRV dazu, dass zunächst die identische Bedeutung beider Texte vermutet wird und nur bei einem nicht durch Auslegung behebbaren Bedeutungsunterschied dem Vertrag die Bedeutung beigemessen werden soll, die „unter Berücksichtigung von Ziel und Zweck des Vertrages die Wortlaute am Besten miteinander in Einklang bringt".[128]

---

121 Auch bei Art. 32 WÜRV handelt es sich nach überwiegender Ansicht um die Verkörperung von Völkergewohnheitsrecht, vgl. Dahm/Delbrück/Wolfrum, Völkerrecht, S. 629 f.

122 Ipsen, Völkerrecht, § 14, S. 479; *Verdross/Simma*, Völkerrecht, S. 492, § 779.

123 *Dahm/Delbrück/Wolfrum*, Völkerrecht, S. 646.

124 StIGH (Judgment), The Diversion of Water from the Meuse (Netherlands v. Belgium), PCIJ Series A/B No. 70 (1937).

125 *Dahm/Delbrück/Wolfrum*, Völkerrecht, S. 647.

126 So auch Dahm/Delbrück/Wolfrum, Völkerrecht, S. 647; Ipsen, Völkerrecht, § 14, S. 479 f. zum Umgang mit außerrechtlichen Auslegungsregeln; Verdross/Simma, Universelles Völkerrecht, S. 495, § 781; Graf Vitzthum/Proelß, Völkerrecht, 1. Abschnitt, Rn. 124, hält die Anwendung solcher Auslegungsregeln zumindest für zweifelhaft.

127 Maßgeblich ist bei fehlender ausdrücklicher Regelung, dass die Bestimmung zu einem authentischen Text aus dem Vertrag „ersichtlich" ist, s. Graf Vitzthum/Proelß, Völkerrecht, 1. Abschnitt, Rn. 123.

128 Vgl. zu der Anwendung des Art. 33 Abs. 4 WÜRV im Verhältnis der USA und Deutschland die Entscheidung des IGH vom 27. Juni 2001 in La Grand (Germany v. United States of America) I. C. J. Reports 2001, 466 ff. (Judgment).

III. Art. XXV Abs. 5 S. 2 FHSV als Kollisionsnorm

Untersucht man den Freundschaftsvertrag mit Blick auf Regelungen potentiell kollisionsrechtlichen Gehalts, kommt zuvorderst Art. XXV Abs. 5 S. 2 FHSV als eine solche Norm in Betracht. Dieser lautet:

> Gesellschaften, die gemäß den Gesetzen und sonstigen Vorschriften des einen Vertragsteils in dessen Gebiet errichtet sind, gelten als Gesellschaften dieses Vertragsteils; ihr rechtlicher Status wird in dem Gebiet des anderen Vertragsteils anerkannt.[129]

An dem Begriff der Anerkennung ansetzend wird der Charakter der Bestimmung des Art. XXV Abs. 5 S. 2 FHSV teils als fremdenrechtlich[130], teils als kollisionsrechtlich und teils als reine Definitionsnorm[131] eingeordnet[132]. Dies liegt nicht zuletzt an der Mehrdeutigkeit des allgemeinen Begriffs der „Anerkennung" ausländischer Gesellschaften[133], der sich einer klaren Definition entzieht. Denn zum einen kann die Anerkennung des rechtlichen Status einer Gesellschaft bedeuten, dass den nach nationalem Kollisionsrecht als rechtsfähig einzuordnenden Gesellschaften des anderen Vertragsteils die Vorteile und Begünstigungen des FHSV zugutekommen sollen. Dann wäre Art. XXV Abs. 5 S. 2 FHSV als fremdenrechtliche Regelung zu verstehen, die eines der Subjekte des Staatsvertrages begünstigt, indem an dessen Ausländereigenschaft besondere Rechtsfolgen angeknüpft werden. Andererseits kann die Anerkennung des rechtlichen Status solcher Gesellschaften, die nach den Gesetzen des anderen Vertragsteils auf dessen Gebiet errichtet sind, auch als Verweisung auf eine Rechtsordnung für die Bestimmung der Rechtsfähigkeit einer solchen Gesellschaft gedeutet werden[134]. Art. XXV Abs. 5 S. 2 FHSV wäre in diesem Fall eine kollisionsrechtliche Regelung.

Ein formaler inländischer Zulassungsakt ist mit dem Begriff der Anerkennung in keinem der beiden oben genannten Fälle gemeint und liegt auch nicht dem Begriff der Anerkennung im Rahmen des FHSV zugrunde. Bereits zu Anfang des 20. Jahrhunderts waren sich Literatur und Rechtsprechung einig, dass die

---

129 „*Companies constituted under the applicable laws and regulations within the territories of either party shall be deemed companies thereof and shall have their judicial status recognized within the territories of the other party.*" (Art. XXV Abs. 5 S. 2 FHSV, englische Fassung).

130 OLG Düsseldorf, Urt. v. 01. Oktober 1997 - 15 U 173/96, Rz. 57–63.

131 *Kegel/Schurig*, IPR, S. 588 f.

132 S. zur Definition des Begriffs des Fremdenrechts unten unter B. III. 1. a. aa.

133 Vgl. *Ebke* in FS Hay, 119, 126; *Tersteegen*, Kollisionsrechtliche Behandlung ausländischer Kapitalgesellschaften, S. 288 m. w. N.

134 S. zu der Abgrenzung von deklaratorischer und konstitutiver Funktion des Begriffs der „Anerkennung" in Staatsverträgen *Grothe*, Die ausländische Kapitalgesellschaft & Co., S. 16.

Anerkennung ausländischer Gesellschaften "automatisch" erfolge.[135] Dabei kann eine solche "automatische" Anerkennung allerdings fremdenrechtlich angebunden sein oder kollisionsrechtlich an der Rechtsfähigkeit der Gesellschaft anknüpfen. Im Einzelnen ist hier zwar umstritten, ob sich die fehlende Notwendigkeit eines formalen Zulassungsaktes aus einer gewohnheitsrechtlichen Norm ergibt[136], indes ist dies ohne praktische Relevanz und Auswirkung. Nachfolgend ist daher allein zu untersuchen, ob es sich bei der Regelung des Art. XXV Abs. 5 S. 2 FHSV um eine kollisionsrechtliche oder um eine fremdenrechtliche Regelung handelt. In letzterem Fall ließe sich der Norm keine Aussage über das auf US-amerikanische Gesellschaften anwendbare Recht entnehmen.

1. Wortlautauslegung

Eine vertragsautonome Auslegung des Begriffs der Anerkennung führt zu keinem Ergebnis, da sich dieser Begriff nach dem oben bereits Ausgeführten einer eindeutigen Zuordnung aus sich selbst heraus entzieht.[137] Daher ist die gewöhnliche Bedeutung des Begriffs der "Anerkennung" nach Maßgabe der beiden Vertragssprachen zu bestimmen und in einem weiteren Schritt festzustellen, wie die weiterführende Begrifflichkeit der "Anerkennung des rechtlichen Status" zu werten ist. Wie bereits erläutert[138], wird dabei auf Grundlage von Art. 31 Abs. 3 und 4 WÜRV zunächst vermutet, dass der Begriff in beiden Vertragssprachen dieselbe Bedeutung hat.

a. Wortlaut des Begriffs „Anerkennung"

Der Wortlaut des Begriffs der Anerkennung wird in der Literatur zum Teil kollisionsrechtlich und zum Teil fremdenrechtlich gedeutet. Zeitlich maßgend für die Bestimmung des Begriffs ist zunächst der Zeitpunkt des Vertragsabschlusses, sodass es insbesondere auf die Bedeutung ankommt, die dem Begriff in den fünfziger Jahren beigemessen wurde.

aa. Der Begriff der „Anerkennung" in der deutschen Sprachfassung

Der jahrzehntelang geführte Diskurs um die Bedeutung des Wortes „Anerkennung" hat seinen Ursprung in der konzeptionellen Vermengung kollisionsrechtlicher

135 RGZ 83, 167; 7, 68, 70; Ebenroth/Bippus, NJW 1988, 2137, 2141; Paal, RIW 2005, 735.

136 Für eine gewohnheitsrechtliche Norm argumentiert *Wiedemann*, Gesellschaftsrecht, S. 780; aA *Behrens*, ZGR 1978, 499, 508 f.; *Ebenroth*, NJW 1988, 2137, 2141.

137 *Kaulen*, Anerkennung von Gesellschaften, S. 115.

138 S. oben unter B., II., 2.

und fremdenrechtlicher Aspekte[139]. Als Fremdenrecht bezeichnet man allgemein die Summe gesetzlicher Regeln für all jene, die nicht die Staatsangehörigkeit des regelnden Staates besitzen. Teile dieses Rechts lassen sich in den allgemeinen Regeln des Völkerrechts i. S. d. Art. 25 GG finden sowie in völkerrechtlichen Verträgen und im innerstaatlichen Recht[140]. Die Ausländereigenschaft wird dabei als Tatbestandsmerkmal genutzt, an das unmittelbar die Rechtsfolge besonderer rechtlicher Regelungen geknüpft ist, die vom allgemeinen inländischen Recht materiell abweichen[141]. Kurz gesagt stellt Fremdenrecht demnach „inländisches Sonderrecht für Ausländer" dar[142]. Eine Kollisionsnorm knüpft hingegen nicht unmittelbar Rechtsfolgen an die Ausländereigenschaft an, sondern nutzt die Staatsangehörigkeit lediglich zum Anknüpfungspunkt für die Verweisung auf eine bestimmte Rechtsordnung, nach deren Normen anschließend rechtliche Fragen zu klären sind. Im Rahmen des Kollisionsrechts stellt die Staatsangehörigkeit dabei nur eines von mehreren denkbaren Anknüpfungspunkten dar und wird nicht zwingend für jede Kollisionsnorm als Anknüpfungsmoment benutzt. Während Fremdenrecht also materielles Sonderrecht für Ausländer darstellt, handelt es sich bei Kollisionsrecht um Verweisungsrecht[143].

Auch im Bereich des internationalen Gesellschaftsrechts ist die Zuordnung als fremdenrechtliche oder als kollisionsrechtliche Regelung aufgrund des weiten Gebrauchs des Begriffs der Anerkennung nicht immer eindeutig. Zwar behandelt nach allgemeiner Ansicht das Rechtsinstitut der Anerkennung im Bereich des internationalen Gesellschaftsrechts die Voraussetzungen, unter denen ein Staat Kenntnis von dem Bestand solch einer Gesellschaft nimmt, deren Rechtspersönlichkeit sich aus dem Recht eines anderen Staates ableitet[144]. Jedoch gebrauchen sowohl das Kollisionsrecht als auch das Fremdenrecht den Begriff der Anerkennung in diesem Sinne[145,146].

---

139 *Behrens*, ZGR 1978, 499.

140 *Hobe*, Einführung Völkerrecht, Kap. 2, S. 74; *Großfeld* in Staudinger, IntGesR, Rn. 962 f.

141 *Behrens*, ZGR 1978, 499, 500.

142 *Großfeld* in Staudinger, IntGesR, Rn. 2; *Ebenroth/Bippius*, NJW 1988, 2137, 2138.

143 *Behrens*, ZGR 1978, 499, 500.

144 *Großfeld* in Staudinger, IntGesR, Rdnr. 123 m. w. N.; Behrens, ZGR 1978, 500; *Ebenroth/Bippius*, NJW 1988, 2137, 2138.

145 *Großfeld* in Staudinger, IntGesR, Rn. 163, 169; *Ebenroth*, Vermögenszuwendungen, S. 334.

146 Allgemein zum Inhalt des Anerkennungsbegriffs *Kindler* in MüKo, Bd. 13, IntHuGR, Rn. 319 ff.; *Ebenroth/Bippius*, NJW 1988, 2137, 2138.

Um den fremdenrechtlichen Gehalt des Anerkennungsbegriffs zu verstehen, ist es daher notwendig, sich mit der historischen Entwicklung der Anerkennung von Gesellschaften im Fremdenrecht zu beschäftigen. Lange Zeit existierte kein Kollisionsrecht der Gesellschaften, sondern es stellte sich allein die fremdenrechtliche Frage, ob es in Deutschland ausländischen Gesellschaften gestattet sei, Handel zu treiben, d. h. von welchen Voraussetzungen die Zulassung solcher Gesellschaften zum Gewerbebetrieb in Deutschland abhing. § 12 Gewerbeordnung des Norddeutschen Bundes stellte solche Zulassungsvoraussetzungen für ausländische Gesellschaften auf und verwies auf die Landesgesetze[147]. Aus der Begründung zum Erlass dieser Norm geht hervor, dass die Rechtsfähigkeit unmittelbar mit der Zulassung zum Gewerbebetrieb verknüpft war, mithin die Rechtssubjektivität einer Gesellschaft in Deutschland von der ihr gewährten Erlaubnis zum Gewerbebetrieb abhängig war[148]. Anerkennung einer ausländischen Gesellschaft im fremdenrechtlichen Sinn bedeutete demnach die Zulassung zum inländischen Gewerbebetrieb. Hintergrund der Regelung war das Misstrauen gegenüber den nach fremdem Recht gegründeten Gesellschaften, die Befürchtung einer von den Begünstigungen ausländischen Gesellschaftsrechts verursachten Abwanderung nationaler Gesellschaften sowie schließlich die beabsichtigte Einsetzung der Regelung als Druckmittel für Vertragsverhandlungen betreffend die Rechtsfähigkeit deutscher Gesellschaften im Ausland[149]. Nach alldem hätte der Begriff der Anerkennung im Rahmen des

147 § 12 S. 1 Gewerbeordnung des Norddeutschen Bundes von 1869 lautet: „*Hinsichtlich des Gewerbebetriebes der juristischen Personen des Auslands bewendet es bei den Landesgesetzen.*“

148 *Großfeld*, RabelsZ 38 (1974), 358 f.; *Ebenroth/Bippius*, NJW 1988, 2137, 2139; *Behrens*, ZGR 1978, 499, 502.

149 Vgl. die Begründung zu § 12 Gewerbeordnung des Norddeutschen Bundes von 1869: „*Die Aufrechterhaltung des Landesgesetze hinsichtlich der Befugnis der juristischen Personen des Bundesauslands zum selbstständigen Gewerbebetrieb ist deshalb erforderlich, weil die Bedingungen, an welche in verschiedenen Ländern das Recht der juristischen Person geknüpft ist, verschiedene sind, eine Umgehung der einheimischen Bedingungen der Entstehung der juristischen Persönlichkeit also durch Verlegung des Wohnsitzes der juristischen Person nach dem Bundesauslande möglich würde. Außerdem genießen auch die juristischen Personen des Bundesgebiets im Ausland nicht einmal überall Rechtsfähigkeit, geschweige denn die Befugnis zum selbstständigen Gewerbebetrieb, und es ist notwendig, über diese Materien die Möglichkeit von Verträgen, die Gegenseitigkeit gegründet sind, offen zu halten.*“; zit. über *Behrens*, ZGR 1978, 499, 502 m. w. N. Vgl. für ähnliche Motive im romanischen Raum *Drobnig* in FS von Caemmerer, S. 687, 690 f.

FHSV dann fremdenrechtlichen Charakter, wenn im Rahmen des FHSV Fragen der gewerberechtlichen Zulassung derart mit der Rechtsfähigkeit verbunden wären, dass erstere Vorraussetzung für letztere wären[150]. Die „Anerkennung" müsste demnach dann auch regeln, unter welchen Vorraussetzungen die Gesellschaft sich im Inland niederlassen und gewerberechtlich betätigen darf, um dann hieraus auf deren Rechtsfähigkeit zu schließen[151].

Gegen eine fremdenrechtliche Auslegung des Anerkennungsbegriffs spricht jedoch, dass sich bereits Anfang des 20. Jahrhunderts mit der Weiterentwicklung des Kollisionsrechts die Meinung durchsetzte, dass die Rechtsfähigkeit einer Gesellschaft einerseits und ihre Zulassung zum Gewerbebetrieb andererseits zwei voneinander zu trennende Fragen seien[152]. Dies schlug sich nicht zuletzt in § 12 Gewerbeordnung (GewO)[153] nieder, der zwar eine gesetzliche Genehmigungspflicht aller ausländischen Gesellschaften vorsah, aber durch § 15 Abs. 2 GewO ergänzt wurde. § 15 Abs. 2 S. 2 GewO sieht vor, dass einer Gesellschaft der Gewerbebetrieb nicht nur auf Grund fehlender Genehmigung untersagt werden kann, sondern auch bei fehlender Anerkennung ihrer Rechtsfähigkeit im Inland. Die Rechtsfähigkeit stellt somit keine Rechtsfolge der Genehmigung mehr dar, sondern wirkt vielmehr als eine Voraussetzung für die Genehmigung eines Gewerbebetriebes[154]. Zwar wurde § 12 GewO[155] 1984[156] aus der Gewerbeordnung gestrichen, § 15 Abs. 2 S. 2 GewO besteht jedoch, ebenso wie eine sachliche Trennung von Rechtssubjektivität und der Möglichkeit, ein Gewerbe

150 *Behrens*, ZGR 1978, 499, 502; *Ebenroth/Bippius*, NJW 1988, 2137, 2139.

151 *Paal*, RIW 2005, 735, 737; *Kindler* in MüKo, Bd. 13, IntHuGR, Rn. 325; *Ebenroth* in Müko, 1. Aufl., Nach Art. 10 Rn. 102; *Ebenroth/Bippius*, NJW 1988, 2137, 2139; *Ebenroth/Sura, RabelsZ* 43 (1979), 316 f.

152 Diskutiert wurde diese Differenzierung bereits in der zweiten Häfte des 19. Jahrhunderts, vgl. bspw. die Nürnberger Beratungen zum Allgemeinen Deutschen Handelsgesetzbuch im Jahre 1957 (Textauszug in *Ebenroth/Bippius*, NJW 1988, 2137, 2139 - dort zit. nach *Großfeld*, RabelsZ 38 (1974), 358) und in einer Entscheidung des Reichsgerichts, RG v. 05. Juni 1882 – Rev. I 291/82 (RGZ 7, 68, 70).

153 In der Fassung vom 01. Januar 1978.

154 Vgl. auch *Behrens*, ZGR 1978, 499, 503; *Ebenroth/Bippius*, NJW 1988, 2137, 2140.

155 Fassung vom 01. Januar 1978.

156 Gesetz zur Änderung des Titels III der Gewerbeordnung und anderer gewerberechtlicher Vorschriften vom 25. Juli 1984 (BGBl. I 1984, 1008).

zu betreiben, fort[157]. Fragen der Rechtsfähigkeit einer ausländischen Gesellschaft können sich schließlich auch stellen, wenn die Gesellschaft kein Gewerbe im Inland betreibt[158]. Im Ergebnis bleibt daher festzuhalten, dass eine Gesellschaft in Deutschland nur Handel treiben kann, wenn sie rechtsfähig ist[159], und dass diese Rechtsfähigkeit als „Tatbestandsmerkmal“[160] jeden Gewerbetreibens durch dieses eben nicht bedungen wird. Die Beziehung von Rechtssubjektivität und Gewerbebetrieb zueinander steht nach deutschem Recht daher nicht in einem fremdenrechtlichen Zusammenhang. Auch die Anerkennung einer Gesellschaft kann demnach nur noch als Anerkennung ihrer Rechtssubjektivität losgelöst von Fragen des Gewerbetreibens und somit auch losgelöst vom Fremdenrecht verstanden werden. Ausschlaggebend ist mittlerweile einzig, dass die Gesellschaft in Deutschland nach dem auf sie anwendbaren Recht als rechtsfähig gilt[161]. Die fremdenrechtliche Anerkennungsproblematik hat sich mithin zu einer rein kollisionsrechtlichen Frage um die Verweisung auf ein bestimmtes Recht entwickelt[162]. Die Anerkennung nach heutigem Verständnis stellt daher die „Anknüpfung des Rechtsfähigkeitsstatuts“[163] dar und ist in ihrer mit dem Fremdenrecht verwobenen Begrifflichkeit irreführend und ungenau[164]. Der Begriff der Anerkennung ist daher gegenwärtig rein kollisionsrechtlich zu interpretieren.

Es verbleibt eine am Rande geführte, rechtstheoretische Diskussion im Rahmen des kollisionsrechtlichen Anerkennungsbegriffs darüber, ob die Anerkennung in der reinen Verweisung oder aber in dem Ergebnis der Anwendung

157 § 15 Abs. 2 S. 2 GewO besteht fort und manifestiert die Rechtssubjektivität einer Gesellschaft als Vorraussetzung des Gewerbebetriebs für genehmigungspflichtige wie genehmigungsfreie Gesellschaften des Auslands; *Ebenroth/Bippius*, NJW 1988, 2137, 2140. Eine Anerkennung der Gesellschaft als rechtsfähig bedeutet nicht notwendigerweise ihre Zulassung zum Gewerbebetrieb und die Versagung einer Genehmigung bedeutet nicht unbedingt, dass die Gesellschaft in Deutschland nicht als Rechtssubjekt wahrgenommen wird.

158 *Ebenroth/Bippius*, NJW 1988, 2137, 2139.

159 *Behrens*, ZGR 1978, 499, 512; *Ebenroth/ Bippus*, NJW 1988, 2137, 2140; s. aber auch arg. § 15 Ab.2 S. 2 GewO.

160 *Ebenroth/Bippius*, NJW 1988, 2137, 2140 m. w. N.

161 *Kindler* in MüKo, IntGesR, Rn. 242.

162 *Wiedemann*, Gesellschaftsrecht I, S. 778 ff.; *Ebenroth/Bippius*, NJW 1988, 2137, 2140; *Großfeld* in Staudinger, IntGesR, Rn. 128; *Behrens*, ZGR 1978, 499, 509 f.

163 *Behrens*, ZGR 1978, 499, 510.

164 *Großfeld* in Staudinger, IntGesR, Rn. 227; *Ebenroth*, Vermögenszuwendungen, S. 334; *Grasmann*, System des Internationalen Gesellschaftsrechts, Rn. 187; *Drobnig*, ZHR 129 (1967), 93, 105 ff.

fremden Sachrechts auf Grund der Verweisung einer deutschen Kollisionsnorm liegt[165]. Dogmatisch konsequenter erscheint in Anbetracht des fremdenrechtlichen Ursprungs der Begrifflichkeit die Einordnung des Begriffs als Ergebnis der Anwendung des Gesellschaftsstatuts. Für die kollisionsrechtliche Einordnung des Anerkennungsbegriffs bleibt dies indes ohne Relevanz.

bb. Keine Notwendigkeit der dynamischen Auslegung des Anerkennungsbegriffs

Da sich die Entwicklung des fremdenrechtlichen zum kollisionsrechtlichen Anerkennungsbegriff zum Zeitpunkt des Vertragsschlusses in einem Übergangsstadium befand, stellt sich die Frage, ob der Anerkennungsbegriff zu diesem Zeitpunkt noch fremdenrechtlich zu verstehen war[166] und man ggf. nur durch eine dynamische Auslegung der „Anerkennung" zu einer kollisionsrechtlichen Bedeutung gelangen kann.[167] § 15 Abs. 2 S. 2 GewO und damit auch die eindeutige Klarstellung, dass die Rechtsfähigkeit einer Gesellschaft unabhängig von einer gewerblichen Genehmigung ist, wurde erst durch das Gesetz zur Durchführung von Richtlinien der Europäischen Wirtschaftsgemeinschaft über die Niederlassungsfreiheit und den freien Dienstleistungsverkehr vom 13. August 1965[168] in die Gewerbeordnung eingefügt. Es zeigt sich jedoch eindeutig in der Rechtsprechung des Reichsgerichts, dass bereits Ende des 19. Jahrhunderts zwischen der Erlaubnis, ein Gewerbe zu betreiben, und der Rechtsfähigkeit einer ausländischen Gesellschaft unterschieden wurde. In einem Urteil vom 14. April 1882 erläuterte der 2. Zivilsenat des Reichsgerichts, dass die Rechtsfähigkeit einer ausländischen Gesellschaft nicht durch ein Verbot ihres Geschäftsbetriebes beseitigt würde.[169] Kurz darauf erläuterte zudem der 1. Zivilsenat des Reichsgerichts, dass in Deutschland der Grundsatz gelte, die Rechtspersönlichkeit einer ausländischen Gesellschaft dann anzuerkennen, wenn sie nach den Gesetzen ihres Sitzstaates wirksam errichtet worden sei.[170] Es besteht daher keine Notwendigkeit

165 *Funken*, Das Anerkennungsprinzip, S. 25.

166 Aufgrund der gewerberechtlichen Gegebenheiten zum Zeitpunkt des Entstehens hält dies *Ebke* zumindest nicht für unmöglich, *Ebke*, RIW 2004, 740, 741. Siehe auch *Jestädt*, WuB II N, Art. XXV FHSV, 1.03, 635, 636.

167 Insoweit ungenau: *Tersteegen*, Kollisionsrechtliche Behandlung ausländischer Kapitalgesellschaften, S. 287 f.

168 BGBl. I (S. 849).

169 RGZ 6, 134, 135.

170 RGZ 7, 68, 69 f.

einer dynamischen Auslegung des Anerkennungsbegriffs, da dieser bereits bei Vertragsschluss kollisionsrechtlichen Gehalt hatte.

cc. Recognition in der US-amerikanischen Vertragstextfassung

Auf Grund der zweisprachigen Formulierung des FHSV muss neben dem Wortlaut der deutschen Fassung des Art. XXV Abs. 5 S. 2 FHSV auch die Bedeutung des als *recognition*[171] bezeichneten englischsprachigen Äquivalents im Staatsvertrag auf seine kollisions- oder fremdenrechtliche[172] Natur hin untersucht werden. In den USA wird der Begriff *recognition* im juristischen Bereich unter anderem im Zusammenhang mit der „Anerkennung einer ausländischen Gesellschaft" (*recognition of a foreign corporation*) gebraucht. Thematisiert wird die *recognition* in den USA zumeist bei einem bundesstaatsüberschreitenden Tätigwerden einer US-amerikanischen Gesellschaft, da im US-amerikanischen Gesellschaftsrecht juristische Personen als den einzelnen Bundesstaaten zugehörig eingeordnet werden. Die Begrifflichkeit wird jedoch auch in Zusammenhang mit den Gesellschaften von Drittstaaten diskutiert. Dabei gilt die gesetzliche Regel: „Incorporation by one state will be recognized by other states", d. h. dass die Gesellschaftsgründung in einem Staat von den anderen Staaten anerkannt wird. Dies stellt ungeschriebenes Recht dar und lässt sich, wie bereits erläutert, unter anderem den Gerichtsurteilen *State v. Topeka Water Co.*[173], *Cumberland Telegraph & Telephone Co. v. Louisville Home Tel. Co.*[174] und *Lancaster v. Amsterdam Improvement Co.*[175] entnehmen. In der Kommentierung zu § 297 (*Recognition of foreign corporations*), Topic 1,

---

171 Englische Fassung des FHSV abrufbar über die Webseite der US-Botschaft in Deutschland unter http://usa.usembassy.de/etexts/friendtreaty4555.htm (zuletzt abgerufen am 24.09.2014).

172 So ist dann wohl die *student note* (Harvard Law Review Association) in 74 Harv. L. Rev. (1961) 1429, 1450 zu verstehen, die in Bezug auf die zwischen Frankreich und den USA abgeschlossene Convention of Establishment vom 25. November 1959 der Begrifflichkeit „*(companies shall) have their juridical status recognized*" keine kollisionsrechtliche Qualität zuerkennt. Zu diesem Ergebnis kommt der Aufsatz wohl aber nur aufgrund teleologischer Erwägungen, "*but this convention […] does not purport to deal with conflict-of-laws questions*", und ist daher im Ergebnis nicht im Rahmen der Wortlautauslegung eines anderen Staatsvertrages anwendbar.

173 *State v. Topeka Water Co.*, 61 Kan. 547, 60 P. 337 (1900).

174 *Cumberland Telegraph & Telephone Co. v. Louisville Home Tel. Co.*, 114 Ky. 892, 72 S.W. 4 (1903).

175 *Lancaster v. Amsterdam Improvement Co.*, 140 N.Y. 576, 35 N.E. 964 (1894).

Chapter 13, Conflicts of Laws, 2d, Restatement of the Law Second[176] wird unter dem Abschnitt a) die Bedeutung des Begriffs *recognition* erläutert:

> Meaning of recognition. A distinction must be drawn between recognition of a foreign incorporation and permitting a foreign corporation to do various kinds of acts. The corporate status will be recognized everywhere, but [...] it is customary for a state to place limitations upon the privilege of a foreign corporation to do business, or to conduct activities, within its territories. [...].

Hier wird klargestellt, dass es sich bei der *recognition* nur um die Anerkennung einer Gesellschaft als selbstständige Einheit handelt, dies aber nicht notwendigerweise auch die Erlaubnis mit sich bringt, Handel im Inland zu treiben. Macht ein US-Bundesstaat bei einer ausländischen Gesellschaft die Erlaubnis geschäftlichen Handelns von bestimmten Bedingungen abhängig und unterscheidet damit zwischen in- und ausländischen Gesellschaften, so kann es sich dabei zwar um eine fremdenrechtliche Regelung handeln. Diese ist aber nach der Kommentierung zu § 297 Restatement of the Law Second gerade nicht Teil der *recognition of a foreign incorporation*. Letztere legt lediglich fest, dass eine im Ausland gegründete Gesellschaft als Rechtsgebilde zu betrachten ist.[177] Zudem ist § 297 Restatement of the Law Second dem Kapitel *Conflicts of Laws* – Kollisionsrecht – zugeordnet und ist somit auch innerhalb der *restatements* systematisch als Kollisionsnorm qualifiziert. Wird die Gründung einer Gesellschaft in einem anderen Staat als ihrem Gründungsstaat als wirksam anerkannt, so bedeutet dies daher, dass die Frage nach ihrer rechtmäßigen Gründung mit Hilfe des Rechts ihres Gründungsstaates beantwortet wird. Das Recht des anerkennenden Staates enthält nämlich im Zweifel andere Voraussetzungen für eine wirksame Gründung als das Recht des Gründungsstaates. Würde die Anerkenung der Gründung von diesen Gesetzen abhängen, müsste man regelmäßig entgegen des § 297 Restatement of the Law Second eine wirksame Gesellschaftsgründung verneinen. Die in § 297 Restatement of the Law Second niedergeschriebene Regelung ist daher als kollisionsrechtliche Norm mit Verweis auf das Gründungsstatut zu verstehen. Der in ihr enthaltene Begriff der *recognition* ist somit fachspezifisch als kollisionsrechtlich geprägte Bestimmung auszulegen. Auch in der US-amerikanischen Fassung des

---

176 Die *Restatements* des American Legal Institut stellen eine Zusammenfassung des aktuellen Rechtsprechungsstands dar und sind nicht mit geschriebenem Recht gleichzusetzen. Bedeutung ziehen sie aus dem Umstand, dass die *Restatements* von hochrangigen Gelehrten und Praktikern verfasst werden und daher einen allgemein respektierten Überblick über die aktuelle Rechtssituation in den USA beinhalten.

177 S. hierzu: www. kentlaw.edu/perritt/conflicts/rest297.html (zuletzt aufgerufen am 13.03.2022).

Art. XXV Abs. 5 S. 2 FHSV spricht der Wortlaut des Begriffs Anerkennung bzw. *recognition* demnach für eine kollisionsrechtliche Regelung.

b. Wortlaut und Satzzusammenhang „Anerkennung des rechtlichen Status"

Die Beurteilung des Begriffs der Anerkennung im Rahmen des Art. XXV Abs. 5 S. 2 FHSV in seinem Satzzusammenhang ergibt ebenfalls keine andere Wertung. Art. XXV Abs. 5 S. 2 FHSV lässt sich in zwei Halbsätze gliedern. Der erste Halbsatz regelt, dass „*Gesellschaften, die gemäß den Gesetzen und sonstigen Vorschriften des anderen Vertragsteils in dessen Gebiet errichtet sind, [als] Gesellschaften dieses Vertragsteils*" gelten. Hier wird lediglich festgelegt, was unter Gesellschaften des anderen Vertragsteils zu verstehen und wer somit Bezugspunkt des nachfolgenden Halbsatzes ist. Zwar könnte man vermuten, dass mit der Formulierung „gelten als Gesellschaften dieses Vertragsteils" bereits eine Anerkennung, die fremden- oder kollisionsrechtlich zu interpretieren ist, ausgesprochen wird. Dann würde allerdings dem zweiten Halbsatz des Art. XXV Abs. 5 S. 2 FHSV, der für Gesellschaften der jeweils anderen Vertragspartei festlegt, dass „*ihr rechtlicher Status [...] in dem Gebiet des anderen Vertragsteils anerkannt [wird]*", bloße Klarstellungsfunktion zukommen. Dem widerspricht, dass die „Anerkennung des rechtlichen Status einer Gesellschaft" spezieller und damit enger zu definieren ist als die allgemeiner gefasste Formulierung der „Geltung als Gesellschaft des anderen Vertragsteils". Dem ersten Halbsatz kann daher keine eigene fremden- oder kolliosionsrechtlich zu deutende Anerkennung entnommen werden. Auch in seiner Funktion als Festlegung der Kriterien für die Qualifikation als „einer Gesellschaft des anderen Vertragsteils" ist dieser Halbsatz weder eindeutig fremden- oder kollisionsrechtlich auszulegen.

Daher muss dem zweiten Halbsatz nicht nur eine ergänzende Funktion, sondern ein selbstständiger Regelungsinhalt zugestanden werden, während dem ersten Halbsatz definierende Wirkung zukommt.

Inhalt des zweiten Halbsatzes ist zum einen die Anerkennung einer Gesellschaft, wie sie im ersten Halbsatz bestimmt wird, und zum anderen der Umfang der Anerkennung, namentlich die Anerkennung des rechtlichen Status. In anderen Worten wird, zieht man die beiden Halbsätze zusammen, zumindest die Rechtsfähigkeit als Mindestbestandteil der Formulierung „rechtlicher Status" einer in den USA nach US-amerikanischem Gesellschaftsrecht wirksam errichteten Gesellschaft in Deutschland anerkannt[178]. Da sich diese anzuerkennende

178 Ob darüber hinaus eine Verweisung für das gesamte Gesellschaftsstatut ausgesprochen wird, wird nachfolgend unter B. 5. diskutiert.

Rechtsfähigkeit der Gesellschaft laut Art. XXV Abs. 5 S. 2 FHSV nach dem Recht des Vertragsteils richtet, nach dessen Gesetzen und auf dessen Gebiet sie errichtet ist, enthält Art. XXV Abs. 5 S. 2 FHSV einen Verweis auf die Rechtsordnung eines Vertragsteils und stellt sich somit als kollisionsrechtliche Regelung dar[179]. Liest man den Anerkennungsbegriff somit im Licht der ihn umgebenden Worte, wird sein Verweisungscharakter besonders deutlich. Aber auch unabhängig von diesem Verweis unterstützt die Begrifflichkeit der Anerkennung „des rechtlichen Status" eine kollisionsrechtliche Interpretation. Denn der Bezug auf den rechtlichen Status hebt hervor, dass es sich bei Art. XXV Abs. V S. 2 FHSV nicht um die (fremdenrechtliche) Vorfrage für die Anwendbarkeit spezieller materiell-rechtlicher Regelungen handelt, sondern um Tatbestand und Rechtsfolge der Behandlung einer auf fremdem Staatsgebiet gegründeten Gesellschaft als rechtlich existent auf dem eigenen Staatsgebiet. Eine solche Regelung wurde bereits zu Zeiten des Vertragsschlusses als kollisionsrechtlich angesehen.[180]

Die Auslegung des gesamten Wortlauts von Art. XXV Abs. 5 S. 2 FHSV unterstützt daher das Ergebnis, dass es sich hierbei um eine Bestimmung kollisionsrechtlicher Natur handelt.

2. Systematik

Auch eine systematische Auslegung des Art. XXV Abs. 5 S. 2 FHSV deutet, wenngleich nicht in entsprechender Eindeutigkeit, auf ein kollisionsrechtliches Verständnis der Anerkennung hin. Schwerpunkt der hierzu in der Literatur aufzufindenden Auseinandersetzungen sind dabei die ungewöhnliche Stellung der Regelung am Ende des Staatsvertrages sowie deren Spannungsverhältnis mit den die Meistbegünstigung und Inländergleichbehandlung vorschreibenden Vorschriften des Staatsvertrages.

a. Position des Art. XXV Abs. 5 S. 2 FHSV innerhalb des Staatsvertrages

Art. XXV Abs. 5 S. 2 FHSV ist eine der letzten Regelungen des insgesamt neunundzwanzig Artikel umfassenden Freundschaftsvertrages. Er befindet sich damit an einer Position, die grundsätzlich den abschließenden Erklärungen vorbehalten ist[181]. So regelt der ihm vorangestellte Art. XXIV FHSV Ausnahmen

---

179 *Ebenroth/Bippius*, NJW 1988, 2137, 2141; in der Argumentationslinie unklar *Tersteegen*. Kollisionsrechtliche Behandlung ausländischer Kapitalgesellschaften, S. 289.

180 Vgl. oben unter B., III., 1., a., aa.

181 Vgl. Bulletin des Presse- und Informationsamtes der Bundesregierung vom 03. November .1954, Nr. 207, S. 1856, sowie vom 19. November 1954, Nr. 217, S. 1981.

von dem Anwendungsbereich des Staatsvertrages, während der nachfolgende Art. XXVI FHSV den räumlichen Anwendungsbereich festlegt. Systematisch soll das nach Meinung einiger für eine fremdenrechtliche Deutung der Regelung oder zumindest gegen eine kollisionsrechtliche Deutung sprechen, da die hinten angestellte Position der grundsätzlichen und weitreichenden Bedeutung einer Kollisionsnorm nicht gerecht werde[182]. Zudem ist die Regelung in einem Artikel angesiedelt, der die maßgeblichen Begriffe der voranstehenden Vorschriften definiert.

Die geradezu versteckte Stellung[183] der „Anerkennung des rechtlichen Status“ im zweiten Satz des fünften Absatzes des Art. XXV FHSV deutet tatsächlich zunächst eher auf eine fremdenrechtlich zu verstehende Regelung hin, für die auch eine Verknüpfung mit Definitionsnormen Sinn ergeben würde, da fremdenrechtliche Regelungen an einer zu definierenden Ausländereigenschaft der Gesellschaften anknüpfen würden. Eine fremdenrechtliche Norm mit konkret formulierter materiell-rechtlicher Rechtsfolge wäre auf Grund ihres, im Gegensatz zu einer Kollisionsnorm beschränkten, Wirkungsumfangs am Ende eines Staatsvertrages auch weniger überraschend positioniert. Tatächlich ist die Stellung des Art. XXV Abs. 5 S. 2 FHSV im Normengefüge des Vertrages jedoch nicht notwendigerweise konträr zu der Annahme einer kollisionsrechtlichen Norm. Die Anordnung dieses Satzes unmittelbar hinter der Definition einer „Gesellschaft“ in Art. XXV Abs. 5 S. 1 FHSV ist naheliegend, da beide Regelungen verwandte Fragestellungen betreffen, die sinnvoller Weise in einem Absatz geklärt werden. Gerade für den ersten Halbsatz des Art. XXV Abs. 5 S. 2 FHSV, „*Gesellschaften, die gemäß den Gesetzen und sonstigen Vorschriften des anderen Vertragsteils in dessen Gebiet errichtet sind, gelten als Gesellschaften dieses Vertragsteils*“, ist die Definition des Art. XXV Abs. 5 S. 1 FHSV von besonderer Bedeutung, da sie die in ihm erwähnten „Gesellschaften“ definiert. Dieser Halbsatz führt die Definition von „Gesellschaften“ fort, indem er die sich notwendig anschließende Frage nach der Herkunft der Gesellschaften beantwortet. Da aber die Festlegung als US-amerikanische Gesellschaft im Rahmen des tatsächlichen Geschäftsverkehrs ohne die zusätzliche Hinnahme ihrer rechtlichen Selbstständigkeit als juristische Person durch den anderen Vertragsteil bedeutungslos ist,

---

182 Vgl. *Tersteegen*, Kollisionsrechtliche Behandlung ausländischer Kapitalgesellschaften, S. 289 mit Verweis auf OLG Düsseldorf, Urt. v. 01. Oktober 1996 – 15 U 173/96.

183 So auch *Bungert*, ZVglRWiss 93 (1994), 117, 133.

ist die Formulierung einer sich direkt an die Definition anschließenden, kollisionsrechtlichen Regelung zweckmäßig. Die Positionierung der „Anerkennung des rechtlichen Status" im zweiten Halbsatz des Art. XXV Abs. 5 S. 2 FHSV ist daher zwar ungewöhnlich, aber aus Praktikabilitätserwägungen durchaus nachvollziehbar. Zudem wäre eine Positionierung des Art. XXV Abs. 5 S. 2 FHSV in den vorderen Artikeln des Vertrages nicht unbedingt von Vorteil, da sich dort vor allem Spezialnormen zu den Bereichen des Handels und der Schifffahrt befinden. Dieses Auslegungsergebnis wird ferner dadurch unterstützt, dass der FHSV nicht in Kapitel gegliedert wurde und somit auch kein abschließender Teil mit der Überschrift „Schlussbestimmungen" existiert[184]. Der Aufbau des Vertrages stellt somit, wenngleich ohne eindeutig kollisionsrechtliche Interpretationsmöglichkeit, zumindest kein Argument gegen eine kollisionsrechtliche Deutung dar. Die Stellung des Art. XXV Abs. 5 S. 2 FHSV mag daher eher einem Mangel an geeigneteren Orten innerhalb des Vertrages zu danken sein, als der Klassifizierung als (fremdenrechtliche) Schlussbestimmung.

b. Rückschlüsse aus dem Zusammenspiel mit Art. VII FHSV

Zum Teil wird Art. VII FHSV als eine die kollisionsrechtliche Auslegung des Art. XXV Abs. 5 S. 2 FHSV begünstigende Regelung verstanden, teils aber auch als eigenständige Kollisionsnorm oder als fremdenrechtliche Vorschrift interpretiert. Art. VII Abs. 1 S. 1 FHSV sichert den Gesellschaften des jeweils anderen Vertragsteils Inländergleichbehandlung hinsichtlich der Ausübung jeder Art von geschäftlicher, industrieller, finanzieller oder sonstiger gegen Entgelt vorgenommener Tätigkeit zu. Art. VII Abs. 1 S. 3 FHSV stellt klar, dass hierzu auch die Niederlassungsfreiheit in Form von beispielsweise der Errichtung und des Betriebs von Zweigniederlassungen und der Gründung von Gesellschaften nach dem Recht des Niederlassungsstaates zu zählen ist. Art. VII Abs. 4 FHSV ergänzt die Regelung um eine Meistbegünstigungsklausel. Art. XXV Abs. 1 und Abs. 4 FHSV enthalten Definitionen des Begriffs der Inländerbehandlung[185]

---

184 So auch *Tersteegen*, Kollisionsrechtliche Behandlung ausländischer Kapitalgesellschaften, S. 289.

185 Art. XXV Abs. 1 FHSV definiert den Begriff der Inländerbehandlung wie folgt: „*Der Ausdruck ‚Inländerbehandlung' bedeutet die innerhalb des Gebiets eines Vertragsteils gewährte Behandlung, die nicht weniger günstig ist als diejenige, die dort unter gleichartigen Voraussetzungen den Staatsangehörigen, Gesellschaften, Erzeugnissen, Schiffen und sonstigen Objekten jeglicher Art dieses Vertragsteils gewährt wird.*"

und der Meistbegünstigung[186], während Art. XXV Abs. 2 FHSV die Anwendung der Inländerbehandlung unter den Vorbehalt der Reziprozität stellt und Art. XXV Abs. 3 FHSV diesen Begriff zugunsten Deutschlands als diejenige Behandlung konkretisiert, die den Gesellschaften anderer Gliedstaaten der Vereinigten Staaten von Amerika gewährt wird.

aa. Argumente für und wider eine sich kollisionsrechtlich auswirkende Interpretation des Art. VII FHSV

Die Diskussion um die Auslegung des Art. VII FHSV setzt teilweise an dem Umstand an, dass diese Vorschrift die Gesellschaften des anderen Vertragsteils als Begünstigte konkret benennt. Da die Festlegung der Inländergleichbehandlung sich auf die Gesellschaften des anderen Vertragsteils bezieht und diesen für den Bereich ihrer geschäftlichen Tätigkeit die Gleichstellung zusagt, muss der Vertrag grundsätzlich von dem Bestehen rechtlich anerkannter Gesellschaften ausgehen. Dies könnte dafürsprechen, dass Art. XXV Abs. 5 S. 2 FHSV zwingend als eine solche Voraussetzungen schaffende Regelung zu verstehen sein muss. Hiergegen spricht jedoch, dass Art. VII FHSV einen engeren, nämlich auf die Ausübung geschäftlicher Tätigkeit beschränkten Anwendungsbereich als Art. XXV Abs. V S. 2 FHSV hat. Würde man auf Grund des enger gefassten Art. VII FHSV den Art. XXV Abs. 5 S. 2 FHSV auslegen, würde sich dies auch auf außerhalb des Kontextes des Art. VII FHSV fallende Gesellschaften auswirken und damit über den Anwendungsbereich des Art. VII FHSV hinausgehen.

Auch die in Art. VII FHSV niedergelegten Grundsätze der Inländerbehandlung, Meistbegünstigung und Niederlassungsfreiheit könnten zu einer zwingenden Auslegung des Art. XXV Abs. 5 S. 2 FHSV als kollisionsrechtlich führen. So kann beispielsweise nach Ansicht des Bundesgerichtshofes einer Gesellschaft, der für ihre geschäftliche Tätigkeit die vorgenannten Grundsätze nach dem FHSV zugesichert sind, nicht der rechtliche Status abgesprochen werden, der ihr nach dem Recht ihres Errichtungsstaates zukommt[187]. Daher soll als Ausfluss der in Art. VII Abs. 1 FHSV enthaltenen Niederlassungsfreiheit Art. XXV Abs. 5 S. 2 FHSV als kollisionsrechtliche Regelung des Rechts- und

---

186 Art. XXV Abs. 1 FHSV definiert den Begriff der Meistbegünstigung wie folgt: *„Der Ausdruck ‚Meistbegünstigung' bedeutet die innerhalb des Gebiets eines Vertragsteils gewährte Behandlung, die nicht weniger günstig ist als diejenige, die dort unter gleichartigen Voraussetzungen den Staatsangehörigen, Gesellschaften, Erzeugnissen, Schiffen und sonstigen Objekten jeglicher Art irgendeines dritten Landes gewährt wird."*

187 BGH, Urt. v. 05. Juli 2004 - II ZR 389/02 = NJW-RR 2004, 1618; BGH, Urt. v. 29. Januar 2003 - VII ZR 155/02 = BGHZ 153, 353 = NJW 2003, 1607, 1608.

Parteifähigkeitsstatuts zu beurteilen sein. Hiergegen wird zum Teil vorgebracht, dass Art. VII FHSV und die in ihm niedergelegten Grundsätze schon allein deshalb keine Auswirkung auf die Auslegung von Art. XXV Abs. 5 S. 2 FHSV haben können, weil letzterer die der Anwendung von Art. VII FHSV vorgelagerte Frage regelt, wann eine Gesellschaft überhaupt als Gesellschaft im Sinne des Art. VII FHSV gilt.[188]

Eine Mindermeinung[189], nach der gegen eine kollisionsrechtliche Interpretation des Art. XXV Abs. 5 S. 2 FHSV sprechen soll, dass die Grundsätze der Inländergleichbehandlung und der Meistbegünstigung nur eine Schlechterstellung verhindern, nicht aber eine Besserstellung der Gesellschaften des Vertragspartners bezwecken sollen, wird ganz überwiegend mit überzeugenden Argumenten abgelehnt[190]. Eine Besserstellung der US-amerikanischen Gesellschaften mag zwar aus deutscher Sicht darin gesehen werden, dass diese sich bei Interpretation des Art. XXV Abs. 5 S. 2 FHSV als eine ggf. auf das Gründungsrecht verweisende Kollisionsnorm in Deutschland geschäftlich betätigen dürfen, obwohl die deutschen Gesellschaften für eine entsprechende Betätigung in Deutschland den strengeren deutschen Regelungen unterworfen sind. Zum einen stellt sich dies jedoch eher als ein im Rahmen der Frage der Anknüpfung des Gesellschaftsstatuts zu behandelndes Argument dar, zum anderen legen die Grundsätze der Inländergleichbehandlung und der Meistbegünstigung nur Grenzen „nach unten" fest. Bereits ihrem Wortlaut[191] nach verbieten sie nur eine solche Behandlung „*die nicht weniger günstig ist als diejenige, die dort unter gleichartigen Voraussetzungen den Staatsangehörigen, Gesellschaften, Erzeugnissen, Schiffen und sonstigen Objekten jeglicher Art dieses Vertragsteils gewährt wird*". Eine günstigere Behandlung wird im Umkehrschluss gerade nicht ausgeschlossen.

bb. Art. VII FHSV als fremdenrechtliche Vorschrift

Zum Teil wird Art. VII FHSV als fremdenrechtliche Vorschrift eingeordnet.[192] Die Vorschrift knüpft die Gewährleistung von Inländergleichbehandlung als Rechtsfolge an die Fremdheit der betreffenden Gesellschaft, d. h. an die Voraussetzung der extraterritorialen Abstammung der Gesellschaft, und soll damit in

188 *Paal*, RIW 2005, 735, 737, *Tomschin*, Anerkennung, S. 32 f.
189 *Berndt*, JZ 1996, 187, 189 f.
190 Siehe hierzu *Dammann*, RabelsZ 68 (2004), 607, 624.
191 Vgl. insofern Art. XXV Abs. 1 und 4 FHSV.
192 *Tersteegen*, Kollisionsrechtliche Behandlung ausländischer Kapitalgesellschaften, S. 291, *Ebenroth/Bippius*, NJW 1988, 2137, 2143 und i. E. auch *Kindler* in MüKo, IntGesR, C., II., 3., a., Rn. 335.

ihrer Wirkungsweise einer fremdenrechtlichen Regelung entsprechen. Dies soll jedoch der Annahme, es handele sich bei Art. XXV Abs. 5 S. 2 FHSV um eine kollisionsrechtliche Regelung, nicht entgegenstehen. Denn auch wenn Art. VII FHSV eine fremdenrechtliche Vorschrift ist, bedarf es jedenfalls einer Anerkennungsnorm, die die Voraussetzungen für die Anwendbarkeit des Art. VII FHSV, d. h. „eine Gesellschaft jedes Vertragsteils", festlegt. Ob eine solche Anerkennungsregelung aber fremdenrechtlicher oder kollisionsrechtlicher Natur sein müsste, wird von Vertretern dieser Ansicht offengelassen.

cc. Art. VII FISV als eigenständige Kollisionsnorm

Andererseits könnten die in Art. VII Abs. 1 FHSV niedergelegten Grundsätze der Inländerbehandlung, Meistbegünstigung und Niederlassungsfreiheit selbst eine kollisionsrechtliche Regelung beinhalten. An der Rechtsprechung des EuGHs zur Niederlassungsfreiheit der Art. 49, 54 AEUV ansetzend könnte das Recht der Gesellschaft, sich in dem Staatsgebiet des anderen Vertragsteils niederzulassen, auch die Anerkennung der Rechtspersönlichkeit dieser Gesellschaft mit sich führen. So hat der 2. Zivilsenat des Bundesgerichtshofes in seiner Entscheidung vom 5. Juli 2004 zur Begründung seiner (US-amerikanischen) Anknüpfung der Rechts- und Parteifähigkeit einer US-amerikanischen Gesellschaft ausgeführt, dass sich diese auch aus der in Art. VII Abs. 1 FHSV normierten Niederlassungsfreiheit ergebe[193]. Insofern soll laut dem Bundesgerichtshof Ähnliches wie im Geltungsbereich der Niederlassungsfreiheit nach Art. 49, 54 AEUV gelten. Doch selbst wenn Art. VII FHSV als eine eigenständige Kollisionsnorm angelegt wäre, würde sich hieraus kein Auslegungsgebot für Art. XXV Abs. 5 S. 2 FHSV ergeben. Denn zum einen wäre der Anwendungsbereich einer solchen Kollisionsnorm kleiner als der einer Anerkennung nach Art. XXV Abs. 5 S. 2 FHSV. Für eine kollisionsrechtliche Regelung innerhalb des Art. XXV Abs. 5 S. 2 FHSV bestünde daher immer noch Bedarf. Zum anderen würde eine solche Regelung keinen zwingenden Rückschluss darauf zulassen, ob der nicht von ihr erfasste Regelungsbereich die Anerkennung fremden- oder kollisionsrechtlich beschließt.

dd. Eigene Auffassung

Es überzeugt nicht, dass allein aus dem Bezug des Art. VII Abs. 1 FHSV auf die Gesellschaften des anderen Vertragsteils auf ein kollisionsrechtliches Verständnis des Art. XXV Abs. 5 S. 2 FHSV geschlossen werden soll. Die Inländergleichbehandlung erfordert hier zwar das Vorliegen einer rechtlich anerkannten

---

193 BGH, Urt. v. 05. Juli 2004 - II ZR 389/02 = NJW-RR 2004, 1618.

Gesellschaft, doch auch eine fremdenrechtliche Anerkennung würde zur Erfüllung der Voraussetzung genügen. Im Ergebnis ist daher auch der Ansicht[194] zuzustimmen, nach der Art. VII FHSV gerade deshalb die Auslegung des Art. XXV Abs. 5 S. 2 FHSV nicht bedingen darf, weil von dessen Anwendungsergebnis erst die Anwendung des Art. VII FHSV abhängt. Das Anwendungsergebnis des Art. XXV Abs. 5 S. 2 FHSV ist die Erteilung oder Versagung der Anerkennung und nur bei Anerkennung der fremden Gesellschaft liegen die Tatbestandsvoraussetzungen des Art. VII FHSV vor. Art. VII FHSV kann daher darauf hindeuten, dass innerhalb des FHSV eine Anerkennungsregel kollisionsrechtlicher oder fremdenrechtlicher Art existiert. Er kann jedoch nach der vorliegend vertretenen Ansicht nicht die konkrete Ausgestaltung einer Anerkennungsnorm mitbewirken, da er anderenfalls Voraussetzung und Erfüllung seines eigenen Tatbestands gleichzeitig regeln würde. Daher ist auch die Geltendmachung des eingeschränkten Anwendungsbereichs des Art. VII FHSV entbehrlich. Auch aus diesem Argument folgt lediglich, dass eine dem Art. VII FHSV entnommene Aussage nur Hinweisfunktion für den weiter gefassten Art. XXV Abs. 5 S. 2 FHSV zukommen kann. Der Regelungszweck einer Norm mit speziellem Anwendungsbereich kann keine Aussagekraft für Regelungen mit breiter gefasstem Anwendungsbereich beanspruchen. Aus voranstehenden Gründen ist auch die Meinung des Bundesgerichtshofes abzulehnen, wonach bereits grundsätzlich aus den Grundsätzen der Inländergleichbehandlung, Niederlassungsfreiheit und Meistbegünstigung auf die zwingende Auslegung des Art. XXV Abs. 5 S. 2 FHSV als kollisionsrechtliche Norm zu schließen ist. Zudem ist der vom Bundesgerichtshof herausgestellte, sich aus Art. VII FHSV ergebende Zweck der Sicherung des rechtlichen Status einer fremden Gesellschaft nicht durch die grundsätzliche Entscheidung zwischen kollisionsrechtlicher und fremdenrechtlicher Deutung des Art. XXV Abs. 5 S. 2 FHSV zu erreichen, sondern nur durch eine Deutung als Verweisung explizit auf das Gründungsrecht. Für diese Frage, nämlich der Einordnung als Verweisungsnorm auf das Sitz- oder das Gründungsstatut, könnten die Grundsätze des Art. VII FHSV zur Heranziehung geeignet sein, wenn bereits der kollisionsrechtliche Gehalt des Art. XXV Abs. 5 S. 2 FHSV feststeht. Es ist jedoch nicht zwingend, Art. XXV Abs. 5 S. 2 FHSV als kollisionsrechtlich auszulegen, um eine geschäftliche Betätigung der Gesellschaften des anderen Vertragsteils i. S. d. Art. VII FHSV zu gewährleisten.

194 *Ebke*, JZ 2005, 298, 301; *Paal*, RIW 2005, 735, 737.

Teilweise[195] wird dennoch zugunsten eines sich kollisionsrechtlich auswirkenden Einflusses der Inländergleichbehandlung und der Meistbegünstigung auf den Art. XXV Abs. 5 S. 2 FHSV argumentiert, dass ein solcher notwendig sei, um den Wirkungsbereich dieser beiden Rechtsinstitute zu sichern. Dies wird damit begründet, dass bei bewusst hoch angesetzten fremdenrechtlichen Anerkennungsvoraussetzungen sonst die Gefahr der faktischen Einschränkung der Inländergleichbehandlungs- und Meistbegünstigungsklauseln bestehen würde. Dies kann nach vorliegender Ansicht jedoch nicht als Argument fruchtbar gemacht werden. Die Inländerbehandlung wird erst in einem zweiten Schritt, nämlich nach der Anerkennung eines Rechtsgebildes als Gesellschaft des anderen Vertragsteils, dieser Gesellschaft für einen bestimmten Bereich zugesprochen. Somit bezweckt das Rechtsinstitut der Inländergleichbehandlung eben gerade nicht, die Gleichbehandlung unabhängig von bestimmten Anerkennungsvoraussetzungen zu gewähren.

Richtigerweise ist Art. VII FHSV daher als im Grundatz fremdenrechtliche Norm zu verstehen, die, an die Ausländereigenschaft der Gesellschaften anknüpfend, diesen Inländergleichbehandlung, Niederlassungsfreiheit und Zugang zum Gewerbebetrieb gewährt. Hieraus lässt sich weder eine zwingende Auslegung des Art. XXV Abs. 5 S. 2 FHSV als kollisionsrechtliche noch als fremdenrechtliche Regelung ziehen. Art. VII FHSV kann daher für eine Einordnung der Rechtsnatur der Anerkennung nicht weiterhelfen.

c. Rückschlüsse aus dem Zusammenspiel mit Art. VI FHSV

Art. VI Abs. 1 FHSV gewährt den Gesellschaften des jeweils anderen Vertragsteils Inländerbehandlung hinsichtlich des Zutritts zu den Gerichten sowie Amtsstellen aller Instanzen für die Verfolgung und Verteidigung ihrer Rechte. Vereinzelt wird die Vorschrift dabei als eine Regelung verstanden, die den Gesellschaften des anderen Vertragsteils generelle Parteifähigkeit zuweist.[196] Selbst wenn dies der Fall sein sollte, widerspräche dies jedoch nicht grundsätzlich einem kollisionsrechtlichen oder einem fremdenrechtlichen Verständnis des Art. XXV Abs. 5 S. 2 FHSV. Art. XXV Abs. 5 S. 2 FHSV könnte als Kollisionsnorm einen über die Verweisung auf das Parteifähigkeitsstatut hinausgehenden Regelungsumfang haben. Art. XXIV Abs. 1 e) FHSV regelt Ausnahmesachverhalte, die vom Anwendungsbereich des Staatsvertrages teilweise ausgenommen sind, und legt für Gesellschaften dabei aber auch fest, dass "*die Anerkennung ihres rechtlichen Status und*

195 *Kaulen*, Anerkennung von Gesellschaften, S. 125.
196 *Berndt*, JZ 1996, 189, 190.

der Zugang zu den Gerichten nicht eingeschränkt werden" darf. Die Gewährung des freien Zugangs zu Gerichten i. S. d. FHSV erübrigt somit eine Regelung zur Anerkennung des rechtlichen Status nicht, denn der Freundschaftsvertrag unterscheidet selbst zwischen dem Aspekt des freien Zugangs zu Gericht und der Anerkennung des rechtlichen Status. Diese Unterscheidung wäre überflüssig, wenn Art. XXV Abs. 5 S. 2 FHSV keinen über den Art. VI FHSV hinausgehenden oder sich von diesem unterscheidenden Regelungsbereich hätte. Gleichermaßen ließe sich aber auch Art. XXV Abs. 5 S. 2 FHSV als fremdenrechtliche Anerkennungsnorm lesen, die die Voraussetzung für die in Art. VI Abs. 1 FHSV genannten "Gesellschaften des anderen Vertragsteils" festlegt, ohne dass die Regelung des Art. VI Abs. 1 FHSV dadurch überflüssig würde. Auch Art. VI FHSV trägt somit nicht zur Einordnung des Art. XXV Abs. 5 S. 2 FHSV als kollisions- oder fremdenrechtlich bei.

d. Rückschlüsse aus dem Zusammenspiel mit Art. XXIV Abs. 1 e) FHSV

Aus dem letzten Halbsatz des Art. XXIV Abs. 1 e) FHSV, demzufolge Gesellschaften, die unter der Kontrolle eines Staatsangehörigen eines dritten Staates stehen, von den Vergünstigungen des Staatsvertrages ausgeschlossen werden können, sofern nur ihr Zugang zu Gericht und die Anerkennung ihres rechtlichen Status gewährleistet sind, kann man keine Rückschlüsse auf die Rechtsnatur des Art. XXV Abs. 5 S. 2 FHSV ziehen. Nach Ansicht einiger[197] soll sich zwar aus dem Umstand, dass die Anerkennung des rechtlichen Status noch gesichert sein muss, auch wenn sonst die Vergünstigungen des Vertrages verwehrt werden, ergeben, dass Art. XXV Abs. 5 S. 2 FHSV kollisionsrechtlich auszulegen ist. Hier wird argumentiert, dass die Vorschrift ohne Konsequenz bliebe, wenn die Begrifflichkeit der Anerkennung des rechtlichen Status als Fremdenrechtsnorm zwar den Kreis der nach dem Vertrag Begünstigten festlegt und diese Begünstigtenfestlegung laut Art. XXIV Abs. 1 e) FHSV auch änderungsfest sei, während jedoch die Vergünstigungen selbst abgeschafft werden könnten. Hiergegen spricht jedoch schon, dass Art. XXIV Abs. 1 e) FHSV den Vertragsparteien selbst die Möglichkeit gibt, zu entscheiden, wieviele und welche Vergünstigungen sie im Ausnahmefall nicht gewähren wollen. Keineswegs ist der Regelung zu entnehmen, dass alle Vergünstigungen abgewählt werden müssen. Daher wäre auch die Änderungsfestigkeit einer fremdenrechtlichen Anerkennungsnorm sinnvoll. Zudem stellt eine fremdenrechtliche Anerkennungsnorm entgegen der Argumentation der Gegenmeinung mehr als nur den "Kreis der

197 *Dammann*, RabelsZ 68 (2004), 607, 626 f.; *Tomschin*, Anerkennung, S. 33.

nach dem Vertrag Begünstigten" fest. Es handelt sich bei einer solchen Vorschrift nämlich nicht um eine reine Definitionsnorm, sondern um eine Regelung über die Hinnahme einer nach fremdem Recht gegründeten Gesellschaft als rechtlich existent. Eine solche Regelung hätte auch ohne weitere staatsvertragliche Vergünstigungen einen eigenständigen Anwendungsbereich mit relevanten Rechtsfolgen[198]. Aus Art. XXIV Abs. 1 e) FHSV lässt sich daher nicht zwingend auf eine kollisionsrechtliche Auslegung des Art. XXV Abs. 5 S. 2 FHSV schließen. Es lassen sich jedoch ebensowenig Argumente hieraus für eine fremdenrechtliche Auslegung ziehen.

e. Bestimmung Ziffer 9 des Protokolls zum FHSV

Es existiert ein anlässlich der Unterzeichnung des FHSV von den Vertragsparteien beschlossenes Protokoll zum Freundschaftsvertrag, dessen vierundzwanzig Bestimmungen nach dem ausdrücklichen Willen der Vertragsparteien als „integrierter Bestandteil" des FHSV zu werten sind[199]. Für die systematische Auslegung des FHSV können die Bestimmungen dieses Protokolls herangezogen werden, da nach Art. 31 Abs. 2 a) WÜRV auch solche sich auf einen Vertrag beziehenden Übereinkünfte für den Zusammenhang der Bestimmungen i. S. d. Art. 31 Abs. 1 WÜRV von Bedeutung sein können, die von den Vertragsparteien anlässlich der Vertragsunterzeichnung vereinbart wurden. Die Bestimmung Nr. 9 des Protokolls besagt, dass Art. VII FHSV die Vertragsparteien nicht verpflichtet, solche Gesellschaften des anderen Vertragsteils zum Gewerbebetrieb zuzulassen, die die gesetzlich allgemein anwendbaren Voraussetzungen nicht erfüllen[200]. Grundsätzlich sollen hiernach die nationalen Gesetze, und gerade nicht die Regelungen des FHSV, über die Zulassung zum Gewerbebetrieb entscheiden. Danach kann aber Art. XXV Abs. 5 S. 2 FHSV nur kollisionsrechtlich auszulegen sein. Denn wie bereits aufgezeigt wurde[201], hängt die Anerkennung im fremdenrechtlichen Sinn von der Zulassung zum Gewerbebetrieb ab. Wenn die Zulassung aber nationalen Vorschriften folgen soll, ist auch eine mit ihr

---

198 So z. B. bei Anwendung nationaler Gesetze, die das Bestehen einer Gesellschaft voraussetzen.

199 Vgl. hierzu den einführenden Satz zu Anfang des Protokolls zum FHSV vom 29. Oktober 1954, (BGBl. 1956 II, S. 502 f.).

200 Nr. 9 Protokoll zum FHSV: „*Die Bestimmungen des Art. VII verpflichten die Vertragsteile nicht, Staatsangehörige und Gesellschaften des anderen Vertragsteils zur Ausübung eines Gewerbebetriebes im Inland zuzulassen, wenn diese nicht die nach den gesetzlichen Vorschriften allgemein anwendbaren Anforderungen erfüllen.*"

201 Vgl. oben unter B. 3. a. aa. (1).

verbundene Anerkennung der fremden Gesellschaft Konsequenz dieser nationalen Gesetze. Für eine fremdenrechtliche Regelung der Anerkennung innerhalb des FHSV ist somit kein Platz. Art. XXV Abs. 5 S. 2 FHSV muss daher eine kollisionsrechtliche Regelung enthalten.

f. Zwischenergebnis zur systematischen Auslegung

Der Großteil der verschiedenen Aspekte der systematischen Auslegung des Art. XXV Abs. 5 S. 2 FHSV führt zu keinem Ergebnis für oder wider eine kollisionsrechtliche Auslegung. Bei näherer Betrachtung stellen sich sowohl die Position der Regelung innerhalb des Vertrages und innerhalb des Art. XXV FHSV, als auch Rückschlüsse in Verbindung mit Art. VII FHSV, Art. VI FHSV und Art. XXIV Abs. 1 e) FHSV als interpretationsbezogen neutral heraus. Einzig aus der Bestimmung Nr. 9 des Protokolls zum FHSV lässt sich ein starkes Indiz gegen ein fremdenrechtliches Verständnis des Art. XXV Abs. 5 S. 2 FHSV ableiten.

3. Teleologische Auslegung

Der unmittelbare Sinn und Zweck des Art. XXV Abs. 5 S. 2 FHSV ist Kern des bestehenden Diskurses um diese Norm und wird oft gleichgesetzt mit der Behauptung einer der Norm innewohnenden, kollisionsrechtlichen Zwecksetzung, die dieser jedoch nicht unmittelbar zu entnehmen ist. Zum Teil[202] wird dabei übersehen, dass die Vorschrift der Umsetzung des Vertrages dient und somit auch im Lichte dessen Zwecks interpretiert werden muss. Letzterer wird in der Präambel deutlich zum Ausdruck gebracht. Hier heißt es:

> Von dem Wunsch geleitet, die zwischen ihnen bestehenden Bande der Freundschaft zu festigen und engere wirtschaftliche und kulturelle Beziehungen zwischen den beiden Völkern zu fördern sowie in der Überzeugung, dass diesen Zielen Vereinbarungen dienen, durch welche zu beiderseitigem Nutzen der Handel zwischen den beiden Ländern gefördert wird und Kapitalanlagen angeregt werden sowie gegenseitige Rechte und Vergünstigungen begründet werden, haben die Bundesrepublik Deutschland und die Vereinigten Staaten von Amerika beschlossen, einen Freundschaft-, Handels- und Schifffahrtsvertrag abzuschließen [...].

Ziel der Vertragsparteien war somit die Festigung und Förderung der wirtschaftlichen und kulturellen Beziehungen der beiden Staaten. Umgesetzt wurde dieses Ziel durch Vereinbarungen, die, soviel ist der Präambel und den einzelnen Regelungen des FHSV zu entnehmen, in erster Linie dem Ausbau des Handels

---

202 *Dammann*, RabelsZ 68 (2004), 607, 621; *Paal*, RIW 2005, 735, 738.

und allgemein wirtschaftlichen Interessen dienen. Für die vorliegende Fragestellung der Auslegung des Art. XXV Abs. 5 S. 2 FHSV als kollisionsrechtliche oder fremdenrechtliche Anerkennungsnorm ist somit entscheidend, ob nur eine dieser Anerkennungsformen geeignet wäre, diese wirtschaftliche Zielsetzung des Vertrages umzusetzen bzw. besonders effektiv umzusetzen[203]. Wenig überzeugt das verbreitet vorgetragene Argument[204], dass ein rein handelspolitischer Staatsvertrag generell keine kollisionsrechtlichen Regelungen treffen wolle. Zum einen ist bereits dem Wortlaut der Präambel zu entnehmen, dass zwar generell die Förderung wirtschaftlicher Beziehungen im Vordergrund steht, dass aber gleichzeitig der Vertrag nicht ausdrücklich hierauf beschränkt ist[205]. Formulierungen wie „die Bande der Freundschaft zu festigen", die Förderung der „kulturellen Beziehungen" sowie die Gewährung „beiderseitiger Rechte und Vergünstigungen" lassen prinzipiell vielseitig Raum für alle mit Themen der Wirtschaft verbundenen Regelungsgegenstände. Zum anderen ist eine Regelung, die festlegt unter welchen Voraussetzungen die Gesellschaft des einen Vertragsteils im Staatsgebiet des anderen Vertragsteils rechtsfähig ist, auch und gerade wirtschaftlich von Interesse. Immerhin wird der Großteil des zu fördernden Handels durch Gesellschaften betrieben und die Hinnahme ihrer rechtlichen Existenz stellt die wesentlichste Voraussetzung für ihr rechtsgeschäftliches Handeln dar. Eine solche Hinnahme der Gesellschaften des anderen Vertragsteils als eigenständig existierende juristische Personen wird allerdings auch durch eine fremdenrechtliche Anerkennung bewirkt. Eine unterschiedliche handelspolitische Auswirkung der beiden Anerkennungsformen würde erst bei besonderer Ausgestaltung der Kollisionsnorm erreicht und wäre insofern insbesondere von dem sachlichen Umfang der Verweisung abhängig. Soweit man dies jedoch nicht miteinbezieht, kann aus dem Sinn und Zweck des Vertrages kein Rückschluss auf die Natur des Art. XXV Abs. 5 S. 2 FHSV gezogen werden[206].

---

203 Vgl. zum Prinzip größtmöglicher Effektivität oben unter B., II., 2.

204 OLG Hamm, Urt. v. 24. April 2002 – 8 U 87/01 = OLGR Hamm 2003, 9; OLG Düsseldorf, Urt. v. 01. Oktober 1997 – 15 U 173/96 (juris); *Berndt*, JZ 1996, 187, 189; *Bungert* argumentiert insgesamt gegen eine fremdenrechtliche Auslegung, teilt aber dieses Argument mit ihren Befürwortern, ZVglRWiss 93 (1994), 117, 133.

205 *Tersteegen*, Kollisionsrechtliche Behandlung ausländischer Kapitalgesellschaften, S. 296.

206 Im Ergebnis so auch *Schurig* in FS Hay, 369, 373.

4. Historische Auslegung

Die *traveaux préparatoires* können nach Art. 32 WÜRV nur als subsidiär zu gebrauchendes Auslegungsmittel als Bestätigung gefundener oder Ergänzung widersprüchlicher, Auslegungsergebnisse herangezogen werden[207]. Nur als Ergänzung der bereits erfolgten Auslegung wird daher im Folgenden der Freundschafts-, Handels- und Konsularvertrag zwischen dem Deutschen Reich und den Vereinigten Staaten von Amerika vom 8. Dezember 1923 (Freundschaftsvertrag von 1923), einschließlich der den Vertragsschluss vorbereitenden Dokumente der verhandelnden Ministerien, untersucht.

a. Argumente für eine kollisionsrechtliche Auslegung

Ein Vergleich mit dem Freundschaftsvertrag von 1923 begünstigt eine kollisionsrechtliche Auslegung des Art. XXV Abs. 5 S. 2 FHSV. Auch dieser enthält eine Anerkennungsvorschrift für Gesellschaften des anderen Vertragsteils. Art. XII Freundschaftsvertrag von 1923 lautet:

> Juristische Personen des Privatrechts mit oder ohne Haftungseinschränkung, mögen sie Erwerbszwecken dienen oder nicht, welche gemäß und unter dem Reichs-, Landes- oder Kommunalrecht eines Vertragsteils gegründet worden sind oder künftig gegründet werden und welche innerhalb seiner Gebiete eine Hauptniederlassung haben, sollen als juristische Personen durch den anderen Vertragsteil anerkannt werden, vorausgesetzt, dass sie innerhalb seiner Gebiete keine seinen Gesetzen widersprechenden Zwecke verfolgen. Sie sollen sowohl zur Verteidigung als auch zur Verfolgung ihrer Rechte in allen gesetzlich vorgesehenen Instanzen gemäß den auf den Fall anwendbaren Gesetzen freien Zutritt zu Gericht haben.
>
> Das Recht so anerkannter juristischer Personen eines Vertragsteils, sich in den Gebieten des anderen niederzulassen, Zweigniederlassungen zu errichten und ihre Tätigkeit dort auszuüben, soll von der Zustimmung dieses Teils, wie sie in dessen Reichs-, Landes- und Kommunalgesetzen zum Ausdruck kommt, abhängen und sich allein nach ihr regeln.

Zum Teil wird diese Anerkennungsvorschrift kollisionsrechtlich interpretiert[208], zum Teil wird sie als uneindeutig dargestellt[209]. Den Vertretern beider Ansichten ist gemein, dass sie größtenteils[210] die Rechtsnatur des Art. XII Freundschaftsvertrag von 1923 als allgemein bekannt darstellen. Tatsächlich existiert jedoch keine

---

207 Vgl. hierzu oben unter B., II., 2.

208 *Bungert*, ZVglRWiss 93 (1994), 117, 135; *Kindler* in MüKo, Bd. 11, IntGesR, Rn. 336.

209 *Dammann*, RabelsZ 68 (2004), 607, 615 f.

210 Eine erwähnenswerte Ausnahme stellen *Ebenroth/Bippius*, NJW 1988, 2137, 2144, dar.

gesicherte Erkenntnis über die kollisionsrechtliche oder fremdenrechtliche Einordnung dieser Regelung, sodass auch diese grundsätzlich einer Auslegung bedarf, wenn man in einem weiteren Schritt auf die Einordnung der Nachfolgeregelung schließen will. Allerdings lässt der Wortlaut des Art. XII Freundschaftsvertrag von 1923, im Gegensatz zum Wortlaut des Art. XXV Abs. 5 S. 2 FHSV, bei näherer Betrachtung einen recht eindeutigen Schluss auf eine Kollisionsnorm zu. So soll nach der ersten Hälfte des ersten Satzes des Art. XII Freundschaftsvertrag von 1923 eine juristische Person anzuerkennen sein, wenn sie nach dem Recht des anderen Vertragsteils gegründet wurde und auf dessen Staatsgebiet auch ihre Hauptniederlassung hat. Die Verknüpfung des Gründungsrechts mit dem zusätzlichen Erfordernis der Hauptniederlassung deutet bereits stark auf eine kollisionsrechtliche Verweisung, anknüpfend an den Sitz der Gesellschaft, hin[211]. Umgekehrt wäre es sehr ungewöhnlich für eine fremdenrechtliche Anerkennungsregelung, die Ausländereigenschaft an mehreren Faktoren festzumachen. Ausschlaggebender noch ist jedoch, dass Art. XII Abs. 2 Freundschaftsvertrag von 1923 regelt, dass die gewerbliche Zulassung der nach Abs. 1 anerkannten Gesellschaften den nationalen Gesetzen des anerkennenden Vertragsteils unterliegt. Art. XII Freundschaftsvertrag von 1923 unterscheidet demnach klar zwischen der fremdenrechtlich ausgestalteten gewerblichen Zulassung und der Anerkennung der Gesellschaft[212]. Bei letzterer kann es sich somit nicht mehr um die fremdenrechtliche Anerkennung in Form der Verknüpfung mit der Zulassung zum Gewerbebetrieb handeln. Art. XII Abs. 1 S. 2 Freundschaftsvertrag von 1923 stellt fest, dass diese juristischen Personen auch freien Zugang zu den Gerichten haben, und zeigt hiermit, dass zu der die Rechtsfähigkeit verleihenden Anerkennung aus Satz 1 auch die Parteifähigkeit zu zählen ist. Dies wird deutlich durch Art. XII Abs. 2 Freundschaftsvertrag von 1923, der anknüpfend an die „so anerkannten juristischen Personen" fremdenrechtliche Regelungen enthält. Der Bezug auf die „so anerkannten" Gesellschaften des Art. XII Abs. 1 S. 1 und 2 Freundschaftsvertrag von 1923 würde keinen Sinn ergeben, wenn es sich bei

---

211 Der eher ungewöhnliche Halbsatz am Ende von Art. XII Abs. 1 S. 1 Freundschaftsvertrag von 1923, der die Anerkennung unter die Voraussetzung stellt, dass die Gesellschaft keine den nationalen Gesetzen widersprechenden Zwecke verfolgt, erinnert entfernt an eine *Ordre public* – Regelung und widerspricht dem kollisionsrechtlichen Charakter der Vorschrift nicht. Es ist anzunehmen, dass der Halbsatz eher rechtspolitischen Ursprungs ist und in erster Linie in den Staatsvertrag mit aufgenommen wurde, um der zu Abschluss des Vertrages noch bestehenden Angst vor Überfremdung entgegen zu wirken. Vgl. zu letzterem *Berndt*, JZ 1996, 187, 190.

212 *Ebenroth/Bippius*, NJW 1988, 2137, 2144.

Art. XII Abs. 1 Freundschaftsvertrag von 1923 nicht um eine kollisionsrechtliche Anerkennung handelt. Denn nur in diesem Zusammenhang ist die Einbeziehung des Zutritts zu den Gerichten, also der Parteifähigkeit, in die Anerkennung zu verstehen. Eine fremdenrechtliche Anerkennung ist vollkommen unabhängig von der Parteifähigkeit, sodass diese nicht Teil des Umfangs der Anerkennung bilden würde.

Allgemein anerkannt ist in diesem Zusammenhang, dass die *Eskimo Pie* – Entscheidung[213] des Reichsgerichts als Nachweis des kollisionsrechtlichen Verständnisses des Art. XII Abs. 1 Freundschaftsvertrag von 1923 nicht nutzbar gemacht werden kann[214]. Das Reichsgericht stellt in diesem Urteil zwar unter Anwendung von Kollisionsrecht die Rechts- und Parteifähigkeit einer US-amerikanischen Gesellschaft fest, erwähnt jedoch den Freundschaftsvertrag von 1923 mit keinem Wort. Vielmehr bezieht sich das Gericht für die Anwendung des Rechts der „Heimat" der ausländischen Geselllschaft bei Bestimmung von deren Rechtsfähigkeit auf den *„Rechtsgedanken, auf dem Art. 7 Abs. 1 EGBGB beruht"*. Da Art. XII Abs. 1 Freundschaftsvertrag von 1923 nicht ausdrücklich als Kollisionsnorm abgelehnt wurde, muss davon ausgegangen werden, dass das Reichsgericht die potentielle Anwendbarkeit der Vorschrift als Kollisionsnorm schlicht übersehen hat. Das Urteil erlaubt daher keinerlei Schlüsse für, aber auch keine Schlüsse wider, eine kollisionsrechtliche Auslegung des Art. XII Abs. 1 Freundschaftsvertrag von 1923. Der deutliche Wortlaut der Regelung bedarf jedoch auch keiner weitergehenden Bestätigung.

Der Umstand, dass der Begriff der Anerkennung im Rahmen der Vorgängervorschrift des Art. XXV Abs. 5 S. 2 FHSV kollisionsrechtlich gebraucht wurde, spricht für ein kollisionsrechtliches Verständnis der Nachfolgeregelung. Denn hätte man „Anerkennung" mit einem anderen Bedeutungsgehalt im Rahmen des Art. XXV Abs. 5 S. 2 FHSV nutzen wollen, so hätte man sich deutlich von dem Wortlaut der Version des Art. XII Abs. 1 Freundschaftsvertrag von 1923 abgegrenzt. Die Vorschriften sind zwar nicht identisch, unterscheiden sich jedoch in Bezug auf die Verwendung des Begriffs der Anerkennung kaum. Während Art. XII Abs. 1 FHSV davon spricht, dass *„juristische Personen des anderen Vertragsteils anerkannt werden"*, heißt es bei Art. XXV Abs. 5 S. 2 FHSV, *„ihr rechtlicher Status wird in dem Gebiet des anderen Vertragsteils anerkannt"*. Letztere Regelung unterscheidet sich also nur durch ihre Bezugnahme auf den „rechtlichen

---

213 RG, Urt. v. 03. Juni 1927, RGZ 117, 215.

214 *Bungert*, ZVglRWiss 93 (1994), 117, 135 f.; *Dammann*, RabelZ 68 (2004), 607, 615; *Paal*, RIW 2005, 735, 737.

Status" von ihrer Vorgängernorm. Dies kann jedoch höchstens so zu verstehen sein, dass der Umfang der Anerkennung begrenzt ist, stellt jedoch kein Signal für eine Abkehr von dem kollisionsrechtlichen Verständnis der Anerkennung aus Art. XII Abs. 1 FHSV dar.

b. Argumente für eine fremdenrechtliche Auslegung

Auch die kurz nach Abschluss des Vertrages erschienene deutsche und amerikanische Literatur wird häufig für die historische Auslegung des Art. XXV Abs. 5 S. 2 FHSV herangezogen[215]. Da sie ganz überwiegend zu dem Bestehen einer Kollisionsnorm in Art. XXV Abs. 5 S. 2 FHSV schweigt, deuten einige dies als Hinweis auf die nur fremdenrechtliche Funktion der Vorschrift oder lehnen zumindest eine kollisionsrechtliche Deutung ab[216]. Für andere ist aus gleichem Grund eine historische Auslegung ergebnislos[217].

Der undifferenzierte Rückgriff auf diese Literatur als Teil der historischen Auslegung ist jedoch ohnehin abzulehnen, da die wissenschaftliche Erörtung eines bereits beschlossenen Staatsvertrages weder zu den vorbereitenden Vertragsarbeiten zu zählen ist noch die Umstände des Vertragsabschlusses wiedergibt. Das Schrifttum kann höchstens insoweit zu berücksichtigen sein, als es Aufschluss über objektiv bestehende Verhältnisse oder Bedürfnisse gibt, die sich auf den Vertragsinhalt ausgewirkt haben[218]. Selbst als Hinweis auf den möglichen Parteiwillen wäre die Literatur nicht zu verwenden, da im Rahmen der Art. 31 ff. WÜRV nur objektive Aspeke der Vertragsentstehung eine Rolle spielen[219]. Nur unter dem Gesichtspunkt objektiver, die Vertragserarbeitung bedingendender Bedürfnisse kann das Schrifttum daher in die Untersuchung miteinfliessen. Aber dies wird gerade nicht in den wenigen Aufsätzen aus der Zeit des Vertragsabschlusses behandelt. Denn diese schweigen zu der Frage einer Kollisionsnorm oder bezeichnen den Art. XXV als eine schlichte Definitionsnorm[220].

---

215 So z. B. *Paal*, RIW 2005, 735, 737 f.

216 *Paal*, RIW 2005, 735, 737 f.; *Walker*, 50 AJIL (1956), S. 373, 380 ff.; *Wilson*, AJIL 50 (1956) 927, 928 für Literatur aus dem US-amerikanischen Raum und *Schwenk*, JZ 1957, 197, 201 für solche aus dem deutschen Raum.

217 *Ebke*, JZ 2005, (298), 299, 301.

218 Siehe hierzu oben unter B., II., 2.

219 Siehe oben unter B., II., 2.

220 So bspw. *Arnold/Hill/Kern* in einer Beilage zum Bundesanzeiger vom 26. Juli 1955 (Nr. 141), S. 9 und *Schwenk*, JZ 1957, 197, 204.

c. *Zwischenergebnis*

Die historische Auslegung kann zur Bestätigung einer kollisionsrechtlichen Auslegung des Art. XXV Abs. 5 S. 2 FHSV herangezogen werden. Der Vergleich mit der zeitlich vorangegangenen Vorschrift des Art. XII Abs. 1 Freundschaftsvertrag von 1923, die ebenfalls als Verweisungsnorm zu verstehen ist, deutet auf ein kollisionsrechtliches Verständnis der Regelung des Art. XXV Abs. 5 S. 2 FHSV hin. Das Schweigen der entstehungsgeschichtlichen Literatur kann indes nicht für die historische Auslegung berücksichtigt werden und widerspricht deshalb auch nicht einer Interpretation des Art. XXV Abs. 5 S. 2 FHSV als Verweisungsregelung.

5. Übereinstimmende Rechtsprechung

Schließlich kann eine Auslegung des Vertrages gemäß Art. 31 Abs. 3 b) WÜRV auch anhand einer Analyse des späteren Verhaltens der Parteien bei Anwendung des FHSV erfolgen, wenn aus dieser auf eine übereinstimmende Übung beider Parteien in Bezug auf die Vertragsauslegung geschlossen werden kann[221]. Eine solche wird in erster Linie durch die Entscheidungen der Gerichte unter Anwendung des FHSV dokumentiert. Bei den zu Art. XXV Abs. 5 S. 2 FHSV ergangenen Urteilen deutscher Gerichte lässt sich innerhalb der letzten fünfzehn Jahre zumindest hinsichtlich der oberstgerichtlichen Rechtsprechung eine klare Linie erkennen[222]. So haben mehrere Zivilsenate des BGH in kurzer Folge geurteilt, dass es sich bei Art. XXV Abs. 5 S. 2 FHSV um eine staatsvertragliche Kollisionsnorm handelt[223]. Dies hat nicht nur die Ansicht einiger Instanzgerichte

221 Siehe auch oben B., II., 2.

222 Folgende Gerichte haben sich ausdrücklich gegen eine kollisionsrechtliche Einordnung von Art. XXV Abs. 5 S. 2 FHSV entschieden: OLG München, Urt. v. 12. September 2002 = ZIP 2002, 2132; OLH Hamm, Urt. v. 24. April 2002 - 8 U 87/01 = OLGR Hamm 2003, 9; OLG Düsseldorf, Urt. v. 01. Oktober 1997 - 15 U 173/96 (juris) sowie der Bundesfinanzhof in einem Beschluss vom 13. November 1991 - I B 72/91 = BFHE 166, 238; entgegen dieser Entscheidungen urteilte der BFH, Urteil vom 29. Januar 2003 – I R 6/99 = BFHE 201, 463 allerdings damals noch zugunsten einer kollisionsrechtlichen Verweisung auf das Recht des Gründungsortes.

223 *BGH*, Urt. v. 13. Oktober 2004 - I ZR 245/01 = DNotZ 2005, 141; *BGH*, Urt. v. 05. Juli 2004 – II ZR 389/02 = NJW-RR 2004, 1618; *BGH*, Urt. v. 29. Januar 2003 – VIII ZR 155/02 = NJW 2003, 1607, 1608; *BGH*, Urt. v. 23. April 2002 – XI ZR 136/01 = NJW-RR 2002, 1359, 1360.

bestätigt[224], sondern wurde auch in der Folgezeit von weiteren aufgegriffen[225]. Es fehlt jedoch am Nachweis eines entsprechenden Verhaltens der US-amerikanischen Vertragspartei. Da sich keine US-amerikanischen Gerichtsentscheidungen finden lassen, in denen Art. XXV Abs. 5 S. 2 FHSV als Kollisionsnorm angewendet wird, können sich die deutschen Urteile als einseitige Entscheidungspraxis nicht auf die Auslegung auswirken. US-amerikanische Gerichtsentscheidungen, die sich auf ähnliche Regelungen anderer Freundschaftsverträge beziehen[226], können nicht als „Übung" in Bezug auf die Auslegung des Art. XXV Abs. 5 S. 2 FHSV verstanden werden. So enthält zwar der japanisch- US-amerikanische Freundschafts-, Handels- und Schifffahrtsvertrag vom 2. April 1953 (JFHSV) die dem Art. XXV Abs. 5 S. 2 FHSV identische Vorschrift des Art. XXII Abs. 3 JFHSV[227]. Dennoch muss sich die von Art. 31 Abs. 3 b) WÜRV formulierte Voraussetzung einer späteren Übung der Vertragsparteien, aus der die Übereinstimmung der Parteien über die Auslegung des Vertrages hervorgeht, aus einer Übung "bei Anwendung des Vertrages" ergeben. Urteile, die sich auf andere Staatsverträge beziehen, können daher - und dies ist nur folgerichtig, bedenkt man, dass die Regelung immerhin im Kontext eines inhaltlich nicht identischen Staatsvertrages ausgelegt worden ist - nicht im Rahmen des Art. 31 Abs. 3 b) WÜRV berücksichtigt werden. Gerichtsentscheidungen in Zusammenhang mit Art. XXII Abs. 3 JFHSV können daher nur in Zusammenhang mit der grammatischen Auslegung mittelbar Relevanz entfalten.

6. Zwischenergebnis

Obwohl nicht alle Auslegungsmethoden fruchtbar gemacht werden können, ist doch nach Berücksichtigung der Gesamtheit der Auslegungsmethoden zu dem

224 OLG Naumburg, Urt. v. 19. Dezember 1995 - 7 U 146/95 (juris); OLG Düsseldorf, Urt. v. 15. Februar 1994 - 6 U 59/94 = NJW-RR 1995, 1124, 1125; OLG Zweibrücken, Urt. v. 13. Oktober 1986 - 4 U 98/85 = NJW 1987, 2168.

225 OLG Frankfurt, Urt. v. 04. April 2007 - 19 U 230/06 (juris) und wohl auch OLG Hamburg, Urt. v. 30. März 2007 - 11 U 231/04 in einem Urteil, das allerdings hauptgegenständlich eine *Limited* nach dem Recht der Isle of Man betrifft (juris).

226 So bspw. *Sumitomo Shuji America, Inc. v. Avagliano*, 457 U.S. 176 (1982).

227 Art. XXII Abs. 3 JFHSV lautet:
"*As used in the present Treaty, the term "companies" means corporations, partnerships, companies and other associations, whether or not with limited liability and whether or not for pecuniary profit. Companies constituted under the applicable laws and regulations within the territories of either Party shall be deemed companies thereof and shall have their juridical status recognized within the territories of the other Party.*"

Ergebnis zu kommen, dass es sich bei Art. XXV Abs. 5 S. 2 FHSV um eine Kollisionsnorm handelt. Dieses Ergebnis wird von der Wortlautauslegung des Begriffs der „Anerkennung" sowie der „Anerkennung des rechtlichen Status" getragen. Die systematische Auslegung hat ebenso wie die teleologische Auslegung keine eindeutigen Hinweise auf die Rechtsnatur des Art. XXV Abs. 5 S. 2 FHSV ergeben, jedoch wird das Ergebnis der grammatischen Auslegung durch die ergänzend hinzugezogene historische Auslegung bestätigt.

IV. Anknüpfungsmoment

Als Kollisionsnorm verweist Art. XXV Abs. 5 S. 2 FHSV auf das Recht des Staates, nach dem sich die Anerkennung der Gesellschaften richtet. Für das auf Gesellschaften anwendbare Recht haben sich weltweit im Wesentlichen zwei mögliche Anknüpfungspunkte herausgebildet: die Anknüpfung an den Ort der Gesellschaftsgründung und die Anknüpfung an den Ort ihres tatsächlichen Verwaltungssitzes[228]. Im deutschen internationalen Privatrecht der Gesellschaften wird grundsätzlich[229] an den effektiven Verwaltungssitz einer Gesellschaft angeknüpft[230], während insbesondere im angloamerikanischen Rechtsraum, und im Wesentlichen auch im Anwendungsbereich des AEUV, an den Ort der gesellschaftlichen Gründung angeknüpft wird[231]. Für die vertragsautonom zu beurteilende Anknüpfung im Rahmen des Art. XXV Abs. 5 S. 2 FHSV ist umstritten, ob diese auf das Recht des Gründungsorts oder des Verwaltungssitzes[232] verweist. Die besseren Argumente sprechen allerdings für einen Verweis auf den Ort der Gründung der Gesellschaft.

1. Wortlaut

Bereits dem Wortlaut des Art. XXV Abs. 5 S. 2 FHSV ist eine vergleichsweise eindeutige Formulierung zu entnehmen: „*Gesellschaften, die gemäß den Gesetzen und*

---

228 *Kindler* in MüKo, Bd. 11, IntGesR, Rn. 351.

229 Die Anknüpfung nach der Sitztheorie stellt ungeschriebenes Richterrecht dar und gilt nur außerhalb des Anwendungsbereichs des AEUV sowie bei Nichtvorliegen entsprechender staatsvertraglicher Regelungen. Siehe hierzu *Kindler* in MüKo, Bd. 11, IntGesR, Rn. 420 m. w. N.

230 *Leible* in Michalski, GmbHG, Bd. 1, Systematische Darstellung 2, Rn. 4 ff., 7; *Kindler* in MüKo, Bd. 13, IntHuGR, Rn. 351, 360; *Bungert*, ZVglRWiss 93 (1994), 117, 120.

231 *Leible* in Michalski, GmbHG, Bd. 1, Systematische Darstellung 2, Rn. 7; *Kindler* in MüKo, Bd. 13, IntHuGR, Rn. 360, 363.

232 *Lehner*, RIW 1988, 208 f.

sonstigen Vorschriften des einen Vertragsteils in dessen Gebiet errichtet sind, gelten als Gesellschaften dieses Vertragsteils […]“[233]. Gesellschaften müssen demnach, um als juristische Person zu gelten, den Voraussetzungen des Staates genügen, auf dessen Boden sie errichtet worden sind. Sie müssen mithin nach dem Recht ihres Gründungsstaats die Anforderungen an eine bestimmte, diesem Recht zu entnehmende Gesellschaftsform erfüllen, um dann ggf. im Staat des anderen Vertragsteils ebenfalls als eine solche Gesellschaft anerkannt zu werden[234]. Dennoch gibt es einige Meinungen, die hierin nicht eine Hinwendung zur Gründungstheorie sehen wollen[235]. So wird unter anderem argumentiert, dass die Formulierung, „in dessen Gebiet errichtet sind“, darauf hinweise, dass eine Gesellschaft auch ihren tatsächlichen Verwaltungssitz in diesem Gebiet haben müsse[236]. Mit der Errichtung einer Gesellschaft ist jedoch nicht der faktische Aufbau ihrer Verwaltung und Geschäftsleitung in einem bestimmten Gebiet und, damit zusammenhängend, eine Bestimmbarkeit ihres Hauptverwaltungssitzes gemeint. Der Ort der Errichtung als Anknüpfungsmoment muss vielmehr den Ort bezeichnen, nach dessen Vorschriften eine Gesellschaft gegründet wurde, um dort Rechtspersönlichkeit zu erlangen. Dies ergibt sich aus der ausdrücklichen Bezugnahme auf das fremde Gesellschaftsrecht in der Formulierung des Art. XXV Abs. 5 S. 2 FHSV, die die Errichtung der Gesellschaft gerade nicht als kumulativen Anknüpfungspunkt zusätzlich zu der Gründung nach fremdem Gesellschaftsrechts formuliert. Vielmehr zeigt der Wortlaut, „*Errichtung einer Gesellschaft […] gemäß den Gesetzen und sonstigen Vorschriften des einen Vertragsteils*“, dass beide Aspekte miteinander verbunden sind, d. h. dass sich der Akt der „Errichtung“ nach dem Recht des anderen Vertragsteils gerichtet haben muss. Für eine doppelte Anknüpfung an

---

233 In der englischen Fassung: „*Companies constituted under the applicable laws and regulations within the territories of either party shall be deemed companies thereof and shall have their juridical status recognized within the territories of the other party.*"

234 Zu den Vertretern einer Anknüpfung i. S. d. Inkorporationstheorie: *BGH*, Urt. v. 13. Oktober 2004 – I ZR 245/01 = DNotZ 2005, 141; *BGH*, Urt. v. 05. Juli 2004 – II ZR 389/02 = NJW-RR 2004, 1618; *BGH*, Urt. v. 29. Januar 2003 – VIII ZR 155/02 = NJW 2003, 1607, 1608; *BGH*, Urt. v. 23. April 2002 – XI ZR 136/01 = NJW-RR 2002, 1359, 1360; *Bungert*, ZVglRWiss 1994, 117, 134 f.; *Ebenroth/Bippus*, NJW 1988, 2137, 2142; *Göthel*, RIW 2006, 41, 44; Kindler in MüKo, Bd. 11, IntGesR, Rn. 337

235 *Berndt*, JZ 1996, 187, 189; *Großfeld* in Staudinger, IntGesR, Rn. 210 (der allerdings die Möglichkeit einer Auslegung zugunsten der Gründungstheorie für denkbar hält und sich eher aus rechtspolitischen Gründen dennoch für eine Anknüpfung an den Verwaltungssitz entscheidet).

236 *Berndt*, JZ 1996, 187, 189.

den Verwaltungssitz und zugleich an den Gründungsort lässt dieser Wortlaut keinen Raum.

Auch der englische Wortlaut des Art. XXV Abs. 5 S. 2 FHSV spricht für eine Anknüpfung an den Gründungsort. Der Halbsatz *„to be constituted under the applicable laws and regulations within the territories of either party"* und dabei insbesondere die Begrifflichkeit „to be constituted" deutet auf ein formales Verständnis der Errichtung einer Gesellschaft i. S. d. Erfüllung der gesetzgegebenen Voraussetzungen an die Gründung einer Gesellschaft hin. Noch mehr als in der deutschen Variante schwingt hier sprachlich die Begründung einer zuvor rechtlich nicht existenten (juristischen) Person mit. So wird „to be constituted" im Rechtsenglischen auch mit „to give a legal or constitutional form to smth." oder „to establish by law" gleichgesetzt[237]. Daher kann die „Errichtung einer Gesellschaft auf dem Gebiet und gemäß den Gesetzen eines Vertragsteils" ausschließlich die Erschaffung der Gesellschaft als rechtsfähiges, selbstständiges Gebilde innerhalb des betreffenden Staatsgebietes nach dessen Regelungen meinen.

Für dieses Verständnis spricht nicht zuletzt auch, dass die USA bei anderen Verträgen, die nach dem zweiten Weltkrieg geschlossen wurden, ähnliche oder gleiche Formulierungen als Anknüpfung an den Ort der Gründung einer Gesellschaft verstehen[238]. Der bereits oben erwähnte japanisch-US-amerikanische Freundschafts-, Handels- und Schifffahrtsvertrag vom 2. April 1953 und die zu ihm ergangene Auseinandersetzung in Schrifttum und Rechtsprechung kann zwar, wie bereits angeführt[239], nicht im Rahmen einer historischen Auslegung herangezogen werden, enthält aber Hinweise auf das US-amerikanische Verständnis der gleich lautenden Formulierung des Art. XXII Abs. 3 JFHSV. In dem Fall *Sumitomo Shuji America, Inc. v. Avagliano*[240] hatte der US Supreme Court über die Frage zu entscheiden, ob eine in New York gegründete Tochtergesellschaft einer japanischen Muttergesellschaft als japanische oder US-amerikanische Gesellschaft anzusehen ist und von den Privilegien des JFHSV profitiert. Eingangs erläutert der Supreme Court in einer kurzen Tatbestandsschilderung, dass es sich um eine in New York gegründete Gesellschaft in der Rechtsform der *corporation* handelt. In seiner rechtlichen Würdigung stellt er sodann fest:

---

237 Vgl. bspw. unter: http://www.oxforddictionaries.com/definition/english/constitute (zuletzt abgerufen am 13.03.2022).

238 Harvard Law Review Association, 74 Harv. L. Rev. (1961) 1429, 1450; *Walker*, AJIL 50 (1956), 373, 380 ff.

239 Vgl. oben unter B., III., 5.

240 *Sumitomo Shuji America, Inc. v. Avagliano*, 457 U.S. 176 (1982).

> Under Art. XXII(3)'s literal language, Sumitomo is a company of the United States, since it was "constituted under the applicable laws and regulations" of New York.

Dabei handelt es sich zwar um eine rechtliche Wertung in Bezug auf die Staatszugehörigkeit und nicht des auf Sumitomo anwendbaren Gesellschaftsstatuts. Für die vorliegend interessierende Frage der Anknüpfung an den Ort der Gründung oder den des Verwaltungssitzes ist dies dennoch aufschlussreich. Denn unabhängig von der Rechtsfolge einer Zuordnung der Staatsangehörigkeit oder einer Zuordnung des Gesellschaftsstatuts geht es vorliegend, wie auch in dem Urteil, um die Anknüpfung an „companies constituted under the applicable laws and regulations within the territories of either party". Der Entscheidung des US Supreme Court ist dabei zu entnehmen, dass der Umstand, dass Sumitomo als *corporation* nach den Vorschriften New Yorks gegründet wurde, allein entscheidend ist für die Zuordnung zu den Vereinigten Staaten. Auf einen Verwaltungssitz bzw. den Sitz der Geschäftsleitung Sumitomo's wird weder in der rechtlichen Würdigung noch innerhalb der Tatbestandsschilderung eingegangen. Offensichtlich ist diese nach Meinung des US Supreme Court für die Zuordnung der Gesellschaft von keiner Bedeutung. Käme der Begrifflichkeit „constituted [...] within the territories" die Bedeutung des Betriebs eines Verwaltungssitzes zu, so hätte zumindest in der Tatbestandsschilderung ein entsprechender Hinweis zu finden sein müssen. Mangels eines solchen kann diese Entscheidung als Bestätigung, wenn auch nicht als vollkommener Beweis[241] des oben gewonnen Ergebnisses der Wortlautauslegung im Sinne einer Anknüpfung an den Gründungsort dienen.

2. Historische Auslegung

Das grammatische Auslegungsergebnis einer Anknüpfung des Art. XXV Abs. 5 S. 2 FHSV an den Gründungsort der Gesellschaft wird durch einen Vergleich mit Art. XII Abs. 1 S. 1 Freundschaftsvertrag von 1923[242] bestätigt. Dieser enthält in seiner Kollisionsregelung[243] eine Anknüpfung an den Ort, in dem

---

241 Hierfür fehlt es zudem an einer Entscheidung, die sich konkret auf den Art. XXV Abs. 5 S. 2 FHSV bezieht. Denn trotz des identischen Wortlauts, der für sich genommen ausreichend für Fragen der Begriffsauslegung sein sollte, kann nicht ausgeschlossen werden, dass der US Supreme Court auch systematisch oder teleologisch bedingte Erwägungen in seine Entscheidung hat mit einfließen lassen.

242 Freundschafts-, Handels- und Konsularvertrag zwischen dem Deutschen Reich und den Vereinigten Staaten von Amerika vom 8. Dezember 1923, s. a. oben unter B., III., 4.

243 S. zu der kollisionsrechtlichen Natur des Art. XII Abs. 1 Freundschaftsvertrag von 1923 oben unter B., III., 4. c.

die Gesellschaft gegründet wurde und in dem sie ihre Hauptniederlassung hat. Die Frage der Rechtsfähigkeit einer Gesellschaft bestimmt sich dort daher nach ihrem Verwaltungssitz, der zugleich auch in ihrem Gründungsstaat belegen sein muss[244]. Entgegen der Ansicht einiger spricht die Anknüpfung an die Sitztheorie durch Art. XII Abs. 1 S. 1 Freundschaftsvertrag von 1923 nicht etwa auch für eine Übernahme der Sitztheorie im Rahmen des Art. XXV Abs. 5 S. 2 FHSV. Vielmehr deutet gerade der Umstand, dass diese Formulierung für den Vertrag von 1954 nicht übernommen wurde, auf eine bewusste Abwendung der Vertragsparteien von der Verweisung auf den Verwaltungssitz hin[245]. Da der Wortlaut des Art. XXV Abs. 5 S. 2 FHSV in seiner im Vergleich zu seiner Vorgängervorschrift neuen Fassung auf eine Anknüpfung an den Gründungsort hinweist, wäre es, hätte man tatsächlich die Anwendung der Sitztheorie beibehalten wollen, notwendig gewesen, einen entsprechenden, deutlichen Hinweis in die Formulierung mitaufzunehmen. Dies muss auch den Vertragsparteien bei der Ausarbeitung des Vertrages bewusst gewesen sein, haben diese doch den Verweis der Vorgängervorschrift auf die Hauptniederlassung im Rahmen der Kollisionsnorm des FHSV nicht übernommen. Auch in der US-amerikanischen Literatur wird die um die Voraussetzung der Hauptniederlassung reduzierte Formulierung des Art. XXV Abs. 5 S. 2 FHSV im Vergleich mit Art. XII Abs. 1 S. 1 Freundschaftsvertrag von 1923 als generelle Abkehr von der Anknüpfung an eine Hauptniederlassung verstanden[246]. Dies wird 1956 von dem seinerzeit für das *Office of International Trade and Commerce, Department of State* arbeitenden *Walker* nicht nur durch einen Abgleich mit der Vorgängervorschrift festgestellt, sondern auch als übereinstimmend mit der Vertragsformulierungspraxis nach dem zweiten Weltkrieg verstanden[247]. In dieser Zeitspanne schlossen die USA nur Verträge mit einer Anknüpfung an den Gründungsort ab[248]. Auch die historische Auslegung führt somit zu einem Verständnis des Art. XXV Abs. 5 S. 2 FHSV als einer auf den Gründungsort verweisenden Kollisionsnorm.

---

244 So auch *Ebenroth*, NJW 1988, 2137, 2144; *Kindler* in MüKo, IntGesR, Rn. 336; *Tersteegen*, Kollisionsrechtliche Behandlung ausländischer Kapitalgesellschaften, S. 295.

245 So auch *Kindler* in MüKo, IntGesR, Rn. 336.

246 *Tersteegen*, Kollisionsrechtliche Behandlung ausländischer Kapitalgesellschaften, S. 295; *Walker*, 50 AJIL (1956) 373, 380 f.

247 *Walker*, 50 AJIL (1956) 373, 381.

248 Vgl. z. B. den Wortlaut von Art. XXIII Nr. 3 S. 2 des Niederländisch-US-amerikanischen Freundschafts-, Handels- und Schifffahrtsvertrages vom 5. Dezember 1957 (über: https://tcc.export.gov/Trade_Agreements/All_Trade_Agreements/exp_005868.asp (zuletzt aufgerufen am 13.03.2022)).

3. Systematische Auslegung

Systematisch stellt sich in erster Linie die Frage, ob aus dem Zusammenspiel mit anderen Regelungen des FHSV auf eine Anknüpfung des Art. XXV Abs. 5 S. 2 FHSV an den Ort der Gesellschaftsgründung geschlossen werden kann. Dabei ist, ähnlich der systematischen Auslegung für die Frage der kollisionsrechtlichen Einordnung, insbesondere Ziffer 9 des Protokolls zum FHSV sowie Art. VI FHSV von Relevanz.

a. Ziffer 9 des Protokolls zum FHSV

Wie oben[249] bereits ausgeführt bestimmt Ziffer 9 des Protokolls zum FHSV, dass Art. VII FHSV die jeweilige Vertragspartei nicht verpflichtet, Gesellschaften der anderen Vertragspartei bei Nichterfüllung der nach den gesetzlichen Vorschriften allgemein anwendbaren Anforderungen zur Ausübung eines Gewerbebetriebes im Inland zuzulassen. Hieraus wird zum Teil[250] geschlossen, dass kollisionsrechtlich auf die Voraussetzungen des Sitzstaates abzustellen sein muss. Nach dieser Lesart soll eine in den Vereinigten Staaten gegründete Gesellschaft, die ihren effektiven Verwaltungssitz in Deutschland hat, nur dann zum Gewerbe zugelassen werden, wenn sie alle Voraussetzungen des deutschen Gesellschaftsrechts erfüllt. Denn der Verweis auf die „gesetzlichen Vorschriften“ müsse als Vorbehalt zugunsten der Sitztheorie verstanden werden[251]. Folgt man diesem Verständnis von Ziffer 9 des Protokolls zum FHSV müsste Ziffer 9 entweder selbst kollisionsrechtlichen Charakter haben oder aber zumindest Auslegungskriterien für die Kollisionsnorm des Art. XXV Abs. 5 S. 2 FHSV bereitstellen. Grundsätzlich kann zwar nicht bereits solchen Stimmen im Schrifttum[252] zugestimmt werden, die meinen, dass die ungeschriebene Sitztheorie schon begriffslogisch nicht unter die „gesetzlichen Vorschriften“ i. S. d. Ziffer 9 des Protokolls zum FHSV subsumiert werden kann. Denn die Bezeichnung „Vorschrift“ meint mittlerweile nur so viel wie „Regelung“ und der Begriff „gesetzlich“ bezieht sich auf den rechtlich verbindlichen Charakter einer vom Staat vorgegebenen Regelung in Abgrenzung zu privatrechtlichen Vereinbarungen. Daher muss der Begriff der gesetzlichen Vorschrift, im Satzzusammenhang gelesen, die Fülle all der rechtlichen Regelungen meinen, die allgemein im Rahmen einer Zulassung zum Gewerbebetrieb

---

249 S. hierzu B., III., 2., e.

250 *Lehner*, RIW 1988, 201, 208 f.

251 *Tersteegen*, Kollisionsrechtliche Behandlung ausländischer Kapitalgesellschaften, S. 293, unter Bezugnahme auf *Lehner*, RIW 1988, 201, 208 f.

252 *Ebenroth*, 24 Int'l Law, (1990), 459, 466 f.

anwendbar sind. Dies könnte zumindest theoretisch auch ungeschriebenes, aber anerkanntes Richterrecht umfassen.

Gegen die Ansicht einer Auslegung des Art. XXV Abs. 5 S. 2 FHSV unter Vorbehalt der Sitztheorie spricht jedoch zum einen, dass sich Ziffer 9 des Protokolls auf Art. VII FHSV und nicht auf Art. XXV Abs. 5 S. 2 FHSV bezieht. Art. VII FHSV wird aber als fremdenrechtliche und nicht als kollisionsrechtliche Klausel eingestuft[253]. Wie bereits[254] dargestellt, enthält Art. XXV Abs. 5 S. 2 FHSV die kollisionsrechtliche Regelung für den FHSV, sodass ein Vorbehalt zugunsten der Sitztheorie notwendig auf diese Vorschrift verweisen müsste, nicht jedoch auf die fremdenrechtliche Regelung des Art. VII FHSV[255].

Ein kollisionsrechtliches Verständnis der Ziffer 9 des Protokolls zum FHSV ist gleichfalls abzulehnen. Bereits der Wortlaut spricht für eine fremdenrechtliche Einordnung der Bestimmung, da Begriffe wie „Zulassung" und „Gewerbebetrieb" typischerweise dem Fremdenrecht entspringen[256]. Darüber hinaus bezieht sich die Möglichkeit der Verwehrung der gewerbebetrieblichen Zulassung nicht nur auf US-amerikanische Gesellschaften mit effektivem Verwaltungssitz in Deutschland, sondern auch auf solche, deren Verwaltungssitz in den USA belegen ist. Ziffer 9 des Protokolls zum FHSV fordert demnach nicht im Sinne der Sitztheorie eine Anwendung deutscher Gesellschaftsrechtsvorschriften für Gesellschaften mit effektivem Verwaltungssitz in Deutschland, sondern undifferenziert für all jene Gesellschaften, die ein Gewerbe betreiben wollen[257]. Dies stellt eine typisch fremdenrechtliche und keine kollisionsrechtliche Ausgestaltung dar, zumal hier keiner der im internationalen Gesellschaftsrecht gängigen Anknüpfungspunkte genutzt wird. Es geht der Regelung mit anderen Worten um die Durchsetzung bestimmter Normen des innerstaatlichen Rechts gegenüber allen Gesellschaften des Vertragspartners und nicht etwa um die Anwendung innerstaatlichen Rechts auf nur solche fremde Gesellschaften, die ihren Verwaltungssitz in Deutschland haben.

Zum anderen ist der Anwendungsbereich der Regelung enger als der des Art. XXV Abs. 5 S. 2 FHSV, da er nur Gesellschaften umfasst, die im Inland ein Gewerbe betreiben oder betreiben wollen. Gesellschaften, die in anderer Weise

---

253 *Kindler* in Müko, IntGesR, Rn. 335.

254 S. hierzu B., III., 6.

255 *Tersteegen*, Kollisionsrechtliche Behandlung ausländischer Kapitalgesellschaften, S. 293.

256 Vgl. zu der Bedeutungswandlung der Terminologie oben unter B., III., 1., a., aa.; s. a. *Ebenroth*, 24 Int'l Law. (1990), 459, 466 f.

257 *Ebenroth/Bippus*, NJW 1988, 2137, 2143.

im Inland tätig sind, fallen nicht unter Ziffer 9 des Protokolls zum FHSV[258]. Auch dies spricht gegen ein kollisionsrechtliches Verständnis der Ziffer 9 des Protokolls zum FHSV, da eine Gesellschaftskollisionsnorm üblicherweise nicht zwischen Gesellschaften mit unterschiedlicher Zwecksetzung unterscheidet. Vielmehr wird das Gesellschaftsstatut für alle unter die Definition einer Gesellschaft fallenden juristischen Personen zur Anwendung berufen.

Schließlich ist, wie bereits oben erläutert[259], die Anerkennung als rechtlich existierende Gesellschaft mittlerweile Voraussetzung für eine Zulassung zum Gewerbebetrieb und dieser somit vorgelagert[260]. Die Zulassung zum Gewerbebetrieb, vormals auch kollisionsrechtlich relevant i. S. d. Vermittlung von Rechtsfähigkeit, war bereits zu Zeiten des Vertragsschlusses lediglich Fremdenrecht und von der Frage nach dem anzuwendenden Recht inhaltlich zu trennen. Daher ist zu dem Ergebnis zu kommen, dass die Erläuterungen in Ziffer 9 des Protokolls zum FHSV nicht auf eine Anwendung der Sitztheorie in Bezug auf die Gesellschaften hinweisen[261], sondern nur als fremdenrechtliche Regelung die Maßgeblichkeit von z. B. inländischen Umweltschutz- oder Rechnungslegungsvorschriften[262] für Gesellschaften der anderen Vertragspartei festschreiben.

b. Art. VI FHSV

Des Weiteren wird zuweilen angeführt, dass die Bestimmung des Art. VI Abs. 1 FHSV überflüssig wäre, wollte man einen Verweis auf das Gründungsstatut befürworten[263]. Art. VI Abs. 1 FHSV spricht, wie bereits erwähnt[264], den Gesellschaften (und Staatsangehörigen) des anderen Vertragsteils Inländerbehandlung

---

258 *Ebenroth/Bippus*, NJW 1988, 2137, 2143; *Tersteegen*, Kollisionsrechtliche Behandlung ausländischer Kapitalgesellschaften, S. 294.

259 B., III., 1., a., aa.

260 *Ebenroth/Bippius*, NJW 1988, 2137, 2143 ff.; *Tersteegen*, Kollisionsrechtliche Behandlung ausländischer Kapitalgesellschaften, S. 293.

261 *Kindler* in Müko, IntGesR, Rn. 243.

262 *Ebenroth*, 24 Int'l Law. (1990), 459, 466 f; *Ebenroth/Bippus*, NJW 1988, 2137, 2144.

263 So *Berndt*, JZ 1996, 187, 190.

264 B., III., 2., c. Art. VI Abs. 1 FHSV: „*Den Staatsangehörigen und Gesellschaften des einen Vertragsteils wird im Gebiet des anderen Vertragsteils hinsichtlich des Zutritts zu den Gerichten und Verwaltungsgerichten sowie Amtsstellen aller Instanzen für die Verfolgung wie auch für die Verteidigung ihrer Rechte Inländerbehandlung gewährt. Es besteht Einvernehmen darüber, dass Gesellschaften des einen Vertragsteils, die sich nicht in dem Gebiet des anderen Vertragsteils betätigen, dort diesen Zutritt haben, ohne dass eine Registrierung oder Niederlassung erforderlich ist.*“

„hinsichtlich des Zutritts zu den Gerichten und Verwaltungsgerichten sowie Amtsstellen aller Instanzen für die Verfolgung wie auch für die Verteidigung ihrer Rechte“ zu. Dies bedeutet zunächst, dass die Gesellschaften des anderen Vertragsteils im Inland parteifähig sind, aber zudem auch, dass fremdenrechtliche Vorschriften wie beispielsweise § 110 ZPO, nicht gelten. Überflüssig soll die Regelung des Art. VI FHSV bei Verweis des Art. XXV Abs. 5 S. 2 FHSV auf das Gründungsrecht sein, weil in diesem Fall das Gründungsrecht die Parteifähigkeit der Gesellschaft beschließe und damit bereits den Zugang zu den Gerichten begründen würde. Eine weitere Zusicherung ihrer Parteifähigkeit in Art. VI Abs. 1 S. 1 FHSV soll dann sinnlos sein. Allerdings wird hier übersehen, dass der Zugang zu den Gerichten eben auch durch andere Vorschriften wie z. B. den bereits genannten § 110 ZPO bedingt wird[265]. Dieser sieht die Leistung von Prozesskostensicherheit durch ausländische Kläger auf Verlangen des Beklagten vor. Die Zusicherung von Inländerbehandlung hinsichtlich des Zugangs zu Gericht hat also durchaus auch neben der Feststellung der Parteifähigkeit Relevanz.

Hinzukommt, dass sich die Vorschrift auch auf Staatsangehörige bezieht und diesen ebenfalls freien Zugang zu den Gerichten gewährt. Hätte man den „Zutritt zu Gericht“ in eine „Feststellung der Parteifähigkeit“ für Staatsangehörige und „Inländerbehandlung in Bezug auf sonstige Vorschriften“ für Staatsangehörige und Gesellschaften getrennt, hätte sich die Frage gestellt, ob die Ausgrenzung der Gesellschaften aus der Parteifähigkeit nicht vielleicht bedeutet, dass diesen gerade keine Parteifähigkeit zukommen soll[266]. Daher hat die Zusicherung der Parteifähigkeit für Gesellschaften neben der Zusicherung der Parteifähigkeit für Staatsangehörige auch Klarstellungsfunktion und widerspricht keineswegs einer generellen Anknüpfung an das Gründungsstatut. Der Umstand, dass Art. VI Abs. 1 S. 1 FHSV aber nicht nur Klarstellungs- sondern auch Regelungscharakter hat, ergibt sich auch aus einem Vergleich mit Art. VI Abs. 1 S. 2 FHSV. Dieser weist auf die übereinstimmende Ansicht der Vertragsparteien hin, dass der Zugang zu den Gerichten den Gesellschaften des anderen Vertragsteils auch dann ohne besondere Registrierungs- oder Niederlassungsvoraussetzungen zusteht, wenn sie sich nicht im Inland betätigen. Der rechtliche Inhalt von Art. VI Abs. 1 S. 2 FHSV ergibt sich bereits aus Art. VI Abs. 1 S. 1 FHSV, sodass die Regelung nur klarstellende Funktion hat. Denn die Inländerbehandlung umfasst das Verbot besonderer Zugangsvoraussetzungen für Gesellschaften des

265 *Tersteegen*, Kollisionsrechtliche Behandlung ausländischer Kapitalgesellschaften, S. 295.

266 *Tersteegen*, Kollisionsrechtliche Behandlung ausländischer Kapitalgesellschaften, S. 294.

anderen Vertragsteils. Kenntlich wird dies hier aber auch dadurch gemacht, dass Art. VI Abs. 1 S. 2 FHSV mit der Formulierung, *„es besteht Einvernehmen darüber […]“*, eingeleitet wird. Eine solche Einleitung wurde für Art. VI Abs. 1 S. 1 FHSV nicht gewählt, weil dieser gerade nicht lediglich klarstellende Funktion hat. Sonst wäre auch an dieser Stelle eine entsprechende Formulierung gewählt oder der Zugang zu den Gerichten für Gesellschaften insgesamt in Art. VI Abs. 1 S. 2 FHSV geregelt worden. Im Ergebnis spricht die Existenz des Art. VI Abs. 1 FHSV daher nicht gegen die Annahme einer Anknüpfung an den Gründungsort durch Art. XXV Abs. 5 S. 2 FHSV.

4. Teleologische Auslegung

Eine an Ziel und Zweck des Vertrages orientierte Auslegung des Art. XXV Abs. 5 S. 2 FHSV ergibt ein für sich genommen neutrales Ergebnis und weist somit weder konkret auf eine Anknüpfung i. S. d. Sitztheorie noch i. S. d. Gründungstheorie hin.

Es handelt sich der Präambel zufolge um einen wirtschafts- und handelspolitischen Vertrag, dessen erklärtes Ziel die Förderung des Handels, die Anregung von Kapitalanlagen sowie die Festigung der Länderbeziehungen durch gegenseitig gewährte Begünstigungen ist[267]. Keineswegs spricht dabei bereits die fehlende Erwähnung einer Festschreibung des Gesellschaftskollisionsrechts innerhalb der ausdrücklich benannten Vertragsziele gegen eine Festlegung auf die Gründungstheorie[268]. Zwar ist gerade ein Abstellen auf den Ort der Gründung für den der Sitztheorie folgenden, deutschen Vertragspartner eine beachtliche Regelung. Dennoch muss dieser nicht notwendigerweise als Zielsetzung des Vertrages in der Präambel erwähnt werden. Denn die wirtschaftliche Zielsetzung vereint in sich all solche Unterziele, die zur Förderung eines regen Handels zwischen den Vertragsstaaten notwendig sind[269]. Ebenso wenig wie der freie Zutritt zu Gericht ausdrücklich als Zweck des Vertrages einleitend erwähnt wurde, muss auch eine von der Norm abweichende kollisionsrechtliche Bestimmung dort nicht notwendiger Weise aufgeführt werden.

---

267 Präambel des FHSV: *„Von dem Wunsch geleitet, die zwischen ihnen bestehenden Bande der Freundschaft zu festigen […] in der Überzeugung, dass diesen Zielen Vereinbarungen dienen durch welche zu beiderseitigem Nutzen der Handel zwischen den beiden Ländern gefördert wird und Kapitalanlagen angeregt werden […].“*

268 So aber OLG Düsseldorf, Urt. v. 01. Oktober 1997 – 15 U 173/96 (Juris); *Berndt*, JZ 1996, 187, 189.

269 *Tersteegen*, Kollisionsrechtliche Behandlung ausländischer Kapitalgesellschaften, S. 296.

Nach Ansicht einiger soll es zudem dem in der Präambel verankerten Zweck der gegenseitigen Begründung von Begünstigungen entgegenstehen, einseitig zu Gunsten der US-amerikanischen Vertragspartei auf die Gründungstheorie und damit i. S. d. US-amerikanischen Anknüpfungstheorie zu verweisen[270]. Dem kann nicht gefolgt werden. Das Prinzip der Gegenseitigkeit hat sich in den Normen, die z. B. die Inländerbehandlung und die Meistbegünstigung konstituieren, niedergeschlagen. Es schlägt sich auch insofern in der kollisionsrechtlichen Anknüpfung des Art. XXV Abs. 5 S. 2 FHSV nieder, als diese eine Verweisung formuliert, die für beide Parteien verbindlich ist. Gegenseitigkeit bedeutet jedoch nicht, dass der Inhalt eines Vertrages oder die in ihm zur Anwendung gelangenden Rechtstheorien gleichmäßig aus den Rechtsordnungen beider Parteien entnommen worden sein müssen. Es bedeutet allein, dass die Bestimmungen des Vertrages beide Parteien gleichmäßig berechtigen und verpflichten. Nach der Gründungstheorie kann je nach Fallgestaltung sowohl US-amerikanisches wie auch deutsches Gesellschaftsrecht zur Anwendung berufen sein.

Ebenso wenig stellt die Anknüpfung an die Gründungstheorie einen Verstoß gegen den Grundsatz der Inländerbehandlung aus dem Grund dar, dass deutsche Gesellschaften im deutschen Inland der Sitztheorie unterliegen würden[271]. Bereits begriffslogisch kann nur die bereits als rechtsfähig anerkannte Gesellschaft, d. h. nach bereits erfolgter Anwendung des Gesellschaftsstatuts, gleich einem Inländer behandelt werden. Zudem sieht der FHSV nur in Teilen die Inländerbehandlung überhaupt vor[272]. Auch spricht nicht zugunsten einer Anknüpfung des Art. XXV Abs. 5 S. 2 FHSV an den effektiven Verwaltungssitz, dass nur im Rahmen einer solchen Regelungsauslegung eine Inländerbehandlung überhaupt erst dergestalt möglich ist, dass US-amerikanische Gesellschaften mit Verwaltungssitz in Deutschland wie inländische Gesellschaften nach deutschem Gesellschaftsrecht beurteilt werden. Denn die Inländerbehandlung verbietet nur eine Schlechterstellung des Vertragspartners, nicht jedoch eine Besserstellung[273].

---

270 *Berndt*, JZ 1996, 187, 190.

271 Dabei ist schon fraglich, ob die Grundsätze der Inländerbehandlung und Meistbegünstigung überhaupt als Ziel des Vertrages anzusehen oder ob sie nicht vielmehr als Mittel zur Erreichung der Vertragszwecke zu qualifizieren sind.

272 Vgl. zu Ausnahmen bspw. Art. VII Abs. 2 S. 1, XXIV Abs. 1 FHSV und s. a. die Formulierung der Präambel „im Allgemeinen“. Vgl. auch *Tersteegen*, Kollisionsrechtliche Behandlung ausländischer Kapitalgesellschaften, S. 297.

273 Vgl. zur Erörterung des Streitstandes oben unter B., III., 2., b. Zweifelnd: OLG Düsseldorf, Urt. v. 01. Oktober 1997 - 15 U 173/96 (Juris).

Tatsächlich könnten Ziel und Zweck des Vertrages sogar für eine Auslegung zugunsten der Gründungstheorie sprechen. Eine Anknüpfung an die Gründungstheorie garantiert die Anerkennung der wirksam errichteten Gesellschaften des einen Vertragsteils im Gebiet des anderen und ist so in besonderem Maße fähig, die Niederlassung fremder Gesellschaften im Gebiet des anderen Vertragsteils zu fördern[274]. Bei Anwendung der Sitztheorie bestünde bei Verlegung des Geschäftssitzes das Risiko der Anerkennungsversagung, die zu einer faktischen Beschränkung des Handels führen könnte. Im Ergebnis steht die teleologische Auslegung daher dem durch die Wortlautauslegung gewonnenen Ergebnis einer auf das Gründungsrecht verweisenden Kollisionsnorm in Art. XXV Abs. 5 S. 2 FHSV nicht entgegen.

5. Zwischenergebnis

Art. XXV Abs. 5 S. 2 FHSV knüpft für die Anerkennung von Gesellschaften an das Recht ihres Gründungsstaates an. Eine an *telos* und Systematik orientierte Auslegung dieser Bestimmung widerspricht diesem Ergebnis nicht.

V. Die Anknüpfung an den „Gründungsort"

Der Begriff des Gründungsorts, an den Art. XXV Abs. 5 S. 2 FHSV anknüpft, könnte sowohl den Ort der Registrierung als auch den Satzungssitz oder den Ort des Abschlusses des Gesellschaftsvertrages einer Gesellschaft meinen[275]. Da in den USA das Gesellschaftsrecht durch die Bundesstaaten zum Teil unterschiedlich geregelt wird und beispielsweise der Ort des Gesellschaftsvertragsabschlusses in einem anderen Bundesstaat als dem der Registrierung liegen könnte, ist es von entscheidender Bedeutung, wie der Begriff des Gründungsortes zu verstehen ist. Durch die bereits dargestellte Modernisierung des deutschen Gesellschaftsrechts durch das MoMiG ist zudem nun auch in Deutschland ein Auseinanderfallen des Ortes der Registrierung und des satzungsmäßigen Sitzes möglich. Gegen eine Anknüpfung an den Ort, an dem der Gesellschafts- bzw. Gründungsvertrag der Gesellschaft abgeschlossen worden ist[276], sprechen indes gewichtige Gründe. So

274 So wohl auch *Tersteegen*, Kollisionsrechtliche Behandlung ausländischer Kapitalgesellschaften, S. 296.

275 Einige diskutieren darüber hinaus noch die freie Rechtswahl, die Gesellschaftsorganisation und die Verleihung der Rechtsfähigkeit als mögliche Gestalt des Gründungsortes, vgl. *Kaulen*, Anerkennung von Gesellschaften.

276 So z. B. auch OLG Hamburg, NJW 1986, 2199, wenngleich allgemein für die Gründungstheorie und nicht speziell in Bezug auf den FHSV.

ist eine solche Anknüpfung insbesondere für Dritte nachteilig, weil diese keinen Zugang zu Informationen über den Ort des Abschlusses des Gesellschaftsvertrages haben. Zudem könnte der Vertragsabschluss an einem beliebigen Ort vorgenommen werden, der in keinerlei Zusammenhang zu der zu gründenden Gesellschaft steht. Daher können nur solche Anknüpfungspunkte relevant sein, die sowohl eine gewisse Erkennbarkeit für Dritte gewährleisten als auch eine gewisse Verbindung zu der sonstigen Errichtung der Gesellschaft aufweisen. Hierfür kommt zunächst eine Anknüpfung an den Ort des Registereintrags oder an den satzungsmäßigen Sitz einer Gesellschaft in Betracht.

1. Ort des Registereintrags

Ein Ansatz, der auch für Dritte gut zu handhaben ist, besteht in der Anknüpfung an den Ort, an dem sich die Gesellschaft in das Register hat eintragen lassen. Zum Teil stimmt der Registerort auch mit dem statutarischen Sitz überein und bietet somit einen starken Bezugspunkt zu den Angelegenheiten der Gesellschaft. Für Kapitalgesellschaften ist durch das MoMiG allerdings festgelegt worden, dass der Ort der Registereintragung und der statutarische Sitz auseinanderfallen können. Für Personengesellschaften, die nach §§ 106, 162 HGB in das Handelsregister einzutragen sind, gilt hingegen, dass der effektive Verwaltungssitz ihrem Registersitz entsprechen muss. Die Festlegung eines von dem effektiven Verwaltungssitz abweichenden Vertragssitzes ist ebenso wenig möglich wie die Verlegung des effektiven Verwaltungssitzes ohne entsprechende Anpassung des Handelsregisters[277]. Probleme tun sich allerdings bei der Behandlung von gewerbebetreibenden Gesellschaften im Sinne des § 1 HGB auf, da diese keiner Eintragung in das Handelsregister bedürfen. Zu einem ähnlichen Problem gelangt man für die Vorgesellschaft, bei der es ebenfalls an einem Akt der Registrierung fehlt. Daher zeigt sich die Anknüpfung an den Registerort nur bei solchen Gesellschaften von Nutzen, die tatsächlich einem Registrierungszwang unterliegen. Für diese stellt diese Definition des Gründungsorts, zumindest für eine Anknüpfung innerhalb Deutschlands, dann jedoch auch eine eindeutige und klare Methode der Bestimmung dar.

In den USA muss der Großteil der Gesellschaften zu ihrer Gründung die *articles of incorporation*, d. h. Bestimmungen, die in ihrer Funktion der deutschen Satzung einer Gesellschaft ähneln, dem *Secretary of State* zusenden und damit die Anmeldung der Gesellschaft beantragen. Insofern kommt dem *Secretary of State*, der jeweils für einen ganzen Bundesstaat zuständig ist, eine dem deutschen

277 *Klimke* in BeckOK, HGB, § 106, Rn. 7.

Registergericht entsprechende Bedeutung zu[278]. Doch auch hier gelangt man zu Problemen bei der Behandlung von den Gesellschaften, deren Gründung keine Anmeldung beim *Secretary of State* voraussetzt[279]. Das ist insbesondere bei der *General Partnership* der Fall, die der deutschen offenen Handelsgesellschaft bzw. Kommanditgesellschaft entspricht[280]. Sie darf zwar ihr Bestehen dem *Secretary of State* melden, ist hierzu jedoch nicht verpflichtet. Eine Anknüpfung an den Sitz des *Secreatry of State* wäre somit nicht zweckdienlich.

2. Satzungsmäßiger Sitz

Es wird ebenfalls erwogen, für die Bestimmung des Gründungsorts an den Ort anzuknüpfen, der in der Satzung einer Gesellschaft als ihr Sitz bestimmt ist. Dabei ist es den Kapitalgesellschaften deutschen Rechts nach § 23 AktG, § 8 GmbHG vorgeschrieben, einen solchen Sitz der Gesellschaft in ihre Satzung mitaufzunehmen. Dieser muss im Inland liegen[281]. Durch das MoMiG ist diese Inlandsbedingung nun auch ausdrücklich in § 4a GmbHG miteingefügt worden. Zwar kann der statutarische Sitz durch entsprechen Änderung des Gesellschaftsvertrages verlegt werden, eine Verlegung kann allerdings nur im deutschen Inland erfolgen, sodass unter diesem Gesichtspunkt eine Anknüpfung an den satzungsmäßigen Sitz als Anknüpfungspunkt im Rahmen der Gründungstheorie, die Statutenwechsel gerade vorbeugen soll, dennoch sinnvoll erscheint.

Im Bereich der Personengesellschaften stellt der satzungsmäßige Sitz allerdings einen weniger fruchtbaren Definitionsansatz für die Bestimmung des Gründungsorts dar. Personengesellschaften, wie z. B. die offene Handelsgesellschaft (OHG), werden durch übereinstimmende Erklärungen ihrer Gesellschafter in Form des Gesellschaftsvertrages gegründet und regeln durch diesen auch ihre Rechtsbeziehungen untereinander, sind jedoch nicht zur Festlegung eines statutarischen Sitzes verpflichtet. Verpflichtend ist insofern allein die Registrierung ihres Sitzes beim Handelsregister, wobei sich diese Registrierung jedoch auf die Bezeichnung des tatsächlichen Verwaltungssitzes bezieht. Ihr Gesellschaftsvertrag nimmt zwar ähnliche Funktionen wie die der Satzung wahr und bezeichnet zudem regelmäßig auch den Sitz der Gesellschaft. Nach überwiegender Ansicht kommt einem solchermaßen bezeichneten Sitz allerdings nicht die

278 *Kaulen*, Anerkennung von Gesellschaften, S. 238.

279 Zu den Nachteilen der Anknüpfung an den Registersitz für fehlerhaft gegründete Gesellschaften in den USA s. *Kaulen*, Anerkennung von Gesellschaften, S. 239 ff.

280 *Lange* in Wegen/Spahlinger/Barth, Gesellschaftsrecht des Auslands, USA, Rn. 12.

281 § 5 AktG, §4a GmbHG.

gleiche Funktion wie dem statutarischen Sitz der Kapitalgesellschaften zu, d. h. er wird nicht z. B. zum Anknüpfungspunkt für Fragen gerichtlicher Zuständigkeiten gemacht[282]. Zudem kann die Definition schon nicht als Anknüpfung des Gründungsorts einer Gesellschaft bürgerlichen Rechts (GbR) dienen, da diese keinen gesetzlichen Vorschriften zur Niederschrift eines Vertrages oder der Registrierung eines Sitzes unterliegt. Daher bestehen im Bereich der Personengesellschaften dann Unsicherheiten in Bezug auf den Gründungsort, wenn dieser als statutarischer Sitz auszulegen wäre.

Im US-amerikanischen Recht ist als Teil der *articles of incorporation* auch ein *registered office* zu benennen. Dieses kann allerdings nicht mit dem statutarischen Sitz einer Gesellschaft verglichen werden. Das *registered office* dient nur dem Zweck, eine Adresse für amtliche Schreiben wie Steuerbescheide oder gerichtliche Schreiben zu stellen, um die Kommunikation zwischen der Gesellschaft und dem Staat, vor allem auch dem *Secretary of State*, zu gewährleisten. Wie eingeschränkt die Bedeutung des *registered office* ist, und dass dieses nicht mit z. B. dem Verwaltungssitz der Gesellschaft gleichgesetzt werden kann, zeigt sich besonders an dem Umstand, dass oft die Rechtsanwaltskanzlei einer Gesellschaft ihre Adresse als die Adresse des *registered office* angibt[283]. Die Verlegung eines solchen *registered office* ist daher auch dementsprechend einfach möglich, darf jedoch lediglich innerstaatlich erfolgen. Eine Verlegung über die bundesstaatliche Grenze hinweg zu anderen Staaten ist nicht möglich[284]. Dennoch kann das *registered office* nicht als Anknüpfungspunkt bedient werden, da es Gesellschaften möglich und zum Teil auch auferlegt ist, zusätzliche *registered offices* auch in solchen Drittstaaten einzurichten, in denen sie einen größeren Teil ihrer Geschäfte führen[285]. Eine Anknüpfung hieran könnte demnach fehlgehen und auf einen Staat verweisen, der nicht der eigentliche Inkorporationsstaat der Gesellschaft ist.

Für US-amerikanische Personengesellschaften ist zwischen den verschiedenen Gesellschaftsformen zu unterscheiden. Bspw. gilt für die *General Partnership*, dass sie kein *registered office* unterhalten und sich auch nicht bei dem *Secretary of State* formal anmelden müssen. Sie können allerdings ein sog. *statement*

282 *Toussaint* in BeckOK, ZPO, § 17, Rn. 9 f.

283 *Bungert*, ZVglRWiss 93 (1994), 117, 173.

284 *Henn/Alexander*, Corporations, S. 300.

285 Dies hängt damit zusammen, dass Gesellschaften eine Erlaubnis einholen müssen, in anderen Staaten als ihrem Gründungsstaat geschäftlich übermäßig tätig zu sein, *qualification to do business*. Eine solche Erlaubnis, sofern nötig, kann in einem jeden Staat von besonderen Bedingungen, wie zB der Einrichtung einer *registered office*, abhängig gemacht werden. S. auch § 15.03 (a) (5) R.M.B.C.A. (2002).

abgeben, auf dem sie Kontaktdaten ihrer Partner, sowie ihren Verwaltungssitz und die Adresse eines etwaigen Büros im Gründungsstaat angeben können. Die Gründung einer *Limited Partnership* erfordert eine Erklärung der Partner an den *Secretary of State*, das sog. *certificate of limited partnership*, auf dem die Adresse eines Büros mitgeteilt werden muss. Die Adresse solch eines *designated office* kann beliebig geändert werden und muss ähnlichen Voraussetzungen genügen wie das bereits bekannte *registered office*, wobei im Einzelnen die Details in § 201 Uniform Limited Partnership Act (2002) geregelt sind. Ähnliche Vorraussetzungen gelten für die Rechtsformen der *Limited Liability Partnership* und der *Limited Liabilty Company*. Auch hier müssen bestimmte Erklärungen eingereicht werden, die unter anderem einen Verwaltungssitz oder ein sonstiges Büro im Gründungsstaat bezeichnen und letztlich eine Adresse für Amtsschreiben und Steuerrückfragen darstellen. Da aber parallel zu dem Vorgehen bei Kapitalgesellschaften auch von Personengesellschaften, die geschäftlich in anderen Bundesstaaten tätig sind, verlangt werden kann, dort ein *office* zu errichten, muss auch hier gelten, dass ein *designated office* als Anknüpfungspunkt nicht ausreicht. Dies wird von dem bereits genannten Umstand unterstrichen, dass für die *General Partnership* häufig nicht einmal ein solches *office* formell existiert. Im Ergebnis kann der Anknüpfungspunkt des satzungsmäßigen Sitzes daher sowohl für deutsche wie auch für US-amerikanische Gesellschaften keine umfassende Bestimmbarkeit des Gründungsorts einer Gesellschaft sicherstellen.

3. Andere Ansätze

Schließlich wird vereinzelt vertreten, dass es der freien Rechtswahl der Gesellschaftsgründer oblassen sei, das anwendbare Recht zu wählen. Freilich ist dieser Ansatz schon nicht mehr mit dem Wortlaut des Art. XXV Abs. 5 S. 2 FHSV zu vereinbaren[286]. Eine andere Möglichkeit könnte darin liegen, an das Recht anzuknüpfen, nach dem die Gesellschaft organisiert worden ist[287]. Hierbei ist allerdings zu bedenken, dass für alle registrierungspflichtigen Gesellschaften gerade die Eintragung den wesentlichen Teil ihrer Errichtung darstellt. Das Recht, nach

286 S. hierzu, sowie zu weiteren Definitionsansätzen, umfassend *Kaulen*, Anerkennung von Gesellschaften, S. 242 ff.

287 So kann die Entscheidung des Bundesgerichtshofes vom 29. Januar 2003 gedeutet werden, in der für die Anknüpfung an das Recht des US-Bundesstaates Florida darauf verwiesen wurde, dass die betreffende Gesellschaft „in Übereinstimmung mit US-amerikanischen Vorschriften" gegründet worden war, BGH, Urt. v. 29. Januar 2003 - VIII ZR 155/02.

dem eine solche Gesellschaft organisiert worden ist, darf daher nicht über diesen Umstand hinaus Bedeutung beanspruchen[288].

4. Zwischenergebnis

Allgemein zeigt sich somit, dass keiner der besprochenen Definitionsansätze für sich genommen ausreicht, um den Anknüpfungspunkt des Gründungsorts allgemeingültig auszuformulieren. In der Rechtsprechung werden, je nach Sachlage, verschiedene Ansätze genutzt[289]. Es liegt daher nahe, eine Reihe von Anknüpfungspunkten beispielsweise entsprechend der Anknüpfungsmethodik von Art. 10 EGBGB-RefE anzuwenden[290]. Hiernach wäre zunächst an den Ort der Registrierung anzuknüpfen und nur in Ermangelung einer Registrierung an das Recht des Ortes, nach dem die Gesellschaft organisiert ist. Die Anknüpfung an den Ort des Registereintrags bietet sich deshalb an, weil sie eine auch von außen erkennbare, leicht in Erfahrung zu bringende Tatsache darstellt, für die nicht erst der Wille der Parteien erforscht werden muss. Dieser Anknüpfungspunkt ist dem satzungsmäßigen Sitz vorzuziehen, weil letzterer verändert werden kann und solche Änderungen dem *Secretary of State* häufig nicht oder erst spät mitgeteilt werden. Zudem stellt der Unterschied zwischen dem deutschen statutarischen Sitz und dem US-amerikanischen *registered office* ein schwerwiegendes Hindernis für die Vergleichbarkeit der Anknüpfungspunkte dar und eignet sich schon deshalb schlecht. Es erscheint schließlich auch zweifelhaft, dass die US-amerikanische Vertragsseite vorrangig die Staatsangehörigkeit einer Gesellschaft an eine Adresse anknüpfen wollen würde, an die zwar deren amtliche Post zu liefern ist, die sonst aber keine Bedeutung für die Geschäftstätigkeit der Gesellschaft hat. Der Registerort stellt hingegen als formelles Gründungserfordernis zumindest bei deutschen Kapitalgesellschaften einen verläßlichen Anknüpfungspunkt dar.

288 *Grasmann*, System des Internationalen Gesellschaftsrechts, Rn. 419; *Kaulen*, Anerkennung von Gesellschaften, S. 246 f.

289 In BGH, Urteil vom 13. Oktober 2004 - I ZR 245/01, verwies die Urteilsbegründung bspw. sowohl darauf, dass die Gesellschaft in Kalifornien gegründet worden sei, wie auch darauf, dass die Gesellschaft in Kalifornien ihren satzungsmäßigen Sitz habe. S. a. BGH, Urt. v. 29. Januar 2003 - VIII ZR 155/02 zur Gründung einer Gesellschaft nach einem bestimmten Rechtssystem.

290 Vgl. hierzu eingangs unter A., II., 2., a., bb. Art. 10 Abs. 1 EGBGB-RefE lautet: *„Gesellschaften, Vereine und juristische Personen des Privatrechts unterliegen dem Recht des Staates, in dem sie in ein öffentliches Register eingetragen sind. Sind sie nicht oder noch nicht in ein öffentliches Register eingetragen, unterliegen sie dem Recht des Staates, nach dem sie organisiert sind.“*

Für US-amerikanische Kapitalgesellschaften kann entsprechend auf den Sitz des *Secretary of State* abgestellt werden, bei dem die *articles of incorporation* hinterlegt werden müssen. Soweit Personengesellschaften registriert sind bzw. diese ein *certificate* beim *Secretary of State* eingereicht haben, ist auch für sie auf den Registerort bzw. den Sitz des *Secretary of State* abzustellen. Erst in Ermangelung eines solchen Anknüpfungspunktes ist nach Hinweisen auf die Rechtsordnung zu suchen, von der eine Gesellschaft ihre Rechtsfähigkeit ableitet, d. h. von der sie diese verliehen bekommen hat. Es ist dann nach der Rechtsordnung zu forschen, deren rechtliche Voraussetzungen einer Gesellschaftsgründung die Gesellschafter erfüllen wollten und nach deren Maßgabe sie bestimmte Formerfordernisse erfüllt oder strukturelle Maßnahmen getroffen haben. Ein solcher Wille ist vor allem dann als Anknüpfungspunkt von Relevanz, wenn er sich in strukturellen Besonderheiten manifestiert, die einer konkreten Rechtsordnung zugeordnet werden können. Dies ist beispielsweise dann der Fall, wenn die Rechtsordnung Errichtungsformalien vorschreibt und der Gesellschaftsvertrag auf diese Normen verweist.

Im Ergebnis ist somit zunächst an den Ort der Registrierung einer Gesellschaft anzuknüpfen. Sollte es keine Registrierung bzw. eine vergleichbare Manifestation der Gründung geben, ist hilfsweise an das Recht des Ortes anzuknüpfen, nach dem die Gesellschaftsgründer ihre Gesellschaft strukturiert und errichtet haben. Sollte auch dieser Definitionsansatz scheitern, steht es dem Richter nach allgemeinen internationprivatrechtlichen Grundsätzen offen, nach einer sich aus anderen Aspekten ergebenden, engsten Verbindung der Gesellschaft zu einem Staat zu forschen.

VI. Reichweite der Anerkennung

Nach Klärung der kollisionsrechtlichen Natur des Art. XXV Abs. 5 S. 2 FHSV sowie des in ihm niedergelegten Anknüpfungsorts stellt sich schließlich die Frage nach seiner sachlichen Reichweite. Der Wortlaut der Kollisionsnorm, „ihr rechtlicher Status wird in dem Gebiet des anderen Vertragsteils anerkannt", ist keinesfalls eindeutig[291]. Nach überwiegender Ansicht kommt ein Verweis auf das Personalstatut[292] in Betracht, aber es wird auch eine Verweisung auf Teile des

291 *Ebenroth/Bippius*, NJW, 1988, 2137, 2141 f.

292 Vgl. zu diesem Begriff *Ebenroth/Sura*, RabelZ 49 (1979), 315, 316, 318, die den Begriff des Personalstatuts als umfassendes Statut der gesellschaftlichen Beziehungen verstehen; anders *Fikentscher*, MDR 1957, 71, der nur z. B. Fragen der körperschaftlichen Organisation und der innergesellschaftlichen Beziehungen, sowie der Haftung dem Personalstatut unterstellen will.

Personalstatuts in Gestalt des sog. Außenstatuts[293] diskutiert. Eine Verweisung auf das Rechtsfähigkeitsstatut wurde bislang nahezu ausschließlich von *Großfeld* auf Grundlage der nationalen Anerkennungslehre vertreten[294]. Für den Fall einer Verweisung auf das in seinem Umfang eingeschränkte Rechtsfähigkeits- oder Außenstatut hätte dies zur Konsequenz, dass auf den restlichen Teil des Personalstatuts allgemeines nationales Kollisionsrecht Anwendung finden würde[295]. Zum gegenwärtigen Zeitpunkt bedeutet dies die auf ungeschriebenem Recht beruhende Anwendung der Sitztheorie[296]. Der Auslegung des Anknüpfungsgegenstandes des Art. XXV Abs. 5 S. 2 FHSV kommt somit weitreichende Bedeutung zu, aus der eine nach wie vor nicht zum Abschluss gebrachte Diskussion herrührt[297].

1. Begriffsbestimmung und Überblick wesentlicher Lösungsansätze

Ein Grund für das inhomogene Meinungsspektrum liegt in der dem Diskurs zugrundeliegenden sog. Anerkennungsproblematik, die sich auch prägend auf die Heranbildung der verschiedenen Auslegungsansätze ausgewirkt hat. Im Rahmen der Anerkennungsproblematik wird, unabhängig von konkreten staatsvertraglichen Regelungen, zwischen Vertretern der Anerkennungslehre und den Vertretern der Einheitslösung über die gesonderte Anknüpfung der Rechtsfähigkeit als Anerkennung einer Gesellschaft gestritten.

a. Einheitslösung

Nach der Einheitslösung stehen die Rechtsfähigkeitsvoraussetzungen einer Gesellschaft in unmittelbarem Zusammenhang mit ihren Befugnissen im Außenverhältnis sowie der Haftung im Innenverhältnis. Es sollen Wertungswidersprüche und Anpassungsprobleme drohen, wenn diese funktionelle Einheit gespalten würde[298]. Eine Gesellschaft soll nach diesem Lösungsansatz niemals „abstrakt" rechtsfähig sein, sondern immer nur in ihrer „konkreten" Eigenschaft als z. B. Gesellschaft

293 Hierzu nachfolgend unter B., VI., 1., c.
294 Hierzu nachfolgend unter B., VI., 1., b.
295 Die in diesem Zusammenhang ebenfalls interessierende Frage der Anwendung anderer staatsvertraglicher Kollisionsregelungen unter Zuhilfenahme des Meistbegünstigungsgrundsatzes wird gesondert unter C. erörtert.
296 Vgl. hierzu bereits oben unter A. II. 2. b. aa.
297 *Bungert* ist angesichts der Bedeutung der Streitfrage sogar ob der geringen Anzahl der hierzu erschienenen Veröffentlichungen erstaunt und mahnt eine eingehendere Befassung hiermit an, *Bungert*, ZVglRWiss 93 (1994), 117, 137.
298 *Eidenmüller*, Ausländische Kapitalgesellschaften, § 2, Rn. 7.

mit beschränkter Haftung[299]. Systematisch ist es daher nach der Einheitstheorie undenkbar, das Gesellschaftsstatut in ein Rechtsfähigkeits- und ein „Rest"-Personalstatut aufzugliedern. Vertreter dieser einheitlichen Anknüpfungslehre berufen sich daher auch bei Auslegung des Art. XXV Abs. 5 S. 2 FHSV auf die funktionale Notwendigkeit einer einheitlichen Anknüpfung des Gesellschaftsstatuts und interpretieren diese Staatsvertragsregel daher als Verweisungsnorm für das gesamte Personalstatut[300].

Das Personalstatut soll einheitlich sowohl den inneren Aufbau der Gesellschaft als auch all ihre Beziehungen nach außen umfassen[301]. Als unter ein solches Statut fallende Rechtsfragen werden alle gesellschaftsrechtlichen Verhältnisse, d. h. Innen- wie Außenverhältnisse der Gesellschaft, qualifiziert[302]. Hierzu sind insbesondere Fragen der Gesellschaftsgründung, -rechtsfähigkeit, -auflösung oder -beendigung zu zählen sowie Kapitalerhaltungsvorschriften, Vertretungs- und Haftungsregelungen, Regelungen über die innere Organisation der Gesellschaft und ihrer Beziehung zu den Gesellschaftern sowie wiederum die Rechtsbeziehungen der Gesellschafter untereinander[303].

b. Rechtsfähigkeitsstatut

Nach der Meinung weniger, deren Ansicht sich teilweise noch aus der sog. Anerkennungslehre herausentwickelt hat und insbesondere von *Großfeld* vertreten wird, ist generell mit der Anerkennung einer ausländischen Gesellschaft nur die kollisionsrechtliche Verweisung auf das Rechtsfähigkeitsstatut einer Gesellschaft, nicht aber auf das übrige Gesellschaftsstatut gemeint[304]. Dabei wird die Anerkennung nur als Teilaspekt der Frage nach dem Gesellschaftsstatut begriffen. Auch unabhängig von dem ursprünglich fremdenrechtlich geprägten Verständnis der Anerkennungslehre hat sich somit auch als Definition einer kollisionsrechtlich zu verstehenden Anerkennung die bloße Hinnahme der Existenz einer Gesellschaft, deren Rechtspersönlichkeit sich aus dem Recht eines anderen Staates ableitet, entwickelt. Die Vielzahl sich widersprechender Interessen mit Bezug

---

299 *Ebenroth/Bippius*, NJW 1988, 2137, 2142.

300 *Ebenroth/Bippus*, NJW 1988, 2137, 2142; *Kindler* in MüKo, IntGesR, Rn. 338.

301 BGHZ 78, 318, 334 = NJZ 1981, 522; *Kindler* in MüKo, IntGesR, Rn. 229; *Behrens*, ZGR 1978, 499, 511.

302 *Kindler* in MüKo, IntGesR, Rn. 521.

303 *Kindler* in MüKo, IntGesR, Rn. 522. Besondere Regelungsbereiche mit gesellschaftsrechtlichem Bezug können jedoch auch anderen, spezielleren Statuten unterliegen wie bspw. im Delikts- oder Insolvenzrecht.

304 *Großfeld* in Staudinger, IntGesR, Rn. 218.

auf das auf Gesellschaften anwendbare Recht soll eine Unterscheidung der Anknüpfungspunkte für das Rechtsfähigkeitsstatut und für die Regelung anderer gesellschaftsrechtlicher Teilbereiche sinnvoll erscheinen lassen[305]. Diese Ansicht hat auch im Art. 6 EWG-Übereinkommen über die gegenseitige Anerkennung von Gesellschaften und juristischen Personen vom 29. Februar 1968 ihren Niederschlag gefunden, der nach seinem ausdrücklichen Wortlaut einen Verweis auf das Recht des Gründungsstaates für den Bereich der Rechts-, Geschäfts- und Handlungsfähigkeit festlegt[306].

Zum Teil bleibt innerhalb von Rechtsprechung und Literatur unklar, welchen Umfang man dem Begriff „Rechtsfähigkeitsstatut" zugesteht. Es kann sich um das anzuwendende Recht für Fragen der Rechts-, Geschäfts- und Handlungsfähigkeit der Gesellschaft handeln[307] oder zusätzlich auch die Parteifähigkeit der Gesellschaft umfassen. Im Folgenden ist mit der Bezeichnung „Rechtsfähigkeit" oder „Rechtsfähigkeitsstatut" immer auch die Geschäfts- und Handlungsfähigkeit gemeint. Das Geschäftsfähigkeitsstatut beinhaltet Regelungen der Existenz der Gesellschaftsorgane sowie des Umfangs ihrer Vertretungsberechtigung nach außen[308]. Ob im Rahmen des Freundschaftsvertrages vom 1954 von der Rechtsfähigkeit auch die Parteifähigkeit mitumfasst ist, wird im Rahmen vertragsautonomer Auslegung zu ermitteln sein[309].

c. *Außenstatut*

Schließlich wird zum Teil vertreten, der Art. XXV Abs. 5 S. 2 FHSV enthielte keine Kollisionsregelung für das gesamte Gesellschaftsstatut, sondern allein für das sog. Außenstatut[310]. Im Gegensatz zum Innenstatut würde das Außenstatut dem Recht des Gründungsortes unterliegen, während für das Innenstatut nach wie vor auf nationale Kollisionsregeln zurückzugreifen sei. Dabei soll das Außenstatut nach Erwägungen, die strukturell an die Überlagerungstheorie und die

---

305 *Großfeld*, RabelsZ 31 (1967), 1, 3.

306 Das nie in Kraft getretene Übereinkommen gilt allerdings als gescheitert, da die Niederlande es nicht ratifiziert haben. Mit später in die Gemeinschaft aufgenommenen Mitgliedstaaten wurden keine Verhandlungen über deren Beitritt zu dem Übereinkommen aufgenommen, vgl. auch *Kindler* in MüKo, IntGesR, Rn. 98.

307 *Großfeld* in Staudinger, IntGesR, Rn. 217 f.

308 *Walden*, Kollisionsrecht der Personengesellschaften, S. 166.

309 Siehe hierzu unter B. 7.

310 So *Bungert*, DB 2003, 1043 (1045).

Differenzierungslehre angelehnt sind[311], Fragen der Rechtsfähigkeit und Handlungsfähigkeit einer Gesellschaft sowie ihrer Haftung, ihrer wirksamen Gründung und ihrer Firmenschutzrechte, der Vertretung durch und der Haftung von Gesellschaftsorganen und der möglichen Anwendbarkeit der Grundsätze der Durchgriffshaftung beinhalten[312]. Faktisch sollen somit alle Rechtsbeziehungen zwischen der Gesellschaft und Dritten dem Außenstatut unterliegen. Das Innenstatut würde spiegelbildlich hierzu jegliche Rechte und Rechtsbeziehungen der Gesellschafter, die Bestellung, Aufgaben, Geschäftsführungsbefugnis und Haftung der Verwaltungsorgane sowie das Gesellschaftskapital und die Anteilsübertragbarkeit betreffende Vorschriften umfassen[313].

Im Einzelfall kann es hier, ebenso wie auch im Bereich der Einheitslösung, zu Zuordnungsproblemen kommen, wenn eine Fragestellung als entweder gesellschaftsrechtlich oder als einem anderen Rechtsbereich zuzuordnend zu qualifizieren ist[314]. Dabei muss das Gesellschaftsstatut vom Vertragsstatut, Bereicherungsstatut, Deliktsstatut, Sachstatut, Ehegüterstatut, Erbstatut und Insolvenzstatut abgegrenzt werden[315].

2. Analyse und Stellungnahme

Entsprechend der Erörterung der kollisionsrechtlichen Natur des Art. XXV Abs. 5 S. 2 FHSV wird sich die vorliegende Arbeit im Rahmen der Analyse der sachlichen Reichweite der Verweisung streng an den völkerrechtlichen Auslegungsmethoden für Staatsverträge orientieren. Anspruch der nachfolgenden Untersuchung ist daher eine umfassende Interpretation der Kollisionsnorm, die unbeeinträchtigt von Erwägungen jenseits völkergewohnheitsrechtlicher Auslegungsmethodik bleibt.

---

311 Vgl. hierzu *Bungert*, ZVglRWiss 93 (1994), 117, 158 mit Verweis auf *Sandrock*, RabelsZ 42 (1978), 227, 262 f. und *Grasmann*, System des Internationalen Gesellschaftsrechts, Rn. 745 ff., 977 ff. S. speziell zur Überlagerungstheorie die grundlegende Arbeit von *Sandrock* in FS Beitzke, S. 669–696.

312 *Bungert*, DB 2003, 1043, 1045; *ders.*, ZVglRWiss 93 (1994), 117, 158.

313 *Bungert*, DB 2003, 1043, 1045; *ders.*, ZVglRWiss 93 (1994), 117, 158.

314 Dabei handelt es sich um nicht um ein staatsvertragsspezifisches Qualifikationsproblem, sondern um Fragestellungen, die auch außerhalb der Regelungen des FHSV bei jeder Zuordnung eines Sachverhalts unter das Gesellschaftsstatut in Abgrenzung zu anderen Statuten auftreten. Daher ist die jeweilige Abgrenzung nicht Teil dieser Arbeit.

315 Siehe zu zu diesen einzelnen Statuten *Kindler* in MüKo, jeweils unter Rn. 638 f., 640, 641 f., 655, 656 ff., 659 und 664 ff.

a. Wortlautauslegung

Die Auslegung der Begrifflichkeit der „Anerkennung des rechtlichen Status“ einer Gesellschaft bzw. „recognition of juridical status“ in der englischsprachigen Variante, erfordert zunächst eine Untersuchung des isolierten Begriffs der „Anerkennung“. In einem weiteren Schritt wird die Bedeutung der gesamten Begrifflichkeit zu prüfen sein[316].

aa. Der Begriff der „Anerkennung“

Die Einordnung der „Anerkennung“ im Rahmen des Art. XXV Abs. 5 S. 2 FHSV als kollisionsrechtliche Verweisung bringt es mit sich, dass von diesem Begriff im Mindestmaß die Rechts-, Handlungs- und Geschäftsfähigkeit einer Gesellschaft umfasst sein muss[317]. Dennoch fragt sich, ob dem Begriff der Anerkennung selbst eine Verweisungsbeschränkung auf das Rechts-, Handlungs- und Geschäftsfähigkeitsstatut innewohnt. In gleicher Weise ist zu untersuchen, ob aus dem Begriff der Anerkennung auf eine Verweisung geschlossen werden kann, deren Umfang auch das Außen- oder das Einheitsstatut umfasst.

(1) Historische Entwicklung des Begriffs

Der Begriff der Anerkennung erlangt im Deutschsprachigen seine Bedeutung durch die historische Entwicklung des Verfahrens der Anerkennung fremder Gesellschaften. Mit guten Gründen kann man aus dieser Entwicklung auf eine nur das Rechtsfähigkeitsstatut umschließende Verweisungsnorm folgern[318]. Ursprünglich bestand die Anerkennung einer Gesellschaft darin, dass durch einen formalen Akt der Anerkennung die Existenz der fremden Gesellschaft als rechtsfähiges Gebilde im anerkennenden Staat positiv determiniert wurde. Frühzeitig wurde in Deutschland sodann auf einen formalen Akt verzichtet und dieser durch die *ipso jure* Anerkennung, d. h. eine automatische Anerkennung bei wirksamer Gründung nach anwendbarem Recht, ersetzt[319]. Dabei besteht Einigkeit darüber, dass Anerkennung die Hinnahme der Gesellschaft als rechtsfähig in der Art darstellt, dass sie das Ergebnis der Anwendung des anwendbaren

---

316 Vgl. Art. 31 Abs. 1, 33 Abs. 1 WÜRV.

317 Insofern herrscht Einvernehmen zwischen den Vertretern eines kollisionsrechtlichen Verständnisses des Art. XXV Abs. 5 S. 2 FHSV, vgl. bspw. BGHZ 153, 353 ff. = NJW 2003, 1607 (1608).

318 *Großfeld* in Staudinger, IntGesR, Rn. 169.

319 S. hierzu *Großfeld* in Staudinger, IntGesR, Rn. 167 ff. und zu dem vorangegangenen unter Rn. 163.

Rechts automatisch akzeptiert[320]. Fragen des übrigen Gesellschaftsstatuts, wie beispielsweise der inneren Organisation, fallen hierfür zunächst nicht ins Gewicht[321]. Hierfür spricht auch, dass im Rahmen der Vorbereitungsarbeiten zum EGBGB nur die Anerkennung der Rechtsfähigkeit ausländischer Gesellschaften diskutiert wurde, nicht jedoch eine Kollisionsnorm für das gesamte Personalstatut[322]. Selbst *Ebenroth*, der grundsätzlich zugunsten der Einheitstheorie argumentiert, kann sich diesem althergebrachten Verständnis der Anerkennung nicht entziehen und definiert die Anerkennungsfrage als *„die Bestimmung der Voraussetzungen für die Anerkennung der Rechtsfähigkeit einer ausländischen Gesellschaft“*[323].

(2) Anerkennung als Teil des Gesellschaftsstatuts

Nach Ansicht einiger existiert jedoch keine selbstständige Form der kollisionsrechtlichen Anerkennung neben der grundsätzlichen Bestimmung des Gesellschaftsstatuts[324]. Stattdessen soll das, was ursprünglich als Anerkennung bezeichnet wurde, nunmehr Teil des Gesellschaftsstatuts sein[325]. Richtig ist dabei, dass die Anerkennung mit der Bestimmung der die Rechtsverhältnisse einer Gesellschaft regelnden Rechtsordnung zusammenfällt[326]. Der Umstand, dass ganz überwiegend in der gegenwärtigen Literatur nicht mehr zwischen Anerkennung und Gesellschaftsstatut unterschieden wird, liegt somit darin, dass eine Verweisung auf das Gesellschaftsstatut immer auch eine Verweisung auf das Rechtsfähigkeitsstatut und damit den klassischen Regelungsgehalt der Anerkennung enthält[327]. Entscheidend für

---

320 *Großfeld*, RabelsZ 37 (1967), 1, 8.

321 *Bungert*, ZVglRWiss 93 (1994), 117, 140.

322 Vgl. bspw. die Ansicht des Auswärtigen Amtes (gegen die Normierung einer Anerkennung ausländischer Gesellschaften), welches im Rahmen der IPR-Konferenz von 27. November 1985 erläuterte, dass eine solche Anerkennung ungünstig für auf dem Gegenseitigkeitsprinzip basierende Staatsverträge sei; s. Text in Hartwig/Korkisch, S. 334, zit. über Großfeld, RabelsZ 38 (1974), 344, 365.

323 *Ebenroth/Bippius*, NJW 1988, 2137, 2141.

324 *Koppensteiner*, Internationale Unternehmen, S. 108; *Kindler* in MüKo, Bd. 13, IntHuGR, Rn. 320; *Drobnig* in FS v. Caemmerer, S. 690; *Wiedemann* in FS Kegel (1977), S. 193.

325 *Eidenmüller*, Ausländische Kapitalgesellschaften, § 2, Rn. 7 m. w. N.

326 *Tersteegen*, Kollisionsrechtliche Behandlung ausländischer Kapitalgesellschaften, S. 280.

327 *Ebenroth/Bippius*, NJW 1988, 2137, 2142.

die Auslegung des Begriffs der Anerkennung ist jedoch, dass diese Argumentation nicht in beide Richtungen gleich verläuft. Zwar ist das Rechtsfähigkeitsstatut und damit die Anerkennung im oben erörterten Sinn im Gesellschaftsstatut bzw. dessen Ermittlung, enthalten, dieses bedeutet jedoch nicht zwingend im Umkehrschluss, dass das umfassendere Gesellschaftsstatut in der Anerkennung enthalten sein muss. Eine Verweisung auf das Gesellschaftsstatut enthält somit immer auch die Anerkennung einer Gesellschaft, die Anerkennung einer Gesellschaft stellt jedoch nicht notwendiger Weise die Verweisung auf das Gesellschaftsstatut dar. Dieses Auslegungsergebnis wird schließlich auch dadurch gestützt, dass in Art. 1 und Art. 6 EWG-Übereinkommen über die gegenseitige Anerkennung von Gesellschaften und juristischen Personen vom 29. Februar 1968 die Anerkennung lediglich die Verweisung auf das Rechtsfähigkeitsstatut darstellt[328]. Art. 1 EWG-Übereinkommen vom 29. Februar 1968 statuiert dabei, vereinfacht ausgedrückt, die Anerkennung einer Gesellschaft durch die Mitgliedstaaten, wenn dieser Gesellschaft durch das Recht eines Vertragsstaates die Fähigkeit zuerkannt wird, Trägerin von Rechten und Pflichten zu sein[329]. Hierbei wird für die Anerkennung demnach nur auf die Rechtsfähigkeit der Gesellschaft nach dem auf sie anwendbaren Recht abgestellt. Art. 6 EWG-Übereinkommen vom 29. Februar 1968 klarifiziert weiterhin, dass die Anerkennung daher nur die Anwendung des nach dem Übereinkommen anwendbaren Rechts für Fragen der Rechtsfähigkeit vorsieht[330]. Der zweifache Hinweis erklärt sich aus dem „inflationär"[331] genutzen Begriff der Anerkennung, der in Literatur

328 Der Umstand, dass das Übereinkommen nie in Kraft getreten ist, ist unerheblich, da es vorliegend nur als Indiz für die Bedeutung des Begriffs der Anerkennung im deutschsprachigen Raum herangezogen wird. Deutschland hat das Übereinkommen ratifiziert und sich somit diese Begriffsnutzung zu eigen gemacht.

329 Art. 1 EWG-Übereinkommen vom 29. Februar 1968: "*Gesellschaften des bürgerlichen und des Handelsrechts einschließlich der Genossenschaften werden ohne weiteres anerkannt, wenn sie nach dem Recht eines Vertragsstaates gegründet worden sind, das ihnen die Fähigkeit zuerkennt, Träger von Rechten und Pflichten zu sein, und wenn sie ihren satzungsmäßigen Sitz innerhalb der Hoheitsgebiete haben, für die dieses Übereinkommen gilt.*"

330 Art. 6 EWG-Übereinkommen vom 29. Februar 1968: „*Vorbehaltlich des Artikels 4 haben die Gesellschaften und juristischen Personen, die nach diesem Übereinkommen anerkannt werden, diejenige Rechts-, Geschäfts- und Handlungsfähigkeit, die ihnen von dem Recht zuerkannt wird, nach dem sie gegründet worden sind.*"

331 *Drobnig* in FS v. Caemmerer, S. 688.

und Rechtsprechung nach wie vor nicht einheitlich gebraucht wird[332]. Daher war es sinnvoll, im Rahmen dieses Übereinkommens den Umfang der Anerkennung ausdrücklich festzulegen und keinen Raum für eine anderweitige Auslegung zu lassen.

(3) Zwischenergebnis

Sprachlich korrekt sollte der Begriff der Anerkennung im Zweifel nur für das Rechtsfähigkeitsstatut genutzt werden und für den Fall einer umfassenden Verweisung auf das Gesellschaftsstatut nicht genutzt werden. Da die vorangegangenen Erwägungen jedoch nur Indizien für die Auslegung des Begriffs der Anerkennung darstellen können, bedarf es weiterer Untersuchungen und dabei insbesondere einer Auslegung der englischsprachigen Fassung des FHSV.

bb. Der Begriff recognition in der US-amerikanischen Textfassung

(1) Entstehungszeitliche Literatur

Welche Bedeutung dem Begriff der „recognition" entstehungszeitlich zugemessen wurde, kann anhand von Literatur aus dieser Zeit nachvollzogen werden[333]. So wird in einem viel beachteten Aufsatz über die Regelungen zu Gesellschaften in wirtschaftlich geprägten Staatsverträgen der USA aus dem Jahr 1956 die *recognition* als auf die Hinnahme von Status und Staatszugehörigkeit beschränkt bezeichnet[334]. *Recognition* soll hierbei die Einordnung einer Gesellschaft als ein Subjekt sein, das fähig ist, Rechte auszuüben und Träger von Pflichten zu sein[335]. Wesentliche Rechte einer Gesellschaft sollen hiernach gerade nicht durch das Instrument der *recognition*, sondern an anderer Stelle durch eigenständige Regelungen formuliert werden. Der faktische Umstand der Existenz und rechtlichen Selbstständigkeit einer Gesellschaft dürfe den Erläuterungen dieser Abhandlung

---

332 Vgl. bspw. die unklare Formulierung *Kegels*, der zwar noch (in Bezug auf die Sitztheorie) sagt, dass die Anerkennung einer ausländischen Gesellschaft nur bedeutet *„sie ist nach dem Recht des Sitzes ihrer Hauptverwaltung rechtsfähig"*, dann jedoch fortfährt: *„Anerkennen heißt nur: ausländisches Recht wird angewandt, so dass die ausländischen Rechtsfolgen auch bei uns eintreten."*, *Kegel*, IPR, 6. Aufl., S. 366. Auch Sitz- und Gründungstheorie, die generell den Anknüpfungspunkt für das gesamte Gesellschaftsstatut regeln, werden zuweilen als Anerkennungstheorien bezeichnet und deuten so auf ein umfassendes Verständnis der Anerkennung hin.

333 Nicht sehr aussagekräftig ist hierfür allerdings *Wilson*, 50 AJIL (1956) S. 927, 928, der die „recognition" vornehmlich in Abgrenzung zu Inländerbehandlungsregelungen bespricht.

334 *Walker*, 50 AJIL (1956) S. 373, 383.

335 *Walker*, 50 AJIL (1956) S. 373, 383, Fn. 50.

zufolge in diesem Zusammenhang nicht mit dem funktionellen, auf eine Gesellschaft anzuwendenden Rechtekatalog verwechselt werden. Vielmehr würde die *recognition* nur die *civil capacity*, d. h. die Rechts-, Geschäfts- und Handlungsfähigkeit einer Gesellschaft umfassen. Ähnlich ist *Bayitch* zu verstehen, der im Zusammenhang mit typischen staatsvertraglichen Kollisionsnormen im Jahr 1954 von der nicht mit weiterführenden Rechten zu verwechselnden „recognition of the legal existance of such corporation alone" spricht[336].

(2) § 297 Restatement of the Law, second, Conflict of Laws

Dem widerspricht auch nicht § 297 Restatement of the Law, second, Conflict of Laws (1971), in dem es heißt: „*Incorporation by one state will be recognized by other states.*"[337] Der Aussagegehalt des *restatement* wird in den *comments* weiter herausgestellt, in denen es unter anderem heißt: „*The corporate status will be recognized everywhere [...]*", und in deren *comment a* für die wichtigsten Auswirkungen der Anerkennung auf die nachfolgenden *comments* verwiesen wird[338]. Diese zählen sodann die Parteifähigkeit als immer von der Anerkennung mitumfasst auf und erwähnen als Auswirkungen der Anerkennung die häufige Akzeptanz des Verbots des Haftungsdurchgriffs auf die Gesellschafter und die Anwendung des Gründungsrechts für Fragen des Gesellschaftszwecks[339]. Dies stellt jedoch

336 *Bayitch*, Miami L. Q. 8 (1954), 501, 514.

337 Anders aber *Kaulen*, Anerkennung von Gesellschaften, S. 174.

338 § 297 Restatement of the Law, second, Conflict of Laws, Comment a.: „ *[...] the more important effects of the recognition of a corporate status are stated in Comments b-d.*"

339 § 297 Restatement of the Law, second, Conflict of Laws: „*Comment b. Suits by and against the corporation. The capacity to sue and to be sued in the corporate name pertains to a corporation's status as such. Most States of the United States, however, refuse to permit actions on local transactions to be brought in their courts by foreign corporations which do business within their territory without having complied with their statutory requirements (see s 312). Apart from this one qualification, a state will permit a foreign corporation to bring suit in its courts. A state will likewise permit actions to be brought in its courts against a foreign corporation over which it has judicial jurisdiction (see ss 42–52).*

c. Limitation of shareholders' liability. Insofar as this protection is accorded them in the state of incorporation, a state will usually recognize the immunity of the shareholders of a foreign corporation from being sued as individuals on matters arising out of the acts or omissions of the corporation and from having their individual property made responsible for obligations of the corporation.

d. The local law of the state of incorporation will be applied to determine a corporation's purposes and whether a given act is ultra vires. As to what law determines the legal consequences of a corporate act, see ss 301–302."

keinen Widerspruch zu der Annahme dar, dass der Begriff *recognition* nur eine eingeschränkte Verweisung enthält. Denn zum einen kann es sich auch bei einer Miteinbeziehung der Parteifähigkeit noch um eine beschränkte Verweisung handeln. Zum anderen kann aber auch der Umstand der in den Vertragsstaaten nicht vollkommen deckungsgleich gehandhabten Einbeziehung der Parteifähigkeit im Rahmen der Anerkennung die gesonderte Regelung der Parteifähigkeit innerhalb des FHSV erklären. Der Aussagegehalt der *comments c* und *d* hingegen hat schon keine Aussagekraft mehr für den Inhalt der *recognition*, denn diese *comments* beschreiben lediglich Auswirkungen (*effects*) der Anerkennung, nicht jedoch den Umfang oder Inhalt der Anerkennung selbst.

Dennoch kann § 297 Restatement of the Law, second, Conflict of Laws nur eingeschränkt für die Analyse der Bedeutung des Wortes *recognition* im Rahmen des FHSV herangezogen werden. Da die *restatements* auf Grundlage des US-amerikanischen Fallrechts erstellt wurden, handelt es sich in den zitierten Fällen allein um Gesellschaften des einen US-amerikanischen Bundesstaats, die in einem anderen Bundesstaat anerkannt werden sollen[340]. In solchen Entscheidungen werden von den Gerichten häufig Verfassungsgrundsätze beachtet, die nur für US-amerikanische Gliedstaaten und deren grenzüberquerenden Gesellschaften bedeutsam sind[341]. Dem Begriff der *recognition* in einem bilateralen Staatsvertrag kann daher möglicherweise auch andere Bedeutung zugemessen werden.

(3) Zwischenergebnis

Im Ergebnis kann daher der reinen Wortlautauslegung des Begriffs *recognition* höchstens aufgrund der entstehungszeitlichen Literatur eine gewisse Tendenz zu einer eingeschränkten Deutung des Gesellschaftsstatuts entnommen werden. Eine weitergehende Untersuchung der Begrifflichkeit in Zusammenhang mit dem Bezugsobjekt der *recognition* ist daher, jedenfalls für Zwecke der Auslegung der englischsprachigen Textfassung, erforderlich.

---

340 S. z. B. *Lancaster v. The Amsterdam Improvement Company*, 140 N.Y. 576 (1894), in der es um eine in New Jersey gegründete Gesellschaft ging, die in New York tätig war oder The *State of Kansas v. Topeka Water Company*, 61 Kan. 547 (1900), in der eine in Kansas gegründete Gesellschaft in New Jersey tätig war.

341 So wird in diesen Entscheidungen bspw. von „Schwester-Staaten" gesprochen: „*The corporation is, nevertheless, a legal entity, endowed by a sister state with capacities and powers, and seeks our state as the field of its activity in the conduct of its business enterprise*", *Lancaster v. The Amsterdam Improvement Company*, 140 N.Y. 576 (1894).

cc. Die Begrifflichkeit des „rechtlichen Status“

Zwar wurde bereits dargelegt, dass zumindest der Begriff der Anerkennung Rückschlüsse auf eine sachlich eingeschränkte Verweisungsregelung zulassen kann[342]. In einem zweiten Schritt ist jedoch die Bedeutung der sich anschließenden Formulierung des „rechtlichen Status“, d. h. die „Anerkennung des rechtlichen Status“, zu untersuchen. Eine Legaldefinition oder eine zumindest eindeutige, gängige Begriffsumschreibung existiert dabei in der deutschen Rechtsterminologie nicht. Es lassen sich sowohl solche Ansichten finden, die den Begriff des rechtlichen Status als einen Hinweis auf das gesamte eine Gesellschaft betreffende Regelungssystem verstehen[343], als auch solche, die dem Begriff keine eindeutige Zuordnung entnehmen können wollen[344]. Tatsächlich werden die nachfolgenden Untersuchungen der deutsch- und englischsprachigen Variante jedoch zeigen, dass diese Formulierung eine klare Beschränkung der Verweisung auf das Rechts-, Geschäfts- und Handlungsfähigkeitsstatut enthält.

(1) Allgemeine Wortlauterwägungen

Soweit vorgebracht wird, der „rechtliche Status“ würde keinesfalls nur die Rechtsfähigkeit einer Gesellschaft betreffen, sondern vielmehr ihre gesamte rechtliche Ausgestaltung im Innen- und Außenverhältnis, fehlt es an Argumenten, die dies belegen könnten. Regelmäßig wird dies ohne nähere Erläuterungen vorgebracht[345]. Ähnliches gilt für die Vertreter der Ansicht, dass der „rechtliche Status“ alle dem Außenstatut einer Gesellschaft unterfallenden Rechtsfragen umfasse[346]. Dabei deutet schon das Wort „Status“ darauf hin, dass sich die Regelung wohl nur mit der rechtlichen Eigenständigkeit einer juristischen Person auseinandersetzt[347]. Der Begriff des rechtlichen Status scheint, gerade in Zusammenhang mit der Anerkennung gelesen, beschränkende Wirkung zu haben. Die Vertreter der

---

342 S. unter B., 5., b., aa., (1), (cc).

343 *Ebenroth/Bippus*, NJW 1988, 2137, 2142; *Kindler* in MüKo, IntGesR, Rn. 338.

344 Für die deutsche Fassung: *Dammann*, RabelsZ 68 (2004), 607, 633.

345 So bspw. (wohl auch) *Beitzke*, FS Luther, S. 1, 10, 13, der ohne Angabe von Gründen das Wort „gesamt“ in die Regelung hineinliest; *Ebenroth/Bippus*, NJW 1988, 2137, 2142; *Kindler* in MüKo, IntGesR, Rn. 338.

346 Vgl. *Bungert*, DB 2003, 1043, 1045.

347 Nicht zugestimmt werden kann jedoch *Tomschin*, Anerkennung, S. 48, die unter „Status“ die Stellung des Einzelnen zum Staat versteht und hieraus einen sachlich eingeschränkten Umfang der Verweisung entnehmen will. Im Zusammenhang mit einer Gesellschaft betrachtet, bezeichnet „Status“ nicht nur die Stellung der Gesellschaft zum Staat, sondern auch generell gegenüber Dritten.

Einheitstheorie halten grundsätzlich schon den Begriff der Anerkennung für gleichbedeutend mit einem Verweis auf das Gesellschaftsstatut. Doch gerade wenn man dies unterstellte, käme dem „rechtlichen Status“ einschränkende Wirkung zu. Ein schlichtes „sie werden im Gebiet des anderen Vertragsteils anerkannt“, d. h. eine Formulierung ohne Erwähnung des rechtlichen Status, wäre dann bereits ausreichend für einen kollisionsrechtlichen Verweis auf das Gesellschaftsstatut. Die Erwähnung des „rechtlichen Status“ wäre dann also nicht nur überflüssig, sondern begrenzte auch den sachlichen Umfang des Verweises. Die Gesellschaften des anderen Vertragsteils werden nämlich nicht grundsätzlich, sondern nur in einem bestimmten Aspekt, ihrem „rechtlichen Status“, anerkannt.

Zum Teil wird aus dem Umstand, dass nicht der „gesamte“ rechtliche Status anerkannt wird, geschlussfolgert, dass nur auf einen Teil des Statuts, namentlich das Außenstatut, verwiesen wird[348]. Andere wiederum wollen gerade aus dem Umstand, dass es keine Beschränkungen oder Erläuterungen in Art. XXV Abs. 5 S. 2 FHSV für den Begriff des „rechtlichen Status“ gibt, ziehen, dass der Begriff des „rechtliche Status“ auf die unbeschränkte Regelung des Gesellschaftsstatuts hinweist[349]. Keiner dieser Meinungen ist zu folgen, da aus der Nichtexistenz möglicher Erläuterungen keine verbindlichen Erkenntnisse gewonnen werden können. Der Wortlaut selbst als einzig verbindliches Material lässt nichts offensichtlich ungeregelt, sondern deutet, wenngleich nicht zwingend, auf eine Auslegung zugunsten des Rechts-, Geschäfts- und Handlungsfähigkeitsstatuts hin.

(2) § 15 GewO

Zum Teil wird auch von Vertretern eines einheitlichen Verweisungsverständnisses zugegeben, dass die Worte „rechtlicher Status“ im Rahmen des Art. XXV Abs. 5 S. 2 FHSV zumindest mehrdeutig seien, sich jedoch aus § 15 GewO ergebe, dass der „rechtliche Status“ jedenfalls mehr umfassen müsse als die bloße Rechtsfähigkeit[350]. Nur so sei es zu erklären, dass zwar § 15 GewO von der Anerkennung der „Rechtsfähigkeit“ spreche, man sich bei Gestaltung der FHSV aber eines anderen Wortlautes bedient habe. Diese Meinung verkennt indes, dass § 15 Abs. 2 S. 2 GewO erst durch das Gesetz zur Durchführung von Richtlinien der Europäischen Wirtschaftsgemeinschaft über die Niederlassungsfreiheit

348 *Bungert*, ZVglRWiss 93 (1994), 117,143.
349 *Ebenroth/Bippius*, NJW 1988, 2137, 2142.
350 *Kaulen*, Anerkennung von Gesellschaften, S. 169.

und den freien Dienstleistungsverkehr vom 13. August 1965[351], also mehr als zehn Jahre nach Abschluss des FHSV, in die Gewerbeordnung eingefügt wurde. Umkehrausschlüsse aus dieser Norm sind daher für die Wortlautauslegung nicht von Belang.

(3) Bestimmbarkeit sachlich beschränkter Verweisung

Schließlich wird vorgebracht, dass es sich allein deshalb um eine einheitliche Verweisung handeln müsse, weil die sachliche Reichweite einer Teilregelung nicht festlegbar sei[352]. Da verschiedene Stimmen in der Literatur zu unterschiedlichen Ergebnissen betreffend den Umfang einer eingeschränkt interpretierten Verweisung kommen[353], solle eine derartige Auslegung immer fehlerhaft sein, notwendigerweise zu sinnwidrigen Ergebnissen führen und damit einen Verstoß gegen Art. 32 WÜRV darstellen. Einem Verstoß gegen Art. 32 WÜRV steht jedoch schon entgegen, dass dieser nur festlegt, dass bei einem nach Art. 31 WÜRV, also durch Anwendung der oben[354] aufgezählten Auslegungsmethoden ermittelten sinnwidrigen Ergebnis ergänzende Auslegungsmittel herangezogen werden können. Dies kann nicht mit dem Verbot eines sinnwidrigen Auslegungsergebnisses gleichgesetzt werden, sondern gestattet lediglich den Rückgriff auf weitere Auslegungsmethoden.

Bedeutsamer ist allerdings, dass die Auslegung des Art. XXV Abs. 5 S. 2 FHSV als eine sachlich auf das Rechts-, Geschäfts- und Handlungsfähigkeitsstatut beschränkte Verweisung keineswegs ein sinnwidriges Auslegungsergebnis darstellt. Mit Hilfe aller Auslegungsmethoden ist es durchaus möglich, den Umfang einer Teilregelung genau zu bestimmen. Wie bei vielen abstrakten Begrifflichkeiten

---

351 Gesetz zur Durchführung von Richtlinien der Europäischen Wirtschaftsgemeinschaft über die Niederlassungsfreiheit und den freien Dienstleistungsverkehr vom 13. August 1965 (BGBl. I, Nr. 40 v. 20.08.1965, S. 849).

352 So *Tersteegen*, Kollisionsrechtliche Behandlung ausländischer Kapitalgesellschaften, S. 300.

353 Zu Unrecht behauptet *Tersteegen*, dass *Großfeld* nur die Rechtsfähigkeit anerkannt wissen will. Tatsächlich zählt dieser dem Rechtsfähigkeitsstatut auch ausdrücklich die Geschäfts- und Handlungsfähigkeit hinzu, vgl. *Großfeld* in Staudinger, IntGesR, Rn. 217 f. m. w. V. auf sich selbst in RabelsZ 38 (1978), 344. *Berndt* hingegen lehnt hingegen Art. XXV Abs. 5 S. 2 FHSV bereits als Kollisionsnorm vollkommen ab und sieht insofern nur hilfsweise Rechts- und Handlungsunfähigkeit sachlich umfasst, *Berndt*, JZ 1996, 187, 191. Nur Bungert geht eindeutig über den Umfang des Rechts-, Geschäfts- und Handlungsunfähigkeitsstatuts hinaus, *Bungert*, DB 2003, 1043, 1045; *ders.*, ZVglRWiss 93 (1994), 117, 139 f.

354 S. oben unter B., II., 2.

ist es auch hier nicht notwendig, aus dem Wortlaut unmittelbar auf den Gehalt der Norm zu schließen, solange dieser unter Zuhilfenahme der Auslegungsmethodik ermittelt werden kann. Die weitere Auslegung wird zeigen, dass sich die bereits durch die Wortlautauslegung herausgearbeitete Begrenzung der Verweisung in den weiteren Auslegungsschritten weiter konkretisieren lässt. Schließlich wäre das Argument eines sinnwidrigen Ergebnisses ohnehin erst bei der Berücksichtigung des *telos* der staatsvertraglichen Regelung zu berücksichtigen.

(4) Die Spaltung des Gesellschaftsstatuts in der Rechtspraxis

Grundsätzlich hat sich mittlerweile für das deutsche internationale Privatrecht eine einheitliche Anknüpfung des Gesellschaftsstatuts etabliert. Ehemals gab es jedoch gewichtige Stimmen, die für eine Aufteilung des Statuts, beispielsweise auf Grundlage der Differenzierungslehre, argumentiert haben[355]. Auch in der Rechtsprechung lassen sich Mitte des 20. Jahrhunderts Überlegungen hinsichtlich einer Aufspaltbarkeit des Gesellschaftsstatuts finden[356]. Zudem gilt die Festlegung auf ein einheitliches Gesellschaftsstatut nicht in gleicher Weise auf völkervertraglicher Ebene. Im Gegensatz zu der nationalen Ebene, auf der das einheitliche Gesellschaftsstatut immer auch an die Sitztheorie geknüpft ist, legt auf völkerrechtlicher Ebene die Inkorporationstheorie oft den Ort der Anknüpfung fest. Dann aber kann es aus Sicht des deutschen Verhandlungspartners gerade von Vorteil sein, nur eine Teilverweisung auf das Recht des Gründungsstaates festzulegen, und das „Rest"-Statut dem deutschen internationalen Privatrecht und der Anknüpfung an das Recht des effektiven Verwaltungssitzes zu unterwerfen. Diese unterschiedliche Herangehensweise zeigt sich nicht zuletzt in dem von Deutschland ratifizierten EWG-Übereinkommen über die gegenseitige Anerkennung von Gesellschaften vom 29. Februar 1968, dessen Art. 6 eine Verweisung ausdrücklich nur für das Statut der Rechts-, Geschäfts- und Handlungsfähigkeit enthält.

(5) Rückschluss von entstehungszeitlicher Literatur auf die Bedeutung der „Anerkennung des rechtlichen Status"

Die entstehungszeitliche deutsche Literatur lässt wenig Rückschluss auf die Auslegung des Begriffs der „Anerkennung des rechtlichen Status" zu. Soweit

---

355 Grasmann, System des internationalen Gesellschaftsrechts, R. 977 ff.

356 BGH, Urt. v. 26. September 1966 - II ZR 56/65, insb. Rn. 19, wo der BGH zwischen dem Außenauftritt einer Gesellschaft und Ansprüchen, die allein gegen Gesellschafter gerichtet sind, unterscheidet; BGH, Urt. v. 17. Dezember 1953 - 4 ZR 114/53; *Bungert*, ZVglRWiss 93 (1994) 117, 139.

Art. XXV Art. 5 FHSV überhaupt Erwähnung in Besprechungen des damals neuen Staatsvertrages findet, stellen diese nur auf die Definition von „Gesellschaften" und die „Bestimmung der Staatsangehörigkeit" ab[357]. Generell wird Art. XXV FHSV den Übergangs- und Schlussvorschriften zugerechnet[358]. Im Ergebnis spricht dies jedenfalls eher für ein eingeschränktes als für ein extensives Verständnis der Anerkennung. Wäre dem Begriff damals eindeutig die Bedeutung einer Kollisionsregelung für das gesamte Statut zugekommen, wäre eine diesbezügliche Erwähnung in der Literatur eher wahrscheinlich gewesen.

dd. Die Begrifflichkeit (recognition of) juridical status in der US-amerikanischen Textfassung

In einem weiteren Schritt ist das US-amerikanische Verständnis der entsprechenden englischen Formulierung zu untersuchen. Dabei können neben allgemeinen Methoden der Wortlautanalyse auch die Nutzung des Begriffs in der Rechtsprechung und in Vertragsmaterialien anderer Staatsverträge herangezogen werden. Allerdings ist hierbei zu beachten, dass alle Erörterungen des *juridical status*, die nicht in konkretem Zusammenhang mit dem FHSV erfolgt sind, nur Indizien für die Wortlautauslegung darstellen können[359]. Es besteht nicht notwendigerweise ein identischer Auslegungszwang für ähnliche Staatsverträge.

So ist auch das Urteil *Sumitomo Shoji America, Inc. v. Avagliano* des US Supreme Court vom 15. Juni 1982 zu verstehen[360]. In diesem wird zwar auch der Wortlaut und die Entstehungsgeschichte anderer Staatsverträge für die Auslegung einer Begrifflichkeit herangezogen, gleichzeitig wird aber darauf hingewiesen, dass das Auslegungsergebnis des Gerichts für den japanisch-US-amerikanischen Freundschafts-, Handels- und Schifffahrtsvertrag nicht notwendigerweise identisch mit dem Auslegungsergebnis eines ähnlichen Staatsvertrages sein muss. Denn beide Verträge können unterschiedliche Verhandlungsgeschichten- und ergebnisse als Grundlage haben und, daran anknüpfend, auch unterschiedlich zu interpretieren sein. Unter Beachtung dieser eingeschränkten Gültigkeit von Dokumenten, die sich auf vergleichbare Staatsverträge beziehen, können Urteile

357 *Arnold/Hill/Kern* in einer Beilage zum Bundesanzeiger vom 26. Juli 1955 (Nr. 141), S. 9; *Bungert*, ZVglRWiss 93 (1994) 117, 141 f.; *Schwenk*, JZ 1957, 197, 204.

358 *Schwenk*, JZ 1957, 197, 198.

359 Noch weitergehend, aber i. E. abzulehnen ist *Kaulen*, Anerkeunung, S. 187. Es ist unklar, weshalb Rechtsprechung zu anderen Staatsverträgen, die sich wesentlich auf entstehungszeitliche Vertragsmaterialien bezieht, vewendbar sein soll, nicht jedoch diese Vertragsmaterialien selbst.

360 *Sumitomo Shoji America, Inc. v. Avagliano*, 457 US 176, Fn. 12.

und andere staatliche Dokumente jedoch zumindest wertvolle Hinweise auf ein mögliches Verständnis des identischen Wortlauts geben. Denn zumindest von den völkerrechtlich geprägten Vertragsumständen sind sie der Regelung des Art. XXV Abs. 5 S. 2 FHSV eher angenähert als nationale, die Begrifflichkeit des *recognition of juridical status* enthaltene Regelungen.

(1) Allgemeine Wortlauterwägungen

Der im deutschen Recht schwer fassbare Begriff des „rechtlichen Status" wird in der englischsprachigen Fassung des FHSV als *juridical status* benannt[361]. Nach einem US-amerikanischen Rechtswörterbuch wird *juridical* als „relating to judicial proceedings" oder – vorliegend wohl passender – schlicht mit „relating to law, or involving law; legal" beschrieben wird[362]. Es handelt sich also auch in dieser Sprache um einen weiten Rechtsbegriff, bei dem nicht ohne weiteres feststellbar ist, ob er neben der Rechtsfähigkeit eines Subjekts auch andere Aspekte des Außenstatuts oder gar das gesamte Gesellschaftsstatut umschließt. „Status" wiederum wird in *Black's Dictionary* auf vier verschiedene Arten übersetzt, wobei sich diese Übersetzungsmöglichkeiten grob in die Gruppe der Rechte und Pflichten und die der rechtlichen Fähigkeiten unterteilen lassen[363].

Im Rahmen der ersten Gruppe kann der „status" entweder die Gesamtheit aller Rechte und Pflichten einer Person, nur die schuldrechtlichen Rechte und Pflichten oder nur die sachenrechtlichen Rechte und Pflichten meinen, oder sonst ausschließlich auf eine der in der Definition erwähnten Gruppen der Rechtsbeziehungen bezogen sein. Darüber hinaus wird er zum Teil benutzt, um die einer Person durch Gesetz auferlegten Rechte und Pflichten zu bezeichnen. Kommt dem Begriff des *status* diese Bedeutung zu, würde dies daher für ein einheitliches Gesellschaftsstatut sprechen. Innerhalb der zweiten Gruppe umfasst er die rechtlichen Fähigkeiten einer Person, die im US-amerikanischen als *capacities* bezeichnet werden. Unter dem Begriff der *capacity* ist in den meisten Fällen die

361 Englischsprachige Fassung abrufbar unter: http://usa.usembassy.de/etexts/friendtreaty4555.htm (letzter Abruf am 15.06.09).

362 *Garner*, Black's, „juridical".

363 *Garner*, Black's: "*Status.* 1. A person's legal condition, whether personal or proprietary, the sum total of a person's legal rights, duties, liabilities, and other legal relations, or any particular group of them seperately considered. 2. A person's legal condition regarding personal rights but excluding proprietary relations. 3. A person's capacities or incapacities, as opposed to other elements of personal status. 4. A person's legal condition insofar as it is imposed by the law without the person's consent, as opposed to a condition that a person has acquired by agreement."

Fähigkeit, Rechtsgeschäfte abzuschließen, sowie die Fähigkeit, die mit der eigenen rechtlichen Existenz zusammenhängenden Rechte zu genießen, gemeint[364].

Hiernach kann *status* also entweder eine umfassende Regelung aller Rechte und Pflichten einer Gesellschaft, „the sum total of a person's legal rights, duties, liabilities and other legal relations", oder aber nur eine Regelung der Rechts-, Geschäfts- und Handlungsfähigkeit, „a person's capacities", bedeuten[365]. Bei näherer Betrachtung ergibt sich bereits aus dem jeweiligen Rechteumfang, dass es sich bei *status* im Rahmen des Art. XXV Abs. 5 S. 2 FHSV indes um die *capacities* einer Gesellschaft und nicht um den Verweis auf ein umfassendes Gesellschaftsstatut handeln muss. Denn die „Rechte und Pflichten" einer Person i. S. d. Erläuterungen von Black's Dictionary beinhalten nicht nur die dem Gesellschaftsrecht zuzuordnenden Rechte und Pflichten einer Gesellschaft, sondern ganz grundsätzlich die Summe aller einer juristischen Person auch im Übrigen zustehenden Rechte und Pflichten[366]. Demnach gehören hierzu auch solche rechtlichen Beziehungen, die nicht dem Gesellschaftsstatut, sondern anderen Statuten, wie beispielsweise dem Insolvenz- oder Deliktsstatut, unterfallen. Würde man den in Art. XXV Abs. 5 S. 2

---

364 Vgl. *Motta v. Samuel Weiser, Inc.*, 598 F. Supp. 941 (1984): „*Capacity, as normally used, connotes capacity to engage in legal transactions...*". Abhängig von dem Zusammenhang, in dem der Begriff benutzt wird, kann ihm aber auch eine andere Bedeutung zukommen, so bspw. als *capacity for wrongs* oder *capacity for crimes*, vgl. Pound, Jurisdiction, S. 276 f.: „*Capacity for rights must be distinguished from capacity for legal transactions (i.e., for acts intended to produce legal consequences to which the law, giving effect to the intention, attaches the intended consequence), capacity for wrongs (i.e. for acts involving civil liability for infringement of rights in rem), and capacity for crimes (i.e. for breaches of absolute duties for which the law provides penal consequences). Want or loss of legal personality, therefore, is quite another thing from lack or loss of capacity for legal transactions or for wrongs or for crimes or for all of them. A person may have legal rights (using rights in the broader sense) and yet be incapable of legal transactions, or incapable of incurring legal liability, or incapable of responsibility for what would otherwise be accounted crimes.*" Ein solcher (anderer) Zusammenhang ist im FHSV jedoch nicht erkenntlich.

365 Eine auf eine besondere Gruppe festgelegte Auslegung von „status" kommt nicht in Betracht, da Art. XXV Abs. 5 S. 2 FHSV keine Anhaltspunkte für eine Einschränkung nur auf schuld- oder sachenrechtliche Rechte bzw. für eine andere Gruppe der Rechte, auf die nach Garner, Black's Dictionary der Begriff „status", bezogen sein kann, enthält. Eine separate Gruppe von Rechten im Sinne des Gesellschaftsstatuts kann schon nicht gemeint sein, weil status nicht durch bspw. „corporate" näher spezifiziert wird, sondern durch „juridical". A. A. *Kaulen*, Anerkennung von Gesellschaften, S. 173.

366 *Dammann*, RabelsZ (68) 2004, 607, 635; *Tomschin*, Anerkennung, S. 49.

FHSV bezeichneten *status* in diesem Sinne begreifen, würde die Regelung weit über das Gesellschaftsstatut hinaus kollisionsrechtliche Regelungen treffen. Dies ist jedoch, schon angesichts des Bedeutungsgehalts von *recognition*, offensichtlich nicht gewollt.

Auch aus einem weiteren Grund passt eine weite Auslegung des *status* nicht auf ein Verständnis der Verweisungsregelung i. S. eines einheitlichen Gesellschaftsstatuts. Denn selbst unter der Prämisse, dass *status* im Sinne der Gesamtheit aller Rechte und Pflichten einer Gesellschaft zu verstehen ist, wären hiervon dennoch nicht die Rechtsbeziehungen der Gesellschafter gegenüber einander abgedeckt, da nur die Rechte der juristischen Person selbst umfasst sind[367]. Nach einhelliger Ansicht sind diese Rechtsbeziehungen der Gesellschafter jedoch als gesellschaftsrechtlich und somit als dem Gesellschaftsstatut zugehörig zu qualifizieren. Würde man *status* daher i. S. d, umfassenden Rechte einer Person verstehen, käme man somit zu dem sinnwidrigen Ergebnis, dass trotz des vermeintlichen Verweises auf das Gesellschaftsstatut ein wesentlicher Bereich des Gesellschaftsstatuts begrifflich ausgeschlossen wäre. Daher muss der Begriff *status* im Rahmen des FHSV die *capacities* einer Gesellschaft bezeichnen. Diese Auslegung entspricht auch dem frühen US-amerikanischen Schrifttum, demzufolge bereits vor Abschluss des FHSV der *status of legal personality* als „legal personality ist the capacity to enter into legal relations“ begriffen wurde[368].

Der Begriff des *(juridical) status* kann im Rahmen des Art. XXV Abs. 5 S. 2 FHSV daher nur im Sinne von *capacity*, d. h. der Rechts-, Geschäfts- und Handlungsfähigkeit einer Gesellschaft, verstanden werden. Einer weiten Auslegung im Sinne der Summe aller einer Gesellschaft zukommenden Rechte und Pflichten würde aus den aufgeführten Gründen zu sinnwidrigen Ergebnissen führen.

(2) Spaltung des Gesellschaftsstatuts in der Rechtspraxis der USA

Einer Auslegung des Begriffs des *juridical status* im Sinne einer Verweisung nur auf das Rechts-, Geschäfts- und Handlungsfähigkeitsstatut steht weiterhin nicht entgegen, dass eine Teilverweisung dem US-amerikanischen Recht fremd wäre und dem Begriff des *status* daher immer eine das Gesellschaftsstatut vollumfassende Geltung zukommen muss.

Dies ergibt sich eingeschränkt bereits aus der *internal affairs doctrine.* Wie eingangs dargestellt, wurde diese im Rahmen der Gründungstheorie als eine Art

---

367 *Dammann*, RabelsZ (68) 2004, 607, 635; *Tomschin*, Anerkennung, S. 49; a. A. *Kaulen*, Anerkennung von Gesellschaften, S. 172 f.

368 *Foley*, Harv. L. Rev. 42 (1929), 516, 547.

„Minimum"-Anknüpfung von der US-Rechtsprechung entwickelt und legt fest, dass auf die inneren Angelegenheiten einer Gesellschaft das Recht ihres Gründungsortes anzuwenden ist[369]. Zwar werden diese inneren Angelegenheiten eher extensiv ausgelegt und als Ausnahmen werden vor allem arbeits- und steuerrechtliche Fragestellungen genannt. Aber auch Teile des Außenstatuts sind hiervon ausgenommen, sodass der zwingende Rahmen der *internal affairs doctrine* sich jedenfalls von dem Umfang des Einheitsstatuts nach deutschem Verständnis unterscheidet[370]. Deutlicher noch zeigt sich der Umgang mit gespaltenen Gesellschaftsstatuten im Rahmen der Thematik der *pseudo-foreign corporations*. Deren Erwähnung sowie die etwaige Einführung von *outreach statutes* für Teilbereiche des Gesellschaftsstatuts prägt bereits seit geraumer Zeit die Rechtslandschaft in den USA und war zum Zeitpunkt des Vertragsschlusses bekannt[371]. Die *outreach statutes* werden rechtlich als Einschränkung der Kollisionsnorm der *internal affairs doctrine* eingeordnet und bringen lokales Gesellschaftsrecht auf Teilbereiche einer Gesellschaft zur Anwendung[372]. Auch wenn ein Großteil der US-Bundesstaaten keine *outreach statutes* aufweist, zeigt sich hieran jedoch, dass dem nationalen US-amerikanischen Recht eine Spaltung des Gesellschaftsstatuts jedenfalls bekannt ist.

Wesentlich relevanter als die Usancen im nationalen Recht, ist im Rahmen des FHSV freilich, ob gespaltene Gesellschaftsstatute von den USA auch im völkerrechtlichen Kontext vereinbart werden. Dies wird von *Walker* klar bestätigt, demzufolge Kollisionsregelungen in US-Staatsverträgen sogar regelmäßig Verweisungen nur für das auf die Frage der Rechtspersönlichkeit anwendbare Recht enthalten[373]. Schließlich wird auch gegenwärtig in der US-amerikanischen Rechtsterminologie durchaus zwischen dem *legal status* als Anerkennung der Rechts-, Geschäfts- und Handlungsfähigkeit und der Regelung anderer gesellschaftsrechtlicher Fragen unterschieden[374]. Diese Unterscheidung findet sich schließlich auch in der US-Rechtsprechung[375] und kann insofern keineswegs als „rather esoteric

---

369 *McDermott Inc. v Lewis*, 531 A.2d 206 (1987); Harvard Law Review, Vol. 115 (2002), p. 1480.

370 Vgl. zum Umfang der internal affairs doctrine auch den kritischen Beitrag von *Tung*, J. Corp. L. 32 (2006), 32, 39.

371 Grundlegen hierzu *Latty*, Yale L. J. 65(1955), 137.

372 *N.N.*, Harv. L. Rev. 115 (2002), 1480.

373 *Walker*, AJIL 50 (1956) S. 373, 380 f., Fn. 35.

374 *Schurig* in FS Hay, S. 369, 376.

375 *Spiess et al. v. C. Itoh & Company (America), Inc.*, 643 F.2d 353.

distinction" bezeichnet werden[376]. Da auch der US-amerikanischen Vertragsseite eine Spaltbarkeit des Gesellschaftsstatuts bekannt war und ist, kann gegen eine eingeschränkte Verweisung des Art. XXV Abs. 5 S. 2 FHSV nicht vorgebracht werden, dem Begriff *status* müsse mangels des Rechtsinstituts der Teilverweisung im US-amerikanischen Recht notwendigerweise vollumfassende Geltung zukommen.

(3) Memorandum des US State Departments zum japanisch-US-amerikanischen Freundschaftsvertrag

Aus dem Vorgenannten folgt, dass es für die Wortlautauslegung von weiterführendem Interesse ist, welche Bedeutung der Begrifflichkeit *recognition of juridical status* gewöhnlich in dem konkreten Zusammenhang mit Staatsverträgen zukommt. Ein Memorandum des *US. State Department* enthält Erläuterungen des für Vertragsverhandlungen mit Japan bauftragten US-Abgesandten *Bassin* gegenüber seinem japanischen Verhandlungspartner über die Bedeutung des Begriffs *recognition* innerhalb des japanisch-US-amerikanischen Freundschafts-, Handels- und Schifffahrtsvertrages vom 2. April 1953[377]. Da sich der in diesem Vertrag enthaltene Art. XII Abs. 3 und der Art. XXV Abs. 5 S. 2 FHSV vom Wortlaut gleichen, kann das Memorandum zumindest als Hinweis auf die Bedeutung der Begriffe *recognition* und *juridical status* nach US-amerikanischem Verständnis dienen. Dessen relevante Textpassage lautet:

> Mr. Nagai (a Japanese negotiator) then asked what "juridical status" meant, and inquired whether the recognition of juridical status mentioned in paragraph three (of article XXII) meant anything more than the recognition of the existence of a juridical person. Mr. Bassin (the American negotiator) replied that "juridical status" meant "legal status," the legal position of an organization in, or with respect to, the rest of the community. The recognition mentioned in the second sentence of paragraph three, he added, meant merely the recognition by either Party of the existence and legal status of juridical persons organized under the laws of the other Party.

Es wird also zwischen der Anerkennung der Existenz einer Gesellschaft und ihrem rechtlichen Status unterschieden. Dabei bedeutet wohl ersteres, dass einer juristischen Person eine gewisse rechtliche Eigenständigkeit zuerkannt wird. *Legal status* als Erläuterung des Bedeutungsumfangs von *juridical status* wiederum

---

376 So aber *Stein*, 68 Michigan L. R. (1969/1970) 1327, 1346; *Tersteegen*, Kollisionsrechtliche Behandlung ausländischer Kapitalgesellschaften, S. 299.

377 Dispatch No. 13, Office of the United States Political Advisor for Japan, vom 08. April 1952, zit. über *Spiess et al. v. C. Itoh & Company (America), Inc.*, 643 F.2d 353, at 15.

meint die Rechtsfähigkeit einer Person. Denn „the legal status of one regarded by the law as a person“ stellt die Definition des Begriffs *legal personality* dar[378] und dieser Begriff kann wiederum sinngemäß mit der „Rechtsfähigkeit“ im deutschen Recht übersetzt werden[379].

Aber auch die Geschäfts- und Handlungsfähigkeit ist vom *juridical* d. h. *legal status* umfasst. Der rechtliche Status einer Gesellschaft wird unter anderem als deren rechtliche Stellung nach außen umschrieben, als Bezeichnung für die Stellung einer Gesellschaft innerhalb der Öffentlichkeit. Rechtspersönlichkeit wird hier nicht nur abstrakt begriffen, sondern auch in Beziehung zu ihrer Umwelt gesetzt. Das muss aber wiederum bedeuten, dass auch die Handlungsfähigkeit einer Gesellschaft Teil ihres „rechtlichen Status“ sein muss, da diese Handlungsfähigkeit die Beziehung der Gesellschaft zur Öffentlichkeit determiniert. Nur wenn der rechtliche Status auch die Handlungs- und Geschäftsfähigkeit umfasst, kann eine Gesellschaft mit der Öffentlichkeit in Verbindung treten, sodass auch nur auf diesem Wege überhaupt von einer rechtlichen Stellung gegenüber der Umwelt, d. h. von einer Rechtsstellung in Bezug auf die Öffentlichkeit gesprochen werden kann. Das Memorandum deutet demnach darauf hin, dass der Begriff *juridical status* in Art. XXV Abs. 5 S. 2, 2. HS FHSV nach US-amerikanischer Terminologie nicht nur die Rechts-, sondern auch die Handlungs- und Geschäftsfähigkeit umfassen muss.

Einer darüber hinausgehenden Auslegungsansicht[380], die aus diesen Auszügen eine Definition des *juridical status* als Gesamtheit der Rechtsverhältnisse einer Gesellschaft herauslesen will, kann nicht gefolgt werden. Vor allem deutet nichts in der Umschreibung des *legal status* als „the legal position in, or with respect to, the rest of the community“ darauf hin, dass auch die innere Organisation der Gesellschaft hiervon umfasst sein soll. Die rechtliche Stellung einer Gesellschaft in Bezug auf die Öffentlichkeit wird von anderen Fragen beherrscht als solche ihrer inneren Ausgestaltung. Die rechtliche Stellung stellt die Rechtspersönlichkeit einer Gesellschaft, ihren Status als selbstständige, juristische Person des Privatrechts dar. Regelungen der Rechte und Pflichten der Organe gegenüber einander sind eine Angelegenheit, die allein im „Inneren“ der Gesellschaft Wirkung entfaltet und auch nur dort von Bedeutung ist. Die Außenwirkung der Rechtspersönlichkeit einer Gesellschaft wird hiervon nicht berührt mit der Folge, dass sich

378 *Garner*, Black's, „legal personality“ verweist auf die Definition des Begriffs „personality“.

379 So auch *Kaulen*, Anerkennung von Gesellschaften, S. 170.

380 *Tersteegen*, Kollisionsrechtliche Behandlung ausländischer Kapitalgesellschaften, S. 301.

dies auch nicht auf die rechtliche Stellung der Gesellschaft in der Öffentlichkeit auswirken kann.

Auch eine Subsumierung des Außenstatuts unter den Begriff des *juridical status* ist nicht möglich. Denn auch Fragen des Außenstatuts, wie beispielsweise der Umfang der Vertretungsmacht ihrer Organe im Innenverhältnis, begründen nicht unmittelbar die Einordnung der Gesellschaft als eigenständige juristische Person innerhalb oder in Bezug zur Öffentlichkeit. Zudem ergibt sich bereits aus der Formulierung der Antwort des amerikanischen Verhandlungspartners *Bassin*, dass die Anerkennung keine übermäßig weitreichende Wirkung hat[381]. Denn auf die Frage des japanisches Verhandlungspartners *Nagai*, ob die Anerkennung mehr umfasse als die bloße Existenz der Gesellschaft, antwortete *Bassin*, dass die Anerkennung „nur“ die Existenz und den rechtlichen Status umfasse. Das Wort „nur“ unterstreicht demnach, dass die Worte *juridical status* bzw. *legal status* eng zu verstehen sind. Daher kann der Begriff *juridical status* nicht mehr als die Rechts-, Geschäfts- und Handlungsfähigkeit umfassen.

(4) Verwendung der Begrifflichkeit in US-amerikanischer Rechtsprechung

Sucht man den Begriff des *juridical status* in US-amerikanischen Gerichtsentscheidungen, so ergibt sich schnell durch den Zusammenhang, in dem er diskutiert wird, dass ihm hier keinesfalls der Rang einer alle gesellschaftsrechtlichen Fragen umfassenden Bezeichnung zukommt. Zumeist in Zusammenhang mit der Durchgriffshaftung aufgeführt, wird mit ihm die Eigenständigkeit einer juristischen Person gegenüber von den Personen, die sie gegründet haben oder die sie beherrschen, bezeichnet. So führt beispielsweise der *Supreme Court* zur Anwendbarkeit der Gründungstheorie im Bereich der Durchgriffshaftung in *First National City Bank v. Banco Para El Comercio Exterior de Cuba*[382] aus:

> Different conflicts principles apply, however, where the rights of third parties external to the corporation are at issue. To give conclusive effect to the law of the chartering state in determining whether the separate juridical status[383] of its instrumentality should be respected would permit the state to violate with impunity the rights of third parties under international law while effectively insulating itself from liability in foreign courts.

Wenngleich thematisch nicht mit der vorliegenden Auslegung des FHSV unmittelbar vergleichbar, wird in dieser Entscheidung doch deutlich gemacht, dass *juridical status* die rechtliche Selbstständigkeit einer Gesellschaft in Abgrenzung

381 Ähnlich *Tomschin*, Anerkennung, S. 55.
382 *First Nat'l City Bank v. Banco Para El Comercio Exterior De Cuba*, 462 U.S. 611 (1983).
383 Hervorhebung durch die Verfasserin.

zu ihren Gesellschaftern und Entscheidungsträgern bezeichnet. In einer Reihe weiterer Entscheidungen verschiedener Gerichte zur Frage der selbstständigen rechtlichen Stellung einer juristischen Person im Rahmen der Durchgriffshaftung wird dieses Verständnis des *juridical status* bestätigt[384]. *Juridical status* wird demnach als Begriff in der US-Rechtsprechung verwendet, der die Unabhängigkeit der Rechtspersönlichkeit bezeichnet[385]. Für diese Abgrenzung zwischen juristischer Person und ihren Gesellschaftern kommt es nur auf die rechtliche Eigenständigkeit einer wirksam gegründeten Gesellschaft an, nicht aber auf die übrigen zum Gesamtstatut gehörenden Fragen, wie beispielsweise bezüglich von Stimmrechten der Gesellschafter.

Für die vorliegende Auslegung noch bedeutsamer ist allerdings das Urteil des *US. Court of Appeals* in *Spiess et al. v. C. Itoh & Company (America), Inc.* vom 24. April 1981[386]. Das Gericht hatte in diesem Verfahren über die Bedeutung des bereits erwähnten Art. XII Abs. 3 des japanisch-US-amerikanischen Freundschafts-, Handels- und Schifffahrtsvertrages zu entscheiden[387]. Besonders wertvoll wird das Urteil für die Auslegung des Art. XXV Abs. 5 S. 2 FHSV auch deshalb, weil das Gericht nicht nur sein eigenes Verständnis der Begrifflichkeit *recognition of juridical status* zum Ausdruck bringt, sondern auch verschiedene entstehungszeitliche Dokumente zitiert und in seine Beurteilung miteinfließen lässt. So erläutert das Gericht unter Hinweis auf das bereits erwähnte Memorandum des *US State Department*[388] in Abschnitt 12 des Urteils, dass die Anerkennung des rechtlichen Status dazu gedacht ist, sicherzustellen, dass unbekannte Gesellschaftstypen des einen Vertragsteils auch auf dem Staatsgebiet des jeweils anderen Vertragsteils als Gesellschaften anerkannt werden. Bedeutung der Anerkennung ist demnach, dass solchen Organisationen, denen in ihrem Heimatstaat Rechtspersönlichkeit zukommt, diese Rechtspersönlichkeit auch in einem Staat erhalten bleibt, dem ihre Gesellschaftsform unbekannt ist. In Abschnitt 16–20 des

---

384 S. bspw. *National Council of Resistance of Iran v. Department of State*, 362 U.S.App. D.C. 143 (2004), 373 F.3d 152:" *the normally seperate juridical status had to be set aside whre the cuban government was the real party in interest.*"; aber auch *Flatow v. Islamic Republic of Iran*, 308 F.3d 1065 (2002); *Lege v. Abbeville City Council*, 787 So.2d 1228 (2001); *Alejandre v. Telefonica Larga Distancia de P.R., Inc.*, 183 F.3d 1277 (1999).

385 So sieht das selbst *Kaulen*, Anerkennung von Gesellschaften, S. 171.

386 *Spiess et al. v. C. Itoh & Company (America), Inc.*, 643 F.2d 353.

387 Art. XII Abs. 3 des japanisch-US-amerikanischen Freundschafts-, Handels- und Schifffahrtsvertrages vom 2. April 1953 ist gleichlautend mit Art. XXV Abs. 5 S. 2 FHSV, vgl. oben unter Fn. 227.

388 Vgl. oben unter B., VI., 2., a., dd., (3).

Urteils wird unter Hinweis auf einen Aufsatz von *Walker* als dem „Architekten[389]" der modernen Freundschafts-, Handels- und Schifffahrtsverträge[390] nochmals zum Ausdruck gebracht, dass die Anerkennung des rechtlichen Status „nur" die Akzeptanz fremdartiger Gesellschaftstypen als eigene Rechtspersönlichkeiten darstellt. Das Gericht stellt unter Bezugnahme auf *Walker* dar, dass die Regelung der Anerkennung in engem Zusammenhang mit der Definition einer Gesellschaft steht und das für jede in ihrem Heimatstaat als rechtfähig anerkannte Gesellschaft gelten muss, dass sie auch auf dem Staatsgebiet des anderen Vertragsteils als rechtsfähige Gesellschaft des Heimatstaates respektiert wird. Die Anerkennung bezieht sich demnach nur auf die von *Walker* so bezeichnete *civil capacity*, die dieser in Abgrenzung von faktischen, d. h. funktionellen, Rechten als abstrakte Fähigkeit versteht, Inhaber von Rechten und Pflichten zu sein. Dieses Verständnis des Begriffs der Anerkennung des rechtlichen Status sieht das Gericht durch ein Telegramm von *US Secretary of State Kissinger* an die amerikanische Botschaft in Tokyo bestätigt[391]. In dem Telegramm weist *Kissinger* daraufhin, dass der Begriff der *recognition* im Rahmen des Art. XII Abs. 3 japanisch-US-amerikanischer Freundschafts-, Handels- und Schifffahrtsvertrag ausschließlich die Funktion hat, für die Zwecke des Staatsvertrages festzulegen, wann eine Organisation des Vertragspartners als Gesellschaft i. S. d. Staatsvertrages gilt[392]. Bei diesem Telegramm fällt auf, dass die Grenze zwischen Definition und Kollisionsregelung fließend verläuft. Keinesfalls kann dieser stark eingeschränkten Interpretation der Anerkennung eine Verweisungsregelung für das gesamte Gesellschaftsstatut oder auch nur für das Außenstatut entnommen werden. Für die in dem Telegramm geschilder-

389 *Walker* hat einen Großteil der dem zweiten Weltkrieg nachfolgenden Freundschaftsverträge formuliert und diese zum Teil auch verhandelt, vgl. Department of State Airgram A-105, dated Jan. 9, 1976, zit. über *Sumitomo Shoji America, Inc. v. Avagliano*, 457 U.S. 176, Fn. 6.

390 *Walker*, AJIL 50 (1956), S. 373.

391 Telegramm, Secretary of State Kissinger an amerikanische Botschaft in Tokyo, No. A-105, 9. Januar 1976, zit. über *Spiess et al. v. C. Itoh & Company (America), Inc.*, 643 F.2d 353, at 21 ff.

392 Textpassage des Telegramms: „*all that para 3 (of article XXII) is meant to accomplish is the establishment of a procedural test for the determination of the status of an association, i. e., whether or not to recognize it as a "company" for purposes of the treaty. Once such recognition is granted, the functional rights accorded to companies under the FCN (for example, the Article VII rights of a company to establish and control subsidiaries) then accrue.*", Telegramm, Secretary of State Kissinger an amerikanische Botschaft in Tokyo, No. A-105, 9. Januar 1976, zit. über *Spiess et al. v. C. Itoh & Company (America), Inc.*, 643 F.2d 353, at 21 ff.

ten Belange des Staatsvertrages ist es ausreichend, wenn eine Verweisung auf das Gründungsrecht rechtlich die Rechtsfähigkeit der fremden Gesellschaft umfasst. Auch diesem Urteil lässt sich somit eine Auslegung der Begrifflichkeit *recognition of juridical status* im Sinne einer auf das Rechtsfähigkeitsstatut beschränkten Verweisung entnehmen[393]. Dies wird weiterhin durch die zu den Entscheidungen *Sumitomo Shoji America, Inc. v. Avagliano* und *Spiess et al. v. C. Itoh & Company (America), Inc.* ergangene Literatur bestätigt, nach der es sich bei der entsprechenden Formulierung des JFHSV in erster Linie um eine Defintionsnorm handelt, die die Nationalität einer Gesellschaft festlegt[394].

ee. Zwischenergebnis

Geht man daher von der unmittelbaren Auslegung des Begriffs des rechtlichen Status in den jeweiligen Sprachen der Vertragsparteien aus, sprechen gute Gründe dafür, dass hier allein die Rechts-, Handlungs- und Geschäftsfähigkeit umfasst ist. Insbesondere die Interpretation des englischen Wortlauts der Kollisionsregelung deutet auf eine im Umfang eingeschränkte Verweisung hin. Im Folgenden wird nunmehr zu untersuchen sein, ob sich dieses Auslegungsergebnis bestätigt, wenn Art. XXV Abs. 5 S. 2 FHSV im Zusammenhang der verschiedenen Bestimmungen des FHSV gelesen wird[395]. Daher muss Art. XXV Abs. 5 S. 2 FHSV systematisch, unter Berücksichtigung der mit ihm zusammenhängenden Regelungen des Vertrages, ausgelegt und die bisherige Wortlautanalyse auf dieser Grundlage überprüft werden.

b. Systematische Auslegung

Um die bisher gefundene Begriffsumschreibung weiter ausfüllen zu können, ist es notwendig, den Art. XXV Abs. 5 S. 2 FHSV im Zusammenhang mit den anderen Bestimmungen des Vertrages auszulegen. Hierzu ist neben den regulären Bestimmungen auch das in der Präambel erwähnte Prinzip der Inländerbehandlung zu zählen, das sich in vielen Vorschriften des FHSV wiederfinden lässt und in Form der Niederlassungsfreiheit eine für die vorliegende Fragestellung besonders

---

393 Der Instanzenzug setzte sich zwar nach diesem Urteil noch fort, aber es erfolgten in der oben erörterten Angelegenheit keine Entscheidungen mehr, vgl. zu alldem das Urteil des Court of Appeals vom 10. Februar 1984, *Spiess et al. v. C. Itoh & Company (America), Inc.*, 725 F.2d 970.

394 *Lewis/Ottley*, Ohio St. L. J. 44 (1983), 45, 47, 51 and 53.

395 Vgl. Art. 31 Abs. 1 WÜRV.

interessierende Ausprägung findet[396]. Das Prinzip der Inländerbehandlung wird durch Art. XXV Abs. 1 FHSV definiert als *„die innerhalb des Gebiets eines Vertragsteils gewährte Behandlung, die nicht weniger günstiger ist als diejenige, die dort unter gleichartigen Vorraussetzungen den Staatsangehörigen, Gesellschaften, Erzeugnissen, Schiffen und sonstigen Objekten jeglicher Art dieses Vertragsteils gewährt wird"*. Wirtschaftliche Vorteile zugunsten inländischer Unternehmen müssten nach diesem Gebot auch ausländischen Unternehmen in gleicher Weise zustehen[397]. Dem Grunde nach handelt es sich bei diesem Prinzip um ein Nicht-Diskriminierungsgebot[398], das allerdings teilweise Ausnahmen zulässt.

Nachfolgend wird zu untersuchen sein, ob dass das Zusammenspiel der staatsvertraglichen Regelungen sowie der Prinzipien der Inländerbehandlung und der Niederlassungsfreiheit die Annahme stützen, dass der Vertrag mit „der Anerkennung des rechtlichen Status einer Gesellschaft" die Anwendung des Gründungsrechts auf das Rechts-, Geschäfts- und Handlungsfähigkeitsstatut beschränkt wissen wollte.

aa. Art. VI FHSV

Art. VI FHSV gewährt den Gesellschaften des anderen Vertragsteils hinsichtlich des Zutritts zu den Gerichten und der Verfolgung wie auch der Verteidigung ihrer Rechte Inländerbehandlung[399]. Entgegen einer Ansicht lassen sich hieraus nur beschränkt Rückschlüsse auf den Umfang des Art. XXV Abs. 5 S. 2 FHSV ziehen[400]. Teilweise wird vorgebracht, dass Art. VI FHSV die Parteifähigkeit einer Gesellschaft festlegt und somit als Norm überflüssig wäre, wenn es sich bei Art. XXV Abs. 5 S. 2 FHSV um eine Verweisung auf das gesamte Gesellschaftsstatut handeln würde. Dies ist jedoch abzulehnen. Selbst wenn Art. VI Abs. 1 FHSV

396 *„[...] haben die Bundesrepublik Deutschland und die Vereinigten Staaten von Amerika beschlossen einen Freundschafts-, Handels- und Schifffahrtsvertrag abzuschließen, der im Allgemeinen auf den Grundsätzen der gegenseitig gewährten Inländergleichbehandlung und unbedingten Meistbegünstigung beruhen."*

397 *Müller/Wildhaber*, Praxis des Völkerrechts, S. 903; *Hobe*, Einführung Völkerrecht, Kap. 9, S. 327 (in Zusammenhang mit der entsprechenden GATT-Vorschrift).

398 *Stein/von Buttlar/Kotzur*, Völkerrecht, § 25, Rn. 472 (in Zusammenhang mit GATT-Vorschriften).

399 Art. VI Abs. 1 FHSV: *„Den Staatsangehörigen und Gesellschaften des einen Vertragsteils wird im Gebiet des anderen Vertragsteils hinsichtlich des Zutritts zu den Gerichten und Verwaltungsgerichten sowie Amtsstellen aller Instanzen für die Verfolgung wie auch für die Verteidigung ihrer Rechte Inländerbehandlung gewährt."*

400 Vgl. zur entgegenstehenden Ansicht *Tomschin*, Anerkennung, S. 51 f.

die Parteifähigkeit einer Gesellschaft regeln würde[401], könnte Art. XXV Abs. 5 S. 2 FHSV dennoch im Sinne eines einheitlichen Gesellschaftsstatuts ausgelegt werden. Es hat sich nämlich erst in der jüngeren Vergangenheit die nicht zwingende Meinung in der deutschen Lehre und Rechtssprechung herausgebildet, dass Fragen der Partei- und Prozessfähigkeit ausländischer Gesellschaften als Teil des Gesellschaftsstatuts zu behandeln sind[402]. Zudem handelt es sich bei der Frage des freien Zugangs zu den Gerichten zumindest anteilig insofern um eine fremdenrechtliche Regelung, als diese den fremden Gesellschaften über die Frage der Parteifähigkeit hinaus eine den deutschen Gesellschaften gleiche Möglichkeit verschafft, sich der deutschen Gerichtsbarkeit umfassend zu bedienen. Hierdurch soll der Gefahr begegnet werden, dass der deutsche Gesetzgeber den Gerichtszugang erschwerende, fremdenrechtliche Vorschriften erlässt, die dann auch auf US-amerikanische Gesellschaften bei fehlender Inländerbehandlungsklausel anwendbar wären. Mit Art. VI FHSV wird daher jedenfalls nicht nur eine kollisionsrechtliche Anknüpfung eines etwaigen Parteifähigkeitsstatuts einer Gesellschaft festgeschrieben. Daher lässt diese Regelung im Rahmen einer systematischen Auslegung keinen Rückschluss auf den Umfang der Verweisung des Art. XXV Abs. 5 S. 2 FHSV zu.

bb. Art. XXIV Abs. 1 e) FHSV

Allerdings lässt sich aus dem systematischen Zusammenhang mit Art. XXIV Abs. 1 e) FHSV ein Hinweis darauf finden, dass Art. XXV Abs. 5 S. 2 FHSV als eingeschränkte Verweisungsvorschrift zu verstehen ist. Art. XXIV Abs. 1 e) FHSV lautet:

> Durch diesen Vertrag bleibt das Recht eines jeden Vertragsteils unberührt, Maßnahmen anzuwenden, welche solche Gesellschaften, die im Eigentum oder unter der Leitung oder der unmittelbaren oder mittelbaren Kontrolle von Staatsangehörigen eines dritten Landes oder mehrerer dritter Länder stehen, von den Vergünstigungen dieses Vertrages ausschließen; jedoch darf die Anerkennung ihres rechtlichen Status und der Zugang zu den Gerichten nicht eingeschränkt werden.

Nach einer Auffassung soll der Zugang zu den Gerichten auch die Parteifähigkeit umfassen und die Trennung von „rechtlichem Status“ und „Zugang zu den Gerichten“ soll darauf hindeuten, dass der rechtliche Status nur das Rechts-, Geschäfts- und Handlungsfähigkeitsstatut umfasst. Denn wenn der „rechtliche Status“ das gesamte Gesellschaftsstatut beinhalten würde, wäre die Parteifähigkeit

---

401 Vgl. zu dieser Frage unten unter B. 7.

402 *Kindler* in MüKo, IntGesR, Rn. 565 m. w. N.

hiervon ebenfalls umfasst und eine gesonderte Erwähnung in Gestalt des „Zugangs zu Gericht" wäre überflüssig[403]. Aber wie bereits erörtert, stellt der „Zugang zu Gericht" zum einen jedenfalls teilweise, d. h. auch neben einer ggf. existierenden, kollisionsrechtlichen Regelung der Partei- und Prozessfähigkeit, eine fremdenrechtliche Regelung dar und würde daher auch bei Festlegung der Anknüpfung für die Parteifähigkeit keine Aussage über den insgesamten Umfang der Kollisionsregeln des Art. XXV Abs. 5 S. 2 FHSV treffen[404].

Zugunsten einer Auslegung im Sinne eines Rechts-, Geschäfts- und Handlungsfähigkeitsstatuts spricht jedoch die Ausnahme von dem Maßnahmenvorbehalt für Gesellschaften, die von Drittstaaten kontrolliert werden. Grundsätzlich gesteht der Art. XXIV Abs. 1 e) FHSV den Vertragsparteien das Recht zu, durch nationale Regelungen solche US-amerikanischen Gesellschaften von den Privilegien des FHSV auszunehmen, die nicht von US-Staatsangehörigen kontrolliert werden. Hintergrund dieser Regelung ist, dass die Vergünstigungen nur reziprok zwischen den beiden Vertragsteilen gelten soll und der Vertrag nur die Förderung von wechselseitigem Handel zwischen diesen beiden Staaten bezweckt. Zu dritten Staaten, die mittelbar durch den FHSV begünstigt werden könnten, besteht kein vergleichbares Austauschverhältnis und so sollen diese auch nicht einseitig Vorteile aus den Regelungen des FHSV ziehen können. Zuweilen kann es sich auch aus politischen Gründen anbieten, drittstaatlich kontrollierte Gesellschaften in bestimmten Fällen ausschließen zu können. Der letzte Halbsatz des Art. XXIV Abs. 1 e) FHSV sichert dem rechtlichen Status solcher von dritten Staaten kontrollierten Gesellschaften und ihrem Zugang zu Gericht jedoch unbegrenzten Schutz zu. Bereits aus der Systematik des Art. XXIV FHSV ist zu erkennen, dass diese Ausnahme von dem Maßnahmenvorbehalt restriktiv ausgelegt werden muss. Die drittstaatlich kontrollierten Gesellschaften können umfassend von dem umfangreichen Begünstigungskatalog des FHSV ausgeschlossen werden, nur nicht für die eng begrenzte Ausnahme des rechtlichen Status und des Zugangs zu Gericht. Hieraus kann geschlossen werden, dass dem „rechtlichen Status" selbst nur begrenzter, nämlich auf das Rechtsfähigkeitsstatut beschränkter, Umfang zuerkannt wird[405]. Den drittkontrollierten Gesellschaften soll nur das zur Wahrnehmung ihrer Rechte absolute Mindestmaß an Rechten in Form ihrer Rechtsfähigkeit und des Rechts auf freien Zutritt zu Gericht erhalten bleiben. Eine Anwendung des Gründungsrechts auf ihr gesamtes Gesellschaftsstatut würde darüber weit hinausgehen

403 So *Tomschin*, Anerkennung, S. 52.

404 Vgl. oben unter B., III., 2., c.

405 S. auch *Dammann*, RabelsZ 68 (2004), 607, 635 f.

und kann unter Berücksichtigung des Sinnes und Zwecks des Art. XXIV FHSV nicht umfasst sein. Daher deutet Art. XXIV Abs. 1 e) FHSV auf eine Verweisung beschränkt auf das Rechts-, Geschäfts- und Handlungsfähigkeitsstatut hin.

cc. Die Stellung des Art. XXV Abs. 5 S. 2 FHSV in der Systematik des Staatsvertrages

Auch die Stellung des Art. XXV Abs. 5 S. 2 FHSV innerhalb des FHSV sowie die Stellung des zweiten Satzes innerhalb des fünften Absatzes des Art. XXV FHSV lässt sich für die systematische Auslegung heranziehen. Wie bereits im Rahmen der Einordnung als Kollisions- oder Fremdenrechtsnorm[406] muss auch hier untersucht werden, ob der nahezu „verdeckten" Stellung der Kollisionsregelung eine Aussage über ihren Verweisungsumfang innewohnt. Nach geradezu einhelliger Meinung ist schon die Positionierung der Kollisionsregelung zwischen den Übergangs- und Abschlussvorschriften[407] des FHSV ungewöhnlich. Nach Auffassung einiger muss hieraus zwingend folgen, dass der Vorschrift des Art. XXV Abs. 5 S. 2 FHSV von den Vertragsparteien keine wesentliche Bedeutung zugemessen wurde. Generell würden vollumfängliche Kollisionsregelungen in speziellen Staatsverträgen vereinbart oder zumindest doch an prägnanter Stelle innerhalb eines Staatsvertrages positioniert werden[408]. Daher könne aus der Stellung des Art. XXV Abs. 5 S. 2 FHSV nur auf eine eingeschränkte Bedeutung der Verweisung geschlossen werden. Dieser Auffassung folgt die vorliegende Arbeit, wenngleich nicht mit der gleichen Ausschließlichkeit. Tatsächlich wäre die Festlegung des gesamten Gesellschaftsstatuts von wesentlicher Bedeutung für die Gesellschaften des jeweiligen Vertragspartners und die Verortung einer solchen Regelung an das Ende des Vertrages erscheint unwahrscheinlich. Selbst die eingeschränkte Kollisionsregelung des Vorgängervertrages befand sich als Art. XII FHSV von 1923 in der Mitte des Staatsvertrages. Gleichzeitig kann dieser Argumentation entgegengehalten werden, dass auch die Verweisung auf das Rechts-, Geschäfts- und Handlungsfähigkeitsstatut von einiger Relevanz ist und dennoch diesbezüglich die hintere Positionierung des Art. XXV Abs. 5 S. 2 FHSV nicht hinterfragt wird. Gewichtiger ist daher zu bewerten, dass die kollisionsrechtliche Verweisung in Art. XXV FHSV enthalten ist, einer Regelung, die fast ausschließlich Definitionsvorschriften enthält. Art. XXV Abs. 1 und Abs. 3 FHSV

---

406 Vgl. hierzu oben unter B., III., 2., a.

407 Schwenk, JZ 1957, 197.

408 *Bungert*, ZvglRWiss 93 (1994), 117, 141; *Dammann*, RabelsZ 68 (2004), 607, 635; *Tomschin*, Anerkennung, S. 50.

erläutern den Begriff der Inländerbehandlung, Art. XXV Abs. 4 FHSV definiert den Begriff der Meistbegünstigung, Art. XXV Abs. 5 definiert den Begriff der Gesellschaft und Art. XXV Abs. 6 FHSV legt fest, wann eine Person als Staatsangehörige des anderen Vertragsteils gilt. In diesem Kontext wäre eine umfassende Verweisung auf das Gesellschaftsstatut nicht nur ungewöhnlich, sondern vollkommen fehlplaziert. Bereits eine eingeschränkte Kollisionsregelung passt auf den ersten Blick inhaltlich nicht in die Systematik der Vorschrift. Erst bei einer weiteren Untersuchung erschließt sich der Zusammenhang zwischen den übrigen Regelungen des Art. XXV FHSV und der des Art. XXV Abs. 5 S. 2 FHSV in seiner potentiellen Auslegung als Verweisung für das Rechtsfähigkeitsstatut. Die Definitionsvorschriften legen nicht nur die Bedeutung grundlegender Prinzipien wie beispielsweise der Meistbegünstigung fest, sondern erläutern auch die dem persönlichen Anwendungsbereich des FHSV zugrunde liegenden Begriffe „Staatsangehöriger" und „Gesellschaft"[409]. Während Staatsangehöriger des Vertragspartners jedenfalls auch jemand ist, der einen Reisepass des entsprechenden Vertragsteils besitzt, ist Gesellschaft des anderen Vertragsteils eine Gesellschaft, die auf dem Gebiet des entsprechenden Vertragspartners nach dessen Gesetzen errichtet worden ist. Da für juristische Personen, im Gegensatz zu natürlichen Personen, jedoch nicht nur eine Zuordnung zu einem Vertragsteil für die Nutzung der vom FHSV gewährten Rechte relevant ist, sondern auch ihre Anerkennung als eigenständig rechtsfähig, wurde diese Anerkennung folgerichtig zu den Begriffserläuterungen des Art. XXV Abs. 5 S. 2 FHSV hinzugefügt. Im Gegensatz zu natürlichen Personen, die aus sich heraus bereits Träger von Rechten und Pflichten sein können, bedürfen juristische Personen hierfür der besonderen Zuerkennung dieser Fähigkeit. Daher steht eine kollisionsrechtliche Verweisung auf das Rechtsfähigkeitsstatut von Gesellschaften immer in engem Zusammenhang mit der Festsetzung des persönlichen Anwendungsbereichs eines Staatsvertrages. Für das auf die Innenverhältnisse einer Gesellschaft anwendbare Recht gilt dies hingegen nicht, denn diese sind nicht dafür ausschlaggebend, dass die Gesellschaft Träger der ihr im FHSV zugesprochenen Rechte sein kann.

Im Ergebnis sprechen daher gute Gründe dafür, dass die kollisionsrechtliche Regelung nur deshalb in den Art. XXV FHSV mit aufgenommen wurde, weil sie eben keine folgenschwere Festlegung des auf Gesellschaften anwendbaren Kollisionsrechts darstellen soll. Vielmehr soll an dieser Stelle lediglich insoweit das Gesellschaftskollisionsrecht geregelt werden, wie es für die Festlegung des vom FHSV umfassten Schutzobjektes notwendig ist. Als Fazit kann man daher aus

---

409 *Bungert*, ZbglRWiss 93 (1994), 117, 141; *Tomschin*, Anerkennung, S. 50 f.

der Stellung des Art. XXV Abs. 5 S. 2 FHSV ziehen, dass diese Position für eine eingeschränkte Kollisionsregelung spricht.

dd. Art. XXV Abs. 5 S. 2 FHSV in Zusammenhang mit dem Grundsatz der Inländerbehandlung

Im FHSV wird die Inländerbehandlung beispielsweise in Art. V Abs. 5 FHSV für den Schutz von Eigentum (i. V. m. Art. V Abs. 4 FHSV), von Ansprüchen (i. V. m Art. V Abs. 3 FHSV) und von privaten oder geschäftlich genutzten Räumlichkeiten (i. V. m. Art. V Abs. 2 FHSV) festgesetzt. Inländerbehandlung betreffend den Zugang zu Gericht findet sich, wie bereits erwähnt, in Art. VI Abs. 1 FHSV. Art. VII Abs. 1 FHSV schreibt die Inländerbehandlung für die geschäftliche Betätigung einer Gesellschaft vor. In Art. IX Abs. 2 FHSV wiederum ist die Inländerbehandlung von US-amerikanischen Gesellschaften für den Erwerb von Besitz oder Eigentum beweglicher Sachen durch Kauf und Miete sowie, nach Art. IX Abs. 1 a) FHSV, für die Miete und die Pacht unbeweglicher Sachen bestimmt. Es handelt sich bei nahezu all diesen Normen um fremdenrechtliche Regelungen[410], die einer Gesellschaft den Zugang zum Markt sichern und Investitionen und Expansionen fördern sollen. In diesem Zusammenhang stellt sich die Frage, ob es gegen den Grundsatz der Inländerbehandlung in ihren verschiedenen speziellen Ausprägungen im Vertrag verstößt, wenn Art. XXV Abs. 5 S. 2 FHSV nur auf das Rechts-, Geschäfts- und Handlungsfähigkeitsstatut verweist bzw. ob der Grundsatz der Inländerbehandlung vorliegend eine einheitliche Regelung des Gesellschaftsstatuts erfordert.

Die Gewährleistung der Inländerbehandlung begründet die Pflicht des einen Vertragsteils, die Gesellschaften des anderen Vertragsteils gleich den eigenen Gesellschaften zu behandeln[411]. Die Diskriminierung gegen Gesellschaften des anderen Vertragspartners, sei sie nun formaler oder faktischer Natur, ist somit verboten[412]. Würde die Auslegung als Rechtsfähigkeitsstatut oder als Gesellschaftsstatut zu einer Diskriminierung führen, würde dies die jeweils andere Auslegung anraten. Dies ist jedoch nach keiner der Auslegungsalternativen der Fall. Eine formale Diskriminierung scheitert schon daran, dass bei einem eingeschränkten Verständnis des Art. XXV Abs. 5 S. 2 FHSV das „Rest"-Statut durch dieselben deutschen internationalprivatrechtlichen Normen ermittelt werden würde, die auch auf deutsche Gesellschaften Anwendung finden. Eine umfassende

410 *Kindler* in Müko, IntGesR, Rn. 243; *Ebenroth/Bippius*, NJW 1988, 2137, 2143.
411 Vgl. hierzu die Legaldefinition in Art. XXV Abs. 1 FHSV.
412 *Dammann*, RabelsZ 68 (2004), 607, 638.

Verweisung lässt hingegen schon keinen Raum für eine Diskriminierung. Es besteht aber auch keine faktische Diskriminierung durch die Konsequenzen einer bloßen Teilverweisung. Faktisch diskrimiert würden die Gesellschaften durch die Anwendung des deutschen internationalen Privatrechts auf z. B. ihre Innenverhältnisse, wenn sie hierdurch in der Ausübung ihrer staatsvertraglich gewährten Rechte im Vergleich zu deutschen Gesellschaften behindert würden. Eine solche Behinderung ist jedoch nicht ersichtlich. Denn für die Ausübung all dieser Rechte ist allein die Rechts-, Geschäfts- und Handlungsfähigkeit notwendig.

Teilweise kann eine Diskriminierungsproblematik noch am Ehesten in der Möglichkeit gesehen werden, dass bestimmte, anwendbare US-amerikanische Regelungen die Befolgung deutscher Vorschriften erschwert. Aber eine solche Problematik kann sowohl bei einer Teilverweisung wie auch bei einer umfänglichen Verweisung entstehen und bietet daher keine Hilfestellung für eine systematische Auslegung des Art. XXV Abs. 5 S. 2 FHSV. Ohnehin kann nicht jede Belastung der Tätigkeit einer US-amerikanischen Gesellschaft in Deutschland eine faktische Diskriminierung im Sinne der Inländerbehandlung darstellen[413]. Im Ergebnis ist daher festzuhalten, dass der Grundsatz der Inländerbehandlung in seinen verschiedenen Ausprägungen keine Anhaltspunkte für eine Auslegung des Art. XXV Abs. 5 S. 2 FHSV bereithält.

ee. Niederlassungsfreiheit

Der BGH sieht in erster Linie die geschäftliche Niederlassungsfreiheit des Art. VII Abs. 1 S. 3 FHSV[414] als die sich maßgeblich auf Art. XXV Abs. 5 S. 2 FHSV auswirkende Bestimmung an[415]. Die Niederlassungsfreiheit wird hier als das Recht umschrieben, im Staat des anderen Vertragsteils als Gesellschaft Zweigstellen zu errichten und Unternehmen zu erwerben und zu leiten. Die Niederlassungsfreiheit soll dabei nach Ansicht des zweiten Zivilsenats des BGH dazu führen, dass die Anerkennung des rechtlichen Status nicht nur die Rechts- und

---

413 Vgl. hierzu näher *Dammann*, RabelsZ 68 (2004), 607, 638.

414 Art. VII Abs. 1 S. 3 FHSV: „*Dementsprechend dürfen diese Staatsangehörigen und Gesellschaften innerhalb des genannten Gebiets*
- *a) Zweigstellen, Vertretungen, Büros, Fabriken und andere zur Führung ihrer Geschäfte geeignete Betriebe errichten und unterhalten,*
- *b) nach dem Gesellschaftsrecht des anderen Vertragsteils Gesellschaften gründen und Mehrheitsbeteiligungen an Gesellschaften des anderen Vertragsteils erwerben,*
- *c) von ihnen errichtete oder erworbene Unternehmen kontrollieren und leiten.*"

415 BGH, Urt. v. 05. Juli 2004 - II ZR 389/02; BGH, Urt. v. 29. Januar 2003 - VIII ZR 155/02.

Parteifähigkeit[416], sondern das gesamte Gesellschaftsstatut umfasst. Im Urteil des BGH wird zur Begründung dieser Annahme auf das *Überseering*-Urteil[417] des EuGH hingewiesen. Hier heißt es:

> Das gilt sowohl hinsichtlich der Frage der Rechts- und Parteifähigkeit der Gesellschaft (BGH aaO) als auch in bezug auf die ebenfalls nach dem Personalstatut zu entscheidende Frage einer Haftung der Gesellschafter für Gesellschaftsverbindlichkeiten [...] und folgt unter anderem auch daraus, dass Art. VII des Abkommens ausdrücklich Niederlassungsfreiheit für Gesellschaften jedes Vertragsteils im Gebiet des anderen Vertragsteils gewährt (vgl. BGHZ 153, 353, 357 f.). Insofern gilt hier ähnliches wie im Geltungsbereich der Niederlassungsfreiheit gemäß Art. 43 und 48 EGV [a. F.][418] (dazu EuGH, Urt. v. 5. November 2002 - RS C-208/00 „Überseering" [...]): Die in einem Vertragsstaat nach dessen Vorschriften wirksam gegründete Gesellschaft ist in einem anderen Vertragsstaat - unabhängig vom Ort ihres tatsächlichen Verwaltungssitzes - in der Rechtsform anzuerkennen, in der sie gegründet wurde [...].

Im Rahmen eines deutschen Gerichtsverfahrens wurde der Überseering B.V. als niederländische Gesellschaft mit Sitz in Deutschland in Anwendung der Sitztheorie ihre Rechts- und Parteifähigkeit aberkannt. Der EuGH urteilte sodann in der Vorlagesache durch den BGH, dass es gegen die in Art. 43, 48 EGV (nunmehr: Art. 49, 54 AEUV) niedergelegte Niederlassungsfreiheit verstößt, wenn ein Mitgliedsstaat einer aus einem anderen Mitgliedsstaat zugezogenen Gesellschaft die Rechts- und Parteifähigkeit entzieht. Die Aussagen des EuGHs sind jedoch für die vorliegende Untersuchung zum Bedeutungsgehalt der Niederlassungsfreiheit in Art. VII Abs. 1 FHSV nicht verbindlich. Ebenso wie die Art. 49, 54 AEUV nur unmittelbar anwendbar sind, wenn es sich um einen Sachverhalt zwischen zwei Mitgliedstaaten der Europäischen Union handelt, kann auch die Rechtsprechung des EuGH darüber hinaus keine Rechtswirkung beanspruchen[419]. Im Verhältnis zu Drittstaaten, wie beispielsweise den USA, liegt also ein von den Bestimmungen des

---

416 Nur hierauf lautete die Entscheidung des achten Zivilsenats, BGH, Urt. v. 29. Januar 2003 - VIII ZR 155/02, auf die der zweite Zivilsenat später Bezug nahm in BGH, Urt. v. 05. Juli 2004 - II ZR 389/02.

417 EuGH, Urt. v. 05. November 2002 - Rs. C-208/00 = NJW 2002, 3614 ff.

418 Anmerkung durch die Verfasserin. In der aktuellen Fassung handelt es sich um die Art. 49, 54 AEUV.

419 Auch abstrakt kann die der Niederlassungsfreiheit innerhalb der EU zugemessene Bedeutung nicht auch zur Auslegung der Niederlassungsfreiheit innerhalb des FHSV herangezogen werden. Denn AEUV und FHSV sind vollkommen unterschiedliche Staatsverträge, die unterschiedlichen Bedürfnissen und Weiterentwicklungen unterliegen. Siehe hierzu auch *Dammann*, RabelsZ 68 (2004), 607, 640.

AEUV losgelöstes, kollisionsrechtliches „Sonderregime" vor[420]. Auch die Bedeutung der Niederlassungsfreiheit des Art. VII Abs. 1 FHSV für eine Auslegung des Art. XXV Abs. 5 S. 2 FHSV muss deshalb vertragsautonom ausgelegt werden und kann sich nicht ohne weiteres an einem europarechtlich geprägten Verständnis orientieren. Die Bedeutung der Niederlassungsfreiheit ist dabei als spezielle Ausprägung des Inländerbehandlungsgrundsatzes nach den oben[421] genannten Kriterien zu beurteilen. Dies wirkt sich derart aus, dass die Niederlassung US-amerikanischer Gesellschaften in Deutschland nicht strengeren Vorschriften unterliegen darf als bei deutschen Gesellschaften. Da Gesellschaften nach beiden Auslegungsvarianten, d. h. sowohl bei der Verweisung auf das Rechts-, Geschäfts- und Handlungsfähigkeitsstatut als auch bei der Verweisung auf das gesamte Gesellschaftsstatut, ihr Recht auf freie Niederlassung ohne Einschränkung, d. h. ohne an ihre fremde Staatszugehörigkeit anknüpfende, belastende Bedingungen, ausüben können, kann auch der Grundsatz der Niederlassungsfreiheit keinen Hinweis auf die sachliche Reichweite des Art. XXV Abs. 5 S. 2 FHSV geben.

ff. Zwischenergebnis

Im Ergebnis der systematischen Auslegung bleibt festzuhalten, dass das Prinzip der Inländerbehandlung, auch in seiner niederlassungsrechtlichen Ausprägung, sowie Art. VI Abs. 1 FHSV eine Auslegung des Art. XXV Abs. 5 S. 2 FHSV weder im Sinne des Einheitsstatuts noch im Sinne des Rechtsfähigkeitsstatuts beeinflussen. Das Zusammenspiel des Art. XXIV Abs. 1 e) FHSV mit Art. XXV Abs. 5 S. 2 FHSV und die Stellung des letzteren innerhalb des Vertrages und innerhalb der Regelung des Art. XXV FHSV bestätigen jedoch das bereits im Rahmen der Wortlautauslegung erhaltene Ergebnis einer Verweisung nur für das Rechts-, Geschäfts- und Handlungsfähigkeitsstatut einer Gesellschaft.

c. Teleologische Auslegung

Wie eingangs bereits dargestellt, sind Ziel und Zweck des Vertrages als eigenständige Auslegungsmomente heranzuziehen, die jedoch nicht zu einer vom Wortlaut losgelösten Auslegung führen dürfen[422]. Der Vertragszweck muss daher in den Vertragsmaterialien selbst angelegt sein und und ist nur in diesem Umfang

420 *Wagner/Timm*, IPRax 2008, 81, 85.

421 Vgl. oben unter B. III., 2., b.

422 Auch *Ipsen* sieht diese Gefahr, a. a. O.,

geeignet, den übrigen Vertragstext im Lichte größtmöglicher Effektivität zu konkretisieren[423].

aa. Vertragszweck

Sinn und Zweck des Vertrages ist nach der Präambel die Förderung von wirtschaftlichen und kulturellen Beziehungen zwischen den Vertragsparteien. Zur Erreichung dieses Ziels dienen all solche Vereinbarungen, die den Handel zwischen beiden Parteien fördern, Kapitalanlagen anregen und allgemein Rechte und Vergünstigungen begründen[424]. Es handelt sich also um einen Vertrag mit vorwiegend wirtschaftlicher Zielsetzung, dessen Vereinbarungen in ihrer Gesamtheit und insbesondere auch durch die Prinzipien der Inländerbehandlung und der Meistbegünstigung den Handel zwischen den Vertragspartnern begünstigen sollen. Für die Frage nach dem Umfang der Verweisung hat diese klare Zweckbestimmung zweierlei zur Folge. Zum einen spricht sie zugunsten einer den Handel fördernden Auslegung. Zum anderen zeigt sich hier, dass dem Vertrag nicht in erster Linie um eine Klärung internationalprivatrechtlicher Themen gelegen ist.

Im Allgemeinen finden sich Kollisionsnormen in eigens dafür ausgearbeiteten Staatsverträgen mit entsprechender Zielsetzung[425]. Beispielhaft sei nur auf die Haager Abkommen zu verweisen, in denen selbst Detailfragen, wie z. B. die Testamentsform, den Regelungszweck eines Staatsvertrages darstellen[426]. Kollisionsnormen in Staatsverträgen ohne kollisionsrechtliche Zwecksetzung sind hingegen selten. Dies ist darauf zurückzuführen, dass ihr Regelungsbereich und die damit einhergehenden rechtlichen und tatsächlichen Konsequenzen von weitreichender Bedeutung sind. Grundsätzlich gibt dies Anlass zu hinterfragen, ob in einem

423 S. zum Effektivitätsgrundsatz („effet utile") bereits Fn. 116.

424 Präambel des FHSV:
„*Von dem Wunsch geleitet, die zwischen ihnen bestehenden Bande der Freundschaft zu festigen und engere wirtschaftliche und kulturelle Beziehungen zwischen den beiden Völkern zu fördern, sowie in der Überzeugung, daß diesen Zielen Vereinbarungen dienen, durch welche zu beiderseitigem Nutzen der Handel zwischen den beiden Ländern gefördert wird und Kapitalanlagen angeregt werden sowie gegenseitige Rechte und Vergünstigungen begründet werden, haben die Bundesrepublik Deutschland und die Vereinigten Staaten von Amerika beschlossen, einen Freundschafts-, Handels- und Schiffahrtsvertrag abzuschließen, der im allgemeinen auf den Grundsätzen der gegenseitig gewährten Inländerbehandlung und unbedingten Meistbegünstigung beruht.*", BGBl. 1956 II S. 487.

425 *Bungert*, ZVglRWiss 93 (1994), 117, 141.

426 Haager Übereinkommen über das auf die Form letztwilliger Verfügungen anzuwendende Recht vom 05. Oktober 1962, BGBl. 1965 II, 1145, 1966 II 11.

handelspolitischen Vertrag wie dem FHSV eine Kollisionsnorm von umfangreicher Reichweite vertragszweckmäßig niedergelegt sein muss. Im Zweifel erscheint es wahrscheinlicher, dass die Kollisionsnorm exakt in dem Umfang in den Vertrag mit aufgenommen wurde, der die positiven Voraussetzungen für dessen wesentliche Ziele und Bestimmungen[427] sicherstellt.

Eine handelsfreundliche Auslegung des Art. XXV Abs. 5 S. 2 FHSV muss diesen so interpretieren, dass er in seiner Anwendung die jeweilige Vertragspartei dazu motiviert, im Gebiet der anderen wirtschaftlich tätig zu werden. Kollisionsrechtlich muss dies jedenfalls bedeuten, dass eine Gesellschaft auch im Gebiet des für sie fremden Vertragspartners rechtlich besteht und handlungsfähig ist. Die Regelung ihrer inneren Ausgestaltung ist für ein rechtsgeschäftliches Handeln nach außen zunächst nicht von Belang[428].

Andererseits könnte man aber ein einheitliches Gesellschaftsstatut auch als insoweit handelsbegünstigend bezeichnen, als es ein zumindest subjektiv höheres Maß an Rechtssicherheit gegenüber dem gespaltenen Gesellschaftsstatut vermittelt. Dann bedürfte es keiner rechtlich-inhaltlichen Abgrenzungen für die Frage, welches Recht auf eine gesellschaftsrechtliche Fragestellung anzuwenden ist. Dabei wird aber übersehen, dass der FHSV zwar den Handel fördern will, dies aber nicht vollkommen uneingeschränkt macht. So wird z. B. in Ziffer 9 des Protokolls zu Art. VII FHSV die Möglichkeit der Vertragsstaaten formuliert, Gesellschaften des anderen Vertragsteils dann nicht zum Gewerbe zuzulassen, wenn diese den allgemeinen nationalen Vorschriften, wie z. B. Rechnungslegungsvorschriften, nicht genügen[429]. Das bedeutet, dass dem anderen Vertragspartner zwar viele Vergünstigungen zugesprochen werden, jedoch nicht generalklauselartig alle Vorschriften, die die fremden Gesellschaften belasten könnten, aufgehoben werden. Dies steht auch nicht in Widerspruch mit dem Zweck des Vertrages, da dieser mit Bezug auf die Förderung des Handels, insbesondere durch die Gewährung von Inländerbehandlung, eine Rechtslage herbeiführen will, die den ausländischen Gesellschaften die Möglichkeit gibt, mit den gleichen Rechten und Pflichten wie inländische Gesellschaften tätig zu werden. Der Umstand, dass eine Gesellschaft unter Umständen die Anwendung fremden Rechts auf ihre innere Organisation dulden muss, beschränkt sie zumindest rechtlich nicht im freien Handel auf dem Gebiet des anderen Vertragsstaates.

---

427 S. *Walker*, AJCL 5 (1956), S. 229, 236: *„The basic principle of national treatment in respect to engaging in business activities and doing the thinhs necessary or incidental thereto, which forms the heart of the treaty as an investment instrument..."*

428 S. auch *Bungert*, ZVglRWiss 93 (1994), 117, 143.

429 BGBl. II 1956, 502, 503.

Im Ergebnis lässt sich der wirtschaftliche Sinn und Zweck des FHSV verschiedenartig interpretieren. Abstrakt betrachtet genügt eine eingeschränkte Verweisung den Erfordernissen des Vertrages, aber auch eine einheitliche Verweisung wäre dem Vertragsziel nicht hinderlich.

bb. Einheitlichkeit des Gesellschaftsstatuts

Zu großen Teilen wird eine auf das Rechts-, Geschäfts- und Handlungsfähigkeitsstatut beschränkte Verweisung nicht im Rahmen einer konkreten Auslegung des Sinns und Zwecks des FHSV, sondern auf abstrakter Ebene auf Grundlage des Sinns und Zwecks des Gesellschaftsstatuts abgelehnt. In diesem Zusammenhang wird regelmäßig vorgetragen, dass eine gesonderte Anknüpfung des Rechtsfähigkeitsstatuts schon deshalb nicht möglich sei, weil die Rechtsfähigkeit untrennbar mit der konkreten Ausgestaltung der Innen- und Außenverhältnisse einer Gesellschaft verbunden sei. Eine Gesellschaft könne nur in ihrer konkreten Ausgestaltung, beispielsweise als Gesellschaft mit beschränkter Haftung, rechtsfähig sein, nicht jedoch abstrakt, d. h. losgelöst von den auf sie anwendbaren gesellschaftsrechtlichen Vorschriften[430]. Dies soll damit zusammenhängen, dass eine bestimmte Rechtspersönlichkeit immer von bestimmten Kapitalvoraussetzungen bedingt wird, dass das Kapital wiederum eng mit Vorschriften bezüglich seiner Aufbringung und seines Erhalts zusammenhängt und diese Vorschriften sich auch auf die Beziehungen der Gesellschafter und der Geschäftsführung auswirken[431].

Dieser Auffassung ist nur insoweit zuzustimmen, als dass eine einheitliche Anknüpfung der Rechtsfähigkeit und der übrigen gesellschaftsrechtlichen Verhältnisse unter dem Aspekt eines in sich schlüssigen Rechtssystems wünschenswert ist. Jedenfalls im deutschen Recht billigt man einer Gesellschaft ihren rechtlich eigenständigen Status im Rahmen von Vorschriften zu, die für diese Selbstständigkeit Voraussetzungen aufstellen und auf Grund der Konsequenzen der rechtlichen Selbstständigkeit ein darauf aufbauendes Regelungssystem entwerfen. Dennoch ist es fragwürdig, wenn die Trennung von Rechtsfähigkeitsstatut und gesondertem Gesellschaftsstatut teilweise als geradezu absurd dargestellt wird. Denn die Möglichkeit einer solchen Trennung ist dem deutschen Recht seit jeher bekannt und zumindest die Spaltbarkeit des Gesellschaftsstatuts im US-amerikanischen

---

430 *Ebenroth/Bippus*, NJW 1988, 2137, 2142; *Ebenroth/Sura*, RabelsZ 43 (1979), 317 f.; *Kindler*, nur mit Verweis auf die Einheitlichkeit des Gesellschaftsstatuts, in MüKo, IntGesR, Rn. 338.

431 *Kaulen*, Anerkennung von Gesellschaften, S. 180; *Wiedemann* in FS Kegel (1977), S. 187, 198.

Recht gelebte Praxis[432]. Sie findet sich in der deutschen Rechtslehre in den Erwägungen zur Überlagerungs- und der Differenzierungslehre wieder[433]. Selbst der Begriff der Anerkennung wird innerhalb der modernen Anerkennungslehre zum Teil als der gesondert abgrenzbare Teil des Gesellschaftsstatuts verstanden, der Rechtsfähigkeit verleiht[434]. In der entstehungszeitlichen Rechtsprechung des BGH lassen sich mehrfach Anklänge einer Unterscheidung von Innen- und Außenverhältnissen einer Gesellschaft finden[435]. Zwar gehen auch diese Entscheidungen grundsätzlich von der Vorzugswürdigkeit einer einheitlichen Anknüpfung aus, es lassen sich ihnen aber auch Hinweise sowohl auf die Möglichkeit einer getrennten Anknüpfung des auf das Innenverhältnis anwendbaren Rechts wie auch auf eine besondere kollisionsrechtliche Behandlung des Außenverhältnisses finden. Schließlich wurde sogar von staatlicher Seite die potentielle Trennbarkeit bestätigt, da Deutschland rechtsverbindlich durch die Ratifizierung des EWG-Übereinkommens über die gegenseitige Anerkennung von Gesellschaften vom 29. Februar 1968 einer Verweisung nur für das Rechts-, Geschäfts- und Handlungsfähigkeitsstatut zugestimmt hat[436].

---

432 S. zu alldem auch *Bungert*, ZVglRWiss 93 (1994), 117, 139.

433 *Sandrock*, RabelsZ 42 (1978), 227, 262 f.; *ders.* BerDGesVR 18 (1978), 169, 241 f.

434 *Großfeld* in Staudinger, IntGesR, Rn. 162 f., 168 f.

435 *BGH*, Urt. v. 26. September 1966 - II ZR 56/65: „*Die Unterwerfung der Gesellschafter unter die am Gesellschaftssitz geltenden Gestaltungsnormen ist nur dann notwendig und ein die Anwendung dieses Rechts rechtfertigender Gesichtspunkt, solange die Gesellschaft besteht und am Rechtsverkehr teilnimmt. Für die bloß schuldrechtliche Nachwirkung eines im übrigen abgeschlossenen Gesellschaftsverhältnisses, die nur die Gesellschafter selbst angeht und mit dem Auftreten der Gesellschaft im Rechtsverkehr nichts zu tun hat, fehlt für die Anwendung jenes Rechtssatzes der innere Grund. […]. Es gibt aber keinen Anhaltspunkt, daß die Gesellschafter […] für ihre Ausgleichsansprüche ein anderes Recht als dasjenige hätten anwenden wollen, nach dem sie den Gesellschaftsvertrag geschlossen und ihre Rechtsverhältnisse während des Bestands der Gesellschaft bestimmt haben.*“ und *BGH*, Urt. v. 17. Dezember 1953 - IV ZR 114/53: „*zu den Außenwirkungen der Gesellschaft im Gegensatz zu den Rechtsbeziehungen unter den Gesellschaftern selbst (Innenverhältnis) gehört auch die Haftung der Gesellschafter […]. Deshalb kann sich die Haftung der Gesellschafter einer ausländischen Gesellschaft nach ausländischem Recht bestimmen, obwohl für die Schuld der Gesellschaft, für die der Gesellschafter in Anspruch genommen wird, deutsches Recht gilt.*“ Vgl. hierzu auch *Bungert*, ZVglRWiss 93 (1994), 117, 139.

436 Das EWG-Übereinkommen ist zwar mangels der erforderlichen Ratifizierung durch die Niederlande nie in Kraft getreten, Deutschland hatte ihm jedoch durch Gesetz vom 18. Mai 1972 rechtsverbindlich zugestimmt.

Im US-amerikanischen Recht ist hingegen seit langem eine Unterscheidung und Trennbarkeit der Innen- und Außenverhältnisse bekannt[437]. Dabei enthält zum einen die *internal affairs doctrine* Ansatzpunkte für eine Unterscheidung, zum anderen gibt es in einigen Bundesstaaten zwingende Vorschriften, die unter bestimmten Voraussetzungen auf in anderen Staaten gegründete Gesellschaften anwendbar sind, sog. *outreach statutes*. Die *internal affairs doctrine* gesteht nur einem Staat, und dabei in erster Linie dem Gründungsstaat, die Zuständigkeit zur Regelung der Innenverhältnisse einer Gesellschaft zu[438]. Dabei werden die inneren Verhältnisse (*internal affairs*) als die Beziehungen zwischen der Gesellschaft, ihren Anteilseignern und ihrer Geschäftsführung charakterisiert:

> The internal affairs doctrine is a conflict of laws principle which recognizes that only one State should have the authority to regulate a corporation's internal affairs – matters peculiar to the relationships among or between the corporation and its current officers, directors, and shareholders – because otherwise a corporation could be faced with conflicting demands[439].

Bei *outreach statutes* hingegen handelt es sich um spezielle Vorschriften zur Behandlung von sog. *pseudo-foreign corporations*, d. h. Scheinauslandsgesellschaften, um die Umgehung besonderer Schutzvorschriften von Anteilseignern und Gläubigern zu verhindern. Ein Beispiel für solch eine Vorschrift stellt Sec. 2115 des California Corporation Code dar. Sec. 2115 (a) CCC ordnet die Anwendung verschiedener Schutzvorschriften an, sofern eine in einem anderen Bundesstaat gegründete Gesellschaft zu bestimmten, hälftigen Anteilen eine Beziehung zu dem

---

437 S. hierzu bereits oben unter B., VI., 2., a., dd., (2).

438 *Walker* in Marsh's California Corporation Law, S. 63.

439 *Edgar v. MITE Corp.*, 457 U.S. 624 (at 645). S. auch weitere Erläuterungen z. B. in *State Farm Mutual Ins. Co. v. Superior Court*, 114 Cal. App. 4th 434: „*'Internal affairs' include 'steps taken in the course of the original incorporation, … the adoption of by-laws, the issuance of corporate shares, the holding of directors' and shareholders' meetings, … the declaration and payment of dividends and other distributions, charter amendments, mergers, consolidations, and reorganizations, the reclassification of shares and the purchase and redemption by the corporation of outstanding shares of its own stock.' (In re Harnischfeger Industries, Inc. (Bankr. D.Del. 2003) 293 B.R. 650, 662, italics added; accord, In re Sagent Technology, Inc., Derivative Lit. (N.D.Cal. 2003) 278 F. Supp. 2d 1079, 1090–1091.).*“

US-Bundesstaat Kalifornien erkennen lässt[440]. In Sec. 2115 (b) CCC werden die Normen des kalifornischen Gesellschaftsrechts aufgezählt, die auf Gesellschaften im Sinne von Sec. 2115 (a) CCC zur Anwendung befohlen sind. Größtenteils handelt es sich dabei um Normen, die die Wahl, Absetzung oder Haftung der *directors* betreffen, sowie um einige Normen zum Schutz der Rechte der Anteilseigner im Fall einer Umwandlung[441].

Nicht nur wird also im US-amerikanischen Recht zwischen dem auf die Innen- und dem auf die Außenverhältnisse einer Gesellschaft anzuwendenden Recht unterschieden, wobei nur für die - allerdings weit auszulegenden - Innenverhältnisse eine zwingende einheitliche Kollisionsregelung besteht. Es bestehen zudem in einigen US-Bundesstaaten Regelungen, die, anknüpfend an eine engere

---

440 „*2115. (a) A foreign corporation (other than a foreign association or foreign nonprofit corporation but including a foreign parent corporation even though it does not itself transact intrastate business) is subject to the requirements of subdivision (b) […] if:*
(1) The average of the property factor, the payroll factor, and the sales factor […] with respect to it is more than 50 percent during its latest full income year and
(2) more than one-half of its outstanding voting securities are held of record by persons having addresses in this state […] appearing o the books of the corporation on the record date for the latest meeting of shareholders held during its latest full income year or, if no meeting was held during that year, on the last day of the latest full income year. […]."

441 „*2215. (b) […] the following chapters and sections of this division shall apply to a foreign corporation as defined in subdivision (a) (to the exclusion of the law of the jurisdiction in which it is incorporated):*
[…];
Section 301 (annual election of directors);
Section 303 (removal of directors without cause);
Section 304 (removal of directors by court proceedings);
Section 305, subdivision (c) (filling of director vacancies where less than a majority in office elected by shareholders);
Section 309 (directors' standard of care);
Section 316 (excluding paragraph (3) of subdivision (a) and paragraph (3) of subdivision (f)) (liability of directors for unlawful distributions);
Section 317 (indemnification of directors, officers, and others);
Section 708, subdivisions (a), (b), and (c) (shareholder's right to cumulate votes at any election of directors);
Section 1001, subdivision (d) (limitations on sale of assets);
Sections 1500 and 1501 (records and reports);
Chapter 13 (commencing with Section 1300) (dissenters' rights);
Chapter 16 (commencing with Section 1600) (rights of inspection);
[…]".

Verbindung einer Gesellschaft zu ihrem Wirkungsort als zu ihrem Gründungsort, Rechtsnormen dieses Wirkungsortes entgegen des auf Grund der *internal affairs doctrine* ursprünglich zur Anwendung berufenen Gründungsrechts durchsetzen. Dabei wird im US-amerikanischen Schrifttum die Anknüpfung an den Hauptverwaltungssitz immerhin diskutiert und Anklänge hieran finden sich teilweise in den Voraussetzungen der *outreach statutes*[442]. Neben der Verwendung gesellschaftsrechtlicher Teilverweisungen auf Völkerrechtsebene[443], beispielsweise auch im Rahmen des japanisch-US-amerikanischen Freundschafts-, Handels- und Schifffahrtsvertrages, ist dem US-amerikanischen Recht eine Aufspaltung des Gesellschaftsstatuts somit auch auf nationaler Ebene bekannt. Eine getrennte Anknüpfung von Rechtsfähigkeits- und „Rest"-Statut oder Außen- und Innenstatut ist hiernach durchaus denkbar.

Hiergegen kann auch nicht angeführt werden, dass die Trennbarkeit von Außen- und Innenverhältnissen im US-amerikanischen Recht für die vorliegende Fragestellung der grundsätzlichen Denkbarkeit einer gesonderten Anknüpfung nicht von Belang sei, weil sich im US-amerikanischen Recht die unterschiedlichen bundesstaatlichen Gesellschaftsrechte eher ähneln würden als im internationalen Vergleich[444]. Bei der vorliegend behandelten Fragestellung der grundsätzlichen Spaltbarkeit des Gesellschaftsstatuts argumentieren die Vertreter einer umfassenden Anknüpfung nämlich ohnehin nur auf der abstrakten Ebene einer grundsätzlichen, strukturell denkbaren Spaltbarkeit. Es kann daher festgehalten werden, dass es theoretisch durchaus möglich - und in der Rechtshistorie beider Vertragsstaaten praktiziert worden ist - eine Verweisung auf das Rechtsfähigkeits- oder das Außenstatut unabhängig von einer Verweisung für das restliche Gesellschaftsstatut auszusprechen.

Hiervon abgesehen kann im Rahmen der Auslegung zudem nicht auf den abstrakten Sinn und Zweck der einheitlichen Anknüpfung eines Gesellschaftsstatuts, sondern allein auf den Sinn und Zweck des Staatsvertrages abgestellt werden, vgl. Art. 31 Abs. 1 WÜRV[445]. Allgemeine Zweckmäßigkeitserwägungen haben hier zu unterbleiben, da die Vertragsparteien frei in der Formulierung der Vertragsbestimmungen sind und auch von allgemeinen Zwecksmäßigkeitserwägungen abweichende Bestimmungen festlegen können. Eine generelle Hinwendung Deutschlands zur einheitlichen Anknüpfung des Gesellschaftsstatuts ist nicht

442 *Beveridge*, Bus. Law. 44 (1988), 693, 714 f. mit Nachweisen zu entsprechenden Kodifizierungen.

443 Vgl. zu der Bestätigung einer entsprechenden Praxis oben unter B., VI., 2., a., dd., (2).

444 So aber *Kaulen*, Anerkennung von Gesellschaften, S. 181.

445 Hervorhebung durch die Verfasserin.

bindend für einen von Deutschland geschlossenen internationalen Vertrag[446]. Wesentlich ist daher allein der Sinn und Zweck des FHSV und damit der Gesichtspunkt der Wirtschaftsförderung.

cc. Negative Folgen der Spaltung des Gesellschaftsstatuts

Als weiteres Argument wird von Befürwortern der Auslegung des Art. XXV Abs. 5 S. 2 FHSV als einheitlicher Verweisungsregelung die Gefahr ungünstiger rechtlicher Folgen einer Spaltung vorgebracht[447]. Dabei geht diese Auffassung davon aus, dass bei unterschiedlicher Anknüpfung der Statuten auch im Ergebnis der internationalprivatrechtlichen Verweisung zumeist unterschiedliche Rechtsordnungen zur Anwendung kämen[448]. Dies soll zu „dogmatisch und praktisch unüberwindbaren Problemen" führen[449]. So wird zum Teil befürchtet, dass es bei der Anwendung deutschen Gesellschaftsrechts auf die Innenverhältnisse der Gesellschaft gleichsam zu einer Überlagerung des US-amerikanischen Rechts kommen könnte, auch wenn sich nach Letzterem die Außenverhältnisse oder zumindest die Rechtsfähigkeit von US-amerikanischen Gesellschaften bestimmt. Folge könnte bei einer solchen Gesellschaft, die sich nach zwei nicht immer kohärenten Rechtsordnungen beurteilen lässt, das Erlöschen der ursprünglichen Persönlichkeit dieser Gesellschaft als US-amerikanische Gesellschaft sein. Eine solche Gesellschaft könnte sich so in ihrer Natur verändert haben, dass von einem „Zwitter" zu sprechen wäre[450]. Von einer „Hinnahme" der ausländischen Gesellschaft könne dann nicht mehr gesprochen werden[451]. Es sei ohnehin schon mehr als problematisch, der jeweiligen US-amerikanischen Gesellschaftsform eine vergleichbare Gesellschaftsform des deutschen Rechts zuzuordnen, um daran ausgerichtet das anwendbare materielle Gesellschaftsrecht zu bestimmen[452]. Aber auch unabhängig von der Rechtspersönlichkeit der Gesellschaft könne es zu unlösbaren Wertungswidersprüchen bzw. einem Überlappen der beiden anwendbaren Rechtssysteme kommen, wenn eine in sich durchdachte Struktur teilweise von rechtlichen Bestimmungen geregelt würde, die für eine vollkommen andersgeartete Struktur entwickelt wurden.

---

446 *Großfeld* in Staudinger, IntGesR, Rn. 219.

447 *Kindel* in MüKo, IntGesR, Rn. 246; *Ebenroth/Bippius*, NJW 1988, 2137, 2142.

448 *Ebenroth/Bippius*, NJW 1988, 2137, 2142.

449 *Ebenroth/Bippus*, NJW 1988, 2137, 2142; *Ebenroth/Sura*, RabelsZ 43 (1979), 320.

450 *Ebenroth/Bippius* sprechen von einer „de facto Vernichtung", NJW 1988, 2137, 2142.

451 *Kaulen*, Anerkennung von Gesellschaften, S. 182, unter Verweis auf *Kindler* in Müko, IntGesR, Rn. 318.

452 *Kaulen*, Anerkennung von Gesellschaften, S. 182 f.

Gegen diese Auffassung muss bereits eingewendet werden, dass die gespaltene Verweisung im Großteil aller Anwendungsfälle schon nicht zur Anwendung unterschiedlicher Rechtsordnungen führt. Denn grundsätzlich hat eine Gesellschaft den Ort ihres effektiven Verwaltungssitzes an dem Ort, an dem sie auch gegründet wurde. Dann aber käme man selbst bei Anwendung des deutschen internationalen Gesellschaftsrechts zu einer einheitlichen Anwendung US-amerikanischen Gesellschaftsrechts auf US-amerikanische Gesellschaften. Sicherlich stellt dies auch den Fall dar, der die Vertragsparteien bei Abschluss des FHSV zu der Formulierung des Art. XXV Abs. 5 S. 2 FHSV bewogen hat. Der FHSV war nämlich unter anderem gerade dafür gedacht, einheimischen Gesellschaften einen Anreiz zu bieten, ihre Geschäftstätigkeit auch auf das Gebiet des anderen Vertragsteils auszudehnen. Unwahrscheinlich hingegen ist es, dass die wirtschaftsfördernden Ziele des FHSV durch den Schutz von Gesellschaften verwirklicht werden sollten, die sich zur Umgehung deutschen Gesellschaftsrechts in den USA inkorporieren, aber letztlich nur in Deutschland tätig sind. Denn dies hätte letztlich kaum Auswirkung auf den Handel zwischen den Vertragspartnern. Im Ergebnis lässt sich somit festhalten, dass die Vertragsparteien im Rahmen der Vertragsentwicklung von einer Situation ausgegangen sein dürften, bei der es trotz der gespaltenen Verweisung schon nicht zu Anwendung unterschiedlichen Gesellschaftsrechts gekommen wäre. In diesem Rahmen bestand daher wenig Grund, sich gegen eine gespaltene Verweisung zu entscheiden. Aber auch darüberhinaus ist *Wiedemann* Recht zu geben, der im Bereich des internationalen Gesellschaftsrechts treffend darlegte, dass man sich für Rechtssicherheit erst einsetzen dürfte, wenn der Schutzzweck der einschlägigen Normen sichergestellt sei[453]. In eine ähnliche Richtung argumentiert *Jayme*, der die Verbreitung des Rechtsinstituts des *depecage*[454] im US-amerikanischen Raum untersucht und der sich gegen eine vorschnelle Ablehnung gespaltener Statute aufgrund bloßer Schlagwörter wie „Einheit der Rechtsordnung“ und „innerer Entscheidungseinklang“ ausspricht[455].

Auch der Einwand, eine Verweisung nur auf das Rechtsfähigkeitsstatut würde sich nicht mehr als „*Hinnahme einer Gesellschaft, so wie sie sich aus der Anwendung ausländischen Rechts ergibt*“[456] darstellen, vermag nicht zu überzeugen.

453 *Wiedemann* in FS Kegel (1977), S. 187, 197.

454 „Decapage“ wird von *Jayme* als Anwendung von Sachnormen verschiedener Rechtsordnungen auf Teilaspekte des gleichen Falles erläutert, nicht unähnlich z. B. der Vor- oder Teilfragenproblematik im deutschen Recht.

455 *Jayme* in FS Kegel (1987), S. 253 ff.

456 *Kindler* in MüKo, IntGesR, R. 318.

Denn dieser Einwand ist schon nicht der teleologischen Auslegung, sondern der grammatischen zuzuordnen. Dort kann und wurde hinreichend über die Bedeutung der Anerkennung diskutiert und auf eine eingeschränkte Verweisung des Art. XXV Abs. 5 S. 2 FHSV befunden[457].

Von einer Überlagerung des US-amerikanischen Rechts kann schon nicht gesprochen werden, weil deutsches Recht ohnehin nur insoweit zur Anwendung käme, wie durch Art. XXV Abs. 5 S. 2 FHSV gerade nicht auf US-amerikanisches Recht verwiesen wird. Diese beiden Rechtsordnungen stünden demnach im Anwendungsfall grundsätzlich nebeneinander. Überschneidungen wird es zumindest dann nur geringe geben, wenn man Art. XXV Abs. 5 S. 2 FHSV als Verweisung nur für den beschränkten Rechtsbereich der Rechts-, Geschäfts- und Handlungsfähigkeit versteht.

Wenig weiterführend ist es allerdings in Bezug hierauf, wenn vorgetragen wird, dass die Folgen einer nur teilweisen Verweisung durch den Art. XXV Abs. S. 2 FHSV deshalb für die teleologische Auslegung ohne Belang seien, weil es den Vertragsparteien unbenommen sei, „*über das vertraglich Gebotene hinauszugehen*"[458]. Es ist nicht ersichtlich, ob dieses „Hinausgehen" die Normierung weiterführender Regelungen auf nationaler Ebene oder eine entsprechende richterliche Rechtsanwendung meint. Letztere wäre mit erheblicher Rechtsunsicherheit belastet und wäre somit wohl kaum vom Sinn und Zweck des Vertrages umfasst. Ersteres hingegen kann schon deshalb nicht für die Auslegung eines Staatsvertrages von Bedeutung sein, weil es sich um eine rein hypothetische Möglichkeit handelt. Sinn und Zweck des Vertrages ist nicht die Festschreibung einer Regelung, deren Funktionsfähigkeit einzig von etwaigen weiteren, nationalen Normierungen der Vertragspartner abhängt, welche zu solchen Normierungen aber nicht verpflichtet sind.

Es bestehen aber ohnehin schon grundsätzlich keine dogmatisch und praktisch unüberwindbaren Probleme hinsichtlich der Frage, welche gesellschaftsrechtlichen Regelungen überhaupt für die US-amerikanischen Gesellschaftstypen anzuwenden wären. Denn es haben sich in der deutschen Literatur durchaus Zuordnungen von allen wesentlichen deutschen Gesellschaftsformen zu US-amerikanischen Gesellschaftstypen durchgesetzt[459]. So lassen sich Gesellschaftsformen auch im US-amerikanischen Recht grundsätzlich in Kapital- und

457 Vgl. oben unter B., VI., 2., a., ee.

458 *Dammann*, RabelsZ 68 (2004), 607, 622, 635.

459 Nur die „joint stock corporation" und der „business trust" lassen keine eindeutige Kategorisierung zu, da sie sowohl Elemente einer Personen- wie auch einer Kapitalgesellschaft enthalten.

Personengesellschaften einteilen[460]. Der offenen Handelsgesellschaft (OHG) steht im US-amerikanischen Recht die *general partnership* gegenüber, deren Tätigkeit jedoch nicht notwendigerweise gewerblich sein muss, solange nur ihr Geschäftszweck eine auf Gewinn ausgerichtete Tätigkeit ist. Die Kommanditgesellschaft (KG) wird hingegen gewöhnlich mit der *limited partnership* verglichen, da beiden gemein ist, dass Personen zum Teil unbeschränkt und zum Teil nur beschränkt auf ihre Kapitaleinlage haften. Wie auch im deutschen Recht ist es auch nach dem Recht der überwiegenden Mehrheit von US-amerikanischen Bundesstaaten möglich, eine Gesellschaft mit beschränkter Haftung als unbeschränkt haftenden Gesellschafter der *limited partnership* im Sinne einer GmbH & Co. KG aufzunehmen. Das *joint venture* wird einheitlich als Personengesellschaft angesehen und unterscheidet sich von der OHG vor allem durch seinen nicht auf Dauer angelegten Unternehmenszweck.

Bei den Kapitalgesellschaften haben insbesondere die *publicly held corporation* (public corporation) und die *closely held corporation* (close corporation) Bedeutung und sind der deutschen Aktiengesellschaft (AG) und der Gesellschaft mit beschränkter Haftung (GmbH) ähnlich[461]. Der *public corporation* kommt gleich der AG eine eigene Rechtspersönlichkeit zu und kann somit auch in eigenem Namen Rechte einklagen und verteidigen. Sie haftet nur mit ihrem Gesellschaftsvermögen, besteht unabhängig von einem Wechsel ihrer Anteilseigner und ihre Anteile sind frei handelbar. Im Gegensatz hierzu sind die Anteile der *close corporation* häufig nicht frei übertragbar, sondern an Vorkaufsrechte oder Verkaufsbeschränkungen im Gesellschaftsvertrag gebunden. Die Höchstzahl ihrer Gesellschafter ist oft staatlich reguliert, sodass die *close corporation* generell kleiner ist als die *public corporation*. Im Gegensatz zu der *close corporation* unterliegt die *public corporation*, ähnlich der AG, zudem Berichts- und Offenlegungspflichten nach dem Aktien- und Börsenrecht (Securities Act und Securities Exchange Act)[462].

---

460 S. hierzu und zu den folgenden Nebeneinanderstellungen *Bungert*, GmbH - Close Corporation, S. 1 ff.; *ders.*, GesR in den USA, S. 1, 7 f.; *Ebke*, ZVglRWiss 89 (1990), 247, 249; *v. Samson/Himmelsternja*, RIW 1983, 152, 153 f. *Hay* unterscheidet ebenfalls zwischen diesen Kategorien in *Hay*, US-Amerikanisches Recht, S. 228 ff. (für Personengesellschaften) und S. 232 ff. (für Kapitalgesellschaften). *Merkt* hält die Einordnung trotz einer dem US-amerikanischen Recht fremden Trennung von Personen- und Kapitalgesellschaften für gut möglich, *Merkt*, US-amerikanisches GesR, Rn. 147.

461 S. hierzu und zu den folgenden Nebeneinanderstellungen *Bungert*, GmbH - Close Corporation, S. 4 ff.; *ders.*, GesR in den USA, S. 1 ff., 31, 57; *Merkt*, US-amerikanisches GesR, Rn. 195.

462 *Merkt*, US-amerikanisches GesR, Rn. 289 f.

Schließlich zeigt eine Statistik aus den neunziger Jahren, dass auch die Verbreitung der beiden Gesellschaftstypen insofern vergleichbar ist, als der Prozentsatz von GmbHs und AGs im Verhältnis zu allen Kapitalgesellschaften Deutschlands ungefähr mit den Prozentsätzen der *close corporation und* der *public corporation* im Verhältnis zu allen Kapitalgesellschaften der USA übereinstimmt[463].

Im Ergebnis zeigt sich daher, dass es keine unüberwindlichen Schwierigkeiten bereitet, das auf die jeweilige US-amerikanische Gesellschaftsform anwendbare materielle deutsche Recht zu bestimmen. Am ehesten noch trifft man wohl auf Schwierigkeiten, wenn Normen des deutschen Gesellschaftsrechts auf einen US-amerikanischen Gesellschaftstypus angewendet werden müssen, dessen Struktur nicht für die Erfüllung der ihm durch das deutsche Recht aufgetragenen Pflichten konzipiert ist. Dann soll es nach der Meinung derer, die aus teleologischen Gründen eine Verweisung auf das Gesellschaftsstatut vertreten, zu unerträglichen Wertungswidersprüchen kommen. Aber wie soeben schon im Ansatz aufgezeigt, entsprechen sich die deutschen und die US-amerikanischen Gesellschaftstypen in bestimmten wesentlichen, strukturellen Kernmerkmalen. Dies erleichtert die Anwendung deutschen materiellen Gesellschaftsrechts auf US-amerikanische Gesellschaften. Aber es muss auch nicht zu einem Aufeinandertreffen zweier unterschiedlicher Rechtsstrukturen kommen. Durch das Mittel des Gesellschaftsvertrages, durch den in beiden Rechtsordnungen die Innenverhältnisse der Gesellschaft in weitem Umfang individuell geregelt werden können, können die US-amerikanischen Gesellschafter die Innenverhältnisse ihrer Gesellschaft auf die Erfordernisse des deutschen Rechtssystems zuschneiden[464]. Gerade die deutsche GmbH zeichnet sich durch ein hohes Maß an Flexibilität hinsichtlich ihrer inneren Ausgestaltung aus, die sich die US-amerikanischen Gesellschafter zunutze machen können[465]. Soll der effektive Verwaltungssitz einer US-amerikanischen Gesellschaft nach Deutschland verlegt werden, kann durch entsprechende Änderungen in den *articles of association* bereits vorab potentiellen Schwierigkeiten durch die Anwendung deutschen Rechts auf die Innenverhältnisse begegnet werden. Umgekehrt ist nämlich auch das Gesellschaftsrecht der unterschiedlichen US-Bundesstaaten von der Freiheit geprägt, die innere

---

463 *Bungert*, GmbH - Close Corporation, S. 12 f.

464 *Bungert*, ZVglRWiss 93 (1994), 117, 146.

465 *Fastrich* in Baumbach/Hueck, GmbHG, § 3, Rn. 4; *Altmeppen* in Altmeppen, GmbHG, § 45, Rn. 3. Zu den Grenzen der Satzungsautonomie s. *Zöllner* in Baumbach/Hueck, GmbHG, § 45, Rn. 7.

Ausgestaltung ihrer Gesellschaft zu überwiegendem Teil selbst vertraglich zu regeln[466]. Solche Widersprüche, die auch durch Regelungen im Gesellschaftsvertrag nicht beseitigt werden können, finden schließlich ihre Auflösung in der Anwendung der kollisionsrechtlichen Rechtsinstitute der Anpassung und der Angleichung.

dd. Anpassung

Da sich zum einen Wertungswidersprüche im Kollisionsrecht nicht vermeiden lassen, aber zum anderen dennoch einer Lösung bedürfen, wurde das Rechtsinstitut der Anpassung entwickelt. Wenngleich in einigen wenigen Fällen die Begrifflichkeiten der Anpassung und Angleichung als zwei zu unterscheidende Institute angesehen werden, werden die beiden Worte von der Allgemeinheit doch synonym gebraucht[467] und als eine Frage des Kollisionsrechts verstanden[468]. Die Anpassung ist als das Mittel zur Lösung von Normwidersprüchen durch die Nichtanwendung einer einschlägigen Bestimmung, durch die Veränderung des Aussagegehalts einer anwendbaren Norm oder durch die Schaffung einer neuen Norm zu verstehen. Die Methodik der Anpassung wird dabei aufgrund des Fehlens einer normativ oder richterlich festgelegten Vorgehensweise gern als das „unsicherste Terrain im ganzen IPR“ bezeichnet[469]. Das überrascht, bedenkt man, dass das Problem von Normwidersprüchen bereits im 18. Jahrhundert diskutiert[470] und Ende des 19. Jahrhunderts erstmals im deutschen Recht strukturtheoretisch

---

466 *DeMott*, Law & Cont. Probs. 48 (1985), 161, 172 f.; *Wiethölter*, Organisation der Aktiengesellschaft, S. 186.

467 Vgl. *Junker*, Internationales Privatrecht, § 11, Rn. 26; die grundlegenden Ausführungen von *Schröder*, Die Anpassung von Kollisions- und Sachnormen, S. 1f.; *Stoll* in FS Kegel (1987), S. 623, 642; sowie z. B. BGHZ 64, 129, 135 für die Nutzung des Begriffs der Angleichung und BGHZ 56, 193, 199 für die Nutzung des Begriffs der Anpassung.

468 *Looschelders* in Staudinger, BGB, Einl. IPR, Rn. 1233. (die zudem auf das identische Rechtsinstitut des *„adjustment“* im anglo-amerikanischen Rechtskreis hinweisen); *Sonnenberger* in Müko, IPR, Einl. IPR, Rn. 594; *Schurig*, Kollisionsnorm und Sachrecht, S. 234; *Stoll*, FamRZ 1963, 318, 319.

469 S. hierzu *Ferid*, IPR, Rn. 4–70; *v.Bar/Mankowski*, IPR I, Rn. 629; *Looschelders*, Anpassung, S. 1 m. w. N. für die allenortens ähnlich gelagerte Monierung der strittigen Anpassung im europäischen Ausland.

470 Vgl. zu der historischen Entwicklung der Diskussion um die Anpassung die Darstellung in *Looschelders*, Anpassung, S. 18 ff.

dargestellt wurde[471]. Zudem haben sich mittlerweile Fallgruppen herausgebildet, die die Handhabung des Rechtsinstituts der Anpassung erleichtern und eine einzelfallorientierte Entwirrung und Verbindung zweier Rechtsordnungen zu einem angemessenen Ergebnis ermöglichen[472].

Bei den durch die gespaltene Anwendung des Gesellschaftsstatuts entstehenden Problemen handelt es sich um einen Fall des Normenwiderspruchs. Dabei handelt es sich jedoch nicht so sehr um das Problem, dass die deutsche Rechtsfolge mit der US-amerikanischen Rechtsfolge kollidiert, als darum, dass durch die Anwendung US-amerikanischen Rechts auf den Aufbau der Gesellschaft, solche strukturellen Gegebenheiten nicht geschaffen werden, wie sie von den deutschen Normen vorausgesetzt werden. Insofern ähnelt die Situation der vertikalen Spaltung eines Sachverhalts in Vorfrage und Hauptstatut[473], sowie der Frage, wie damit umzugehen ist, wenn das präjudizielle Rechtsverhältnis nicht exakt dem von dem Hauptstatut vorausgesetzten Rechtsinstitut entspricht. Hierbei ergibt sich für den Rechtsanwender die Schwierigkeit, dass Besprechungen dieser Problematik bislang überwiegend im Bereich des Familien- und Erbrechts stattgefunden haben. Die Komplexität der in diesem Zusammenhang diskutierten Probleme lässt sich nicht mit der Komplexität der Anwendung nationalen Rechts auf andersartig aufgebaute Gesellschaften vergleichen. Dennoch lassen sich auch in diesem Fall zum einen mit dem Rechtsinstitut der Substitution, zum anderen auf sachrechtlicher Ebene durch Anpassung des anzuwendenden Rechts, Normenwidersprüche auflösen.

Im Rahmen der Substitution wird geprüft, ob ein ausländisches Rechtsinstitut im Tatbestand einer deutschen Norm das vorgesehene deutsche Rechtsinstitut ersetzen kann, weil es diesem ähnlich ist[474].Grundsätzlich ist für diesen Lösungsweg, orientiert man sich an den für Fälle der vertikalen Aufspaltung angewendeten Methodik, zunächst zwischen Rechtsverhältnissen, welche dem in dem Tatbestand

471 *Zitelmann* erörterte in einem Werk zum IPR I das Anpassungsproblem folgendermaßen: „*Zwei Rechtswirkungen stehen in Frage, beide sind nach verschiedenen Statuten zu beurteilen. Jede der beiden beteiligten Rechtsordnungen will nur eine von den beiden in Frage stehenden Rechtswirkungen eintreten lassen, aber jede eine verschiedene. Durch die Konkurrenz der beiden Statuten kann sich ergeben, dass beide mögliche Rechtswirkungen zugleich eintreten, oder dass keine von ihnen eintritt.*“, *Zitelmann*, IPR I, S. 144 f.

472 *Kropholler*, Internationales Privatrecht, S. 237.

473 Dies stellt nach *Mansel* einen klassischen Anwendungsfall der Substitution dar, *Mansel* in FS Werner Lorenz, S. 689, 692.

474 *Von Hoffmann/Thorn*, Internationales Privatrecht, S. 234.

der anwendbaren Norm vorausgesetzten Rechtsverhältnis gleichwertig[475], teilweise gleichwertig[476] oder vollkommen ungleichwertig[477] sind, zu unterscheiden. Dabei genügt im Regelfall eine „Vergleichbarkeit von System- und Substitutionsbegriff", d. h., dass das sich weder die konkreten Bezeichnungen entsprechen noch die Inhalte oder rechtlichen Strukturen nahezu identisch sein müssen[478]. So kommt es für die Frage, ob die Geschäftsführung einer Kapitalgesellschaft

---

475 Sofern es sich um gleichwertige Rechtsverhältnisse handelt, ist eine entsprechende Anwendung der sachrechtlichen Regelung möglich. Gleichwertig sind sich Rechtsinstitute dann, wenn sie in wesentlichen Punkten wie bspw. Ratio, Wertungen und Voraussetzungen übereinstimmen. Dabei handelt es sich jeweils um eine konkret-normbezogene Substitution, nicht um die abstrakte Austauschbarkeit von Tatbestandsvoraussetzungen. Die inländische Norm setzt in ihrem Tatbestand Rechtsverhältnisse und Institute voraus, die sich konkret nur an Gestaltungen des inländischen Rechts orientieren. Sobald ein Sachverhalt Auslandsbezug hat, stellt sich daher die Frage, ob auch ein ausländisches Rechtsinstitut das inländisch vorausgesetzte ablösen kann. Das nach fremdem Recht wirksame Rechtsinstitut ersetzt das im Tatbestand der anwendbaren Norm vorausgesetzte Institut oder lässt sich noch unter den Anwendungsbereich der Norm subsumieren. Es handelt sich dann um einen Fall der Substitution. Diese kann zum einen allein in der Auslegung eines Rechtsbegriffs liegen, aber auch die Ergänzung einer Norm umfassen. Soweit es um Fragen der Auslegung geht, muss sich eine solche an der *lex causae*, d. h. an der Rechtsordnung, der die Sachnorm entstammt, orientieren. Entscheidend für die Frage, ob eine Substitution überhaupt möglich ist, ist demnach ist erster Linie das sachrechtliche Interesse der Norm, unter deren Tatbestand subsumiert werden soll.

476 Rechtsverhältnisse, die nur partiell gleichwertig sind, zeichnen sich zwar ebenfalls durch eine grundsätzliche Vergleichbarkeit aus, unterscheiden sich jedoch in wenigen Punkten in einer Weise, die die Beachtung des Unterschieds auch bei Anwendung des Sachrechts erforderlich macht. Dabei ist zunächst abzuklären, ob das betreffende Rechtsinstitut überhaupt generell eine hinreichende Gleichwertigkeit mit dem Vorausgesetzten aufweist. Ist dies prinzipiell positiv zu beantworten, so ist in einem zweiten Schritt zu prüfen, ob die bestehenden Unterschiede eine Anpassung notwendig machen. Dabei wäre solch eine Anpassung auf der Ebene des materiellen Rechts unter Berücksichtigung der sachrechtlichen Wertungen sowie allgemeiner Gerechtigkeitsvorstellungen durch Modifikation des anwendbaren Sachrechts vorzunehmen.

477 Schließlich existieren auch solche Rechtsinstitute, die sich bei Gegenüberstellung als vollkommen ungleichwertig darstellen. Dies wird vor allem dann der Fall sein, wenn sich die Ratio des fremden Rechtsinstituts nicht mit der Ratio des im Tatbestand der anwendbaren Norm enthaltenen Rechtsinstituts vergleichen lässt. In solch einem Fall liegt die Anpassung darin, einer Rechtsfolge, die allein mit Blick auf inländische Fälle konzipiert wurde, als *ultima ratio* die Anwendung zu versagen.

478 *Mansel* in FS Werner Lorenz, S. 689, 698.

die ihr nach deutschem Recht zugeteilten Pflichten erfüllt, zunächst auf Zuordnung und Gleichwertigkeit der US-amerikanischen Leitungsorgane im Rahmen der entsprechenden Aktien- oder GmbH-rechtlichen Vorschriften an[479]. Je nach Gleichwertigkeit des Rechtsverhältnisses substituiert dann das fremde Rechtsinstitut das eigentlich sachrechtlich vorausgesetzte inländische Rechtsinstitut oder das inländische Sachrecht wird so modifiziert, dass das fremde Institut hierunter subsumiert werden kann[480]. Die Anwendung der deutschen Regeln zur Arbeitnehmermitbestimmung im Rahmen einer monistisch geprägten Struktur einer US-amerikanischen Gesellschaft lässt sich beispielsweise durch eine entsprechende Arbeitnehmerbeteiligung im *board of directors*, an Stelle des Aufsichtsrats, umsetzen[481]. Schließlich sind Fallsituationen, in denen die beiden Rechtsordnungen sich ausdrücklich widerstreitende, materiell-rechtliche Rechtsanwendungsbefehle[482] enthalten, kaum denkbar, wenn man Art. XXV Abs. 5 S. 2 FHSV als eine auf das Rechts-, Geschäfts- und Handlungsfähigkeitsstatut beschränkte Verweisungsnorm begreift. Denn dann ist die US-amerikanische Rechtsanwendung in ihrem Umfang ohnehin stark begrenzt und begründet nur die für die Rechtsfähigkeit notwendigen Voraussetzungen.

Im Ergebnis ist daher festzustellen, dass bei einer im Umfang eingeschränkten Auslegung des Art. XXV Abs. 5 S. 2 FHSV, wie bei jedem vielschichtigeren kollisionsrechtlichen Sachverhalt, eine Mehrzahl von Rechtsordnungen nebeneinander mit der Konsequenz potentieller Widersprüche zur Anwendung berufen sein kann. Dies stellt jedoch kein unter allen Umständen zu vermeidendes *novum* dar, sondern ist lediglich eine der gängig auftretenden Schwierigkeiten im Umgang mit internationalen Sachverhalten[483]. Wie aber auch in dem bekannteren Bereich der Teil- und Vorfragenproblematik, kann man auch im vorliegenden Fall durch die bestehenden Rechtsinstrumente zu guten Ergebnissen gelangen[484]. Das kollisionsrechtliche Hilfsmittel der Anpassung stellt ein adäquates Mittel zur Bewältigung etwaiger Wertungswidersprüche bei der rechtlichen Behandlung US-amerikanischer Gesellschaften mit effektivem Verwaltungssitz in Deutschland dar. Das Ent-

---

479 Vgl. hierzu auch *Bungert*, ZVglRWiss 93 (1994), 117, 163.

480 Vgl. hierzu auch die unmittelbar vorangestellten Fußnoten.

481 S. hierzu *Grothe*, Die ausländische Kapitalgesellschaft & Co., S. 319 ff.

482 Hiermit ist das Bestehen einer Situation gemeint, in der die Erfüllung einer Pflicht nach dem einen zur Anwendung berufenen Recht mit der Erfüllung einer Pflicht nach dem anderen Recht kollidiert.

483 *Bungert*, ZVglRWiss 93 (1994), 117, 147.

484 *Grothe* warnt vor einer Überschätzung von Anpassungsschwierigkeiten in *Grothe*, Die ausländische Kapitalgesellschaft & Co., S. 195.

stehen möglicher Wertungswidersprüche kann daher kein Ausschlusskriterium im Rahmen einer an Sinn und Zweck des Staatsvertrages orientierten Auslegung gegen eine auf das Rechts-, Geschäfts- und Handlungsfähigkeitsstatut beschränkte Auslegung des Art. XXV Abs. 5 S. 2 FHSV sein.

ee. Positive Konsequenzen der Spaltung des Gesellschaftsstatuts

Tatsächlich kann es von Vorteil sein, das Gesellschaftsstatut nicht einheitlich anzuknüpfen und so gerade für Gesellschaften ohne wesentlichen Kontakt zu ihrem US-amerikanischen Gründungsstaat deutsches Recht zur Anwendung zu berufen. Dies hängt mit der Ausgestaltung des Gläubigerschutzes in den beiden Vertragsstaaten zusammen. In Deutschland sind die Vorschriften über den Bestand und den Erhalt des Gesellschaftsmindestkapitals maßgebliches Werkzeug zur Sicherung der Rechte Dritter gegenüber der Kapitalgesellschaft. Diese Vorschriften stehen spiegelbildlich beispielsweise dem Privileg beschränkter Haftung einer GmbH gegenüber. Rein missbräuchliche Gesellschaftsgründungen werden hierdurch erschwert. Im Gegensatz hierzu verzichtet das US-amerikanische Gesellschaftsrecht weitestgehend auf Stammkapitalerhaltungsvorschriften. Ein gewisses Maß an Schutz vor betrügerischen Gesellschaftsgründungen bietet hier zum einen Aufsicht durch die Ordnungsbehörden[485]. Diese können ihrer Aufgabe nicht oder nur unter erschwerten Bedingungen nachkommen, wenn die Gesellschaft ausschließlich in Deutschland tätig ist. Aber auch die stark durch eine uneinheitliche und einzelfallbezogene US-amerikanische Rechtsprechung geprägte etwaige Bevorzugung von Gläubigeranspruchen gegenüber vertraglichen Ansprüchen der Gesellschafter lässt befürchten, dass sich diese Wertungen und die damit zusammenhängende Schutzfunktion der US-Gerichte nur schwer von Gerichten anderer Staaten in gleichem Maße umsetzen ließen[486]. Schon insoweit bietet ein gespaltenes Gesellschaftsstatut mit dem Verweis auf deutsches, gläubigerschützendes Recht Vorteile gegenüber einer einheitlichen Anknüpfung[487].

Hauptsächlich obliegt es jedoch den Gläubigern, sich selbst durch entsprechende vertragliche Regelungen vor einem Zahlungsausfall der Gesellschaft zu schützen[488]. Ein weiterer, wichtiger Pfeiler des US-amerikanischen Gläubigerschutzes liegt in dessen signifikanter Erweiterung und Ergänzung durch die Rechtsprechung. Das Minus an gesetzlichen Regelungen zum Bestand von

485 *Dammann*, RabelsZ 68 (2004), 607, 635.
486 S. hierzu *Zimmer*, Internationales Gesellschaftsrecht, S. 280, Fn. 65, 66.
487 S. hierzu auch *Dammann*, RabelsZ 68 (2004), 607, 635.
488 *Böckman*, GmbH und *close corporation*, S. 85, 139 ff.

Gesellschaftskapital wird hier durch ein Plus an Rechtsfortbildung durch die Gerichte, insbesondere im Bereich der Durchgriffshaftung und des Kapitalersatzrechts, ausgeglichen[489]. Dies zeigt sich besonders ausgeprägt im Bereich der Unterkapitalisierung, der Vermögensvermischung und der Verletzung von Formvorschriften[490]. Bei einem einheitlich angeknüpften Gesellschaftsstatut für eine Gesellschaft, die ganz überwiegend in Deutschland tätig ist, kann diese Ausprägung des Gläubigerschutzes zu Schwierigkeiten führen. Denn da die Geschäftstätigkeit der Gesellschaft in Deutschland stattfindet, handelt es sich bei ihren Gläubigern vor allem um deutsche Vertragspartner. Diesen dürfte jedoch kaum bewusst sein, dass, im Gegensatz zum deutschen Gesellschaftssystem, ihnen selbst allein obliegt, sich durch entsprechende vertragliche Vereinbarungen gegenüber der Gesellschaft abzusichern. Ebenfalls problematisch muss es erscheinen, wenn Gläubigerschutz, der zu großen Teilen von der Rechtsprechung ausgeübt wird, in den deutschen Gerichtsverfahren nicht gebührend berücksichtigt wird. Hierbei ist zu bedenken, dass die überwiegende Anzahl von Verfahren zwischen einem deutschen Gläubiger und einer US-amerikanischen Gesellschaft mit effektivem Verwaltungssitz in Deutschland vor deutschen Gerichten ausgetragen werden wird. Diese Gerichte sind jedoch nicht mit den Feinheiten der US-rechtsprechenden Instanzen als „Werkzeug und Wächter" des Gläubigerschutzes vertraut. Es ist fraglich, ob sie willens und imstande sind, in einem dem US-amerikanischen Gläubigerschutzsystem angemessenen Maß Entscheidungen zu treffen.

Aus alldem lässt sich schließen, dass auch eine Auslegung im Sinne einer einheitlichen Anknüpfung des Gesellschaftsstatuts rechtliche und tatsächliche Nachteile zur Folge hätte. Vorteil eines gespaltenen Gesellschaftsstatuts ist insofern, dass Schwachstellen des US-amerikanischen Gläubigerschutzes bei Anwendung US-amerikanischen Gesellschaftsrechts in Deutschland nicht zum Tragen kommen. Denn die Anwendung deutscher Regelungen würde für ein Mindestniveau an Gläubigerschutz unabhängig von vertraglichen Absprachen und richterlicher Entscheidungsgewalt sorgen.

ff. Zwischenergebnis

Die teleologische Auslegung hat ergeben, dass sowohl eine auf das Rechts-, Geschäfts- und Handlungsfähigkeitsstatut begrenzte als auch eine das Gesellschaftsstatut umfassende Verweisungsnorm dem Sinn und Zweck des Vertrages genügen würde. Beide Auslegungsvarianten sind geeignet, die Förderung der

489 *Böckman*, GmbH und *close corporation*, S. 297 f.
490 *Böckman*, GmbH und *close corporation*, S. 298.

wirtschaftlichen Beziehungen der Vertragspartner zu bewirken. In jedem Fall behält die US-amerikanische Gesellschaft ihre Rechtsfähigkeit und kann so aktiv am Rechts- und Geschäftsleben im Gebiet des anderen Vertragsteils teilnehmen. Die mögliche Anwendung einer anderen Rechtsordnung für den neben dem Rechts-, Geschäfts- und Handlungsfähigkeitsstatut noch bestehenden Rest des Gesellschaftsstatuts birgt keine Schwierigkeiten, mit denen nicht in der Rechtspraxis umgegangen werden könnte. Soweit es, wie in vielen der vielschichtigeren internationalen Sachverhalte, zu Normenwidersprüchen kommen sollte, bietet das kollisionsrechtliche Institut der Anpassung ein geeignetes und bewährtes Mittel zur Bewältigung dieser Problematik.

d. Historische Auslegung

Da die Auslegung des Art. XXV Abs. 5 S. 2 FHSV stark umstritten ist, ist im Rahmen der ergänzenden historischen Auslegung nach Art. 32 WÜRV durch Untersuchung der Vorarbeiten und Vertragsumstände zu prüfen, ob sich auch auf dieser Grundlage das Zwischenergebnis einer eingeschränkten gesellschaftsrechtlichen Verweisung bestätigen lässt[491]. Unter den Umständen des Vertragsabschlusses sind die damaligen Erfordernisse der Zeit und insbesondere die Interessenlage der Vertragsparteien zu verstehen[492], wobei jedoch nur auf objektive, hinter dem Vertrag stehende Bedürfnisse, nicht jedoch auf den subjektiven Parteiwillen oder subjektive Vorstellungen der Parteien abzustellen ist[493]. Für diese kann auch auf die Bedürfnisse und Interessen abgestellt werden, die bereits in dem dem FHSV vorangegangenen Staatsvertrag ihren Niederschlag gefundenen haben. Zusätzlich sind auch die generellen Umstände bei Vertragsabschluss zu untersuchen.

aa. Deutsch-US-amerikanischer Freundschafts-, Handels- und Konsulatsvertrag von 1923

Der deutsch-US-amerikanische Freundschafts-, Handels- und Konsularvertrag von 1923[494], der sich zu Teilen fast wörtlich im FHSV wieder finden lässt, stellt die Grundlage des gegenwärtigen FHSV dar. Er bietet somit die Möglichkeit, anhand seiner Weiterentwicklung auf die objektivierte Interessenlage der

---

491 *Ipsen*, Völkerrecht, S. 413, Rn. 18; *Verdross/Simma*, Völkerrecht, S. 492, § 779. S. zur Auslegungsmethodik auch oben unter B., II., 2.

492 StIGH, *The Diversion of Water from the Meuse* (Netherlands v. Belgium), PCIJ Series A/B No. 70 (1937).

493 *Dahm/Delbrück/Wolfrum*, Völkerrecht, S. 647.

494 RGBl. 1925 II, 795.

Parteien in Zusammenhang mit der Formulierung des Art. XXV Abs. 5 S. 2 FHSV Rückschluss zu nehmen. Wie bereits erwähnt[495], handelt es sich dabei bei Art. XII Abs. 1 Freundschaftsvertrag von 1923 um die konkrete Vorgängervorschrift zu Art. XXV Abs. 5 S. 2 FHSV. Dieser regelt ebenfalls die Anerkennung, knüpft dabei aber an den Ort des effektiven Verwaltungssitzes an[496]. Nach verbreiteter Ansicht stellt Art. XII Abs. 1 Freundschaftsvertrag von 1923 eine kollisionsrechtliche Regelung dar[497]. Deren Formulierung deutet vergleichsweise stark auf eine Auslegung als Verweisung auf das Rechts-, Geschäfts- und Handlungsfähigkeitsstatut einer Gesellschaft hin[498]. Denn die „Anerkennung als juristische Person" deutet mehr noch als der Wortlaut des FHSV darauf hin, dass hiermit nur die Anerkennung der rechtlichen Selbstständigkeit gemeint sein kann. Denn gerade die eigene Rechts-, Geschäfts- und Handlungsfähigkeit macht einen Verbund von Menschen und Mitteln zu einer juristischen Person. Darüber hinaus enthält der Wortlaut jedoch keinen Hinweis darauf, dass die „Anerkennung als juristische Person" z. B. auch eine Kollisionsregelung für das auf die Innenverhältnisse einer Gesellschaft anwendbare Recht enthalten soll. Schließlich wäre der Zusatz „als juristische Person" auch überflüssig, würde mit ihm nicht die Einschränkung auf die Rechtsfähigkeit zum Ausdruck gebracht.

---

495 S. oben unter B., III., 4., a.

496 Art. XII Abs. 1 S. 1des Freundschafts-, Handels- und Konsularvertrages von 1923 lautet:
„Juristische Personen des Privatrechts mit oder ohne Haftungseinschränkung, mögen sie Erwerbszwecken dienen oder nicht, welche gemäß und unter dem Reichs-, Landes- oder Kommunalrecht eines Vertragsteils gegründet worden sind oder künftig gegründet werden und welche innerhalb seiner Gebiete eine Hauptniederlassung haben, sollen als juristische Personen durch den anderen Vertragsteils anerkannt werden, vorausgesetzt, dass sie innerhalb seiner Gebiete keine seinen Gesetzen wiedersprechenden Zwecke verfolgen.“ und in der englischsprachigen Textfassung:
"Limited liability and other corporations and associations, whether or not for pecuniary profit, which have been or may hereafter be organized in accordance with and under the laws, National, State or Provincial, of either High Contracting Party and maintain a central office within the territories thereof, shall have their juridical status recognized by the other High Contracting Party provided that they pursue no aims within its territories contrary to its laws."

497 *Bungert*, ZvglRWiss 93 (1994), 117, 135; *EbenrothAuer*, RIW-Beilage Nr. 1/92, S. 9; *Ebenroth/Bippus*, NJW 1988, 2137, 2144; *Kindler* in MüKo, IntGesR, Rn. 336; unentschlossen *Paal*, RIW 2005, 735, 737 f.

498 I. E. ähnlich *Dammann*, RabelsZ 68 (2004), 607, 637; *Tomschin*, Anerkennung, S. 57.

Die Unterschiede in der Formulierung der Anerkennung zwischen dem Vertrag von 1923 und dem Vertrag von 1954 geben Anlass zu verschiedenen Interpretationsansätzen. Während Art. XII Abs. 1 S. 1 Freundschaftsvertrag von 1923 von der „Anerkennung der juristischen Personen des Privatrechts“ spricht, heißt es beim Art. XXV Abs. 5 S. 2 FHSV dass der „rechtliche Status anerkannt“ wird. Einige wollen dem entnehmen, dass der Bezugspunkt der Anerkennung eine inhaltliche Erweiterung erfahren hat. Begründet wird dies damit, dass die Anerkennung des rechtlichen Status mehr umfassen soll als die Anerkennung der juristischen Person. Diesem „rechtlichen Status“ sei nicht nur die Rechts-, Handlungs- und Geschäftsfähigkeit zuzurechnen, sondern auch die innere Organisation der Gesellschaft als unentbehrliche Grundlage für diese Fähigkeiten[499]. Dem kann jedoch nicht gefolgt werden. Grundlage dieser Auffassung ist nämlich, dass die Begrifflichkeit „rechtlicher Status“ eine Erweiterung des Begriffs der „juristischen Person“ darstellt. Dies ist jedoch nicht der Fall. Hiergegen ist bereits anzuführen, dass die englischsprachige Version keine sprachliche Änderung des Anerkennungsobjekts enthält, sondern in beiden Versionen von der Anerkennung des *juridical status* spricht[500]. Die englischsprachige Fassung des Art. XXV Abs. 5 S. 2 FHSV entspricht hinsichtlich des Umfang der Verweisung demnach vollkommen seinem Pendant im Art. XII Abs. 1 S. 1 Freundschaftsvertrag von 1923. Eine Begriffserweiterung oder ganz grundsätzlich eine Änderung des Umfangs der Verweisung müsste demnach mit Blick auf diese Fassung klar abgelehnt werden.

Umso mehr stellt sich jedoch die Frage, wie sich die Wortlautänderung der deutschen Version demgegenüber erklären lässt. Zum einen wird zugunsten einer Wandlung der Anerkennung argumentiert, dass eine Begriffsänderung der englischsprachigen Variante nur deshalb unterblieben sei, weil der Begriff des *juridical status* sowohl die alleinige Rechtsfähigkeit wie aber auch das gesamte Gesellschaftsstatut meinen könne[501]. Dabei wird jedoch verkannt, dass die US-amerikanische Vertragsseite wohl kaum einen Begriff gewählt hätte, dessen Bedeutung sich nach Belieben ändern oder unterschiedlich auslegen lässt. Selbst wenn der Begriff im allgemeinen juristischen Sprachgebrauch verschiedene Inhalte hätte, so wäre er wohl zum Zeitpunkt der Vertragsaufsetzung im Jahr 1923 auf einen bestimmten Bedeutungsgehalt festgelegt worden. Soll dem gleichen Begriff im Nachfolgevertrag eine andere Bedeutung zukommen, müsste darauf

---

499 *Kaulen*, Anerkennung von Gesellschaften, S. 188.

500 Vgl. Fn. 370.

501 *Kaulen*, Anpassung von Gesellschaften, S. 188.

im Vertragstext hingewiesen oder es anderweitig eindeutig kenntlich gemacht werden. Solch ein Beweis wurde jedoch von den Vertretern dieser Auffassung nicht geführt und ist im Übrigen auch nicht aus der Formulierung des Art. XXV FHSV oder dem Protokoll zum FHSV ersichtlich. Darüber hinaus kommt dem Begriff jedoch auch im Rechtsenglischen keineswegs die behauptete Mehrdeutigkeit zu. Wie oben bereits ausführlich erörtert, wird der Begriff des „juridical status" im US-amerikanischen Recht als die rechtliche Position einer Gesellschaft innerhalb der oder in Beziehung zur Öffentlichkeit definiert[502]. Nach der bereits vorgenommenen Wortlautauslegung schließt dieser Begriff nicht das gesamte Gesellschaftsstatut ein[503]. Eine Mehrdeutigkeit existiert daher jedenfalls nicht in Form einer entweder die Rechtsfähigkeit oder aber das Gesellschaftsstatut umfassenden Bedeutung. Für diesen Abschnitt bleibt festzuhalten, dass der Wortlaut der englischsprachigen Version mit Blick auf den Umfang der Anerkennung unverändert geblieben ist, ohne dass sich hierfür besondere Umstände erkennen lassen. Insofern spricht dieser Umstand schlicht dafür, dass auch der Inhalt der Regelung insofern gleichgeblieben ist.

Dennoch fragt es sich, weshalb die deutsche Fassung des Art. XXV Abs. 5 S. 2 FHSV im Vergleich zu Art. XII Abs. 1 S. 1 Freundschaftsvertrag von 1923 eine Änderung erfahren hat, und ob sich hieraus doch eine andere Auslegung der Anerkennung ergibt. Dafür, dass die Änderung der deutschen Fassung keine inhaltliche Änderung des Verweisungsumfangs darstellt, spricht, dass die „Anerkennung des rechtlichen Status" einer Gesellschaft letztlich eine treffendere Übersetzung der im Wesentlichen gleich gebliebenen englischen Fassung, „recognition of juridical status", darstellt. Die deutschsprachige Version hat sich demnach der englischsprachigen Version angepasst. Dies ist darauf zurückzuführen, dass in der deutschen Version des Art. XII Abs. 1 S. 1 des Freundschaftsvertrages von 1923 nur die „juristischen Personen" anerkannt wurden. Dies führte dazu, dass Personengesellschaften nicht zu den Begünstigten des Art. XII Abs. 1 S. 1 Freundschaftsvertrag von 1923 fielen. Art. XXV Abs. 5 S. 2 FHSV hingegen umfasst im Rahmen der „Anerkennung des rechtlichen Status einer Gesellschaft" durch die neue Formulierung in Verbindung mit der Definition des Art. XXV Abs. 5 S. 1 FHSV auch Personengesellschaften. Die Änderung der „Anerkennung der juristischen Personen" in „Anerkennung des rechtlichen Status von Gesellschaften" war demnach notwendig, um auch Personengesellschaften in den Genuss der Anerkennung nach dem FHSV kommen zu lassen. In der englischsprachigen Fassung konnte

502 Vgl. oben unter B., VI., 2., a., dd.
503 Vgl. oben unter B., VI., 2., a., dd.

die Begrifflichkeit beibehalten werden, da die Formulierung *recognition of juridical status* Personengesellschaften nicht ausschließt. Dabei ist die Übersetzung als „Anerkennung des rechtlichen Status" treffender und somit vorzugswürdig gegenüber einer sich stärker an dem Wortlaut der Vorgängerfassung orientierenden Übersetzung als „Anerkennung als Gesellschaften".[504,505] Im Übrigen dürfte es aber für sprachlich wünschenswert gehalten worden sein, dass die beiden verbindlichen Fassungen des FHSV sich auch im Wortlaut möglichst ähnlich sind.

Im Ergebnis wurde die Bedeutung der Verweisungsnorm demnach auf Personengesellschaften ausgedehnt, ist aber mit Blick auf den Umfang ihrer Verweisung gleichgeblieben. Dies spricht demnach für eine enge Auslegung der Anerkennung, begrenzt auf die bereits im Freundschaftsvertrag von 1923 festgehaltene Anerkennung einer Gesellschaft in Form der Verweisung auf ihr Rechts-, Handlungs- und Geschäftsfähigkeitsstatut.

bb. Der US-amerikanische Mustervertrag als „aufgezwungener" Vertrag

Das anhand des Vergleichs mit dem Freundschaftsvertrag von 1923 gewonnene Ergebnis wird durch die Entstehungsumstände des FHSV gestützt werden. Es ist historisch belegt, dass große Teile des FHSV auf einen Mustervertrag zurückgehen, den die US-amerikanische Regierung nach dem zweiten Weltkrieg in Beziehung zu mehreren Staaten verwendete[506]. Hieraus lässt sich, auch gestützt durch die politischen Umstände zu dieser Zeit, schließen, dass der Wortlaut des FHSV keineswegs eigenständig vom deutschen Vertragspartner ausgehandelt wurde, sondern dass er ihm „quasi aufgezwungen" wurde[507]. Dies spricht für eine Auslegung des Art. XXV Abs. 5 S. 2 FHSV als Verweisung auf das Rechts-, Geschäfts- und Handlungsfähigkeitsstatut, da die US-amerikanischen Gerichte auch die gleichlautende

504 „Anerkennung der Gesellschaften als Gesellschaften" in direkter Anlehnung an „Anerkennung der juristischen Personen als juristische Personen" des Art. XII Abs. 1 S. 1 des Freundschaftsvertrages von 1923. Dies wäre die am wenigsten in den Wortlaut der Vorgängerfassung eingreifenden Variante gewesen, mit der der die Personengesellschaften ausschließende Begriff der „juristischen Person" mit dem weiter gefassten Begriff der „Gesellschaft" hätte ausgetauscht werden können.

505 A. A. *Kaulen*, Anerkennung von Gesellschaften, S. 188.

506 *Schwenk*, JZ 1957, 197; *Walker*, AJIL 50 (1964), 380 f.; *Walker*, AJCL 5 (1956), 230 m. w. N. für weitere vierzehn Freundschafts-, Handels- und Schifffahrtsverträge.

507 Sumitomo Shoji America, Inc. v. Avagliano, 457 U.S. 176, Fn. 6; *Bungert*, ZVglRWiss 93 (1994), 117, 141; *Dammann* greift zwar Bungerts Folgeargumentation an, nicht jedoch die Charakterisierung des FHSV als „aufgezwungen", RabelsZ 68 (2004), 607, 636 f.

Regelung des Art. XII Abs. 3 des japanisch-US-amerikanischen Freundschafts-, Handels- und Schifffahrtsvertrages vom 2. April 1953 als eingeschränkte Kollisionsnorm einordnen[508]. Da sich diese Erwägungen jedoch nicht unmittelbar aus Dokumenten der konkreten Vertragsverhandlungen ergeben, kommt ihnen im Rahmen der historischen Auslegung nur rechtsunverbindliche Indizwirkung zu.

cc. Zwischenergebnis

Auch die zur ergänzenden Auslegung herangezogene historische Auslegung bestätigt das durch die grammatische und systematische Auslegung herausgearbeitete Ergebnis einer Verweisungsregelung, die beschränkt ist auf das Rechts-, Geschäfts- und Handlungsfähigkeitsstatut. Dies ergibt sich zwar nicht verbindlich aus dem Umstand, dass der Vertragstext des FHSV dem deutschen Verhandlungspartner möglicherweise aufgedrängt wurde. Aus dem Vergleich mit dem Freundschaftsvertrag von 1923 kann jedoch darauf geschlossen werden, dass der eingeschränkte Umfang der damaligen Anerkennung nach dem objektivierten Parteiwillen fortbestehen bleiben sollte.

e. Übereinstimmendes Verhalten bei Vertragsauslegung

Ebenfalls könnte nach Art. 31 Abs. 3 WÜRV auch ein mit Blick auf die Auslegung des Vertrages übereinstimmendes Verhalten der Parteien zur Vertragsauslegung herangezogen werden[509]. Dafür müsste die Rechtsprechungspraxis mit Blick auf den Art. XXV Abs. 5 S. 2 FHSV in beiden Vertragsstaaten untersucht werden. Entscheidungen, die zu ähnlichen Formulierungen anderer Staatsverträge ergangen sind, müssen für diese Auslegungsmethode jedoch außer Betracht bleiben. Daher ist sie im vorliegenden Fall auch nicht weiterführend. Mangels einer Rechtsprechungspraxis der US-amerikanischen Gerichte zum Art. XXV Abs. 5 S. 2 FHSV kommt es auf die Entscheidungen der deutschen Gerichte nicht mehr an.[510]

f. Weitere Auslegungsansätze

Ein weiterer Auslegungsansatz, der zum Teil für die Interpretation des Art. XXV Abs. 5 S. 2 FHSV herangezogen wird, ist der Grundsatz *in dubio*

---

508 S. hierzu oben unter B., I., 6., b., aa., (4), (cc).

509 Vgl. oben unter B., II., 2. Eine spätere Übung kann nur dann Relevanz entfalten, wenn sie beiden Vertragsparteien zuzurechnen ist und sich dadurch als übereinstimmende Vereinbarung darstellt, *Dörr* in Vienna Convention – A Commentary, S. 595 ff.

510 Vgl. hierzu aber die Auflistung und Besprechung der deutschen Rechtsprechung nachfolgend unter D., II., 1., c., cc., (2).

mitius[511]. Nach dieser Maxime ist eine staatsvertragliche Regelung möglichst so auszulegen, dass sie die Souveränität der Vertragsstaaten schont. Dieser Grundsatz stellt jedoch kein Völkergewohnheitsrecht dar und seine Gültigkeit gilt allgemein als zweifelhaft[512]. Der Grundsatz *in dubio mitius* kann daher nicht als ein „zwischen den Parteien geltender Völkerrechtssatz" i. S. d. Art. 31 Abs. 3 WÜRV Geltung beanspruchen. Für eine Auslegung des FHSV kann er somit nicht nutzbar gemacht werden.

g. *Auslegungsergebnis zum Verweisungsumfang des Art. XXV Abs. 5 S. 2 FHSV*

Das endgültige Auslegungsergebnis für die Frage, ob Art. XXV Abs. 5 S. 2 FHSV eine Verweisung auf das Rechts-, Geschäfts- oder Handlungsfähigkeitsstatut, das Außenstatut oder das Gesellschaftsstatut enthält, richtet sich nach dem Zusammenspiel der Ergebnisse der einzelnen Auslegungsmethoden sowie der ihnen zukommenden Gewichtung. Auch wenn nach der Formulierung des Art. 31 WÜRV die Auslegung zunächst am Wortlaut ansetzt, kommt der grammatischen, teleologischen und der systematischen Auslegungsmethode gleiches Gewicht zu[513]. Dabei soll die teleologische Auslegung die Bedeutung einer Bestimmung des Vertrages mit dem Ziel größtmöglicher Effektivität konkretisieren[514], sich jedoch nicht zu Gunsten der Effektivität über Wortlaut und Sinn der Bestimmungen hinwegsetzen[515]. Die *travaux préparatoires* stellen nach Art. 32 WÜRV ein nur subsidiär zu gebrauchendes Auslegungsmittel zur Bestätigung oder weiteren Klarifizierung der bereits vorgenommenen Auslegung dar.[516]

---

511 S. bspw. angedacht von *Teersteegen*, Kollisionsrechtliche Behandlung ausländischer Kapitalgesellschaften, S. 300 f.

512 *Bernhardt*, MPEPIL 2 (1995), S. 1416, 1419, 1421; *Larouer*, Cornell Law School Conference Papers, April 2009 (abrufbar über: http://scholarship.law.cornell.edu/lps_clacp/22/?utm_source=scholarship.law.cornell.edu%2Flps_clacp%2F22&utm_medium=PDF&utm_campaign=PDFCoverPages ; zuletzt aufgerufen am 19.08.2018).

513 YBILC 1966 Vol. II, S. 219 f. (Berichterstattung der Völkerrechtskommission der Vereinten Nationen an die Generalversammlung).

514 S. hierzu bereits Fn. 116.

515 Interpretation of Peace Treaty (Bulgaria, Hungary, Romania) I. C. J. Reports 1950, 221, 229 (Advisory Opinion); YBILC 1966 Vol. II, S. 219 (Berichterstattung der Völkerrechtskommission der Vereinten Nationen an die Generalversammlung).

516 Auch bei Art. 32 WÜRV handelt es sich nach überwiegender Ansicht um die Verkörperung von Völkergewohnheitsrecht, vgl. Dahm/Delbrück/Wolfrum, Völkerrecht, S. 629 f.

Gemessen an diesen Kriterien stellt sich Art. XXV Abs. 5 S. 2 FHSV als eine kollisionsrechtliche Norm dar, die das die Rechts-, Geschäfts- und Handlungsfähigkeit einer Gesellschaft regelnde Recht einer der beiden Vertragsstaaten zur Anwendung beruft. Zwar enthält die grammatische Auslegung des deutschen Wortlauts der Regelung nur Indizien für dieses Auslegungsergebnis, der englische Wortlaut, insbesondere die Auslegung des "juridical status", deutet jedoch klar auf eine eingeschränkte Verweisung hin. Da nach Art. 33 Abs. 1 WÜRV alle authentischen Vertragstexte in gleicher Weise maßgebend sind und nach Art. 31 Abs. 3 und 4 WÜRV die gleiche Bedeutung beider Texte vermutet wird, kann die durch Auslegung des englischen Wortlauts bestimmte Bedeutung auch auf den deutschen Wortlaut erstreckt werden. Dieses grammatische Auslegungsergebnis wird durch die systematische Auslegung gestützt. Diese kann zwar nur einem Teil der besprochenen Normzusammenhänge eine Aussage in Bezug auf den Art. XXV Abs. 5 S. 2 FHSV entnehmen. Ebenjene Aussagen sprechen allerdings allesamt für eine auf die Rechts-, Geschäfts- und Handlungsfähigkeit beschränkte Verweisung. Nur die teleologische Auslegung erweist sich im Gegensatz hierzu als wenig zielführend. Weder unterstützt sie eine Deutung der Vorschrift im vorgenannten Sinn noch begünstigt sie auf der anderen Seite eine Auslegung im Sinne eines einheitlichen Gesellschaftsstatuts. Letzte Zweifel räumt schließlich die als ergänzendes Auslegungsmittel heranzuziehende historische Auslegung aus. Denn ihrzufolge sprechen gute Gründe für ein sachlich eingeschränktes Verständnis des Art. XXV Abs. 5 S. 2 FHSV. Im Ergebnis ist somit festzustellen, dass es sich bei der Kollisionsnorm des FHSV um eine Vorschrift handelt, die auf das Rechts-, Geschäfts- und Handlungsfähigkeitsstatut verweist.

VII. Abgrenzungsfragen

Im Bereich der Einordnung einer Rechtsfrage als dem Rechtsfähigkeitsstatut zugehörig konzentriert sich die Diskussion maßgeblich auf die Frage, ob die Partei- und Prozessfähigkeit einer Gesellschaft von der Kollisionsregel des Art. XXV Abs. 5 S. 2 FHSV mitumfasst ist[517].

---

517 Abgrenzungsfragen zum Insolvenz- und Deliktsstatut sowie der Durchgriffshaftung und der unternehmerischen Mitbestimmungen stellen sich nur in Beziehung zu einem vollumfänglichen Gesellschaftsstatut, nicht jedoch zum Rechtsfähigkeitsstatut. Diese Fragen sind nach nationalem internationalen Privatrecht zu beurteilen, vgl. z. B. *Großfeld/Erlinghagen*, JZ 1993, 217. S. zur Anwendbarkeit des deutschen Mitbestimmungsgesetzes auf ausländische Gesellschaften mit Tätigkeit in Deutschland *Ebenroth/Sura*, ZHR 1980, 610–627.

Die die Partei- und Prozessfähigkeit regelnden Vorschriften werden grundsätzlich sowohl in Deutschland wie auch in den USA zunächst als dem Prozessrecht zugehörig qualifiziert. Für den Bereich internationalen Gesellschaftsrechts sah deutsches internationales Privatrecht damit lange Zeit analog zu § 50 ZPO eine Anknüpfung entsprechend der Verweisungsnorm für die Rechtsfähigkeit vor[518], während US-amerikanisches Bundesrecht für *corporations* in Sec. 17 (b) (2) Rules of Civil Procedure, Ed. 17[519], eine Anknüpfung an das Recht des Gründungsstaates festlegt[520]. Aber auch im deutschen internationalen Gesellschaftsrecht wird seit einiger Zeit verstärkt gefordert, die Parteifähigkeit unmittelbar an das Gesellschaftsstatut anzuknüpfen[521]. Dies hat mittlerweile teilweise auch in der Rechtsprechung ihren Niederschlag gefunden[522]. Mit Blick auf den FHSV fragt sich im Rahmen der vertragsautonomen Auslegung, ob die Anerkennungsnorm des Art. XXV Abs. 5 S. 2 FHSV so verstanden werden kann, dass sie als Teil des Rechts-, Geschäfts- und Handlungsfähigkeitsstatuts auch die Partei- und Prozessfähigkeit kollisionsrechtlich regelt. Der Wortlaut selbst, d. h. die „Anerkennung des rechtlichen Status", ist insoweit neutral und könnte die Partei- und Prozessfähigkeit als Bestandteil eines umfassenden Verständnisses der Fähigkeit, Inhaber von Rechten und Pflichten zu sein und rechtsverbindlich handeln zu können, umfassen. Gleichermaßen ist jedoch auch denkbar, die Partei- und Prozessfähigkeit, die in Deutschland als prozessuales Rechtsinstitut qualifiziert ist und der auch nach US-amerikanischem Verständnis als *capacity to sue and be sued* eigenständiger Charakter zugeordnet wird, als hiervon unabhängig anzuknüpfende Rechtsfrage zu behandeln.

Während der Wortlaut der Bestimmungen uneindeutig ist, kann jedoch aus systematischen und teleologischen Erwägungen auf eine Auslegung zugunsten der gesonderten Regelung der Partei- und Prozessfähigkeit geschlossen werden.

---

518 *Kindler* in MüKo, IntGesR, Rn. 565.

519 Abrufbar unter: https://www.federalrulesofcivilprocedure.org/frcp/title-iv-parties/rule-17-plaintiff-and-defendant-capacity-public-officers/ (zuletzt abgerufen am: 13.03.2022).

520 Sec. 17 (3) Federal Rules of Civil Procedure verweist für nicht registerierte Gesellschaften auf das Recht des Bundesstaates, dessen Gerichte angerufen sind. Sehen diese im Einzelfall keine Partei- und Prozessfähigkeit vor, so sind diese gemäß Sec. 17 (3) (A) Federal Rules of Civil Procedure dennoch berechtigt im eigenen Namen zu klagen und verklagt zu werden, wenn es sich um die Geltendmachung eines wesentlichen Rechts handelt („substantial right").

521 *Kindler* in MüKo, IntGesR, Rn. 565.

522 BGH, Beschl. v. 03. Februar 1999 – VIII ZB 35–98 = BGH NJW 1999, 1871; BGH, Urt. v. 29. Januar 2003 – VIII ZR 155/02 = BGH, NJW 2003, 1607.

Denn Art. VI Abs. 1 FHSV stellt eine Regelung dar, die den Gesellschaften des anderen Staates „nach Maßgabe der inländischen Normen“ die Möglichkeit verschafft, ihre Rechte vor Gericht zu verfolgen und zu verteidigen. Damit enthält Art. VI Abs. 1 FHSV implizit eine Kollisionsregel, die auf die *lex fori*, d. h. das nationale Recht des angerufenen Gerichts, verweist. Vor deutschen Gerichten würde danach die Regelung des § 50 ZPO über die Parteifähigkeit US-amerikanischer Gesellschaften entscheiden. Nur nach diesem Verständnis ist der von der Regelung bezweckte, umfassende Zugang zu den Gerichten vollumfänglich gesichert[523]. Bei einem anderen Verständnis, könnten sich in dem Zusammenspiel der internationalen Normen Schutzlücken ergeben. Folgt man nämlich der Auslegung, nach der die Partei- und Prozessfähigkeit bereits Teil des Gesellschaftsstatuts des Art. XXV Abs. 5 S. 2 FHSV ist und die Regelung des Art. VI Abs. 1 FHSV nur dem Zweck dient, spätere fremdenrechtliche Regelungen zum Nachteil des Vertragspartners zu verbieten, so wären Situationen denkbar, in denen rechtsfähigen US-amerikanischen Gesellschaften von deutschen Gerichten die Partei- und Prozessfähigkeit abgesprochen werden müsste. Dies wäre immer dann der Fall, wenn Ihnen nach US-amerikanischem Recht die Partei- und Prozessfähigkeit versagt würde. Ein Auseinanderfallen der Anerkennung der Rechtsfähigkeit und der aktiven Prozessfähigkeit ist in vielen US-Bundesstaaten möglich, da häufig die Prozessfähigkeit im Fall von Verstößen einer Gesellschaft gegen Steuerpflichten oder Informationsobliegenheiten ausgesetzt wird[524]. Art. VI Abs. 1 FHSV ist im Gegensatz hierzu jedoch so zu verstehen, dass der vorrangige Regelungszweck gerade der ist, dass den ausländischen Gesellschaften unter gleichen Bedingungen wie den inländischen Gesellschaften die Verfolgung ihrer Rechte gesichert sein soll. Als Teil eines fairen Wettbewerbs sollen hierdurch Ungleichheiten vermindert werden. Dies muss sich im Zweifelsfall auch auf solche Ungleichheiten beziehen, die aus der ausländischen Rechtsordnung herrühren. Umgekehrt würde sich die Partei- und Prozessfähigkeit deutscher Gesellschaften auf Grundlage von

---

523 S. hierzu auch Eidenmüller, Ausländische Kapitalgesellschaften, § 5, Rn. 127, der zwar von der Anerkennung der „nach dem Recht des jeweiligen US-Bundesstaates bestehenden Parteifähigkeit“ spricht, diese aber auch mit der Zugangsregelung des Art. VI FHSV verknüpft.

524 Vgl. Sec. 23301 California Revenue and Taxation Code: “*Except for the purposes of filing an application for exempt status […], the corporate powers, rights and privileges of a domestic taxpayer may be suspended […], if any of the following conditions occur…*”. S. zu der Versagung der Prozessfähigkeit die Entscheidungen *Ransome-Crummey Co. v. Superior Court*, 188 Cal. 393, 396 (Cal. 1922); *Alhambra-Shumway Mines, Inc. v. Alhambra Gold Mine Corp.*, 155 Cal.App.2d 46, 50–51 (Cal. 1957).

Sec. 17 (b) (2) Rules of Civil Procedure, Ed. 17 nach dem Recht ihrer Gründung, d. h. nach deutschem Recht, richten[525]. Art. VI Abs. 1 FHSV ist daher nicht nur als fremdenrechtliche Inländergleichbehandlungsregelung zu lesen, sondern zudem auch als kollisionsrechtliche Regelung mit Verweis auf die *lex fori*.

Eine solche Regelung geht über den Anwendungsbereich einer kollisionsrechtlichen Regelung der Partei- und Prozessfähigkeit im Rahmen des Art. XXV Abs. 5 S. 2 FHSV hinaus, da nach § 50 ZPO Gesellschaften Parteifähigkeit zukommt, solange sie rechtsfähig sind, selbst wenn nach dem Rechtsfähigkeitsstatut die Parteifähigkeit versagt würde. Eine Auslegung des Art. XXV Abs. 5 S. 2 FHSV als kollisionsrechtliche Regelung der Parteifähigkeit würde vor diesem Hintergrund keinen Sinn machen. Dies wird durch die Wertungen des Art. XXIV Abs. 1 e) FHSV bestätigt, der, wie oben bereits dargestellt[526], eine klare Unterscheidung zwischen dem „Zugang zu Gerichten" und dem „rechtlichen Status" einer Gesellschaft trifft. Nach der *ratio* des Art. XXIV Abs. 1 e) FHSV sollen Gesellschaften, die in der Kontrolle von Drittstaaten stehen, nur die die absolut notwendigsten Rechte gewährt werden. Die in Art. XXIV Abs. 1 e) FHSV zwingend vorgeschriebene Anwendung von Art. VI Abs. 1 FHSV spricht daher dafür, dass Art. VI Abs. 1 FHSV alle für den Zugang zu Gericht wesentlichen Grundbedingungen, d. h. einschließlich der Anerkennung der Partei- und Prozessfähigkeit, verpflichtend festlegen will.

Auch die Entwicklung der wenigen oberstgerichtlichen Entscheidungen zu dieser Frage deutet auf die vorgenannte Auslegung hin. Während anfangs noch an die Parteifähigkeit als Teil des Rechtsfähigkeitsstatuts angeknüpft wurde[527], hat der Bundesgerichtshof in seiner letzten Entscheidung die Parteifähigkeit der in New York ansässigen Aktiengesellschaft ausdrücklich unter Nennung der Norm des § 50 ZPO von ihrer Rechtsfähigkeit abhängig gemacht[528].

Schließlich wird dieses Auslegungsergebnis zudem durch einen Vergleich mit dem Freundschaftsvertrag von 1923 bestätigt. Dieser regelte in Art. XII S. 1 zunächst die Anerkennung der ausländischen Gesellschaft und sodann in Art. XII S. 2 deren Zugang zu Gericht, d. h. das auf ihre Parteifähigkeit anzuwendende Recht: *„Sie sollen sowohl zur Verfolgung als zur Verteidigung ihrer Rechte in allen*

525 Die Partei- und Prozessfähigkeit unregistrierter deutscher Gesellschaften in den USA würde sich auf Grundlage von Sec. 17 (b) (3) Rules of Civil Procedure, Ed. 17 nach dem lokalen Recht des Gerichtsstandortes richten.

526 Vgl. oben unter B., III., 2., d. und B., VI., 2., b., bb.

527 So ist wohl BGH, Urt. v. 29. Januar 2003 – VIII ZR 155/02 = BGH NJW 2003, 1607 zu verstehen.

528 BGH, Urt. v. 04. Mai 2004 – XI ZR 40/03 = BGH NJW 2004, 2523, 2524.

gesetzlich vorgesehenen Instanzen gemäß den auf den Fall anwendbaren Gesetzen freien Zugang zu den Gerichten haben.“[529]. Diese alte Regelung legte eindeutig mit ihrem Verweis auf die „auf den Fall anwendbaren Gesetze“ eine Kollisionsregelung für die Parteifähigkeit fest[530]. Vergleicht man diese Regelung mit der neuen Regelung in Art. VI Abs. 1 FHSV, so zeigen sich kaum Unterschiede. Eine Änderung zeigt sich allein darin, dass „die auf den Fall anwendbaren Gesetze“ durch die Gewährung von „Inländerbehandlung“ ersetzt wurde. Damit wurde allein der Anknüpfungspunkt für das Parteifähigkeitsstatut angepasst, nicht jedoch das Parteifähigkeitsstatut mit dem Rechtsfähigkeitsstatut verschmolzen. Anderenfalls hätte man eine vollkommen neue Formulierung gewählt. Dabei ist durchaus anerkannt, dass auch Inländergleichbehandlungsnormen im Einzelfall eine implizite kollisionsrechtliche Regelung zugrunde liegen kann[531]. Nach alledem ist der Umfang der Anerkennung in Art. XXV Abs. 5 S. 2 FHSV daher begrenzt auf das Rechtsfähigkeitsstatut.

VIII. Verweisungsart des Art. XXV Abs. 5 S. 2 FHSV und das interlokale Kollisionsrecht der USA

Es bleibt zu klären, ob die in Art. XXV Abs. 5 S. 2 FHSV ausgesprochene Verweisung eine Gesamt- oder aber eine Sachnormverweisung darstellt. Gesamtnormverweisungen sind solche Verweisungen, die auf eine ganze Rechtsordnung verweisen und damit auch auf deren internationales Privatrecht. Bei einer derartigen Verweisung ist innerhalb des internationalen Privatrechts der zunächst berufenen Rechtsordnung zu prüfen, ob dieses den Sachverhalt einer dritten Rechtsordnung oder sogar der Ausgangsrechtsordnung zuweist. In letzterem Fall handelt es sich um einen Fall der Rückverweisung, des sog. *renvoi*[532]. Nur wenn die angerufene Rechtsordnung den Sachverhalt seinem nationalen Sachrecht zuweist, verbleibt die materielle Beurteilung des Falls bei einer Gesamtverweisung bei dem materiellen Recht dieser Rechtsordnung. Anders liegt es, wenn es sich um

529 Abrufbar über die Datenbank der österreichischen Nationalbibliothek unter http://alex.onb.ac.at/cgi-content/alex?aid=drb&datum=1925&page=824&size=45 (zuletzt aufgerufen am 19.08.2018).

530 So die überwiegende Meinung, s. z. B. auch *Bungert*, DB 2003, 1043, 1044.

531 Wagner/Timm, IPRax 2008, 81, 82.

532 S. zu der frühen US-amerikanischen Diskussion um das Rechtsinstitut des *renvoi* und die Relevanz der entsprechenden deutschen Lehre *Lorenzen*, Colum. L. Rev. 10 (1910), 190 ff. Vgl. auch zu dem Anwendungsbereich und der Weiterentwicklung des renvoi im deutschen Recht den Beitrag von *Kühne* in FS Ferid, S. 251–267.

eine Sachnormverweisung handelt. Eine solche Verweisung deutet direkt auf das materielle Sachrecht einer Rechtsordnung, sodass deren Kollisionsrecht nicht die Möglichkeit erhält, andere Verweisungen auszusprechen.

1. Art. XXV Abs. 5 S. 2 FHSV als Gesamt- oder Sachnormverweisung

Grundsätzlich gilt im deutschen Kollisionsrecht nach Art. 4 Abs. 1 S. 1 EGBGB die Regel, dass eine Verweisung stets eine Verweisung auf das gesamte Recht beinhaltet. Ausnahmsweise handelt es sich aber dann um eine Sachnormverweisung, wenn eine Gesamtverweisung dem Sinn der Verweisung widersprechen würde, Art. 4 Abs. 1 S. 1 EGBGB, oder aber sonst, wenn die Parteien das anzuwendende Recht durch Rechtswahl beschlossen haben, Art. 4 Abs. 2 EGBGB. Im US-amerikanischen Kollisionsrecht gilt hingegen nach § 8 Restatement (Second) Conflict of Laws (1971) eine Verweisung generell als Sachnormverweisung, um Rückverweisungen auszuschließen. Ausnahmen werden in speziellen Fällen dann gemacht, wenn eine Rückverweisung aus besonderen Gründen für sachdienlich oder gerecht gehalten wird oder wenn die Verweisung ausdrücklich auf das Kollisionsrecht eines anderen Staates verweist.

Staatsverträge unterliegen allerdings nach allgemeiner Ansicht eigenen Regeln, die sich aus ihrem Regelungszweck herleiten lassen[533]. Da Staatsverträge mit kollisionsrechtlichen Bestimmungen vorhersehbare Anknüpfungsmomente sichern und diese im Zweifel gerade in Abgrenzung zu nationalen Kollisionsvorschriften festlegen wollen, würde eine Gesamtverweisung, die Spielraum für verschiedene Verweisungsketten eröffnet, dem Sinn des Vertrages und der Verweisungsregelung widersprechen[534]. Deshalb wird grundsätzlich davon ausgegangen, dass es sich bei staatsvertraglichen Verweisungsnormen um Sachnormverweisungen handelt, wenn der Vertrag dies nicht ausdrücklich anders vorsieht. Es besteht insofern, verglichen mit Art. 4 Abs. 1 EGBGB, ein umgedrehtes Regel-Ausnahme-Verhältnis[535].

Da im Fall des Art. XXV Abs. 5 S. 2 FHSV keine Gründe ersichtlich sind, die ein Abweichen von dieser Regel notwendig erscheinen lassen, muss es sich bei dieser staatsvertraglichen Verweisungsregelung um eine Sachnormverweisung handeln. Hierfür spricht der Zweck der Regelung des Art. XXV Abs. 5 S. 2 FHSV, der zur Förderung des zwischenstaatlichen Handels Rechtssicherheit in Bezug

533 *Lorenz* in BeckOK, BGB, EGBGB, Art. 4, Rn. 10; *von Hein* in MüKo, IPR, EGBGB, Art. 4, Rn. 149.

534 *Dörner* in Schulze, BGB, EGBGB, Art. 4, Rn. 2.

535 *Lorenz* in BeckOK, BGB, EGBGB, Art. 4, Rn. 10.

auf die Anerkennung der fremden Gesellschaft als rechtsfähiges Gebilde schaffen möchte. Die grundlegende Frage der Rechtsfähigkeit soll der staatsvertraglichen Vereinbarung zufolge dem Recht des Gründungsstaates einer Gesellschaft unterliegen, damit nicht aufgrund anderweitiger Gründungsvoraussetzungen nach dem Recht des anderen Vertragspartners die Rechtspersönlichkeit erlöschen kann. Art. XXV Abs. 5 S. 2 FHSV stellt somit eine Sachnormverweisung dar.

2. Das interlokale Kollisionsrecht der USA

Die USA verfügen über ein territorial gespaltenes Gesellschaftsrecht, d. h. dass das Gesellschaftsrecht nicht für alle Einzelstaaten einheitlich geregelt ist, sondern von jedem der Einzelstaaten eigenständig normiert wurde[536]. Grundsätzlich weisen solche Mehrrechtsstaaten ein interlokales Kollisionsrecht auf, mit dessen Hilfe sie innerhalb der übergeordneten Rechtsordnung das Recht einer bestimmten Teilrechtsordnung bestimmen. In den USA ergibt sich die Besonderheit, dass auch das interlokale Kollisionsrecht seinerseits gespalten ist und demnach keiner zwingenden einheitlichen Anknüpfung in den verschiedenen Einzelstaaten unterliegt[537]. Dies wirft die Frage auf, wie die Verweisung des Art. XXV Abs. 5 S. 2 FHSV auf die Rechtsordnung der USA zu handhaben ist. Art. 4 Abs. 3 S. 1 EGBGB unterscheidet für Rechtsordnungen mit gespaltenem lokalen Recht zwischen der Vorrang- und der Durchgriffslösung. Nach der Vorrangslösung richtet sich die Frage des anwendbaren lokalen Rechts nach dem territorialen Kollisionsrecht der übergeordneten Rechtsordnung. Ausnahmen werden nach der Durchgriffslösung jedoch dann gemacht, wenn die zunächst angewendete Verweisungsnorm bereits so ausgestaltet ist, dass sie auch die Teilrechtsordnung konkret bezeichnet. Existiert weder eine genaue Bezeichnung der Teilrechtsordnung noch eine lokale Kollisionsnorm, so richtet sich das anwendbare Recht nach der engsten Verbindung einer Rechtsordnung zum Sachverhalt, Art. 4 Abs. 3 S. 2 EGBGB. Erst recht gilt die Maßgeblichkeit eines Durchgriffs auf das Sachrecht einer Teilrechtsordnung, unabhängig von den Wertungen des EGBGB, in staatsvertraglichen Vereinbarungen, wenn deren Regelungen eine Teilrechtsordnung konkret bezeichnen. Dies ist auch den Wertungen des US-amerikanischen Rechts für solche Fälle zu entnehmen, bei denen die staatsvertragliche Regelung ein konkretes lokales Recht spezifiziert und sich dies unmittelbar begünstigend auswirkt[538]. Daher ist die Verweisungsnorm des Art. XXV Abs. 5 S. 2 FHSV daraufhin zu

536 *von Hein* in MüKo, IPR, EGBGB, Art. 4, Rn. 162.
537 *von Hein* in MüKo, IPR, EGBGB, Art. 4, Rn. 163.
538 *Bayitch*, Miami L. Q. 8 (1954), 501, 509 f.

untersuchen, ob diese selbst eine solche Bezeichnung der anwendbaren, lokalen Teilrechtsordnung enthält. Diese enthält die Formulierung der „Gesellschaften, die gemäß den Gesetzen und sonstigen Vorschriften des einen Vertragsteils in dessen Gebiet errichtet worden sind" und nimmt somit konkret Bezug auf das mit einem Gebiet verknüpfte Gesellschaftsrecht. Da solche gesellschaftsrechtlichen Vorschriften innerhalb der USA immer einzelstaatsrechtlicher Natur sind, liegt der Kollisionsnorm des FHSV demnach eine Verweisung auf die Teilrechtsordnung des jeweiligen US-Bundesstaates zugrunde[539]. Der Staatsvertrag selbst legt somit bereits einen Durchgriff der internationalprivatrechtlichen Verweisung auf das lokale Recht des Einzelstaates fest, in dem die Gesellschaft errichtet worden ist.

539 *Bungert*, ZVglRWiss 93 (1994), 117, 151.

C. Kollisionsrechtliche Anknüpfung des restlichen Gesellschaftsstatuts

I. Einführung

1. Mittelbare kollisionsrechtliche Regelung durch den FHSV

Der Umstand, dass der Staatsvertrag kollisionsrechtlich neben dem Partei- und Prozessfähigkeitsstatuts nur das Rechts-, Geschäfts- und Handlungsfähigkeitsstatut festlegt, wirft die Frage auf, ob anderen Regelungen des FHSV eine kollisionsrechtliche Regelung für das restliche Gesellschaftsstatut entnommen werden kann. Nur wenn dies nicht der Fall ist, kann subsidiär auf deutsches internationales Gesellschaftsrecht in Form der Anknüpfung an das Recht des effektiven Verwaltungssitzes zurückgegriffen werden. Für deutsche Gesellschaften in den USA gilt hingegen auch nach deren nationalem internationalem Gesellschaftsrecht die Gründungstheorie. Als mittelbare Kollisionsnorm kann insbesondere das den Staatsvertrag durchziehende Prinzip der Meistbegünstigung in Verbindung mit bi- oder multilateralen Staatsverträgen Deutschlands mit Drittstaaten in Betracht kommen. Dieses Prinzip wird in der Präambel des FHSV und in vielen weiteren seiner Vorschriften wie beispielsweise Art. V Abs. 5, VII Abs. 4, VII Abs. 2, IX Abs. 2 und 4, XI Abs. 3 und XII Abs. 1 FHSV erwähnt und in Art. XXV Abs. 4 FHSV folgenderweise definiert:

> Der Ausdruck „Meistbegünstigung" bedeutet die innerhalb eines Gebietes eines Vertragsteils gewährte Behandlung, die nicht weniger günstig ist als diejenige, die dort unter gleichartigen Voraussetzungen den Staatsangehörigen, Gesellschaften, Erzeugnissen, Schiffen und sonstigen Objekten jeglicher Art irgendeines dritten Landes gewährt wird.

2. Bereichsbezogenheit der Meistbegünstigung

Sofern Deutschland in Bezug auf einen Drittstaat eine Kollisionsnorm mit einheitlicher Anknüpfung des gesamten Gesellschaftsstatuts an das Recht des Gründungsortes vorsieht, könnte eine solche Regelung möglicherweise auch für das deutsch-US-amerikanische Verhältnis auf Grundlage der Meistebgünstigungsregelungen zu berücksichtigen sein. Dabei ist allerdings zu beachten, dass das Meistbegünstigungsprinzip zwar einen „roten Faden" des FHSV darstellt, jedoch keineswegs jede Regelung des Vertrages ihm unterstellt ist. Vielmehr ist dieses Prinzip immer dann, wenn es die Vertragsparteien zur Anwendung berufen wollten, explizit in die einzelne Vorschrift hineingeschrieben worden. Die regelungsbezogene Ausdrücklichkeit macht deutlich, dass in allen anderen Vorschriften gerade keine Meistbegünstigungsregelung festgesetzt werden sollte. Dem widerspricht auch nicht der Text der Präambel, in der es heißt, dass der Vertrag *„im allgemeinen auf den Grundsätzen der gegenseitig gewährten Inländerbehandlung und unbedingten Meistbegünstigung beruht“*. Die Formulierung „im allgemeinen“ macht nämlich deutlich, dass der Vertrag zwar zu großen Teilen, aber nicht vollkommen, vom Grundsatz der Meistbegünstigung geprägt ist. Daher können dem FHSV jeweils nur bereichsspezifische Meistbegünstigungsregelungen entnommen werden. Nur so weit wie deren Regelungsbereich formuliert ist, kann dann auch tatsächlich die Anwendung des günstigeren Rechts vom Anwendungsbefehl des Meistbegünstigungsgrundsatzes umfasst sein. Da die Kollisionsvorschrift des Art. XXV Abs. 5 S. 2 FHSV keine Meistbegünstigungsklausel enthält, kann dieser Grundsatz mit Blick auf ausdrückliche Kollisionsnormen in anderen Staatsverträgen keine Anwendung finden. Auch wenn Deutschland demnach im Verhältnis zu Drittstaaten die Gründungstheorie aufgrund entsprechender kollisionsrechtlicher Regelung anwenden sollte, kann diese nicht unter Hinweis auf das Prinzip der Meistbegünstigung auch im Verhältnis zu den USA angewendet werden.

Zum Teil wird dies anders gesehen[540]. Danach soll bereits aus Meistbegünstigungsregelungen, die allgemein die Zulassung von Staatsangehörigen oder Gesellschaften des einen Vertragsteils zum Rechtsverkehr des anderen betreffen, eine Pflicht zur Anwendung liberalerer Anerkennungsregelungen folgen. Da der Zugang zum Rechtsverkehr nur Sinn mache, wenn die Rechtsfähigkeit der Gesellschaft auch anerkannt sei, müsse sich die Meistbegünstigung auch auf die Anerkennung beziehen und ggf. eine die Anerkennung begünstigende Kollisionsregelung in Form der Anknüpfung an das Recht des Gründungsortes zur Anwendung berufen. Diese Auffassung ist jedoch zu weit. Wirtschafts- und Handelsverträge betreffen regelmäßig in einer Vielzahl ihrer Regelungen den Zugang zum Handel auf nationalem Gebiet. Nicht in jeder dieser Regelungen kann in Kombination mit den ebenfalls sehr verbreiteten Meistbegünstigungsgrundsätzen eine versteckte Kollisionsnorm zugunsten des anderen Vertragspartners liegen. Wenn dies so gewollt wäre, hätte man in jeden einzelnen Vertrag eine Kollisionsnorm mit inhaltlicher Orientierung an der Gründungstheorie aufnehmen können. Dieses Problem wird auch von den Vertretern dieser Auffassung erkannt und durch die Feststellung zu lösen versucht, dass ausdrücklich vereinbarte Anerkennungsregeln den potentiell über die Meistbegünstigung anzuwendenden Kollisionsnormen immer vorgingen. Dogmatisch richtig ist es jedoch im Rahmen einer am Wortlaut des Vertragstextes orientierten Auslegung,

540 *Eidenmüller*, Ausländische Kapitalgesellschaften, § 2, Rn. 24.

der Meistbegünstigung von Anfang an nur den Bereich zuzubilligen, auf den sie sich auch konkret bezieht. Für die Frage der Anwendung von Gründungsrecht als restliches Gesellschaftsstatut kann diese Auffassung jedoch ohnehin schon nicht zielführend sein. Denn aus einer so beschriebenen Anerkennungskonstruktion, die an den Erfordernissen des Geschäftsverkehrs anknüpft, kann lediglich auf die Anerkennung der Rechtsfähigkeit geschlossen werden. Für das restliche Gesellschaftsstatut hätte dies keine Aussagekraft, da die reine Rechtsfähigkeit als Voraussetzung für die Teilnahme am Rechtsverkehr genügt.

Daher ist es zwar nicht ausgeschlossen, dass sich Kollisionsnormen aus dem Verhältnis zu Drittstaaten auch im Rahmen des FHSV auswirken können. Dies ist jedoch nur über die bereichspezifischen Meistbegünstigungsregelungen möglich. Wie sich im Folgenden zeigen wird, konzentriert sich die Untersuchung dabei auf die die Niederlassungsfreiheit regelnde Vorschrift des Art. VII Abs. I FHSV in Verbindung mit der entsprechenden Meistbegünstigungsregelung des Art. VII Abs. 4 FHSV. Denn im Bereich der durch den AEUV für die Mitgliedstaaten festgeschriebenen Niederlassungsfreiheit konkretisiert die Rechtsprechung des EuGH diese Freiheit zugunsten einer Anwendung der Gründungstheorie[541].

II. Unmittelbare Anwendung der europäischen Gründungstheorie

Erst während der letzten Jahre hat die Diskussion um die Frage der mittelbaren Erweiterung des Anwendungsbereiches des AEUV durch Nichtdiskriminierungsregelungen in völkerrechtlichen Verträgen ihren Anfang genommen[542]. Dabei wurde die Thematik insbesondere im Rahmen von steuerrechtlichen Fragestellungen behandelt[543]. Für die vorliegende Arbeit interessiert nun, vereinfacht ausgedrückt, ob die Verpflichtung Deutschlands aus Art. 49, 54 AEUV, im Bereich des internationalen Gesellschaftsrecht für Gesellschaften aus Mitgliedstaaten an den Ort der Gesellschaftsgründung anzuknüpfen, über die Meistbegünstigungsregelung im Zusammenhang mit der Vorschrift zur freien Niederlassung nach Art. VII Abs. 1, 4 FHSV für Gesellschaften des US-amerikanischen Vertragspartners Bedeutung entfaltet. Konkret handelt es sich um die Frage, ob US-amerikanische Gesellschaften in Deutschland im Rahmen ihrer freien Niederlassung genauso günstig behandelt werden müssen wie Gesellschaften aus

541 S. hierzu im Einzelnen nachfolgend unter C., II., 1., b.

542 So spricht *Schnitger* noch im Jahr 2002 von einer „stiefmütterlichen Behandlung" des Themengebiets, IStR 2002, 711, 714.

543 S. nur *Schnitger*, IStR 2002, 711; *Hahn*, BB 2005, 521 ff.

Mitgliedstaaten und ob dies in der Folge zu einer zwingenden Anwendung der Gründungstheorie für das gesamte Gesellschaftsstatut führt.

Dies hängt von einer ganzen Reihe von Voraussetzungen ab. So muss die Niederlassungsfreiheit aus Art. 49, 54 AEUV auch tatsächlich für den durch Art. XXV Abs. 5 S. 2 FHSV noch ungeregelten Kollisionsbereich eine Anknüpfung an den Gründungsort bereithalten. Da die Kollisionsregelung nur aus der Niederlassungsfreiheit der Art. 49, 54 AEUV durch die Gerichte abgeleitet wird, bedarf es insoweit einer Auslegung der entsprechenden EuGH-Rechtsprechung. Weiterhin darf die Anwendung europäischer Regelungen zur Niederlassungsfreiheit auf US-amerikanische Gesellschaften weder im Widerspruch zum AEUV noch zum FHSV stehen. Beide Verträge könnten jedoch einen entsprechenden Ausschluss enthalten. Schließlich müssten die Voraussetzungen im engeren Sinn, nämlich die Tatbestandsvoraussetzungen der Meistbegünstigungsklausel selbst, erfüllt sein. Hierfür ist vor allem zu untersuchen, ob die Voraussetzungen von Mitgliedsstaaten-Gesellschaften und US-amerikanischen Gesellschaften „gleichartig" sind und ob es sich bei der Anwendung der EuGH-Rechtsprechung durch die deutschen Gerichte um die „Gewährung von Vorteilen" gegenüber Drittstaaten i. S. d. FHSV handelt.

1. Unmittelbare Anwendbarkeit der unionsrechtlichen Gründungstheorie und Anwendungsumfang im Rahmen der Meistbegünstigung

a. Niederlassungsfreiheit des Art. VII Abs. 1 FHSV

Die Vorschrift des Art. VII Abs. 1 FHSV[544] wird ganz überwiegend als eine die Niederlassungsfreiheit regelnde Vorschrift verstanden[545]. Bereits die Regelung, dass eine Gesellschaft sich auf dem Gebiet des anderen Vertragsteils geschäftlich

---

544 Art. VII Abs. 1 FHSV lautet: *„Den Staatsangehörigen und Gesellschaften jedes Vertragsteils wird in dem Gebiet des anderen Vertragsteils Inländerbehandlung hinsichtlich der Ausübung jeder Art von geschäftlicher, industrieller, finanzieller oder sonstiger gegen Entgelt vorgenommenen Tätigkeit gewährt. […] Dementsprechend dürfen diese Staatsangehörigen und Gesellschaften innerhalb des genannten Gebiets a) Zweigstellen, Vertretungen, Büros, Fabriken und andere zur Führung ihrer Geschäfte geeignete Betriebe errichten und unterhalten, b) nach dem Gesellschaftsrecht des anderen Vertragsteils Gesellschaften gründen und Mehrheitsbeteiligungen an Gesellschaften des anderen Vertragsteils erwerben, c) von ihnen errichtete oder erworbene Unternehmen kontrollieren und leiten. […].“*

545 *Bungert*, DB 2003, 1043, 1044; *Ebke* in FS Hay, S. 119, 131; BFH, Urt. v. 29. Januar .2003 - I R 6/99.

betätigen darf, soll dabei das Recht zur freien Niederlassung darstellen[546]. Dem entspricht auch eine Anmerkung des Leiters der handelspolitischen Abteilung des Auswärtigen Amtes zum Zeitpunkt des Vertragsschlusses, der in Bezug auf den FHSV von „*Grundrechten der natürlichen und juristischen Personen des einen Landes im Gebiet des anderen Landes*" und der auf Grundlage der Meistbegünstigung erfolgenden Regelung der „*wirtschaftlichen und kulturellen Betätigung [...] und sonstiger mit der Gewährung der Freizügigkeit im Gebiet der Vertragsstaaten zusammenhängenden Fragestellungen*" spricht[547].

Zum Teil wird die Niederlassungsfreiheit in Art. VII FHSV aber auch nur als Ausprägung der dort verankerten Rechte auf Inländerbehandlung und Meistbegünstigung und nicht als ein daneben eigenständig bestehendes Recht gesehen[548]. Art. VII Abs. 1 S. 1 FHSV legt nämlich in Hinsicht auf jede geschäftliche Tätigkeit Inländerbehandlung fest und dem erst nachgestellt wird das Recht in Art. VII Abs. 1 S. 3 FHSV formuliert, Betriebe auf dem Gebiet des anderen Vertragsteils zu errichten, dort Gesellschaften zu gründen oder solche Unternehmen zu kontrollieren. Tatsächlich versteht Art. VII Abs. 1 S. 3 FHSV die dort beschriebenen Rechte als Teil der Inländerbehandlung. Das Recht der fremden Gesellschaften aus Art. VII Abs. 1 S. 3 FHSV wird mit dem Wort „dementsprechend" eingeleitet und bezieht sich somit auf die Inländerbehandlungsvorschrift[549]. Dies steht jedoch nicht in Widerspruch zu der Annahme, dass es sich bei Art. VII Abs. 1 FHSV und insbesondere bei dessen Satz 3 um eine Regelung der Niederlassungsfreiheit handelt. Denn die Niederlassungsfreiheit soll generell die Inländerbehandlung von Staatsangehörigen und Gesellschaften im Gebiet des anderen Vertragsteils sichern[550]. Dabei ist es unerheblich in welcher Art und Weise sie in einen Staatsvertrag eingebracht wird.

b. Die Niederlassungsfreiheit nach Art. 49, 54 AEUV und ihre Bedeutung für das europäische Gesellschaftskollisionsrecht

Die Niederlassungsfreiheit für Staatsangehörige und Gesellschaften innerhalb der Europäischen Union ist in Art. 49, 54 AEUV geregelt. Nach Art. 49

---

546 *Beitzke*, FS Luther, S. 1, 11.

547 *von Maltzan*, Bulletin des Presse- und Informationsamtes, Nr. 217 (1954), S. 1979.

548 *Dammann*, RabelsZ 68 (2004), 607, 624 f.

549 So auch *Dammann*, RabelsZ 68 (2004), 607, 624 f.

550 BFH, Urt. v. 01. Oktober 2014 - II R 29/13; vgl. hierzu die sich anschließende Erörterung des Umfangs der Niederlassungsfreiheit i. S. d. Art. 49, 54 AEUV.

AEUV[551] ist die Beschränkung der freien Niederlassung von Staatsangehörigen eines Mitgliedstaates in einem anderen Mitgliedstaat sowie die Beschränkung der Gründung von beispielsweise Zweigniederlassungen in einem anderen Mitgliedstaat verboten. Art. 54 AEUV[552] erweitert den persönlichen Anwendungsbereich des Art. 49 AEUV um Gesellschaften und stellt diese den Staatsangehörigen als Anknüpfungspunkt der Niederlassungsfreiheit gleich[553]. Als Voraussetzungen werden die wirksame Gründung der Gesellschaft in einem Mitgliedstaat und das Vorliegen des satzungsmäßigen Sitzes, der Hauptniederlassung oder der Hauptverwaltung im Gebiet eines Mitgliedstaates normiert. Als Gesellschaften gelten laut der Definition des Art. 54 Abs. 2 AEUV alle Gesellschaften des bürgerlichen Rechts und des Handelsrechts sowie sonstige juristische Personen des öffentlichen und des Privatrechts. Allen gemein muss jedoch eine Teilnahme am Wirtschaftsleben sein, d. h. die Gesellschaft muss Erwerbszwecken dienen und ist insofern von ohne Gewinnerzielungsabsicht operierenden karitativen oder kulturellen Unternehmen abzugrenzen[554]. Eine zum Teil geforderte zusätzliche, ungeschriebene Voraussetzung in Form einer „tatsächlichen und dauerhaften Verbindung mit der Wirtschaft eines Mitgliedsstaates" besteht mangels vertraglicher Grundlage nicht und ist aufgrund der Verbindung durch das Erfordernis

---

551 Art. 49 AEUV:
„Die Beschränkungen der freien Niederlassung von Staatsangehörigen eines Mitgliedstaates im Hoheitsgebiet eines anderen Mitgliedstaates sind nach Maßgabe der folgenden Bestimmungen verboten. Das Gleiche gilt für Beschränkungen der Gründung von Agenturen, Zweigniederlassungen oder Tochtergesellschaften durch Angehörige eines Mitgliedstaates, die im Hoheitsgebiet eines Mitgliedstaates ansässig sind.
Vorbehaltlich des Kapitels über den Kapitalverkehr umfasst die Niederlassungsfreiheit die Aufnahme und Ausübung selbstständiger Erwerbstätigkeiten sowie die Gründung und Leitung von Unternehmen, insbesondere von Gesellschaften im Sinne des Artikels 54 Absatz 2, nach den Bestimmungen des Aufnahmestaats für seine eigenen Angehörigen."

552 Art. 54 AEUV:
„Für die Anwendung dieses Kapitels stehen die nach den Rechtsvorschriften eines Mitgliedstaates gegründeten Gesellschaften, die ihren satzungsmäßigen Sitz, ihre Hauptverwaltung oder ihre Hauptniederlassung innerhalb der Union haben, den natürlichen Personen gleich, die Angehörige der Mitgliedstaaten sind.
Als Gesellschaften gelten die Gesellschaften des bürgerlichen Rechts und des Handelsrechts einschließlich der Genossenschaften und die sonstigen juristischen Personen des öffentlichen und privaten Rechts mit Ausnahme derjenigen, die keinen Erwerbszweck verfolgen."

553 S. zum Charakter des Art. 54 AEUV als Verweisungsnorm auch *Forsthoff* in Grabitz/Hilf/Nettesheim, EU-Recht, AEUV, Art. 54, Rn. 18 f.

554 *Korte* in Calliess/Ruffert, EUV/AEUV, Art. 54, Rn. 9.

des satzungsmäßigen Sitzes bzw. der Hauptniederlassung oder -verwaltung in einem Mitgliedstaat auch nicht notwendig[555].

Inhaltlich gewährleistet die Niederlassungsfreiheit den Gesellschaften umfassende Mobilität im Gebiet der Europäischen Union[556]. Diskriminierende oder die Mobilität behindernde Wirkungen des nationalen Rechts der Mitgliedsstaaten sind verboten. Nach der *Gebhard*-Formel des EuGH sind solche Maßnahmen als beschränkend anzusehen, die die Niederlassung behindern oder weniger attraktiv machen[557]. Bei grenzüberschreitenden Sachverhalten kann es sowohl zu einer Behinderung durch Maßnahmen oder Regelungen des Herkunftsstaates der Gesellschaft in Form von Wegzugsbeschränkungen wie auch zu Diskriminierungen durch Zuzugsbeschränkungen im Staat der potentiellen Niederlassung kommen[558]. Dabei handelt es sich um jeweils eigenständig auf ihre Vereinbarkeit mit der Niederlassungsfreiheit zu prüfende Behinderungen.

Die Niederlassungsfreiheit hat ihre besondere Ausprägung durch eine Reihe von viel besprochenen EuGH-Entscheidungen erhalten, die sich auch auf das europäische Gesellschaftskollisionsrecht ausgewirkt haben. Aufgrund der unterschiedlichen kollisionsrechtlichen Anknüpfung des Gesellschaftsrechts in den Mitgliedstaaten, die zum Teil der Gründungs- und zum Teil der Sitztheorie folgen, konnte ursprünglich eine Sitzverlegung innerhalb der Europäischen Union unterschiedlichste Folgen einschließlich der Auflösung ihrer Rechtspersönlichkeit zur Folge haben. Der EuGH hat mit Blick auf diese Problematik in seiner Rechtsprechung keine eigene europäische Gesellschaftskollisionsnorm entwickelt, sondern lediglich festgestellt, wann das Ergebnis der Anwendung bestimmter nationaler Vorschriften gegen die Niederlassungsfreiheit verstößt. Diese Rechtsprechung ist als höchstrichterliche Auslegung der unionsrechtlichen Grundfreiheiten verbindlich für die Mitgliedstaaten, da die Grundfreiheiten des AEUV dem nationalen Recht der Mitgliedstaaten vorgehen[559]. Aus verschiedenen Entscheidungen hat

555 So *Bröhmer* in Calliess/Ruffert, EGV/EUV, AEUV, 4. Aufl., Art. 54, Rn. 7, während *Korte* in der nachfolgenden Auflage dies dann als notwendig erachtet, wenn eine Gesellschaft mit starkem Drittstaatenbezug nur über einen satzungsmäßigen Sitz in der Europäischen Union verfügt, *Korte* in Calliess/Ruffert, EUV/AEUV, Art. 54, Rn. 19.

556 *Forsthoff* in Grabitz/Hilf/Nettesheim, EU-Recht, AEUV, Art. 54, Rn. 46.

557 *EuGH*, Urt. v. 30. November 1995 - Rs. C-55/94, Gebhard, Slg. 1995 I-04165.

558 *Jung* in Schwarze/Becker/Hatje/Schoo, EU-Kommentar, AEUV, Art. 54, Rn. 23. Zum Teil wird auch die grenzüberschreitende Verschmelzung auf eine Gesellschaft anderer Rechtspersönlichkeit als eigene Gruppe behandelt, vgl. *Tiedje* in von der Groeben/Schwarze/Hatje, Europäisches Unionsrecht, AEUV, Art. 54, Rn. 49.

559 *EuGH*, Urt. v. 15. Juli 1964 - Rs. 6/64, Costa, Slg. 1964, 01141.

sich so herausgebildet, wie nationales Kollisionsrecht im Zusammenhang mit gemeinschaftsbezogenen Sachverhalten beschaffen sein muss, um nicht in seinen Wirkungen gegen EU-Recht zu verstoßen. Zur Herausarbeitung und Darstellung des Ergebnisses dieser stark differenzierenden und komplexen Rechtsprechung wird im Folgenden nur ein summarischer Überblick über die Leitentscheidungen des EuGHs und deren Rezeption in Schrifttum und Rechtsprechung gegeben.

aa. Daily Mail, Sevic, Cartesio und National Grid

Mit der Entscheidung des EuGH im Fall *Daily Mail*[560] im Jahr 1988 nahm die Diskussion um die Auswirkungen der Niederlassungsfreiheit auf solche Mitgliedstaaten, die kollisionsrechtlich der Sitztheorie folgen, ihren Anfang. Im Kern ging es hierbei allerdings um Wegzugsbeschränkungen in einem der Gründungstheorie folgenden Mitgliedstaat. Die in Großbritannien gegründete Gesellschaft wollte ihren Verwaltungssitz in die Niederlande verlegen. Nach britischem Recht machte dies jedoch die vorherige Genehmigung der Steuerbehörde erforderlich. Die dem EuGH vorgelegte Frage war, ob das Erfordernis des Genehmigungsverfahrens eine Beschränkung der Niederlassungsfreiheit in Form der Wegzugsbehinderung darstellt. Dies verneinte er und führte bei dieser Gelegenheit aus, dass die Möglichkeit der grenzüberschreitenden Verlegung eines Verwaltungssitzes in den jeweiligen Mitgliedstaaten unterschiedlich geregelt sei, durch die Bestimmungen der Niederlassungsfreiheit keine Regelung erfahre und diese Fragestellung grundsätzlich einer gesetzlichen Vorschrift bedürfe[561]. Das Urteil wurde seinerzeit viel diskutiert und als Entscheidung des EuGHs zugunsten der Sitztheorie verstanden. Zwar wendeten sowohl die Niederlande wie auch Großbritannien die Gründungstheorie an, jedoch wurde angenommen, dass die der Entscheidung zugrundeliegenden Erwägungen eine hypothetische Fallgestaltung mit einem

560 *EuGH*, Urt. v. 27. September 1988 - Rs. 81/87, Daily Mail, Slg. 1988, 5483.

561 *„Nach alledem betrachtet der EWG-Vertrag die Unterschiede, die die Rechtsordnungen der Mitgliedstaaten hinsichtlich der für ihre Gesellschaften erforderlichen Anknüpfung sowie der Möglichkeit und gegebenenfalls der Modalitäten einer Verlegung des satzungsmäßigen oder wahren Sitzes einer Gesellschaft nationalen Rechts von einem Mitgliedstaat in einen anderen aufweisen, als Probleme, die durch die Bestimmungen über die Niederlassungsfreiheit nicht gelöst sind, sondern einer Lösung im Wege der Rechtsetzung oder des Vertragsschlusses bedürfen; eine solche wurde jedoch noch nicht gefunden. Somit gewähren die Artikel 52 und 58 EWG-Vertrag den Gesellschaften nationalen Rechts kein Recht, den Sitz ihrer Geschäftsleitung unter Bewahrung ihrer Eigenschaft als Gesellschaften des Mitgliedstaates ihrer Gründung in einen anderen Mitgliedstaat zu verlegen.“*, *EuGH*, Urt. v. 27. September 1988 - Rs. 81/87, *Daily Mail*, Slg. 1988, 5483, Rn. 23 f.

der Sitztheorie folgenden Staat berücksichtigten. Denn während eine positive Entscheidung im Rahmen des *Daily Mail*-Sachverhalts unproblematisch zu einer Sitzverlegung unter Wahrung der Rechtspersönlichkeit der Gesellschaft geführt hätte, wäre die Anwendung eines solchen Urteils für die Frage des Wegzugs aus einem der Sitztheorie folgenden Staat wesentlich folgenschwerer gewesen[562].

In der zwanzig Jahre später folgenden Entscheidung *Cartesio*[563] hatte sich der EuGH wiederum mit Fragen eines Verstoßes gegen die Niederlassungsfreiheit durch nationales, den Wegzug einer Gesellschaft beschränkendes Recht eines Mitgliedstaates zu beschäftigen. Die Beantwortung dieser Frage und damit der Frage nach der fortgesetzten Gültigkeit der Wertungen von *Daily Mail* hatte er in der Entscheidung *Überseering* im Jahr 2008 noch zurückgestellt[564]. Die ungarische Kommanditgesellschaft Cartesio wollte ihren Hauptverwaltungssitz nach Italien verlegen und dort weiterhin unter ihrer ungarischen Rechtspersönlichkeit bestehen bleiben. Das ungarische Recht, das der Sitztheorie folgt, sah jedoch die Auflösung der Rechtspersönlichkeit einer Gesellschaft bei Wegzug vor. Die von Cartesio geforderte Eintragung des neuen, italienischen Hauptverwaltungssitzes in das Handelsregister verweigerte sie daher unter Berufung auf die ausschließliche Möglichkeit, Gesellschaften mit inländischem Verwaltungssitz einzutragen. Der Schlussantrag[565] des Generalsanwalts *Poiares Maduro*, der sich eingehend mit der Entwicklung der Rechtsprechung des EuGH zur Niederlassungsfreiheit beschäftigte, endete mit dem Aufruf, auch die Beschränkung von Wegzugsfällen durch die Sitztheorie als unvereinbar mit Gemeinschaftsrecht zu erklären: „*Art. 43 EG und 48 EG stehen nationalen Vorschriften entgegen, die eine nach nationalem Recht gegründete Gesellschaft daran hindern, ihren operativen Geschäftssitz in einen anderen Mitgliedstaat zu verlegen.*" Entgegen diesem Schlussantrag sowie den generellen Erwartungen in der Literatur[566] entschied der EuGH zu Lasten der Cartesio:

> Die Art. 43 EG und 48 EG sind beim gegenwärtigen Stand des Gemeinschaftsrechts dahin auszulegen, dass sie Rechtsvorschriften eines Mitgliedstaates nicht entgegenstehen, die es einer nach dem nationalen Recht dieses Mitgliedstaates gegründeten Gesellschaft verwehren, ihren Sitz in einen anderen Mitgliedstaat zu verlegen und dabei ihre Eigenschaft als Gesellschaft des nationalen Rechts des Mitgliedstaates, nach dessen Recht sie gegründet wurde, zu behalten.

562 *Tiedje* in von der Groeben/Schwarze/Hatje, Europäisches Unionsrecht, AEUV, Art. 54, Rn. 53.

563 *EuGH*, Urt. v. 16. Dezember 2008 - Rs. C-210/06, *Cartesio*, Slg. 2008, I-9641.

564 *Fleischer*, JZ 2008, 233, 235. Vgl. zu *Überseering* den nachfolgenden Unterabschnitt.

565 Schlussanträge des Generalanwalts *Poiares Maduro* vom 22. Mai 2005 in der Rs. C-210/06, *Cartesio*, Slg. 2008, I-09641.

566 Z. B. *Leible/Hoffmann*, BB 2009, 58 ff.

In klaren Worten führte der EuGH aus, dass der Herkunftsstaat nicht nur über die Anknüpfung einer Gesellschaft, die er für deren wirksame Gründung auf seinem Staatsgebiet für notwendig erachtet, bestimmen dürfe, sondern auch über solch eine Anknüpfung, die er für den Erhalt der Eigenschaft als wirksam gegründete Gesellschaft beschließe[567]. Im Ergebnis toleriert der EuGH damit die durch die Sitztheorie verursachte Wegzugsbeschränkung der Niederlassungsfreiheit[568]. Dies ist in der Literatur verstärkt auf Kritik gestoßen[569]. So ist beispielsweise die Ausführung, dass die Anwendbarkeit der Niederlassungsfreiheit von der vorgelagerten und somit nach nationalem Recht zu beurteilenden Existenz einer Gesellschaft notwendig abhinge und daher auf solche Regelungen keine Anwendung finden könne, auch aufgrund der anderweitigen Wertung für Staatsangehörige, deren Status ihnen nicht ohne weiteres von ihrem Herkunftsstaat aberkannt werden kann, auf Ablehnung gestoßen[570]. Auch die Differenzierung zwischen Zuzugs- und Wegzugssachverhalten wird als nicht vereinbar mit den Wertungen der Niederlassungsfreiheit und einigen Entscheidungen des EuGHs kritisiert. Dennoch ist als Fazit festzuhalten, dass die Niederlassungsfreiheit im Bereich einer Gesellschaft, die Deutschland als Herkunftsstaat verlässt und ihren Hauptverwaltungssitz in einen anderen Mitgliedsstaat verlegt, der Anwendung der Sitztheorie auf diese Gesellschaft nach derzeitigem Stand der Rechtsprechung nicht entgegensteht.

Die in *Cartesio* getroffenen Aussagen hat der EuGH schließlich auch im Jahr 2011 in der Entscheidung *National Grid*[571] bestätigt. Die National Grid Indus B.V., eine Kapitalgesellschaft nach niederländischem Recht, verlegte

567 *„Ein Mitgliedstaat kann somit sowohl die Anknüpfung bestimmen, die eine Gesellschaft aufweisen muss, um als nach seinem innerstaatlichen Recht gegründet angesehen werden und damit in den Genuss der Niederlassungsfreiheit gelangen zu können, als auch die Anknüpfung, die für den Erhalt dieser Eigenschaft verlangt wird. Diese Befugnis umfasst die Möglichkeit für diesen Mitgliedstaat, es einer Gesellschaft seines nationalen Rechts nicht zu gestatten, diese Eigenschaft zu behalten, wenn sie sich durch die Verlegung ihres Sitzes in einen anderen Mitgliedstaat dort neu organisieren möchte und damit die Anknüpfung löst, die das nationale Recht des GründungsMitgliedstaates vorsieht.", EuGH,* Urt. v. 16. Dezember 2008 - Rs. C-210/06, Cartesio, Slg. 2008, I-9641, Rn. 110.

568 Nur für den Fall gleichzeitiger Verlegung des satzungsmäßigen und des Hauptverwaltungssitzes lässt der EuGH in Cartesio eine Ausnahme hiervon zu, *EuGH*, Urt. v. 16. Dezember 2008 - Rs. C-210/06, Cartesio, Slg. 2008, I-9641, Rn. 111 ff.

569 S. z. B. *Forsthoff* in Grabitz/Hilf/Nettesheim, EU-Recht, AEUV, Art. 54, Rn. 50.

570 Vgl. hierzu bspw. *Jung* in Schwarze/Becker/Hatje/Schoo, EU-Kommentar, AEUV, Art. 54, Rn. 38 f.

571 *EuGH*, Urt. v. 29. November 2011 - Rs. C-371/10, National Grid Indus BV, Slg. 2011, I-12273.

ihren Verwaltungssitz nach Großbritannien, um einer Besteuerung erheblicher Gewinne zu entgehen. Der niederländische Fiskus beschied daraufhin aufgrund niederländischer Steuervorschriften die sofortige Versteuerung der stillen Reserven der Gesellschaft. Auch hier handelte es sich somit um die Beschränkung des Wegzugs einer Gesellschaft, wobei allerdings das niederländische Recht den Fortbestand der National Grid als Rechtspersönlichkeit niederländischen Rechts in Großbritannien anerkannte und lediglich an die wirksame Verlegung bestimmte Rechtsfolgen knüpfte. Der EuGH urteilte, dass die Beschränkung durch das niederländische Recht tatsächlich einen Verstoß gegen die Niederlassungsfreiheit darstellt und nur bei einer Rechtfertigung, die im Fall der National Grid aufgrund der Unverhältnismäßigkeit der Steuervorschrift nicht festgestellt wurde, Bestand hätte. Obwohl hier also eine Wegzugsbeschränkung dem Anwendungsbereich der Niederlassungsfreiheit unterfiel, beharrte der EuGH gleichzeitig auf seiner *Cartesio*-Rechtsprechung, nach der die Verhinderung einer Sitzverlegung durch den Herkunftsstaat nicht vom Anwendungsbereich der Niederlassungsfreiheit umfasst ist. Er zitierte sowohl seine Entscheidung in *Daily Mail* wie auch in *Cartesio* mit dem Inhalt, dass nur die einzelnen Mitgliedstaaten berechtigt seien, über die wirksame Gründung und die Anforderungen an einen Fortbestand der auf ihrem Staatsgebiet gegründeten Gesellschaften zu entscheiden, weil die Existenz von Gesellschaften eine Vorfrage zur Anwendbarkeit der Niederlassungsfreiheit sei[572]. Da im Fall der National Grid Indus B.V. der Fortbestand der

572 *„In Ermangelung einer einheitlichen unionsrechtlichen Definition der Gesellschaften, denen die Niederlassungsfreiheit zugutekommt, anhand eines einheitlichen Anknüpfungskriteriums, nach dem sich das auf eine Gesellschaft anwendbare Recht bestimmt, ist die Frage, ob Art. 49 AEUV auf eine Gesellschaft anwendbar ist, die sich auf die dort verankerte Niederlassungsfreiheit beruft, ebenso wie im Übrigen die Frage, ob eine natürliche Person ein Staatsangehöriger eines Mitgliedstaates ist und sich aus diesem Grund auf diese Freiheit berufen kann, daher eine Vorfrage, die beim gegenwärtigen Stand des Unionsrechts nur nach dem anwendbaren nationalen Recht beantwortet werden kann. Nur wenn die Prüfung ergibt, dass dieser Gesellschaft in Anbetracht der in Art. 54 AEUV genannten Voraussetzungen tatsächlich die Niederlassungsfreiheit zugutekommt, stellt sich die Frage, ob sich die Gesellschaft einer Beschränkung dieser Freiheit im Sinne des Art. 49 AEUV gegenübersieht (vgl. Urteile Daily Mail and General Trust, Randnrn. 19 bis 23, vom 05. November 2002, Überseering, C-208/00, Slg. 2002, I-9919, Randnrn. 67 bis 70, sowie Cartesio, Randnr. 109). Ein Mitgliedstaat kann somit sowohl die Anknüpfung bestimmen, die eine Gesellschaft aufweisen muss, um als nach seinem innerstaatlichen Recht gegründet angesehen werden und damit in den Genuss der Niederlassungsfreiheit gelangen zu können, als auch die Anknüpfung, die für den Erhalt dieser Eigenschaft verlangt wird (Urteil Cartesio, Randnr. 110).", EuGH,* Urt. v. 29. November 2011 - Rs. C-371/10, National Grid Indus BV, Slg. 2011, I-12273, Rn. 26 f.

Gesellschaft aufgrund der der Gründungstheorie folgenden Niederlande anerkannt war, zeigte sich auch der Anwendungsbereich der Niederlassungsfreiheit insoweit als eröffnet. Dies führt zu dem merkwürdig anmutenden Ergebnis, dass ein Mitgliedstaat zwar den Wegzug seiner Gesellschaften ohne Notwendigkeit einer Rechtfertigung verhindern kann, dass aber bei Gestattung des Wegzugs jede hieran Rechtsfolgen anknüpfende und möglicherweise beschränkende Vorschrift einer Rechtfertigung bedarf[573].

Für kollisionsrechtliche Regelungen in Deutschland lässt sich hieraus entnehmen, dass eine Anwendung der Sitztheorie auf wegziehende Gesellschaften nach der Rechtsprechung des EuGHs nach wie vor nicht gegen die Art. 49, 54 AEUV verstößt und auch keiner Rechtfertigung bedarf.

bb. Centros, Überseering und Inspire Art

Den Entscheidungen *Centros*, *Überseering* und *Inspire Art* lagen im Gegensatz zu *Daily Mail*, *Cartesio* und *National Grid* Zuzugsfälle zugrunde. In *Centros*[574] wurde im Bereich der sekundären Niederlassungsfreiheit über einen Sachverhalt entschieden, in dem eine britische Kapitalgesellschaft von Dänen gegründet wurde, die sodann die Eintragung einer Zweitniederlassung für die Führung der Geschäftstätigkeit dieser Gesellschaft in Dänemark beantragten. Die Eintragung wurde ihnen mit der Begründung verweigert, dass sie nicht die in Dänemark vorgeschriebenen Mindestanforderungen an das Gesellschaftskapital erfüllen würden. Da die Gesellschaft beabsichtige ausschließlich in Dänemark geschäftlich tätig zu sein, läge tatsächlich eine Hauptniederlassung in Dänemark vor. Der EuGH urteilte in dieser Sache zu Gunsten der Gesellschaft, dass die Verweigerung der Eintragung der Zweitniederlassung mit Verweis auf nationale Mindestkapitalanforderungen gegen die europäische Niederlassungsfreiheit verstoße. Bemerkenswert war an der Entscheidung des EuGHs, dass der Umstand einer Umgehung der strengeren Gründungsvoraussetzungen eines Mitgliedstaates durch Gründung in einem anderen Mitgliedstaat mit anschließender Zweitniederlassung im ursprünglichen Staat keinen Anlass dazu gab, den Anwendungsbereich der Niederlassungsfreiheit zu beschränken. Eine direkte Konsequenz für nationale Kollisionsregeln konnte dieser Entscheidung, wiewohl diskutiert, jedoch nicht unmittelbar entnommen werden[575].

---

573 *Bergmann*, ZEuS 2012, 233, 244; *Mörsdorf*, EuZW 2012, 296, 298.

574 *EuGH*, Urt. v. 09. März 1999 - C-212/97, *Centros*, Slg. 1999, I-01459.

575 *Kindler* in MüKo, IntGesR, Rn. 120 m. w. N.

In dem der *Überseering*-Entscheidung[576] zugrunde liegenden Sachverhalt verlegte die niederländische Überseering B.V. ihren Hauptverwaltungssitz nach Deutschland und verklagte dort später eine deutsche Gesellschaft. Da Deutschland der Sitztheorie folgt, hätte der Überseering B.V. mangels wirksamer Gründung und Eintragung am Ort ihres Hauptverwaltungssitzes, nämlich zu diesem Zeitpunkt Deutschland, die Rechts- und damit auch die Parteifähigkeit abgesprochen werden können[577]. Die Klage der Überseering wäre somit mangels Parteifähigkeit unzulässig gewesen. Der BGH legte dem EuGH die Frage vor, ob die Anwendung der Sitztheorie mit dem Ergebnis der Nichtanerkennung der Rechts- und Parteifähigkeit mit der Niederlassungsfreiheit vereinbar sei. Dieser urteilte daraufhin, dass die Niederlassungsfreiheit alle Mitgliedstaaten verpflichte, die in anderen Mitgliedstaaten gegründeten Gesellschaften als rechts- und parteifähig anzuerkennen, selbst wenn diese ihren effektiven Verwaltungssitz in einen Mitgliedsstaat verlegten, der der Sitztheorie anhängt. Dies schlussfolgerte er aus dem Umstand, dass andererseits die Niederlassungsfreiheit aufgehoben würde:

> Ihre Existenz hängt sogar untrennbar mit ihrer Eigenschaft als Gesellschaft niederländischen Rechts zusammen, da eine Gesellschaft, wie bereits ausgeführt wurde, jenseits der nationalen Rechtsordnung, die ihre Gründung und ihre Existenz regelt, keine Realität hat […]. Das Erfordernis, dieselbe Gesellschaft in Deutschland neu zu gründen, kommt daher der Negierung der Niederlassungsfreiheit gleich.[578]

Weiterhin stellte der EuGH fest, dass die von Deutschland zur Begründung der Sitztheorie vorgebrachten Argumente, wie beispielsweise Gründe des Gläubigerschutzes, eine solch weitgehende Einschränkung der Niederlassungsfreiheit nicht rechtfertigen können. Da die Niederlande der Gesellschaft auch nach ihrem Wegzug noch Rechtspersönlichkeit zuerkenne, müsse Deutschland diese Existenz respektieren. Die Sitztheorie wurde damit im Rahmen von Zuzugsfällen für nicht vereinbar mit der unionsrechtlichen Niederlassungsfreiheit erklärt. Nach überwiegender Auffassung begründet daher das *Überseering*-Urteil die Pflicht der Annahme der Gründungstheorie durch Deutschland für den Bereich der

---

576 *EuGH*, Urt. v. 05. November 2002 - Rs. C-208/00, *Überseering*, Slg. 2002, I-9919.

577 Allerdings hätte ihr die Rechts- und Parteifähigkeit als OHG oder GbR zuerkannt werden müssen, vgl. *BGH*, Urt. v. 29. Januar 2001 – II ZR 331/00.

578 EuGH, Urt. v. 05. November 2002 - Rs. C-208/00, *Überseering*, Slg. 2002, I-9919, Rn. 81.

Europäischen Union[579]. Streitig blieb dabei allerdings, ob eine solche Hinwendung zur Gründungstheorie aus einem Verständnis der Art. 49, 54 AEUV als höherrangiger Kollisionsnorm oder aus einer entsprechenden Ausstrahlung der Niederlassungsfreiheit auf das mitgliedstaatliche Kollisionsrecht gezogen werden sollte und ob die Gründungstheorie nur für die in *Überseering* diskutierte Rechts- und Parteifähigkeit oder für das gesamte Gesellschaftsstatut gelten solle.

Gespaltene Auffassungen, insbesondere mit Blick auf die Aussagekraft für eine Fortführung der *Überseering*-Rechtsprechung, hat auch das nachfolgende EuGH-Urteil *Inspire Art*[580] provoziert. Auch in dieser Entscheidung stand, ganz wie bei *Centros*, das sekundäre Niederlassungsrecht im Vordergrund. Und wiederum ging es um eine in Großbritannien gegründete Gesellschaft, die die Eintragung einer Zweitniederlassung in den Niederladen beantragte, um dort ihre gesamte Geschäftstätigkeit auszuüben. Diesmal gestatteten die niederländischen Vorschriften zwar eine solche Eintragung, machten diese jedoch von der Erfüllung besonderer Offenlegungspflichten und Mindestkapitalvoraussetzungen für sog. formal ausländische Gesellschaften abhängig. Der EuGH sah hierin einen Verstoß gegen die Niederlassungsfreiheit. Er führte unter Verweis auf *Centros* aus, dass die Niederlassungsfreiheit auch das Recht umfasse, zur Umgehung der Gründungsvoraussetzungen eines Mitgliedstaates eine Gesellschaft in einem anderen Mitgliedstaat zu gründen und dann über eine Zweitniederlassung im Gebiet des ersten Mitgliedstaates seine Geschäfte ausschließlich dort zu führen. Die Vorschriften des niederländischen Rechts für formal ausländische Gesellschaften stellten keineswegs nur administrative Regelungen dar, sondern würden die allgemein geltenden niederländischen Gründungsvoraussetzungen auch auf Zweitniederlassungen zu übertragen versuchen. Eine Rechtfertigung kam aus den insbesondere bereits in *Centros* genannten Gründen nicht in Betracht[581].

Teilweise wird in der Entscheidung lediglich die Fortführung der *Centros*-Rechtsprechung gesehen[582]. Eine weit verbreitete Auffassung wiederum sieht in dem EuGH-Urteil bestätigt, dass die Niederlassungsfreiheit die Anwendung der

579 *Altmeppen*, NJW 2004, 97; 100; *Behrens*, IPRax 2003, 193, 200 f.; *Bergmann*, ZEuS 2012, 233, 236 f.; *Eidenmüller*, ZIP 2002, 2233, 2238; *Leible/Hoffmann*, ZIP 2003, 925, 926 und RIW 2002, 925, 928 f.; a. A. *Kindler* in MüKo, IntGesR, Rn. 123.

580 EuGH, Urt. v. 30. September 2003 - Rs. C-167/01, *Inspire Art*, Slg. 2003, I-10155.

581 S. insbesondere für die Anwendung des 4-Stufen-Tests die Rn. 133 ff., *EuGH*, Urt. v. 30. September 2003 - Rs. C-167/01, *Inspire Art*, Slg. 2003, I-10155.

582 *Kindler* in Müko, IntGesR, Rn. 125.

Gründungstheorie für das gesamte Gesellschaftsstatut zur Folge hat[583]. Der EuGH führt in *Inspire Art* nämlich nicht nur aus, dass die Zweitniederlassung einer in einem anderen Mitgliedstaat gegründeten Gesellschaft anzuerkennen ist. Er legt vielmehr weiterhin dar, dass auch darüber hinausgehende Vorschriften des Aufnahmestaates in Form von Sonderanknüpfungen zur Durchsetzung inländischer Gläubigerschutzbestimmungen eine beschränkende Wirkung haben, wenn sie das Gründungsrecht überlagern[584].

Hierin wird in der Literatur eine Parallele zur Sitztheorie und den darüber zur Anwendung gelangenden Normen deutschen Gesellschaftsrechts auf Gesellschaften gesehen, die nach dem Recht eines Mitgliedstaates gegründet sind, aber ihren Verwaltungssitz nach Deutschland verlegt haben. Denn seit der *Überseering*-Entscheidung müssen solche Gesellschaften zweifellos als rechtsfähig anerkannt werden. Die über die Sitztheorie veranlasste Anwendung deutschen Gesellschaftsrechts auf das restliche Gesellschaftsstatut käme aber nach Auffassung vieler den sonderanknüpfenden Vorschriften der Niederlande in *Inspire Art* gleich. Nach überwiegender Ansicht soll daher aus der EuGH-Rechtsprechung zu *Inspire Art* folgen, dass die Niederlassungsfreiheit eine Anwendung der Gründungstheorie für das gesamte Gesellschaftsstatut gebietet. Dabei ist nach wohl mehrheitlicher Ansicht die Gründungstheorie nicht in Form einer unionsrechtlichen Kollisionsnorm zur Anwendung berufen, sondern das Anwendungsergebnis nationalen Rechts darf lediglich keine die Niederlassungsfreiheit beschränkende Wirkung haben[585].

Im Ergebnis wird dies für Deutschland als notwendiger Umschwung zur Gründungstheorie im Bereich des Gesellschaftsstatuts verstanden, da dem Gebot der Niederlassungsfreiheit in seiner Konkretisierung durch den EuGH anders kaum nachgekommen werden kann[586].

cc. Vale

Bei der Entscheidung *Vale*[587] handelt es sich um das letzte bedeutendere Urteil des EuGH zur Niederlassungsfreiheit. Im Fokus stand hier allerdings kein klassischer Zuzugs- oder Wegzugsfall, sondern eine grenzüberschreitende Umwandlung einer italienischen Gesellschaft in eine ungarische Gesellschaft unter Auswechslung

583 *Balthasar*, RIW 2009, 221, 222; *Bergmann*, ZEuS 2012, 233, 245; *Leible/Hoffmann*, EuZW 2003, 677, 681; *Zimmer*, NJW 2003, 3585, 3586 f., 3591.
584 *Leible/Hoffmann*, EuZW 2003, 677, 681.
585 *Forsthoff* in Grabitz/Hilf/Nettesheim, EU-Recht, AEUV, Art. 54, Rn. 36.
586 *Forsthoff* in Grabitz/Hilf/Nettesheim, EU-Recht, AEUV, Art. 54, Rn. 37.
587 *EuGH*, Urt. v. 12. Juli 2012 - Rs. C-378/10, *Vale*, NJW 2012, 2715.

der Gesellschaftsform bei Beibehaltung der Rechtspersönlichkeit. Das Recht des italienischen Herkunftsstaates gestattete eine solche Umwandlung, das ungarische Recht des Aufnahmestaates sah einen solchen Vorgang jedoch nur für Gesellschaften mit inländischem Sitz vor. Der EuGH sah hier unter anderem Ähnlichkeiten zu der Situation einer grenzüberschreitenden Verschmelzung[588] und verstand die ungarischen Vorschriften als Verstoß gegen die Niederlassungsfreiheit. Gleichzeitig stellte er fest, dass aber nur dann der Anwendungsbereich der Niederlassungsfreiheit eröffnet sei, wenn sich die Gesellschaft auch tatsächlich in dem anderen Mitgliedstaat niederlassen, d. h. eine tatsächlich wirtschaftliche Tätigkeit auf unbestimmte Zeit mittels einer festen Einrichtung ausüben wolle[589].

Teilweise wurde aufgrund dieser Entscheidung, die letztlich einen Zuzugsfall behandelt, die Frage aufgeworfen, ob *Vale* und das Kriterium der Geschäftstätigkeit nicht auch auf Zuzugsfälle i. S. v. *Centros*, *Überseering* und *Inspire Art* anzuwenden sein könnte[590]. Die bisherige aus *Überseering* und *Inspire Art* gewonnene Auslegung der Niederlassungsfreiheit würde dann insofern einschränkt, als dann jedenfalls in dem Herkunftsstaat eine wesentliche Geschäftstätigkeit der Gesellschaft verbleiben müsste. Faktisch soll daher die Sitzverlegung als eine Sitztrennung die Gesellschaft der Niederlassungsfreiheit „berauben"[591]. Diese Auffassung ist jedoch zu Recht auf Kritik gestoßen[592]. Denn die Entscheidung *Vale* behandelt den Fall der Verlegung des satzungsmäßigen Sitzes und gerade nicht den Fall der Verlegung des Hauptsverwaltungssitzes. Im Rahmen der Neugründung einer Gesellschaft werden den Herkunftsstaaten regelmäßig, vergleicht

---

588 Im Jahr 2005 war bereits in der Rechtssache *Sevic* durch den EuGH entschieden worden, dass die grenzüberschreitende Verschmelzung einer Gesellschaft auf eine andere Gesellschaft in einem anderen Mitgliedstaat unter Aufgabe der alten Rechtspersönlichkeit nicht mit dem Wegzug einer Gesellschaft zu vergleichen sei und jedenfalls unter die Niederlassungsfreiheit falle. Dies müsse sowohl für den Fall einer inländischen Gesellschaft, die sich auf eine ausländische Gesellschaft verschmilzt, als auch für den umgekehrten Fall der Verschmelzung einer ausländischen auf eine inländische Gesellschaft gelten. Soweit das deutsche durch die Sitztheorie geprägte Erfordernis eines in Deutschland gelegenen Verwaltungssitzes beider zu verschmelzender Gesellschaften einer Verschmelzung entgegenstand, stellte es daher eine Beschränkung der Niederlassungsfreiheit dar, EuGH, Urt. v. 13.12.2005 - Rs. C-411/03, *Sevic*, Slg. 2005, I10805.

589 EuGH, Urt. v. 12. Juli 2012 - Rs. C-378/10, *Vale*, Rn. 34, NJW 2012, 2715.

590 *Böttcher/Kraft*, NJW 2012, 2701, 2703; *Kindler*, EuZW 2012, 888, 892.

591 *Kindler*, EuZW 2012, 888, 892.

592 *Drygala*, EuZW 2013, 569, 572 f.; *Tiedje* in von der Groeben/Schwarze/Hatje, Europäisches Unionsrecht, AEUV, Art. 54, Rn. 73.

man die Wertungen aus *Daily Mail* und *Cartesio*, weitergehendere Befugnisse zugestanden als in Bezug auf die Anerkennung einer bereits nach dem Recht eines anderen Mitgliedstaates gegründeten Gesellschaft[593]. Zudem stellt der EuGH auf die geschäftliche Betätigung im Aufnahmestaat und nicht auf die Betätigung im Herkunftsstaat ab. Der *Vale*-Entscheidung des EuGHs kann daher keine die kollisionsrechtlichen Implikationen von *Überseering* und *Inspire Art* einschränkende Wirkung zukommen.

dd. Zwischenergebnis

Im Ergebnis zeigt sich, dass die Rechtsprechung des EuGHs zu Gehalt und Umfang der Niederlassungsfreiheit nach Fallgruppen ausdifferenziert und zudem auch weiterhin noch in der Entwicklung begriffen ist. Gerade die Unterscheidungen zwischen primärer und sekundärer Niederlassungsfreiheit sowie Zuzugs- und Wegzugsbeschränkungen lassen Spielraum für verschiedenartige Interpretationen der kollisionsrechtlichen Implikationen der EuGH-Entscheidungen. Mehrheitlich hat sich jedoch im deutschen Schrifttum und in der nationalen Rechtsprechung für den Bereich der Zuzugsfälle die Auffassung durchgesetzt, dass nur die Anwendung der Gründungstheorie für das Gesellschaftsstatut von Gesellschaften, die ihren Verwaltungssitz nach Deutschland verlegen, den Geboten der in Art. 49, 54 AEUV verankerten Niederlassungsfreiheit gerecht wird[594]. Sollten US-amerikanische Gesellschaften daher über eine Meistbegünstigungsregelung einen Anspruch auf gleichgünstige Behandlung mit EU-Auslandsgesellschaften haben, so würden auch sie im Fall der Sitzverlegung nach Deutschland der Gründungstheorie unterfallen. Für eine solche Anwendbarkeit im Rahmen meistbegünstigender Behandlung ist es unerheblich, auf welcher dogmatischen Begründung die Anwendung der Gründungstheorie konkret beruht. In diesem Zusammenhang sind allein deren Ableitung aus der Niederlassungsfreiheit und die tatsächliche Anwendung durch den deutschen Staat von Belang.

---

593 *Drygala*, EuZW 2013, 569, 573.

594 BGH, Urt. v. 13. März 2003 - VII ZR 370/98; BGH, Urt. v. 14. März 2005 - II ZR 5/03; *Bergmann*, ZEuS 2012, 233, 245; *Forsthoff* in Grabitz/Hilf/Nettesheim, EU-Recht, AEUV, Art. 54, Rn. 37; *v. Hein* in MüKo, 7. Aufl., Bd. 11, EGBGB, Art. 3, Rn. 93 ff.; *Mäsch* in BeckOK, BGB, EGBGB, Art. 12, Anh. II, Rn. 65 m. w. N. *Ulmer*, NJW 2004, 1201, 1209; *Weller*, IPRax 2003, 324, 328; *Behrens*, IPRax 2003, 193 f. und IPRax 2004, 20, 25.

c. *Ausschluss durch FHSV*

Auch wenn es grundsätzlich möglich sein kann, über Meistbegünstigungsregelungen in bestimmten Fällen Regeln zwischen Deutschland und Drittstaaten auf das Verhältnis zwischen Deutschland und den USA anzuwenden und auch wenn es richtig ist, dass die Niederlassungsfreiheit der Art. 49, 54 AEUV eine Anknüpfung des Gesellschaftsstatuts an den Ort der Gesellschaftsgründung vorsieht, so muss doch in jedem Fall vor der Prüfung der Voraussetzungen der Meistbegünstigungsvorschrift des Art. VII Abs. 4 FHSV untersucht werden, ob nicht der FHSV selbst eine solche Anwendung ausschließt. Dabei könnte sich ein solcher Ausschluss nicht auf Meistbegünstigungsvorschriften an sich beziehen, denn diese stellen gerade einen der Grundsätze dar, auf denen der Vertrag aufbaut. Vielmehr fragt es sich, ob der FHSV Ausschlussregelungen für den Bereich des Kollisionsrechts bereithält. Zudem könnte auch ein Vorbehalt mit Blick auf die Besonderheiten der Art. 49, 54 AEUV als Gemeinschaftsrecht formuliert sein.

aa. *Art. XXV Abs. 5 S. 2 FHSV als lex specialis*

Teilweise wird immer dann ein Rückgriff auf Meistbegünstigungsregeln zum Zweck der Regelung des Gesellschaftskollisionsrechts abgelehnt, wenn bereits eine Kollisionsvorschrift innerhalb des Staatsvertrages festgeschrieben ist[595]. So soll eine Anwendung der Gründungstheorie als Gesellschaftskollisionsvorschrift nicht in Betracht kommen, wenn der Staatsvertrag die Anerkennung an den Ort des effektiven Sitzes anknüpft. Denn dann liege diese Anknüpfung an den Gründungsort offensichtlich nicht im Interesse der Parteien und sei insofern auch nicht „günstiger" für die anzuerkennende Gesellschaft. Gleichermaßen soll der Meistbegünstigung dann keine Bedeutung zukommen, wenn der Vertrag bereits die Anwendung der Gründungstheorie vorsieht.

In beiden Punkten kann dieser Auffassung nicht zugestimmt werden. So ist zunächst zwischen der staatsvertraglichen Anknüpfung des Gesellschaftsstatuts und der des Rechts-, Geschäfts- und Handlungsfähigkeitsstatuts zu unterscheiden. Enthält der Staatsvertrag, wie im vorliegenden Fall, nur eine kollisionsrechtliche Vorschrift für das Rechts-, Geschäfts- und Handlungsfähigkeitsstatut, kann in dieser Regelung selbstverständlich kein *lex specialis* in Bezug auf das restliche Gesellschaftsstatut liegen. Dieses wurde gerade bewusst von einer kollisionsrechtlichen Regelung innerhalb des Vertrages ausgeschlossen und kann daher auch grundsätzlich über Meistbegünstigungsregelungen unabhängig angeknüpft werden. In gleicher Weise kann auch die teilweise Verweisung auf das Recht des

595 *Eidenmüller*, Ausländische Kapitalgesellschaften, § 2, Rn. 25 f.

Inkorporationsstaates erst recht nicht die Anwendung des Gründungsrechts über Meistbegünstigungsregelungen für das restliche Gesellschaftsstatut ausschließen.

Aber selbst wenn das gesamte Personalstatut einer Gesellschaft kollisionsrechtlich geregelt wäre, so würde auch dies nicht eine Einbeziehung fremder Anerkennungsregeln über den Meistbegünstigungsgrundsatz unmöglich machen. Der *lex specialis*-Grundsatz kann nicht dazu führen, dass Meistbegünstigungsvorschriften außer Kraft gesetzt werden. Es entspricht nämlich gerade dem *telos* einer Meistbegünstigungsklausel dann einzugreifen, wenn der Staatsvertrag selbst bereits thematisch ähnliche Regelungen enthält. Der Meistbegünstigungsgrundsatz stellt keinen Auffangtatbestand dar, der dazu gedacht ist, vertragliche Lücken zu schließen. Vielmehr soll er die Benachteiligung der Vertragspartner im Vergleich zu Drittstaaten verhindern. Existieren daher günstigere Regelungen im Verhältnis zu Drittstaaten und sind auch die übrigen Voraussetzungen der Meistbegünstigung erfüllt, kann der Meistbegünstigungsgrundsatz gerade auch dann Anwendung finden, wenn der Staatsvertrag bereits selbst den entsprechenden Bereich geregelt hat. Gleiches würde auch dann gelten, wollte man argumentieren, dass die Vertragsparteien das „Rest"-Gesellschaftsstatut bewusst ungeregelt belassen oder hierdurch mittelbar eine Anwendung der Sitztheorie auf US-amerikanische Gesellschaften in Deutschland beschließen wollten. In beiden Fällen hätte auch hier der Grundsatz der Meistbegünstigung Vorrang.

Vorliegend ist die Meistbegünstigungsvorschrift des Art. VII Abs. 4 FHSV jedoch ohnehin nur für den Bereich des „Rest"-Gesellschaftsstatuts relevant. Die Regelung des Art. XXV Abs. 5 S. 2 FHSV steht einer grundsätzlichen Anwendung der Meistbegünstigungsregelung auf kollisionsrechtliche Fragestellungen daher in keinem Fall entgegen.

bb. Art. XXIV FHSV

Art. XXIV FHSV enthält eine ganze Reihe von Ausnahmeregelungen, nach denen den Vertragsstaaten ein Abweichen von den Vorschriften des FHSV möglich ist[596] oder nach welchen die staatsvertraglichen Bestimmungen schon keine Anwendung finden[597]. Diese berücksichtigen insbesondere auch Besonderheiten, die in Zusammenhang mit angrenzenden Staaten oder umfangreichen Handelszusammenschlüssen existieren. So wird der Grundsatz der Meistbegünstigung für Vergünstigungen ausgeschlossen, die die USA sich gegenseitig oder ihren Territorien gewähren, Art. XXIV Abs. 2 FHSV, sowie die von einem der Vertragspartner

596 Art. XXIV Abs. 1 a) - f) FHSV.
597 Art. XXIV Abs. 2 - 6 FHSV.

zur Erleichterung des Grenzverkehrs, Art. XXIV Abs. 3 FHSV, oder aufgrund des GATT, Art. XXIV Abs. 4 FHSV, gewährt werden. Die Niederlassungsfreiheit der Art. 49, 54 AEUV lässt sich jedoch unter keine dieser Ausnahmetatbestände subsumieren, denn Art. XXIV Abs. 2 FHSV gilt ausdrücklich nur für die gegenseitige Gewährung von Vergünstigungen im Verbund der USA und ihrer Territorien und Mandatsgebiete. Auch die Erleichterungen des Grenzverkehrs umfassen nicht mehr die wesentlich weiterreichende Gewährung der Niederlassungsfreiheit. Art. XXIV FHSV schließt daher eine Anwendung der Meistbegünstigungsregelung auf Gemeinschaftsrecht nicht aus.

cc. Art. XIV FHSV

Als weitere Ausschlussmöglichkeit wird eine Analogie zu den bestehenden Ausschlusstatbeständen unter Hinweis auf die damals noch nicht abzusehende Entwicklung der europäischen Gemeinschaft diskutiert[598]. Dabei wird insbesondere auf die Warenverkehrsfreiheit und ihre Meistbegünstigungsregelungen und Ausschlusstatbestände in Art. XIV FHSV abgestellt, wobei auch der soeben besprochene Art. XXIV FHSV ein möglicher Ausgangspunkt für solche Erwägungen darstellt. Art. XIV Abs. 1 FHSV gewährt den Erzeugnissen des anderen Vertragsteils in Bezug auf Zölle und andere belastende Abgaben bei der Einfuhr oder Ausfuhr Meistbegünstigung. Art. XIV Abs. 4 FHSV gewährt den Gesellschaften des anderen Vertragsteils in Angelegenheiten Meistbegünstigung, die die Ein- und Ausfuhr von Erzeugnissen betreffen. Art. XIV Abs. 6 FHSV legt schließlich fest: *„Die Bestimmungen dieses Vertrags gelten nicht für Vergünstigungen, die von einem der beiden Vertragsteile auf Grund einer Zollunion oder einer Freihandelszone gewährt werden, denen er sich etwa anschließt […].“*

Solche Vergünstigungen, die Deutschland den Mitgliedern der Europäischen Union für Ein- und Ausfuhr ihrer Waren im Rahmen der Zollunion erteilt, können somit nicht im Wege der Meistbegünstigung als auch für US-amerikanische Staatsangehörige und Gesellschaften geltend angesehen werden. Sowohl der Aufbau der Vorschrift als auch die Formulierung der Ausnahmeregelung des Art. XIV Abs. 6 FHSV machen jedoch deutlich, dass sich diese allein auf Fragen des Warenverkehrs bezieht. Eine Geltung auch für andere Bereiche des FHSV ist daher zunächst ausgeschlossen.

Teilweise wird diskutiert[599], die Ausschlussregelung des Art. XIV Abs. 6 FHSV auf die Meistbegünstigungsregelung des Art. VII Abs. 4 analog anzuwenden.

---

598 Siehe z. B. *Dammann*, RabelsZ 68 (2004), 607, 629 ff.; *Tomschin*, Anerkennung, S. 64 f.
599 *Dammann*, RabelsZ 68 (2004), 607, 630 f.; *Tomschin*, Anerkennung, S. 64 f.

Eine analoge Anwendung von vertraglichen Vorschriften ist im Völkervertragsrecht nicht grundsätzlich ausgeschlossen. Es ergehen regelmäßig Urteile des Internationalen Gerichtshofes, in denen eine analoge Anwendung von Vorschriften angedacht wird[600]. Im Einzelnen sind die Fallsituationen und der Umfang, in dem diese Methode angewendet werden darf, jedoch nicht unumstritten[601]. Wesentlich ist, dass die analoge Anwendung einer Rechtsvorschrift nicht belastend wirkt, ohne dass dies dem Konsens aller Parteien bzw. einem einheitlichen Rechtsverständnis entspricht. Daher bedarf eine entsprechende Anwendung einer Vorschrift auf einen anderen Sachverhalt im Rahmen des Völkervertragsrechts des Nachweises, dass auch dieser Sachverhalt, hätten die Parteien ihn bedacht, in gleicher Weise übereinstimmend so geregelt worden wäre[602]. Es fehlt jedoch vorliegend zum einen schon an einer Regelungslücke[603]. Zum anderen lassen sich keine Hinweise darauf finden, dass die beiden Vertragspartner einen umfassenden Ausschluss der Anwendung des Meistbegünstigungsgrundsatzes auf Vergünstigungen des Gemeinschaftsrechts intendierten.

(1) Regelungslücke

Art. VII FHSV, im Zusammenhang mit den restlichen Vorschriften des FHSV gelesen, lässt keinen Schluss auf das Vorliegen einer Regelungslücke[604] zu. Während in anderen Regelungen des FHSV Ausnahmeregelungen stets ausdrücklich benannt werden, sieht Art. VII FHSV offensichtlich keine solche wie auch immer gestaltete Regelung vor. So sind die unterschiedlichen Varianten, derer sich der FHSV bedient, um die Anwendung einer Vorschrift auszuschließen oder einzugrenzen, jeweils in den entsprechenden Bestimmungen selbst aufgeführt, vgl. nur Art. VII Abs. 2 S. 3, IX Abs. 2 S. 2, XI Abs. 5, XX Abs. 4 S. 1 und XXIII Abs. 3 FHSV. Teilweise wird angedacht, dass sich das Bestehen einer Regelungslücke dennoch aus dem Umstand erklären ließe, dass der Zusammenschluss zu einer Gemeinschaft, in der die Niederlassungsfreiheit in besonders weitreichendem Ausmaß vereinbart wird, bei Vertragsschluss nicht absehbar gewesen sei[605]. Aber auch im

600 *Schlütter*, Customary international law, S. 104 f.

601 *Schlütter*, Customary international law, S. 102 ff.

602 *Ipsen*, Völkerrecht, § 20, Rn. 6.

603 S. zu den Voraussetzungen und der generellen Problematik der Analogie im Völkerrecht *von Arnauld*, Völkerrecht, Rn. 295.

604 Der Begriff der Regelungslücke wird regelmäßig als "planwidrige Unvollständigkeit" definiert, wobei *Canaris* den Versuch einer weiteren Konkretisierung des Begriffs unternimmt, *Canaris*, Die Feststellung von Lücken im Gesetz, S. 1, 16.

605 *Dammann*, RabelsZ 68 (2004), 607, 630.

Jahr 1954 hatte der Entwicklungsprozess zu einer europäischen Gemeinschaft bereits seinen Anfang genommen[606]. *Walker*, der „Vater“ des US-amerikanischen Mustervertrages für bilaterale Freundschafts-, Handels- und Schifffahrtsverträge, führt sogar explizit aus, dass aufgrund der Entwicklung des gemeinschaftlichen Marktzusammenschlusses (*the Common Market*) Ausnahmen ggf. ausdrücklich festzuhalten sind (*formulation of exceptions*) und dass die Interessen der USA durch solche Ausnahmen gefährdet sein können[607]. Nicht nur war bereits 1949 von westeuropäischen Staaten der Europarat gegründet worden, auch der Vertrag über die Europäische Gemeinschaft für Kohle und Stahl wurde am 18. April 1951 und damit zeitlich noch vor dem FHSV beschlossen. Anstrengungen, die zu den 1957 unterzeichneten und am 1. Januar 1958 in Kraft getretenen Römischen Verträgen und damit auch zur Gründung der Europäischen Wirtschaftsgemeinschaft führten, waren sicherlich bereits bei Vertragsschluss bekannt. Dies wird durch die Ausnahmeregelung des Art. XIV Abs. 6 FHSV bestätigt, der auch mit Blick auf den angestrebten gemeinschaftlichen Wirtschaftsraum in den FHSV aufgenommen worden sein dürfte. Dieser EWG-Vertrag beruhte bereits auf den vier Grundfreiheiten, zu denen auch die Freizügigkeit von Personen gehört[608]. Die Niederlassungsfreiheit von Gesellschaften nach Art. 49, 54 AEUV wurde hier bereits in den Art. 52, 58 EWG-Vertrag nahezu inhaltsgleich geregelt. Daher ist es höchst unwahrscheinlich, dass die Vertragsparteien des FHSV eine spätere unionsrechtliche Vereinbarung der Niederlassungsfreiheit außer Betracht gelassen haben sollten. In diesem Licht gesehen, handelt es sich bei dem Umstand, dass Art. VII FHSV im Gegensatz zu Art. XIV FHSV die Anwendung der Meistbegünstigungsregelung auf Vergünstigungen gegenüber Mitgliedern der europäischen Gemeinschaft nicht ausschließt, um eine bewusste Entscheidung im Rahmen der Niederlassungsfreiheit.

606 Vgl. Generaldirektion für Kommunikation der Europäischen Kommission, Ein friedliches Europa - Die Anfänge der Zusammenarbeit, abgerufen über: http://europa.eu/about-eu/eu-history/1945-1959/index_de.htm (zuletzt abgerufen am 15.08.2015), und Vertrag zur Gründung der Europäischen Wirtschaftsgemeinschaft, ursprünglicher Text, nicht konsolidierte Fassung, über: http://eur-lex.europa.eu/legal-content/DE/TXT/?uri=URISERV:xy0023 (zuletzt abgerufen am 15.08.2015).

607 *Walker*, Minn. L. Rev. 42 (1958), 805, 815, 816, Fn. 26.

608 Generaldirektion für Kommunikation der Europäischen Kommission, Vertrag zur Gründung der Europäischen Wirtschaftsgemeinschaft, ursprünglicher Text, nicht konsolidierte Fassung, über: http://eur-lex.europa.eu/legal-content/DE/TXT/?uri=URISERV:xy0023 (zuletzt abgerufen am 15.08.2015).

Hierfür spricht auch, dass der FHSV eine Schlussbestimmung enthält, nach der der Vertrag nach einer Laufzeit von zehn Jahren ohne besondere Erschwernisse und ohne Nennung besonderer Gründe durch jeden der Vertragspartner gekündigt werden kann. Dies scheint darauf hinzudeuten, dass sich die Vertragsparteien einer möglichen Änderung der rechtlichen und tatsächlichen Umstände bewusst waren[609]. Für den Fall gewichtiger Veränderungen z. B. auch aufgrund der noch nicht bis zum Ende absehbaren Entwicklung der europäischen Gemeinschaften, stellt das Mittel der Kündigung eine Handlungsmöglichkeit bei entsprechender Neubewertung der ehemals in den FHSV aufgenommenen Nichtdiskriminierungsregelungen dar. Gleichzeitig hätte die Kündigungsmöglichkeit auch als Druckmittel in Verhandlungen über eine Vertragsanpassung an die neuen Umstände dienen können. Der deutsche Vertragspartner hatte hierdurch somit ein Werkzeug erhalten, das es ihm ermöglicht hätte, relativ zügig auch auf tatsächliche Veränderungen im Bereich des Art. VII FHSV, d. h. im Bereich der Niederlassungsfreiheit, zu reagieren. Ausnahmeregelungen wegen Meistbegünstigungsbestimmungen für Entwicklungen im Bereich zwischen Deutschland und Drittstaaten, die bei Vertragsschluss noch in der Zukunft lagen, waren daher nicht notwendig. Eine Regelungslücke ist hier somit nicht ersichtlich.

(2) Anderweitiger Konsens der Vertragsparteien

Selbst wenn es sich bei der fehlenden Ausschlussregelung in Art. VII FHSV um eine Regelungslücke handelte, etwa weil man argumentiert, dass zumindest die Auslegung der Niederlassungsfreiheit durch den EuGH im Sinne einer Befürwortung der Gründungstheorie nicht absehbar gewesen sei, so wäre eine entsprechende Anwendung des Art. XIV Abs. 6 FHSV doch jedenfalls nicht vom Konsens beider Vertragsparteien umfasst. Die Ausschlussregelung des Art. XIV Abs. 6 FHSV und das Fehlen einer entsprechenden Regelung in Art. VII FHSV für einen anderen Bereich bekannter zukünftiger unionsrechtlicher Vergünstigungen deutet daraufhin, dass die Parteien sich gerade nicht über einen entsprechenden Ausschluss im Bereich der Niederlassungsfreiheit einig waren. Eine eher zurückhaltende Regelungspraxis des US-amerikanischen Verhandlungspartners in Bezug auf die Einschränkung von Meistbegünstigungsregelungen hinsichtlich der den europäischen Mitgliedstaaten gewährten Vorteile wird durch die

609 *Dammann*, RabelsZ 68 (2004), 607, 631.

entstehungszeitliche Literatur bestätigt[610]. Dort heißt es, dass die USA, neben der Regelung des Art. XIV Abs. 6 FHSV, nicht bereit waren, auch andere sich entwickelnde und kurz vor der Gründung stehende europäische Gemeinschaften aus dem Anwendungsbereich der Meistbegünstigungsregelungen auszunehmen. Nun ist zwar angesichts des historischen Kontextes anzunehmen, dass mit „anderen europäischen Gemeinschaften" solche Gemeinschaften gemeint sein müssen, die nicht dem EWG-Vertrag unterliegen, beispielsweise die spätere Europäische Atomgemeinschaft. Einen unmittelbaren Aussagegehalt für Ausnahmeregelungen mit Blick auf Vergünstigungen durch den EWG-Vertrag hat dies daher nicht. Mittelbar kann jedoch hieraus geschlossen werden, dass der amerikanische Vertragspartner nicht mehr unionsrechtliche Vorteilsregelungen als die, die bereits im FHSV formuliert sind, aus dem Anwendungsbereich des Staatsvertrages ausnehmen wollte. Ein Konsens über eine entsprechende Anwendung des Art. XIV Abs. 6 FHSV ist daher nicht nachzuweisen.

dd. Stillschweigender Vorbehalt bzw. vertragsimmanente Schranke

Auf Seiten der Rechtsprechung wird zum Teil vertreten, dass der Meistbegünstigungsgrundsatz des Art. VII Abs. 4 FHSV einem stillschweigenden Vorbehalt ähnlich einer vertragsimmanenten Schranke unterliege[611]. Von Seiten der Europäischen Union[612] und teilweise auch in der Literatur[613] wird die Meinung vertreten, dass das Völkergewohnheitsrecht eine Ausnahme von der Geltung völkervertraglicher Meistbegünstigungsregelungen im Bereich von Zollunionen vorsehe. Dies wird allerdings nicht mit Beispielen für eine solche gewohnheitsrechtliche Geltung belegt. Tatsächlich lässt sich bereits in den Anmerkungen der Europäischen Wirtschaftsgemeinschaft zu den Ausarbeitungen der *International Law*

610 *Dammann*, RabelsZ 68 82004), 607, 630 mit Zitat einer 1955 erschienenen Stellungnahme durch *Arnold, Hill* und *Kern* in einer Beilage zum Bundesanzeiger vom 26. Juli 1955 (Nr. 141).

611 OVG Münster, Urt. v. 30. September 2004 - 14 A 1937/99, NJOZ 2005, 4661, 4662; VGH Kassel, Beschl. v. 05. Februar 2004 - 9 TG 2664/03 (juris).; offenlassend: VGH Kassel, Beschl. v. 23. Oktober 2002 - 9 TG 2712/02.

612 UN Dokument A/35/203, S. 32, Ziff. 5 ff. (abrufbar über die Datenbank der UN unter: http://daccess-ods.un.org/TMP/8016814.58950043.html; zuletzt am 20.08.2015).

613 *Lavranos* in von der Groeben/Schwarze/Hatje, Europäisches Unionsrecht, AEUV, Art. 351, Rn. 9; *Lorenzmeier* in Grabitz/Hilf/Nettesheim, EU-Recht, AEUV, Art. 351, Rn. 47; offen gelassen von *Schmalenbach* in Calliess/Ruffert, EUV/AEUV, Art. 351, Rn. 23.

Commission[614] über die rechtlichen Grundlagen des Meistbegünstigungsgrundsatzes herauslesen, dass die Europäische Wirtschaftsgemeinschaft zwar auf die Aufnahme eines Absatzes über die angeblich gewohnheitsrechtlich feststehende Ausnahme vom Meistbegünstigungsgrundsatz für Zollunionen und Freihandelszonen gedrungen hat, eine solche jedoch bewusst nicht in den Entwurf mit aufgenommen wurde. So heißt es dort[615]:

> The International Law Commission found that there was no final agreement on the subject. Accordingly, as stated in the Commission's report on it's thirtieth session, the Commission decided not to include an article containing any exception for customs unions and free-trade areas.

Da offensichtlich Uneinigkeit bezüglich der Kodifizierung einer solchen Ausnahme besteht, dürfte es sich mangels *opinio juris*, d. h. einer gemeinsamen übereinstimmenden Rechtsüberzeugung, nicht um Völkergewohnheitsrecht handeln. Dies verwundert nicht, steht es doch nicht im Interesse eines jeden Staates, die meistbegünstigende Anwendung von innerhalb einer Gemeinschaft begründeten Vorteilen zu beschränken. Größtenteils wird zur Begründung der Praxis von Ausnahmen im Bereich der Zollunionen und Freihandelszonen auf die Vorschriften der Welthandelsorganisation verwiesen, die tatsächlich in Art. XXIV Abs. 5 GATT und Art. V GATS die in diesen Bereichen gewährten Vorteile von der Anwendung von Meistbegünstigungsregelungen ausnehmen[616]. Da es sich aber auch hierbei um ausdrückliche Regelungen handelt, kann aus diesen nur darauf geschlossen werden, dass jedenfalls die Vereinbarung von Ausnahmeregelungen grundsätzlich möglich ist. Eher noch könnte man meinen, dass der Umstand ihrer Kodifizierung in GATT und GATS darauf

---

614 Die Völkerrechtskommission ist ein von der Generalversammlung der Vereinten Nationen mit der Entwicklung völkerrechtlicher Vorschriften beauftragtes Nebenorgan der UNO. Die Arbeiten an einem Entwurf einer Kodifizierung von Vorschriften zu Geltung und Umfang von Meistbegünstigungsregelungen wurde bereits mit Resolution vom 1. Dezember 1967 aufgenommen, sind jedoch trotz regelmäßiger Befassung der Völkerrechtskommission und der Generalversammlung noch nicht abgeschlossen, vgl. zu den einzelnen Bearbeitungsschritten auf der Internetseite der Kommission: http://legal.un.org/ilc/guide/1_3.shtml sowie zu Teil 2 der Arbeiten: http://legal.un.org/ilc/guide/1_3_part_two.shtml (zuletzt abgerufen am 20.08.2015).

615 UN Dokument A/35/203, S. 32, Ziff. 5 (abrufbar über die Datenbank der UN unter: http://daccess-ods.un.org/TMP/8016814.58950043.html; zuletzt am 20.08.2015).

616 S. hierzu auch *Kokott* in Streinz, EUV/AEUV, AEUV, Art. 351, Rn. 20; *Terhechte* in Schwarze/Becker/Hatje/Schoo, EU-Kommentar, AEUV, Art. 351, Rn. 14.

hindeutet, dass diese Ausnahmeregelungen gerade nicht gewohnheitsrechtlich anerkannt sind. Dafür spricht letztlich auch, dass jedenfalls für alle anderen sachlichen Rechtsbereiche keine gewohnheitsrechtliche Ausnahmeregelung des Meistbegünstigungsgrundsatzes besteht[617]. Schließlich ist auch anzumerken, dass selbst bei Bestehen einer gewohnheitsrechtlichen Ausnahmeregelung für Zollunionen diese nicht notwendigerweise auch den Bereich der Niederlassungsfreiheit mit umfasst. Vielmehr bezieht sich der Anwendungsbereich solch einer Ausnahme wohl in erster Linie auf den Bereich der Abgaben bei der Ein- und Ausfuhr von Waren.

In der Rechtsprechung gibt es ebenfalls Ansätze, die unionsrechtlichen Grundfreiheiten aus dem Anwendungsbereich von Meistbegünstigungsklauseln auszunehmen. In einer Entscheidung[618] des OVG Münster urteilte dieses im Fall eines US-amerikanischen Rechtsanwalts, der aufgrund der Meistbegünstigungsklausel des Art. VII Abs. 4 FHSV die Regelungen des § 16 EuRAG auf sich angewendet wissen wollte, zu dessen Lasten. Grundsätzlich wurde zwar die Meistbegünstigungsklausel anerkannt, einschränkend hieß es jedoch sodann:

> Ist, wie hier, eine Meistbegünstigungsklausel vereinbart, so gilt diese nicht schrankenlos. In der Regel bedürfen zwar Vorbehalte, um gegenüber einem aus der Meistbegünstigungsklausel berechtigten Vertragspartner wirksam zu sein, grundsätzlich einer ausdrücklichen Vereinbarung. Einzelne Ausnahmen sind jedoch so regelmäßig in allen Verträgen enthalten, dass sie einen stillschweigenden Vorbehalt begründen. Hierzu zählen beispielsweise die so genannten Zollunionsvorbehalte, was entsprechend auf die Bildung von Freihandelszonen, wie ursprünglich die EWG, und damit auch auf die EU und die EG auszuweiten ist […].

Als weiteres Argument für stille Vorbehalte trägt der hessische Verwaltungsgerichtshof in einem Beschluss[619] zur Anwendbarkeit der Meistbegünstigungsklauseln des FHSV auf aufenthaltsrechtliche Regelungen für Staatsangehörige der europäischen Gemeinschaften vor:

> Denn sie [die vertragsimmanente Schranke][620] ist Meistbegünstigungsklauseln der vorliegend zu beurteilenden Art selbstverständlich immanent […]. Wenn daher beispielsweise in dem im Jahre 1960 in Kraft getretenen Freundschafts-, Handels- und Schifffahrtsvertrag

---

617 *Lavranos* in von der Groeben/Schwarze/Hatje, Europäisches Unionsrecht, AEUV, Art. 351, Rn. 9; *Lorenzmeier* in Grabitz/Hilf/Nettesheim, EU-Recht, AEUV, Art. 351, Rn. 47.

618 OVG Münster, Urt. v. 30. September 2004 - 14 A 1937/99, NJOZ 2005, 4661, 4662.

619 VGH Kassel, Beschl. v. 05. Februar 2004 - 9 TG 2664/03 (juris).

620 Anm. durch die Verfasserin.

zwischen der Bundesrepublik Deutschland und der Dominikanischen Republik vom 23. Dezember 1957 (BGBl. II S. 1469) ausdrücklich vereinbart wurde, dass die Meistbegünstigungsbestimmungen dieses Vertrages nicht für Vergünstigungen und Vorteile gelten sollen, die einer der beiden Vertragsstaaten aufgrund einer Zollunion oder Freihandelszone oder aufgrund seiner Zugehörigkeit zu einer Gemeinschaft gewährt [...], so kann hieraus nicht etwa im Gegenschluss eine abweichende Interpretation vergleichbarer Klauseln im völkerrechtlichen Vertrag mit den Vereinigten Staaten von Amerika abgeleitet werden. Vielmehr ist diese Klarstellung in der Vereinbarung mit der Dominikanischen Republik, die zu einer Zeit geschlossen wurde, als die Einbindung der Bundesrepublik Deutschland in eine europäische Staatengemeinschaft in ein konkretes Stadium getreten war, als Indiz für die Richtigkeit der vorstehenden Interpretation des Abkommens mit den Vereinigten Staaten von Amerika zu werten.

Bereits in der Gegenüberstellung dieser beiden Urteile offenbart sich die Schwachstelle der Argumentationslinie. Beide berufen sich zur Begründung eines nach einhelliger Meinung nicht ausdrücklich existierenden Vorbehalts auf solche Vorbehalte in Staatsverträgen, die dort ausdrücklich formuliert sind. Sowohl das OVG Münster wie auch der VGH Kassel beziehen sich dabei jeweils auf Vorbehalte zugunsten einer Zollunion oder Freihandelszone. Einen Vorbehalt zugunsten einer Zollunion und einer Freihandelszone würden sie somit für eine Einschränkung des Art. VII Abs. 4 FHSV als hinreichend erachten[621]. Dabei übersehen sie, dass ein Rückgriff auf „stillschweigende Vorbehalte" innerhalb des FHSV schon deshalb ausscheiden muss, weil der FHSV für einen bestimmten Bereich einen Vorbehalt zugunsten von Zollunion und Freihandelszone explizit vorsieht. Wie bereits erörtert, enthält der Art. XIV Abs. 6 FHSV einen solchen Vorbehalt für den Bereich des Warenverkehrs. Wird jedoch in einem Staatsvertrag für bestimmte Bereiche ein Vorbehalt festgelegt und wird dieser in ausdrücklicher Form festgeschrieben, so ist kein Raum für die Annahme, dass der Staatsvertrag in vollkommen vergleichbaren Situationen für andere sachliche Bereiche denselben Vorbehalt stillschweigend regeln wollte. Offensichtlich wird nämlich vertragssystematisch die ausdrückliche Formulierung der stillschweigenden vorgezogen.

Dies wird durch den Umstand unterstützt, dass Vorbehalte im Rahmen des Völkervertragsrechts keine von der eigentlichen Vertragsverhandlung und

621 Tatsächlich sind die Begriffe „Zollunion" und „Freihandelszone" nicht bedeutungs- und inhaltsgleich mit der EWG. Diese ist auf den Aufbau eines gemeinsamen Marktes gerichtet und geht in ihrem Regelungsbereich über die vorgenannten Begriffe hinaus. Es wäre eine Frage der Auslegung und möglicherweise der analogen Anwendung, ob ein solcher allgemeiner Vorbehalt sich auch auf die Niederlassungsfreiheit bezieht.

Vertragsformulierung abweichende, eigenständige Bedeutung haben. Der Begriff des Vorbehalts wird von Art. 2 Abs. 1 d) WÜRV als einseitige Erklärung mit dem Zweck des Ausschlusses einzelner Vertragsbestimmungen definiert. Nur bei multilateralen Verträgen kann der Vorbehalt überhaupt als eine einseitige Erklärung Bedeutung haben, weil sich die Parteien im Bereich bilateraler Verträge hingegen über jede Vertragsbestimmung einig sein müssen[622]. Gleichzeitig zeigt die Definition durch die Nutzung der Terminologie „Erklärung", dass einem Vorbehalt tatsächlich Ausdruck verliehen werden muss.

Im FHSV ist keine Formulierung ersichtlich, aus der gezogen werden könnte, dass ein Vorbehalt bezüglich der Meistbegünstigung mit Blick auf die Niederlassungsfreiheit besteht. Zudem werden Staatsverträge objektiv anhand ihres Wortlautes und nicht unter Berücksichtigung möglicher, stillschweigender Parteieninteressen und -absichten ausgelegt. Dem FHSV, als dem notwendigen Ausgangspunkt jeglicher Erwägungen zum Bestehen eines Vorbehalts, ist eine solche Ausschlussregelung nicht zu entnehmen.

Schließlich deutet auch gerade der vom VGH Kassel angeregte Vergleich[623] des FHSV mit dem deutsch-dominikanischen Vertrag von 1957 darauf hin, dass Deutschland Vorbehalte zugunsten der Vergünstigungen aus Gemeinschaftsrecht in den Vertragstext mit aufnimmt, wenn solche Vorbehalte bestehen sollen. Es besteht daher kein stillschweigender Vorbehalt innerhalb des FHSV zur Einschränkung des Meistbegünstigungsgrundsatzes des Art. VII Abs. 4 FHSV für den Bereich der unionsrechtlichen Niederlassungsfreiheit.

d. Ausschluss durch Gemeinschaftsrecht

Auch das Recht der Europäischen Union enthält keine zwingende Einschränkung der Wirksamkeit von Meistbegünstigungsregelungen in Staatsverträgen mit Dritten oder ein Verbot der Anwendung solcher Regelungen. Völkerrechtlich gilt ohnehin, dass beide Parteien eines bestehenden Vertrages an diesen bis zur Terminierung, Modifikation oder Neuabschluss nach Maßgabe des in Art. 26 WÜRV[624] niedergelegten Grundsatzes *pacta sunt servanda* gebunden sind. In Art. 30 Abs. 4

622 *Herdegen*, Völkerrecht, § 15, Rn. 20.

623 S. VGH Kassel, Beschl. v. 05. Februar 2004 – 9 TG 2664/03 (über juris) oben unter C. II. 1. c. dd.

624 Art. 26 WÜRV:
„Ist ein Vertrag in Kraft, so bindet er die Vertragsparteien und ist von ihnen nach Treu und Glauben zu erfüllen."

WÜRV[625] wird herausgestellt, dass diese Bindung auch dann noch bestehen bleibt, wenn die Ausübung der Rechte und Pflichten aus dem Vertrag in Widerspruch mit einem Vertrag erfolgt, der von einem der beiden Vertragspartner mit einem oder mehreren Dritten geschlossen wurde. Nach völkerrechtlichem Verständnis besteht daher ein völkerrechtlicher Vertrag vollkommen unabhängig von Verträgen, die Teile der Vertragsparteien mit anderen schließen. Solche Drittverträge können, selbst wenn sie so intendiert sein sollten, keine Auswirkung auf den ursprünglichen Staatsvertrag haben. Das Gemeinschaftsrecht darf aus völkerrechtlicher Sicht daher keine Verbote oder Einschränkungen zu Lasten des FHSV bereithalten. Der europäische Gesetzgeber war sich der Problematik der bestehenden Altverträge bewusst und entwickelte die Regelung des heutigen Art. 351 AEUV, der eine Kollisionsnorm zur Verhinderung von Konflikten bereithält, die durch unterschiedliche, nach Völkerrecht und nach Europarecht auferlegte Pflichten entstehen[626]. In Art. 351 Abs. 1 AEUV[627] wird normiert, dass Staatsverträge, die von den Mitgliedstaaten vor dem Inkrafttreten des EWG-Vertrages am 1. Januar 1958 geschlossen worden sind, durch die unionsrechtlichen Verträge nicht berührt werden. Dem AEUV ist somit klar zu entnehmen, dass er grundsätzlich keine Beschränkungen oder Verbote für die Anwendung von vertraglichen Regelungen des FHSV als einem vor dem Jahr 1958 geschlossenen Staatsvertrag normiert.

---

625 Art. 30 Abs. 4 und 5 WÜRV:
„(4) Gehören nicht alle Vertragsparteien des früheren Vertrags zu den Vertragsparteien des späteren,
a) […];
b) so regelt zwischen einem Staat, der Vertragspartei beider Verträge ist, und einem Staat, der Vertragspartei nur eines der beiden Verträge ist, der Vertrag, dem beide Staaten als Vertragspartei angehören, ihre gegenseitigen Rechte und Pflichten.
(5) Absatz 4 gilt unbeschadet […] aller Fragen, die sich für einen Staat aus Abschluss oder Anwendung eines Vertrags ergeben können, dessen Bestimmungen mit seinen Pflichten gegenüber einem anderen Staat auf Grund eines anderen Vertrags unvereinbar sind."

626 *Mankowski*, ZEV 2013, 529, 533.

627 Art. 351 Abs. 1 AEUV:
„Die Rechte und Pflichten aus Übereinkünften, die vor dem 1. Januar 1958 oder, im Falle später beigetretener Staaten, vor dem Zeitpunkt ihres Beitritts zwischen einem oder mehreren Mitgliedstaaten einerseits und einem oder mehreren dritten Ländern andererseits geschlossen wurden, werden durch die Verträge nicht berührt."

Zum Teil wird die Frage aufgeworfen, ob Art. 351 Abs. 3 AEUV[628] eine Einschränkung der Anwendbarkeit der Regelung des Art. 351 Abs. 1 AEUV für Meistbegünstigungsbestimmungen im Rahmen der europäischen Niederlassungsfreiheit enthält[629]. Dieser erlegt den Mitgliedstaaten bei Anwendung der Altverträge die Pflicht zur Berücksichtigung der Eigenheiten der Union auf, insbesondere unter dem Aspekt der Kompetenzübertragung an gemeinsam erschaffene Organe der Union. Schon aus dem Wortlaut der Vorschrift ergibt sich jedoch, dass hier keinesfalls der Anwendungsbereich des Art. 351 Abs. 1 AEUV derart eingeschränkt werden soll, dass bestimmte sachliche Bereiche der Vorschrift des Art. 351 Abs. 1 AEUV nicht unterfallen. Vielmehr handelt es sich hierbei um eine Vorschrift, die den Mitgliedstaaten die Anwendung der Altverträge nicht verwehrt, sondern sie nur dazu aufruft, bei der Anwendung die besonderen Umstände der Europäischen Union zu berücksichtigen. Zwar bezweckt der Art. 351 Abs. 3 eine Beschränkung der Weitergabe von unionsrechtlichen Vergünstigungen an Drittstaaten, er stellt jedoch kein grundsätzliches Verbot auf[630]. Vielmehr werden die Mitgliedstaaten lediglich aufgerufen, die Altverträge so anzupassen, dass Unionspräferenzen nicht an Drittstaaten weitergegeben werden. Wenn eine Verweigerung der Weitergabe von Vergünstigungen jedoch gegen völkervertragliche Pflichten des jeweiligen Mitgliedstaates verstoßen würde, bleibt es bei der Anwendung des Art. 351 Abs. 1 AEUV und damit bei dem Grundatz, dass ältere völkervertragliche Regelungen bestandskräftig bleiben.

Auch das Gemeinschaftsrecht enthält somit keine absoluten Ausschlussnormen zu Lasten des Meistbegünstigungsgrundsatzes des FHSV. Einer Anwendung des Art. VII Abs. 4 FHSV auf die Niederlassungsfreiheit der Art. 49, 54 AEUV steht somit nichts entgegen.

---

628 Art. 351 Abs. 3 AEUV:
"Bei Anwendung der in Absatz 1 bezeichneten Übereinkünfte tragen die Mitgliedstaaten dem Umstand Rechnung, dass die in den Verträgen von jedem Mitgliedstaat gewährten Vorteile Bestandteil der Errichtung der Union sind und daher in untrennbarem Zusammenhang stehen mit der Schaffung gemeinsamer Organe, der Übertragung von Zuständigkeiten auf diese und der Gewährung der gleichen Vorteile durch alle anderen Mitgliedstaaten."

629 S. hierzu *Tomschin*, Anerkennung, S. 65.

630 *Kokott* in Streinz, EUV/AEUV, Art. 351, Rn. 20 (Unionspräferenzen sind „nicht ohne weiteres" weiterzugeben); *Lavranos* in von der Groeben/Schwarze/Hatje, Europäisches Unionsrecht, AEUV, Art. 351, Rn. 9; *Schmalenbach* in Callies/Ruffert, AEUV, Art. 351, Rn. 23.

2. Materielle Voraussetzungen

Die Voraussetzungen für die Fragestellung, ob aufgrund des Meistbegünstigungsgrundsatzes des Art. VII Abs. 4 FHSV die unionsrechtlich aus der Niederlassungsfreiheit abgeleitete Gründungstheorie auch im Verhältnis zwischen Deutschland und den USA für das restliche Gesellschaftsstatut Geltung beanspruchen kann, sind den Art. VII Abs. 4 und Art. XXV Abs. 4 FHSV zu entnehmen. Art. VII Abs. 4 FHSV knüpft die Rechtsfolge der Gewährung der Meistbegünstigung an lediglich zwei Voraussetzungen. Zum einen muss es sich selbstverständlich um eine Gesellschaft eines Vertragsteils handeln und zum anderen muss es sich bei der Behandlung, für die Meistbegünstigung verlangt wird, um eine im Art. VII FHSV behandelte Angelegenheit handeln. Der Begriff der Meistbegünstigung wird in Art. XXV Abs. 4 FHSV definiert als *„die innerhalb des Gebiets eines Vertragsteils gewährte Behandlung, die nicht weniger günstig ist als diejenige, die dort unter gleichartigen Voraussetzungen den Staatsangehörigen, Gesellschaften […] irgendeines dritten Landes gewährt wird*“. Hier zeigt sich, dass auch die die Rechtsfolge des Art. VII Abs. 4 FHSV darstellende Meistbegünstigung selbst in Tatbestandsvoraussetzungen und Rechtsfolge gegliedert werden kann. Die Rechtsfolge besteht in der Gewährung einer Behandlung, die nicht weniger günstig als die des Vergleichslandes ist. Voraussetzung für diese Behandlung ist jedoch, dass dem Vergleichsstaat, d. h. den „Gesellschaften irgendeines dritten Landes“, die bezeichnete Behandlung auch tatsächlich innerhalb des Gebiets des anderen Vertragsteils „gewährt“ wird. Ein weiteres Erfordernis besteht darin, dass nur dann ein Anspruch auf die meistbegünstigende Behandlung besteht, wenn „gleichartige Voraussetzungen“ zur „Gewährung der Behandlung“ des Drittstaates bestehen.

Für die Fragestellung der vorliegenden Arbeit kommt es nun im Gegensatz zum Regelfall nicht auf die Fragestellung an, welchen Drittstaaten konkret welche Behandlungen gewährt werden. Vielmehr interessiert es hier vor allem, ob die Umstände der unionsrechtlichen Gründungstheorie und die Umstände ihrer Anwendung gegenüber allen Mitgliedstaaten aufgrund der Niederlassungsfreiheit den Voraussetzungen der Art. VII Abs. 4, XXIV Abs. 4 FHSV genügen.

a. Voraussetzungen des Art. VII Abs. 4 FHSV

Die Voraussetzungen des Art. VII Abs. 4 FHSV liegen bei wirksam im Gebiet des jeweils anderen Vertragsteils gegründeten Gesellschaften vor[631]. Die Rechtsfähigkeit

631 Dieser lautet:“*Den Staatsangehörigen und Gesellschaften jedes Vertragsteils sowie den von ihnen kontrollierten Unternehmen wird für die in diesem Artikel behandelten Angelegenheiten mindestens Meistbegünstigung gewährt.*“

der Rechtsgebilde des anderen Vertragsteils als Gesellschaften wird bereits auf Grundlage von Art. XXV Abs. 5 S. 2 FHSV anerkannt. Ebenfalls wurde bereits[632] festgestellt, dass die „Angelegenheiten" des Art. VII FHSV die Niederlassungsfreiheit umfassen.

b. Voraussetzungen des Art. XXV Abs. 4 FHSV

aa. „Gewährung einer Behandlung"

Bereits die Voraussetzung der „Gewährung einer (günstigen) Behandlung" für Gesellschaften eines dritten Staates lässt keine eindeutige Subsumierung der EuGH-Rechtsprechung zur Niederlassungsfreiheit unter diese Voraussetzung zu. Insbesondere der Bedeutungsumfang der „Gewährung" bedarf einer Untersuchung. Dabei findet diese Fragestellung in der überwiegenden Anzahl von allgemeinen und FHSV-spezifischen Veröffentlichungen keine Erwähnung[633]. Entscheidend ist, ob Gewährung im Sinne einer bewussten, eigenen, rechtspolitischen Entscheidung zugunsten der Behandlung eines Drittstaates zu verstehen ist oder ob sie nur das tatsächliche Moment einer Behandlung im Sinne einer faktisch erfolgenden Behandlung meint. Zum Teil wird dieser Begriff im erstgenannten Sinn verstanden und die Anwendung der unionsrechtlichen Gründungstheorie als hiervon nicht erfasst angesehen[634]. Die Situation einer Gewährung im Rahmen der Rechteeinräumung durch Drittstaatsverträge soll nicht mit der Rechtsprechung des EuGHs als Letztentscheidungsinstanz vergleichbar sein. Während bei Drittstaatsverträgen der deutsche Staat eine regelnde Entscheidung trifft, trifft der EuGH für die Gewährung der Gründungstheorie die Entscheidung an Stelle Deutschlands. Da der EuGH durch seine Rechtsprechung die Herausbildung der Anwendbarkeit der Gründungstheorie aus der Niederlassungsfreiheit der Art. 49, 54 AEUV und damit das europäische internationale Gesellschaftsrecht eigenständig bewirkt, soll dies keine „Gewährung" durch den deutschen Vertragsteil des FHSV darstellen können[635].

---

632 S. unter C., II., a.

633 Vgl. z. B. für allgemeine Veröffentlichungen zum Meistbegünstigungsgrundsatz *Bosch*, Meistbegünstigung, S. 15 ff.; *Brößkamp*, Meistbegünstigung und Gegenseitigkeit, S. 23 ff.; *John*, Ungeklärte Meistbegünstigung, S. 45 ff. und *Zinser*, GATT und Meistbegünstigung, S. 11 ff., 40 ff.; vgl. für FHSV-spezifische Veröffentlichungen *Dammann*, RabelsZ 68 (2004), 607, 629 ff. und *Tomschin*, Anerkennung, S. 60 ff.

634 *Schurig* in FS Hay, S. 369, 377.

635 *Schurig* in FS Hay, S. 369, 378.

Dieser Auffassung kann jedoch nicht gefolgt werden. Es ist schon nicht ersichtlich, weshalb, selbst wenn man die Gewährungsleistung in der Rechtsprechung des EuGHs sehen wollte, diese dem deutschen Vertragsteil weniger zugerechnet werden soll, als wenn er die Niederlassungsfreiheit mit einem (außereuropäischen) Drittstaat vereinbart hätte und diese dann von deutschen Gerichten entsprechend ausgelegt würde. In beiden Fällen stellt die Vereinbarung der Niederlassungsfreiheit nämlich das entscheidende Momentum dar. Die Auslegung durch die Gerichte knüpft hieran nur an. In beiden Fällen handelte es sich auch um vom deutschen Gesetzgeber legitimierte Gerichte. Eine Entscheidung des EuGHs auf der Grundlage eines von Deutschland unterzeichneten Staatsvertrages mit den anderen Mitgliedstaaten kann dem deutschen Vertragsteil daher genauso zugerechnet werden, wie eine Entscheidung eines obersten deutschen Gerichtshofes auf der Grundlage eines ebenfalls von Deutschland unterzeichneten Staatsvertrages mit außereuropäischen Drittstaaten.

Zudem stellt es bereits eine Überfrachtung des Begriffs der Gewährung dar, diesen als nur durch unmittelbare, rechtspolitische Entscheidungen des begünstigenden Staates im Kontext der konkreten Behandlung erfüllt zu sehen. Der Wortlaut der Gewährung einer Behandlung lässt in erster Linie auf eine tatsächlich erfolgende Behandlung und nicht auf eine Entscheidung oder einen Vertragsabschluss schließen. Richtig ist zwar, dass dem Wort der Gewährung innewohnt, dass die Behandlung mit Willen des anderen Vertragsteils erfolgt. Es ist jedoch nicht ersichtlich, dass er diesen Willen in Form einer ausdrücklichen Erklärung unter ausdrücklicher Angabe der Behandlungsmodalitäten im Rahmen eines Staatsvertrages kundgetan haben muss. Dies entspräche nicht dem Rechtscharakter des Meistbegünstigungsgrundsatzes als einer speziellen Ausprägung des Diskriminierungsverbots[636]. Eine Diskriminierung liegt nicht erst bei „Gewährung einer Behandlung", sondern bereits bei jeder ungleichen, nachteiligen Behandlung eines vergleichbaren Sachverhalts vor[637]. Weshalb Deutschland den Gesellschaften von Drittstaaten eine besondere Behandlung zuteilwerden lässt, ist für die Frage der „Gewährung" daher irrelevant. Diese Voraussetzung muss bereits erfüllt sein, wenn eine Diskriminierung vorliegt, d. h. im vorliegenden Fall die Gesellschaften von Mitgliedstaaten ungleich den US-amerikanischen Gesellschaften behandelt werden. Unter eine solche ungleiche Behandlung lässt sich jedenfalls die unterschiedliche Auslegung und Anwendung der Niederlassungsfreiheit subsumieren.

---

636 S. hierzu *Hobe*, Einführung Völkerrecht, Kap. 9, S. 326.

637 *Graf Vitzthum/Proelß*, Völkerrecht, 6. Abschnitt, Rn. 16.

Die Voraussetzung der „Gewährung einer Behandlung für Gesellschaften von Drittstaaten“ nach den Art. VII Abs. 4, XXV Abs. 4 FHSV wird daher durch die Anwendung der Gründungstheorie auf Grundlage der EuGH-Rechtsprechung zur Niederlassungsfreiheit erfüllt.

bb. „Gleichartige Voraussetzungen“

Der Rechtscharakter der Meistbegünstigungsklausel als spezialisierte Form einer Nichtdiskriminierungsregelung zeigt sich auch in dem Erfordernis gleichartiger Voraussetzungen. Konkret geht es dabei darum, dass die gleichgünstige Behandlung nur dann gewährt werden kann, wenn gleichartige Voraussetzungen zu der Behandlung der Gesellschaft des dritten Staates bestehen[638]. Für die vorliegende Prüfung stellt sich daher die Frage, was unter den Voraussetzungen i. S. d. Art. XXV Abs. 4 FHSV zu verstehen ist und unter welchen Voraussetzungen Deutschland die Gründungstheorie als Ausfluss der Niederlassungsfreiheit auf die Gesellschaften der Mitgliedstaaten anwendet. In einem weiteren Schritt ist dann zu untersuchen, ob gleichartige Voraussetzungen auch bei einer etwaigen entsprechenden Anwendung der Gründungstheorie auf US-amerikanische Gesellschaften vorliegen würden. Nur Gleiches soll gleich behandelt werden[639]. Dies entspricht auch dem Art. 1 Abs. 1 GATT[640] zugrunde liegenden Verständnis von Gleichartigkeit[641].

Den Bedeutungsgehalt des Erfordernisses der gleichartigen Voraussetzungen zu erfassen, ist jedoch nicht unproblematisch. Eine Definition existiert weder

---

638 Diesen Aspekt missachtet *Mankowski* in seiner Prüfung der Erstreckbarkeit der Gründungstheorie auf Drittgesellschaften über eine Meistbegünstigungsklausel in Leible/Ruffert, Völkerrecht und IPR, S. 235, 262 f.

639 *Graf Vitzthum/Proelß*, Völkerrecht, 6. Abschnitt, Rn. 16.

640 Art. 1 Abs. 1 GATT kommt hier insoweit nur mittelbare Bedeutung zu, als er eine Meistbegünstigungsklausel nur für Erzeugnisse enthält. Der Begriff der Gleichartigkeit wird von ihm jedoch gebraucht und ist aufgrund der großen Bedeutung der GATT-Vorschriften für das moderne internationale Wirtschaftsrecht und insbesondere die Nichtdiskriminierungsgrundsätze durchaus beachtenswert. Hiernach soll sich die Gleichartigkeit nach 4 Kriterien, namentlich (1) den Eigenschaften, der Qualität und Natur, (2) Endverbrauch, (3) Neigungen und Gewohnheiten der Verbraucher und (4) Zollklassifikation richten, vgl. *Tietje*, Internationales Wirtschaftsrecht, S. 194. S. weiterhin *Bosch*, Meistbegünstigung, S. 15 ff.; *Brößkamp*, Meistbegünstigung und Gegenseitigkeit, S. 23 ff.; *John*, Ungeklärte Meistbegünstigung, S. 45 ff. und *Zinser*, GATT und Meistbegünstigung, S. 11 ff., 40 ff.

641 *Hobe*, Einführung Völkerrecht, Kap. 9, S. 327.

auf der Ebene des FHSV noch sonst im Völkerrecht[642]. Auch für die Frage der Gleichartigkeit existieren keine näheren Ausführungen, obwohl dieser Begriff sogar in den Artikeln des GATT angewendet wird[643]. Im Rahmen der Prüfung der gleichartigen Voraussetzungen könnte zum Teil auf einen Vergleich der Herkunftsrechtsordnungen der Gesellschaften, der sich niederlassenden Gesellschaftstypen oder auf eine Gleichwertigkeit der Niederlassungsfreiheit in AEUV und FHSV abgestellt werden. Aber auch eine Anknüpfung an die von der europäischen Niederlassungsfreiheit aufgestellten Tatbestandsvoraussetzungen als von Deutschland geprüfte Erfordernisse für eine Anwendung der Gründungstheorie kommt ebenso in Betracht wie der etwas weiter gefasste Vergleich des allgemeinen Sachverhalts der Niederlassung einer EU-Mitgliedsstaats-Gesellschaft und einer US-amerikanischen Gesellschaft. Eine eingehendere Auseinandersetzung mit den unterschiedlichen Auslegungsvarianten des Begriffs der „gleichartigen Voraussetzungen" ist bisher nicht erfolgt. Dieser Unsicherheit auf tatbestandlicher Ebene der Meistbegünstigung entsprechen Veröffentlichungen, die häufig dasselbe Problem der Vereinbarkeit völker- und europarechtlicher Vorschriften an unterschiedlichster Stelle diskutieren oder eine Auseinandersetzung mit der Fragestellung zu meiden suchen[644]. Die Verortung der Problematik kann sich jedoch entscheidend auf ihre Lösung auswirken und eine klare Strukturierung in Voraussetzungsbestimmung und Subsumierung begünstigt ein dogmatisch sauberes Ergebnis. Um ein solches Vorgehen bemüht sich daher auch die nachfolgende Untersuchung.

(1) Die Ausgestaltung der Gesellschaftsrechtsordnung als gleichartige Voraussetzungen

Zum Teil wird anscheinend angenommen, dass die „Voraussetzungen" sich auf die Ausgestaltung der jeweiligen Gesellschaftsrechtsordnung beziehen[645]. Nur bei einem vergleichbaren Gesellschaftsrecht des oder der europäischen Vergleichsstaaten mit dem Recht des auf die US-amerikanische Gesellschaft anwendbaren Rechts sollen gleichartige Voraussetzungen vorliegen. Nach dieser Auffassung sollen sich demnach die US-amerikanischen Gesellschaften dann nicht über die Meistbegünstigungsklausel des FHSV auf die Gründungstheorie berufen können,

---

642 S. zu der problematischen Auslegung völkerrechtlicher Gleichbehandlungsgrundsätze *Graf Vitzthum/Proelß*, Völkerrecht, 6. Abschnitt, Rn. 16 m. w. N.

643 *Zinser*, Gatt und Meistbegünstigung, S. 94 f.

644 So bspw. *Kindler* in MüKo, Bd. 13, IntHuGR, Rn. 334 f.

645 *Dammann*, RabelsZ 68 (2004), 607, 629.

wenn ihr anwendbares Gründungsrecht weniger hohe Anforderungen an sie stellt als das Gründungsrecht der Gesellschaft eines der Mitgliedstaaten. Dem muss jedoch entgegengehalten werden, dass schon der Anknüpfungspunkt eines solchen Verständnisses der „Voraussetzungen" Probleme aufwirft. Denn es bleibt unklar, ob dann die Gesellschaftsrechtsordnung eines bestimmten Mitgliedstaates als Vergleichsrecht herangezogen werden soll oder aber das Gesellschaftsrecht des Mitgliedstaates, das die schärfsten bzw. die liberalsten gesellschaftsrechtlichen Regelungen aufstellt. Selbst wenn man auf das Recht eines bestimmten Mitgliedstaates abstellen wollte, fragt sich, welchen man hierfür auswählen sollte und ob es eines konkreten Behandlungssachverhalts in Zusammenhang mit diesem Mitgliedstaat bedarf. Auch auf US-amerikanischer Seite wäre der Vergleich der Gründungsrechte nicht unproblematisch, da sich diese je nach Bundesstaat durchaus in ihrer Ausgestaltung unterscheiden. Dies könnte zu dem sicherlich nicht vom Vertragszweck umfassten Ergebnis führen, dass Gesellschaften nur mancher US-amerikanischer Bundesstaaten in den Genuss der Meistbegünstigung kommen. Zudem hat das anwendbare Gründungsrecht eher Rechtsfolgen- als Voraussetzungscharakter. Deutschland kann und macht die Anwendung der Gründungstheorie im Rahmen der europäischen Niederlassungsfreiheit gerade nicht von der Rechtsfolge des anwendbaren Gesellschaftsrechts abhängig. Dieses Verständnis des Bedeutungsgehalts der „Voraussetzungen" ist daher abzulehnen.

(2) Die Ausgestaltung der Niederlassungsfreiheit als gleichartige Voraussetzungen

Nach einer weiteren Auffassung soll im Rahmen der Prüfung der gleichartigen Voraussetzungen auf die Vergleichbarkeit der europäischen Niederlassungsfreiheit nach den Art. 49, 54 AEUV und der staatsvertraglichen Niederlassungsfreiheit nach Art. VII Abs. 1 FHSV abgestellt werden[646]. Die Gleichartigkeit des Inhalts der Niederlassungsfreiheit soll hiernach die Anwendbarkeit der Meistbegünstigung bestimmen. Auch dieser Ansicht kann jedoch nicht gefolgt werden. Denn nach der Formulierung des Art. XXV Abs. 4 FHSV haben die Voraussetzungen durch die Bezugnahme auf die Behandlung durch den deutschen Vertragsteil eher tatsächlichen Charakter. Die Behandlung ist als aktive Rechtsanwendung, d. h., für den Bereich der Niederlassungsfreiheit, als Anwendung der Gründungstheorie auf der Grundlage tatsächlicher Umstände zu verstehen. Die Voraussetzungen einer solchen Rechtsanwendung sind zuvorderst faktischer Natur. Dieses Auslegungsergebnis wird durch einen Vergleich mit der englischsprachigen Fassung

646 So ist wohl *Kaulen* zu verstehen, Anerkennung von Gesellschaften, S. 157.

bestätigt, in der es heißt: „*treatment [...] upon terms no less favorable than the treatment [...] in like situations, to nationals, companies [...] of any third country.*" Der Begriff der *like situation*, d. h. der vergleichbaren Situation, unterstreicht, dass es für die Vergleichbarkeit auf den tatsächlichen Kontext der begünstigenden Behandlung ankommt. Unterstützt wird dies schließlich auch durch den Umstand, dass Art. VII Abs. 4 FHSV bereits zur Eröffnung des bereichsspezifischen Anwendungsbereichs der Meistbegünstigung auf das Vorliegen von „in diesem Artikel behandelten Angelegenheiten" abstellt. Nur insofern soll es somit auf eine Nähe der staatsvertraglichen Niederlassungsfreiheit zur unionsrechtlichen Niederlassungsfreiheit ankommen. Auf eine Vergleichbarkeit des Rechtes, in dem sich eine Gesellschaft benachteiligt fühlt, und des Rechtes, dessen begünstigende Anwendung sie für sich beanspruchen möchte, kann es schon deshalb nicht ankommen, weil gerade erst diese Diskriminierung den Meistbegünstigungsanspruch überhaupt begründet.

(3) Die Gesellschaftstypen als gleichartige Voraussetzungen

Anknüpfend an die bekannte Meistbegünstigungsklausel für den Warenverkehr von Art. I Abs. 1 GATT[647] könnte auch erwogen werden, die Gleichartigkeit der Voraussetzungen konkret auf die Ausgestaltung der Gesellschaften zu beziehen. Denn in Art. 1 Abs. 1 GATT bezieht sich die Gleichartigkeit unmittelbar auf die Erzeugnisse. Man könnte daher meinen, dass, so wie es im Rahmen des Warenverkehrs auf eine Vergleichbarkeit der Erzeugnisse, auf die sich die Meistbegünstigung bezieht, ankommt, es für die Niederlassungsfreiheit von Gesellschaften auf die Vergleichbarkeit der sich niederlassenden Gesellschaften ankommen muss. Dies geht jedoch über den Wortlaut der Regelung des Art. XXV Abs. 4 FHSV hinaus. Dieser formuliert gerade nicht eine Meistbegünstigung von gleichartigen Gesellschaften, sondern nur die Behandlung von Gesellschaften unter gleichartigen Voraussetzungen. Auch ein Vergleich mit der Meistbegünstigung von Staatsangehörigen im Rahmen der Niederlassungsfreiheit, für die ebenfalls auf gleichartige Voraussetzungen zu der Behandlung anderer Staatsangehöriger abgestellt wird, zeigt, dass es sich bei den Voraussetzungen um von dem Begünstigungsobjekt unabhängige Faktoren handeln muss. Schließlich wäre auch

---

647 Art. I Abs. 1 GATT: "*Alle Vorteile, Vergünstigungen, Vorrechte oder Befreiungen, die von einem Vertragspartner für ein Erzeugnis gewährt werden, das aus irgendeinem anderen Land stammt oder für irgendein anderes Land bestimmt ist, werden sofort und bedingungslos auch auf jedes gleichartige Erzeugnis ausgedehnt, das aus den Gebieten anderer Vertragspartner stammt oder für sie bestimmt ist. [...]*".

praktisch kaum nachzuvollziehen, wann es sich um gleichartige Gesellschaften handelt, d. h. an welchen strukturellen oder haftungsbezogenen Elementen eine Vergleichbarkeit in diesem Zusammenhang festgemacht werden sollte. Daher kann sich die Bedeutung der gleichartigen Voraussetzungen auch nicht nach diesem Ansatz richten.

(4) Die Tatbestandsvoraussetzungen der Art. 49, 54 AEUV als gleichartige Voraussetzungen

Nach einer weiteren Auffassung soll der Begriff der Voraussetzungen streng rechtlich zu verstehen sein[648]. Voraussetzungen i. S. d. Art. XXV Abs. 4 FHSV sollen hiernach für den Bereich der meistbegünstigenden europäischen Niederlassungsfreiheit die konkreten Tatbestandsvoraussetzungen der Art. 49, 54 AEUV sein. Dies soll sich aus dem Umstand ergeben, dass in Art. XXV Abs. 4 FHSV ausdrücklich auf die Behandlung im Sitzstaat abgestellt wird. Die Tatbestandserfordernisse der unionsrechtlichen Niederlassungsfreiheit sollen dabei allerdings nur in einer einzelnen Voraussetzung, nämlich der wirksamen Gründung in einem Mitgliedstaat der Europäischen Union, bestehen. Dem kann nicht gefolgt werden. Schon auf Tatbestandsebene sind mehr Voraussetzungen als die Voraussetzung in Form der Gründung in einem Mitgliedstaat ersichtlich. Aus Art. 54 AEUV ergibt sich, dass neben der Gründung auch der satzungsmäßige Sitz, die Hauptverwaltung oder die Hauptniederlassung einer nach den Art. 49, 54 AEUV zu begünstigenden Gesellschaft in der Europäischen Union liegen muss. Wesentlicher ist jedoch, dass „gleichartige Voraussetzungen" i. S. d. Art. XXV Abs. 4 FHSV nicht einfach mit Tatbestandsvoraussetzungen gleichgesetzt werden können. Dieser stellt auch nicht auf die Behandlung im „Sitzstaat" ab, sondern auf die Behandlung in dem Staat, von dem die begünstigende Handlung in gleicher Angelegenheit angewendet wird[649]. Jedenfalls stellt die Meistbegünstigungsklausel dabei aber im vorliegenden Fall auf die Behandlung einer EU-Auslandsgesellschaft in und durch Deutschland ab.

Die Voraussetzungen, unter denen diese Behandlung stattfindet, könnten zunächst ihrem Wortlaut nach sowohl rechtlich i. S. v. Erfordernissen des Tatbestandes der Art. 49, 54 AEUV als auch tatsächlich i. S. d. der der Behandlung zugrundeliegenden Umstände verstanden werden. Denn der Begriff der

---

648 *Tomschin*, Anerkennung, S. 63.

649 Art. XXV Abs. 4 FHSV lautet: *„die innerhalb des Gebiets eines Vertragteils gewährte Behandlung, die nicht weniger günstig ist als diejenige, die dort unter gleichartigen Voraussetzungen"*.

Voraussetzung wird sowohl rechtsterminologisch als Bezeichnung der zu erfüllenden Tatbestandsmerkmale einer Vorschrift wie auch, im allgemeinen Sprachgebrauch, als Annahmen und Vorstellungen über einen Sachverhalt genutzt[650]. Ein Blick auf die ebenfalls verbindliche englischsprachige Fassung des Art. XXV Abs. 4 FHSV erweist sich insofern als weiterführend. Deren Wortlaut lässt wenig Raum für Interpretation:

> The term „most-favored treatment" means treatment accorded within the territories of a Party upon terms no less favorable than the treatment accorded therein, in like situations, to nationals, companies, [...], of any third country.

Dem Begriff der gleichartigen Voraussetzungen entspricht hier demnach der Begriff der *like situations*. Dieser könnte auch als vergleichbare Situationen oder ähnliche Sachverhalte übersetzt werden. Deutlich wird jedenfalls, dass die Vorschrift des Art. XXV Abs. 4 FHSV auf die tatsächlichen Gegebenheiten und die der Behandlung zugrundeliegenden Bedingungen abstellt und nicht auf die rechtlichen Voraussetzungen von, im vorliegenden Fall, Art. 49, 54 AEUV. Der Begriff der Voraussetzungen i. S. d. Erfordernisse einer Norm wird im Englischsprachigen mit *requirements* oder *conditions/pre-conditions* bezeichnet[651].

Unterstützt wird dies durch den Rechtscharakter des Meistbegünstigungsgrundsatzes der Art. VII Abs. 4, XXV Abs. 4 FHSV in Form eines Diskriminierungsverbots[652]. Verboten ist hierbei, ähnlich einer Prüfung im Rahmen des Gleichheitsgebots des Art. 3 GG, die Diskriminierung bei vergleichbaren Sachverhalten, nicht jedoch die Ungleichbehandlung bei Vorliegen ungleicher Umstände. Dabei knüpft das Diskriminierungsverbot immer an die Vergleichbarkeit tatsächlicher Umstände i. S. v. Waren oder Gegebenheiten an. Sie wird explizit im völkerrechtlichen Kontext auch als „die ungleiche Behandlung vergleichbarer Objekte oder Sachverhalte und ein hieraus folgender Nachteil für den Betroffenen" definiert[653]. Ein Bezug der Gleichartigkeit auf Objekte wurde für die vorliegende Fragestellung oben bereits ausgeschlossen[654]. Daher muss sich das

650 Vgl. bspw. Ausführungen des Duden zum Bedeutungsgehalt unter https://www.duden.de/rechtschreibung/Voraussetzung (zuletzt abgerufen am 13. März 2022).

651 Vgl. hierzu bspw. die über das Wörterbuch *linguee* zu dem Begriff der Voraussetzung und Tatbestandsvoraussetzung erhältlichen Übersetzungsvarianten in der europäischen Gesetzgebung: http://www.linguee.de/deutsch-englisch/uebersetzung/tatbestandsvoraussetzungen.html (zuletzt abgerufen am 13.03.2022).

652 *Bernütz/Loll*, IstR 2012, 744 f.; *Bosch*, Meistbegünstigung, S. 16 f.; *Graf Vitzthum/Proelß*, Völkerrecht, 6. Abschnitt, Rn. 16; *Hobe*, Einführung Völkerrecht, Kap. 9, S. 326.

653 *Graf Vitzthum/Proelß*, Völkerrecht, 6. Abschnitt, Rn. 16.

654 Vgl. oben unter C. II. 2. b. bb. (3).

Gleichbehandlungsgebot der Meistbegünstigungsregelung der Art. VII Abs. 4, XXV Abs. 4 FHSV, unter Zugrundelegung der vorgenannten Definition, auf ungleiche Sachverhalte beziehen. Dies schließt ein Abstellen auf die rechtlichen Voraussetzungen der Art. 49, 54 AEUV aus.

(5) Der „vergleichbare Sachverhalt" als gleichartige Voraussetzung

Aus der vorangegangenen Erörterung hat sich bereits ergeben, dass der Begriff der gleichartigen Voraussetzungen auf einen Vergleich des Sachverhalts abzielt, der der Behandlung i. S. d. Art. XXV Abs. 4 FHSV zugrunde liegt. Mit dem Erfordernis der Voraussetzungen sind daher die tatsächlichen Umstände der Anwendung der Gründungstheorie auf EU-Auslandsgesellschaften und ihre Vergleichbarkeit mit den Umständen bei einer entsprechenden Behandlung US-amerikanischer Gesellschaften gemeint. Diese tatsächlichen Umstände sind daher zu benennen, um sie in einem zweiten Schritt mit dem entsprechenden Sachverhalt einer US-amerikanischen Gesellschaft abzugleichen.

(i) „Sachverhalt"

Die Festlegung des Sachverhalts stellt sich vordergründig als unproblematisch dar. Es handelt sich um eine in der Gemeinschaft gegründete Gesellschaft, die dort auch noch ihren satzungsmäßigen Sitz, ihre Hauptniederlassung oder ihre Hauptverwaltung hat, und die sich auf deutschem Staatsgebiet als dem Gebiet eines EU-Mitgliedsstaates niederlässt. Dabei kann es nicht auf die konkrete Herkunft einer Gesellschaft aus einem bestimmten Land ankommen, denn eine Diskriminierung aufgrund des Herkunftsstaates soll gerade vermieden werden. Dies ergibt sich auch schon aus dem Zusatz der „Gleichartigkeit" der Voraussetzungen. Die Meistbegünstigung verlangt gerade keinen nahezu identischen Sachverhalt, sondern nur vergleichbare Umstände.

Die entscheidende Frage ist nunmehr, ob der unionsrechtliche Aspekt des Akts der Niederlassung und der Behandlung durch Deutschland als so wesensprägend zu bezeichnen ist, dass er einen Teil des Sachverhalts darstellt und auch über die nicht zu berücksichtigende Herkunft hinaus geht[655]. In anderen Worten ist also danach zu fragen, ob der Gemeinschaftsbezug, der dem Sachverhalt zugrunde liegt, auch den Sachverhalt selbst zu einem spezifisch europarechtlichen macht. Dies wäre dann der Fall, wenn die besondere Ausgestaltung der Europäischen

655 Dies wird vom VGH Kassel zumindest angedacht, wenngleich dann letztlich offengelassen und auf anderem Weg gelöst, VGH Kassel, Beschl. v. 05. Februar 2004 - 9 TG 2664/03 = InfAuslR 2004, 185.

Union sich auch konkret in diesem Sachverhalt niederschlägt. Der Sachverhalt müsste sich dafür in spezifisch unionsrechtlicher Ausgestaltung darstellen. Sollte dies der Fall sein, wäre er nicht mehr mit dem Sachverhalt einer US-amerikanischen Gesellschaft, die sich in Deutschland niederlässt, vergleichbar. Hier würde dann der Kontext einer Integrationsgemeinschaft fehlen. Fehlt es hingegen an einer solchen Sachverhaltsprägung, spricht viel für eine Vergleichbarkeit der beiden Sachverhalte.

(ii) Wortlaut des Art. 351 Abs. 3 AEUV

Zugunsten einer maßgeblichen Prägung des Sachverhalts durch die Ausgestaltung der Europäischen Union spricht die Norm des Art. 351 Abs. 3 AEUV:

> Bei Anwendung der in Absatz 1 bezeichneten Übereinkünfte tragen die Mitgliedstaaten dem Umstand Rechnung, dass die in den Verträgen von jedem Mitgliedstaat gewährten Vorteile Bestandteil der Errichtung der Union sind und daher in untrennbarem Zusammenhang stehen mit der Schaffung gemeinsamer Organe, der Übertragung von Zuständigkeiten auf diese und der Gewährung der gleichen Vorteile durch alle anderen Mitgliedstaaten.

Bei den in Bezug genommenen Übereinkünften handelt es sich um völkerrechtliche Verträge wie z. B. der FHSV[656]. Diese sind selbst bei Unvereinbarkeit mit Gemeinschaftsrecht grundsätzlich anwendbar. Art. 351 Abs. 3 AEUV stellt jedoch zum einen fest, dass die besonderen innerhalb der Europäischen Union gewährten Vorteile in spezifischem Zusammenhang mit dem gesamten Konstrukt der Gemeinschaft stehen. Zum anderen enthält er die Pflicht der Mitgliedstaaten bei Anwendung ihrer bilateralen völkerrechtlichen Verträge diesen besonderen Zusammenhang zu berücksichtigen.

Tatsächlich wurde die Vorschrift speziell mit Blick auf die im Handelsvölkerrecht durchgängig anzutreffenden Gleichbehandlungsvorschriften, wie beispielsweise den Meistbegünstigungsgrundsatz, in den AEUV mit aufgenommen[657]. Ein striktes Verbot der Anwendung der in der Gemeinschaft gewährten Vorteile stellt die Regelung jedoch nicht dar[658]. Allerdings ist ihr klar der Hinweis zu entnehmen, dass im Rahmen des völkerrechtlich Möglichen, die sog. Unionspräferenzen

---

656 Vgl. hierzu auch schon oben unter C. II. 1. d.

657 *Kokott* in Streinz, EUV/AEUV, AEUV, Art. 351, Rn. 20; *Lavranos* in von der Groeben/Schwarze/Hatje, Europäisches Unionsrecht, AEUV, Art. 351, Rn. 9; allgemein hierzu und zu der Haltung der Europäischen Union gegenüber der UN mit Blick auf Zollvergünstigungen *Schmalenbach* in Calliess/Ruffert, EUV/AEUV, Art. 351, Rn. 23.

658 *Lavranos* in von der Groeben/Schwarze/Hatje, Europäisches Unionsrecht, AEUV, Art. 351, Rn. 9.

wegen ihrer besonderen Verbindung zu der Struktur der Europäischen Union nicht an Drittstaaten weitergegeben werden sollen[659]. Art. 351 Abs. 3 AEUV deutet daher zum einen stark daraufhin, dass die Integrationsvorteile der Gemeinschaft in Form der Grundfreiheiten so eng mit der speziellen Regelungsstruktur der Europäischen Union zusammenhängen, dass diese Ausgestaltung nicht aus Sachverhalten hinwegzudenken ist, auf die eine Grundfreiheit angewendet wird. Zudem kann der Vorschrift auch entnommen werden, dass Deutschland bei Anwendung der Regelungen des FHSV die Pflicht trifft, diese im Zweifel so auszulegen, dass die Integrationsvorteile nicht über die Meistbegünstigungsregelung auf US-amerikanische Gesellschaften anwendbar sind. Die Vorschrift des Art. 351 Abs. 3 AEUV kann zwar nicht konkrete völkervertragliche Regelungen innerhalb des FHSV derogieren. Sie ist aber als Auslegungserwägung zu berücksichtigen, wenn es um die allgemeine Frage der Übertragung unionsrechtlicher Vergünstigungen geht.

(iii) Keine Vertragsanpassung durch die Vertragsparteien

Für eine entsprechende Berücksichtigung des Art. 351 Abs. 3 AEUV im Rahmen der Auslegung der Meistbegünstigungsregelung spricht auch das Verhalten der Vertragsparteien des FHSV. Wenn die Vertragsparteien die Meistbegünstigungsregelungen als Regelungen einordnen würden, über die auch gemeinschaftrechtliche Vergünstigungen Anwendung finden, würde sich aus Art. 351 Abs. 3 i. V. m. Art. 351 Abs. 1 ggf. eine Pflicht des deutschen Vertragsteils ergeben, den FHSV mit Blick auf die Meistbegünstigungsregelung anzupassen[660]. Dies wäre dem deutschen Vertragspartner aufgrund der flexiblen Kündigungsmöglichkeiten des Art. XXIX Abs. 3 FHSV auch möglich. Entsprechende Verhandlungen über eine Anpassung des FHSV wurden jedoch nicht geführt und mithin wohl nicht für notwendig empfunden.

(iv) Hinreichender verbleibender Anwendungsbereich der Meistbegünstigungsregelung

Gegen ein Verständnis des Art. 351 Abs. 3 AEUV als eine Norm, die innerhalb der Subsumierung unter die Voraussetzungen einer Meistbegünstigungsklausel

---

659 *Terhechte* in Schwarze/Becker/Hatje/Schoo, EU-Kommentar, AEUV, Art. 351, Rn. 14.

660 S. zur allgemeinen Verpflichtung, Verträge anzupassen oder zu beenden, sofern dies in völkerrechtskonformer Weise möglich ist, *Schmalenbach* in Calliess/Ruffert, EUV/AEUV, Art. 351, Rn. 22; *Terhechte* in Schwarze/Becker/Hatje/Schoo, EU-Kommentar, AEUV, Art. 351, Rn. 14.

dazu führt, dass gemeinschaftlich geprägte Sachverhalte als nicht vergleichbar mit Sachverhalten in Zusammenhang mit Drittstaatengesellschaften gelten, könnte angeführt werden, dass dann kein Anwendungsbereich mehr für Meistbegünstigungsregelungen verbliebe. Man könnte meinen, dass eine solche Anwendung der Vorschrift des AEUV völkerrechtliche Verträge widerrechtlich faktisch beschränke. Dieses Argument ließe jedoch außer Betracht, dass die Formulierung der Meistbegünstigung in Art. XXV Abs. 4 FHSV an das Vorliegen von gleichartigen Voraussetzungen anknüpft und nur deshalb überhaupt der Raum für eine Berücksichtigung der speziellen europäischen Struktur eröffnet ist. Häufig, wie beispielsweise auch in dem bereits erwähnten Art. 1 Abs. 1 GATT, bezieht sich die Vergleichbarkeit unmittelbar auf ein Objekt, wie z. B. Erzeugnisse. In einem solchen Fall würde sich Art. 351 Abs. 3 AEUV auf die Anwendung der europäischen Vorteilsregelung nicht auswirken können, da kein Spielraum für eine Auslegung vorhanden ist. So stellt es sich ebenfalls für die Regelung des Art. XIV Abs. 1 FHSV dar. Dieser bestimmt die Meistbegünstigung von Erzeugnissen, ohne sie von dem Vorliegen gleichartiger Voraussetzungen bei der Behandlung anderer Erzeugnisse abhängig zu machen. Dies führt im konkreten Fall nur deshalb nicht zur Anwendung der begünstigenden europäischen Warenvorschriften, weil in Art. XIV Abs. 6 FHSV hierfür ausdrücklich eine Ausnahme vorgesehen ist.

(v) Keine Beschränkung auf Vergünstigungen im Zusammenhang einer Zollunion

Zum Teil wird die Meinung vertreten, dass die Niederlassungsfreiheit sachlich nicht in den Anwendungsbereich des Art. 351 Abs. 3 AEUV falle[661]. Danach soll Art. 351 Abs. 3 AEUV eine Einschränkung der Weitergabe von Vergünstigungen durch Meistbegünstigungsklauseln in Drittstaatsverträgen nur für Vergünstigungen in Zusammenhang mit der Zollunion bezwecken. Nur im Rahmen der Zollunion soll ein untrennbarer Zusammenhang mit der Schaffung von Gemeinschaftsorganen und der Übertragung von Zuständigkeiten auf diese i. S. d. Wortlauts des Art. 351 Abs. 3 AEUV bestehen. Im Umkehrschluss stünde diese Regelung allen anderen sachlichen Bereichen von Meistbegünstigungsregelungen nicht entgegen[662].

Eine solche Beschränkung lässt sich dem Wortlaut jedoch nicht entnehmen. Vielmehr stellt Art. 351 Abs. 3 AEUV fest, dass alle unionsrechtlichen

661 *Kaulen*, Anerkennung, S. 158; im Ergebnis offenlassend *Lorenzmeier* in Grabitz/Hilf/Nettesheim, EU-Recht, AEUV, Art. 351, Rn. 45, 47; *Mankowski*, GRUR 1995, 539, 547 f.

662 *Mankowski*, GRUR 1995, 539, 547 f.

Vergünstigungen, nämlich „die von jedem Mitgliedstaat gewährten Vorteile", mit der Struktur der Europäischen Union verbunden sind und somit „Bestandteil der Errichtung der Union sind". In einem zweiten Schritt schlussfolgert die Vorschrift sodann, dass diese Vorteile dadurch auch untrennbar mit der Schaffung gemeinsamer Organe, der Gewährung gleicher Vorteile durch alle Mitgliedstaaten und der Übertragung von Kompetenzen verbunden sind. Der AEUV definiert mithin die Natur unionsrechtlicher Vorteile als mit der Union strukturell verknüpft und zieht dann erst aus diesem Umstand den Schluss, dass es daher auch eine Verbindung zu beispielsweise der Zuständigkeitsübertragung gibt. Der vorgenannten Auffassung kann daher nicht zugestimmt werden, da sie die Norm fehlerhaft, nämlich von Halbsatz 2 zu Halbsatz 1 hin, liest. Dieser Meinung nach soll der enge Zusammenhang einer Vergünstigung mit der Übertragung von Zuständigkeiten erst dazu führen, dass die Vergünstigung auch strukturell mit der Europäischen Union verbunden ist. Tatsächlich ist Art. 351 Abs. 3 AEUV jedoch die entgegengesetzte Verknüpfung von Voraussetzung und Folge zu entnehmen. Erst und gerade die generelle Eigenschaft als unionsrechtliche Vergünstigung legt dem Wortlaut der Regelung nach auch die strukturelle Verknüpfung von Vorteil und Europäischer Union fest.

(vi) Letztentscheidungsbefugnis des EuGHs

Hiervon abgesehen zeigt sich die besondere Verbindung einer Grundfreiheit zu Struktur und Kompetenzübertragung innerhalb der Europäischen Union, die aus dem ihrer Anwendung zugrundeliegenden Sachverhalt nicht hinwegzudenken ist, auch in dem Umstand, dass dem EuGH Letztentscheidungsbefugnis über die Auslegung der Niederlassungsfreiheit zukommt. Dies schlägt sich nicht zuletzt gerade auch in der EuGH-Rechtsprechung mit Blick auf die Ableitung der kollisionsrechtlichen Gründungstheorie aus Art. 49, 54 AEUV nieder. Insofern kann durchaus argumentiert werden, dass die Mitgliedstaaten hier einen Teil ihrer staatlichen Souveränität bzw. Zuständigkeiten aufgeben[663]. Der Regelungsbereich ist der unmittelbaren Verfügung durch den deutschen Vertragsteil entzogen[664]. Die gesamten Umstände der Anwendung der Grundfreiheiten sind geprägt von dem Zusammenschluss aller Mitgliedstaaten unter anteiliger Aufgabe von Regelungskompetenzen und unter Begründung gegenseitig gewährter Vorteile im Rahmen

---

663 *Schurig* in FS Hay, S. 369, 377.

664 BVerwG, Urt. v. 29. April 1971 - I C 7.69 = BVerwGE 38, 90, 94; VGH Kassel, Beschl. v. 05. Februar 2004 - 9 TG 2664/03 = InfAuslR 2004, 185.

der Bildung einer supranationalen Integrationsgemeinschaft[665]. Ein solchermaßen geprägter Sachverhalt ist nicht vergleichbar mit dem der Niederlassung einer US-amerikanischen Gesellschaft auf Grundlage eines einfachen handelsbezogenen Staatsvertrages ohne weitergehende Verflechtung der Vertragsstaaten.

(vii) BVerfG, Beschl. v. 27. Juni 2018

In seinem Nichtannahmebeschluss vom 27. Juni 2018 hat das BVerfG eine Vergleichbarkeit von Gesellschaften aus EU-Mitgliedstaaten mit US-amerikanischen Gesellschaften unter Hinweis auf die „Ausgestaltung der Europäischen Union als hochintegrierten Staatenverbund" abgelehnt[666]. Der Entscheidung liegt die nicht unmittelbar mit der vorliegenden Fallgestaltung vergleichbare Frage der Ausdehnung des Grundrechtsschutzes auf US-amerikanische Gesellschaften unter Hinweis auf die Regelungen des FHSV zugrunde. Während das BVerfG in einer Entscheidung[667] vom 19. Juli 2011 eine Ausdehnung der Grundrechtsfähigkeit auf Gesellschaften aus EU-Mitgliedstaaten angenommen hatte, hat es diese nun für US-amerikanische Gesellschaften abgelehnt. In der knappen Begründung wird darauf hingewiesen, dass die Grundrechtsfähigkeit europäischer Gesellschaften Folge der „europäischen Vertrags- und Rechtsentwicklung" und der engen rechtlichen Verzahnung der Mitgliedstaaten ist. Da es im Verhältnis zwischen Deutschland und den USA an einer entsprechenden engen Verbundenheit fehlt, ist für eine entsprechende Anwendung des Beschlusses vom 19. Juli 2011 kein Raum. Die vorgenannte Entscheidung kann zwar nicht unmittelbar Bedeutung für die Frage der Anwendung der gemeinschaftrechtlichen Niederlassungsfreiheit auf US-amerikanische Gesellschaften erlangen, da das BVerfG im Kern über eine Auslegung des Grundgesetzes zu entscheiden hatte[668]. Ihr lässt sich jedoch zumindest als Indiz entnehmen, dass das BVerfG grundsätzlich nicht bereit ist, US-amerikanischen Gesellschaften auf Grundlage des FHSV eine ähnliche Behandlung zukommen zu lassen wie Gesellschaften aus EU-Mitgliedstaaten. Insbesondere deutet die Entscheidung darauf hin, dass die Intensität der Staatenintegration in der EU sich auf Fragen der Vergleichbarkeit gesellschaftrechtlicher Sachverhalte auswirkt.

---

665 OVG Münster, Urt. v. 30. September 2004 - 14 A 1937/99 = NJOZ 2005, 4661, 4662; VGH Kassel, Beschl. v. 05. Februar 2004 - 9 TG 2664/03 = InfAuslR 2004, 185.

666 BVerfG, Beschl. v. 27. Juni 2018 – 2 BvR 1287/17 = BB 2018, 1679, 1680.

667 BVerfG, Beschl. v. 19. Juli 2011 – 1 BvR 1916/09 = RIW 2011, 857, 861.

668 Vgl. hierzu auch die Ausführungen von *Kruchen*, AG 2018, 616, 618.

(viii) Zwischenergebnis

Der von der Errichtung der Europäischen Union geprägte Sachverhalt der Niederlassung einer EU-Auslandsgesellschaft stellt sich daher nicht als gleichartig zu den tatsächlichen Umständen der Niederlassung einer sich außerhalb einer Integrationsgemeinschaft befindlichen Drittstaatengesellschaft ohne vergleichbare Verflechtungen mit Deutschland dar. Die ursprünglich im Rahmen des TTIP geplanten wirtschaftlichen Verflechtungen zwischen den USA und der Europäischen Union sind ausgeblieben. Das im Rahmen einer Anwendung der Meistbegünstigungsregelung nach Art. VII Abs. 4, XXV Abs. 4 FHSV notwendige Erfordernis gleichartiger Voraussetzungen liegt somit nicht vor. US-amerikanischen Gesellschaft kommt daher über die Meistbegünstigungsregelungen des FHSV keine entsprechende Behandlung nach Maßgabe der Niederlassungsfreiheit der Art. 49, 54 AEUV und der daraus abgeleiteten Gründungstheorie zu.

III. Mittelbare Anwendung der Grundsätze der Rechtsprechung des EuGHs zur Niederlassungsfreiheit

Zum Teil wird angedacht, die der Rechtsprechung des EuGH mit Bezug auf die Niederlassungsfreiheit zugrunde liegenden Wertungen, unabhängig von Meistbegünstigungsregelungen, auf die in Verträgen mit Drittstaaten vereinbarte Niederlassungsfreiheit anzuwenden[669]. Grundlegend ist hierbei das Urteil des 8. Zivilsenats des BGH vom 29. Januar 2003, in dem für eine in dem US-Bundesstaat Florida gegründete Aktiengesellschaft mit effektivem Verwaltungssitz in Deutschland aufgrund der Regelungen des FHSV die Gründungstheorie für anwendbar befunden wird. Dabei wird insbesondere unter Berücksichtigung der in Art. VII FHSV festgeschriebenen Niederlassungsfreiheit die Anerkennung der Rechts- und Parteifähigkeit festgestellt. Von besonderer Bedeutung ist, dass der BGH hier nicht nur auf die Niederlassungsfreiheit des Art. VII FHSV abstellt, sondern zudem auf das *Überseering*-Urteil des EuGHs verweist. Die darin zum Ausdruck kommende Übertragung der unionsrechtlichen Auslegung der Niederlassungsfreiheit wurde anderthalb Jahre später in dem Urteil[670] vom 5. Juli 2004 des 2. Zivilsenats des BGH ausdrücklich bestätigt. Der Entscheidung liegt ein Haftungsfall einer im US-Bundesstaat Delaware gegründeten Gesellschaft mit effektivem Verwaltungssitz in Deutschland zugrunde. Die Anwendung der

---

669 BGH, Urt. v. 05. Juli 2004 - II ZR 389/02; BGH, Urt. v. 29. Januar 2003 - VIII ZR 155/02; *Weigell*, IStR 2006, 190, 192.

670 BGH, Urt. v. 05. Juli 2004 - II ZR 389/02.

Gründungstheorie wird dort unter anderem als Konsequenz der Niederlassungsfreiheit des Art. VII FHSV bezeichnet. Sodann stellt der Senat hierzu fest:

> Insofern gilt hier ähnliches wie im Geltungsbereich der Niederlassungsfreiheit gemäß Art. 43 und 48 EGV (dazu EuGH, Urt. v. 5. November 2002 - Rs C-208/00 „Überseering" [...]): Die in einem Vertragsstaat nach dessen Vorschriften wirksam gegründete Gesellschaft ist in einem anderen Vertragsstaat - unabhängig von dem Ort ihres tatsächlichen Verwaltungssitzes - in der Rechtsform anzuerkennen, in der sie gegründet wurde (BGHZ 153, 353, 356 f. [...]).

Kurze Zeit darauf entschied der 1. Zivilsenat des BGH unter Verweisung auf die beiden vorgenannten Urteile, dass sich das Gesellschaftsstatut im Rahmen des FHSV für eine nach kalifornischem Recht gegründete Gesellschaft mit effektivem Verwaltungssitz in Deutschland nach der Gründungstheorie richte[671]. Diese Entscheidung enthält zwar neben der Verweisung auf vorangegangene BGH-Rechtsprechung keine weiteren Ausführungen zu einer Berücksichtigung der Niederlassungsfreiheit, stellt aber klar, dass die Gründungstheorie das gesamte Personalstatut der US-amerikanischen Gesellschaft umfassen soll.

Eine Angabe der juristischen Grundlage für die Übertragung der Wertungen der EuGH-Rechtsprechung ist keinem der Urteile zu entnehmen. Insbesondere ist den Entscheidungen nicht zu entnehmen, ob der BGH meint, die *Überseering*-Rechtssätze seien verpflichtend für jede Auslegung des Begriffs der Niederlassungsfreiheit oder ob er, losgelöst von der unionsrechtlichen Pflicht, die Niederlassungsfreiheit nunmehr aus autonomen Gründen in vergleichbarer Weise auslegt. Jedenfalls bezieht sich die BGH-Rechtsprechung aber konkret auf die entsprechenden EuGH-Urteile zur Niederlassungsfreiheit bei Zuzugsfällen und geht somit von einer vergleichbaren rechtlichen Situation aus. Eine eigenständige Auslegung des Begriffs der Niederlassungsfreiheit erfolgt nicht.

Eine solche Übertragung unionsrechtlicher Wertungen auf den FHSV ist jedoch abzulehnen. Weder lässt sich die unionsrechtliche Niederlassungsfreiheit mit der Niederlassungsfreiheit nach Art. VII Abs. 1 FHSV vergleichen noch dürfte man bei hypothetischer Vergleichbarkeit eine Auslegung durch den EuGH auf den Staatsvertrag zwischen Deutschland und den USA anwenden. Wie bereits dargelegt, lässt sich die europarechtliche Niederlassungsfreiheit nicht losgelöst von ihrem Kontext einer supranationalen Integrationsgemeinschaft verstehen[672]. Gerade auch die Rechtsprechung des EuGHs als Instrument der Rechtsanwendungskonkretisierung und -harmonisierung ist in ihrer verpflichtenden Wirkung nur aus der Struktur der Europäischen Union heraus verständlich.

671 BGH, Urt. v. 13. Oktober 2004 - I ZR 245/01.

672 S. oben unter B., III., 2., b. und B., VI., 2., b., ee.

Die Niederlassungsfreiheit ist im Zusammenhang mit der übrigen Verteilung und Festsetzung von Kompetenzen und Freiheiten innerhalb der europäischen Union zu sehen und bildet nur im Kontext dieser Regelungen, wie beispielsweise auch der Systematik von Rechtfertigungsgründen, ein sinnvolles Ganzes[673]. Aus diesem Zusammenhang der Bestimmungen kann die Niederlassungsfreiheit nicht zum Zwecke der Bildung eines Vergleichsobjekts isoliert herausgerissen werden.

Zudem hat die Vorlage der *Überseering*-Rechtssache des BGH zum EuGH deutlich gemacht, dass der BGH die Niederlassungsfreiheit nicht in einer Weise interpretiert, die der Anwendung der Sitztheorie zuwiderläuft[674]. Der Umstand, dass die deutsche Rechtsprechung in den der *Überseering*-Entscheidung nachfolgenden Verfahren im Verhältnis zu Gesellschaften anderer Mitgliedstaaten die Gründungstheorie anwendet, ist somit allein auf die für deutsche Gerichte verbindliche Rechtsprechung des EuGHs zurückzuführen. Eine solche Auslegung hat allerdings nur Auswirkungen auf das Verhältnis zwischen den Mitgliedstaaten. Schließlich gestattet es schon das Völkerrecht nicht, die EuGH-Rechtsprechung unbesehen auf die Niederlassungsfreiheit in Art. VII FHSV anzuwenden. Die Bestimmungen eines Staatsvertrages müssen zunächst vertragsautonom interpretiert werden[675]. Die Niederlassungsfreiheit des Art. VII FHSV muss demnach aus sich selbst heraus oder nach Maßgabe vertragsspezifischer Definitionen ausgelegt werden. Erst wenn dies nicht möglich ist, kann überhaupt auf die der Begrifflichkeit sonst üblicherweise zukommende Bedeutung zurückgegriffen werden. Da der BGH bis zu dem *Überseering*-Urteil davon überzeugt war, dass die Niederlassungsfreiheit mit der Sitztheorie vereinbar ist, ist es nicht möglich auf *Überseering* als Beispiel für eine schon immer innerhalb Deutschlands geltende Rechtsüberzeugung zu verweisen.

Im Ergebnis ist es daher nicht möglich, die Grundsätze der EuGH-Rechtsprechung zur Niederlassungsfreiheit auf den Staatsvertrag zwischen den USA und Deutschland anzuwenden. Es verbleibt daher bei der Anwendung der Gründungstheorie nur für das Rechts-, Geschäfts- und Handlungsfähigkeitsstatut und damit bei der Anwendung nationaler Kollisionsregelungen für das restliche Gesellschaftsstatut.

---

673 OVG Münster, Urt. v. 30. September 2004 - 14 A 1937/99; VGH Kassel, Beschl. v. 05. Februar 2004 - 9 TG 2664/03; vgl. hierzu auch *Schurig* in FS Hay, S. 369, 377 f.

674 Vgl. die vom EuGH dargestellten Anmerkungen der deutschen Regierung zur Vereinbarkeit von Sitztheorie und Niederlassungsfreiheit in den Rn. 26, 30 der *Überseering*-Entscheidung, *EuGH*, Urt. v. 05. November 2002 - Rs. C-208/00, *Überseering*, Slg. 2002, I-9919.

675 Vgl. zu der Auslegungsmethodik für völkerrechtliche Verträge oben unter B., II., 2.

D. Beschränkung der Anwendung US-amerikanischen Gesellschaftsrechts in Deutschland

Die Teilanwendung US-amerikanischen Gesellschaftsrechts auf US-amerikanische Gesellschaften in Deutschland eröffnet die Frage, ob es Möglichkeiten der Abwehr solcher Normen gibt, die gegen deutsche Schutzinteressen von besonderer Bedeutung verstoßen. Ebenfalls fragt sich, ob die Kollisionsregel des Art. XXV Abs. 5 S. 2 FHSV auch solchen Gesellschaften zugutekommen soll, die nur zum Zweck der Anwendung US-amerikanischen Rechts auf ihre Rechtsfähigkeit in den USA gegründet werden, sonst aber ausschließlich in Deutschland geschäftlich tätig sind. Diesen Fragen kommt erhöhte Bedeutung zu, wenn Art. XXV Abs. 5 S. 2 FHSV, entgegen dem Ergebnis der vorliegenden Arbeit, als eine kollisionsrechtliche Regelung des gesamten Gesellschaftsstatuts einzuordnen ist. Dabei kommen mehrere Möglichkeiten in Betracht, die Anwendung US-amerikanischen Gesellschaftsrecht zu beschränken oder zu einer vorrangigen Anwendung deutschen Rechts zu gelangen. Im Folgenden wird zunächst das Vorhandensein eines vertragsimmanenten *ordre public* und die Anwendbarkeit des nationalen *ordre public* gemäß Art. 6 EGBGB sowie ein damit möglicherweise zusammenhängendes Rechtsmissbrauchsverbot geprüft. Sodann wird sich die vorliegende Arbeit mit den Konsequenzen des Fehlens einer tatsächlichen Verbindung zum Gründungsstaat, dem völkerrechtlichen *genuine link*-Prinzip, beschäftigen. Abschließend wird zu untersuchen sein, ob die Nichtanerkennung einer US-amerikanischen Gesellschaft nach hypothetischem US-Gesellschaftskollisionsrecht eine Nichtanerkennung dieser Gesellschaft in Deutschland rechtfertigen würde.

I. *Ordre Public*

Der Begriff des *ordre public* bezeichnet eine Vorschrift, nach deren Maßgabe die Anwendung des ausländischen Rechts nicht gegen grundsätzliche Rechtsprinzipien des inländischen Rechts verstoßen darf. Als Ergebniskontrolle der Anwendung fremder Rechtsnormen sichert dieses Rechtsinstitut die Grundwertungen der nationalen Rechtsordnung[676]. Wenn im Rahmen der Anwendung des FHSV

676 *Lorenz* in BeckOK, BGB, EGBGB, Art. 6, Rn. 1; *v. Hein* in MüKo, BGB, EGBGB, Art. 6, Rn. 1.

der *ordre public* zu beachten wäre, würde sich die Frage stellen, ob die Anerkennung von Rechts-, Geschäfts- und Handlungsfähigkeit nach US-amerikanischem Recht gegen wesentliche Grundsätze der deutschen Rechtsordnung verstößt. Solche könnten möglicherweise in der Voraussetzung eines festen Mindestkapitals für die Kapitalgesellschaftsgründung oder in einzelnen Mitbestimmungsregelungen liegen. Die Rechtsgrundlage eines *ordre public* könnte entweder dem Staatsvertrag selbst oder, unter Umständen, auch dem nationalen Recht zu entnehmen sein. Der FHSV enthält jedoch keine solche Vorbehaltsklausel[677]. Insbesondere kann eine solche nicht aus Klausel Nr. 9 des Protokolls zum FHSV gezogen werden, nach der trotz der Vorschrift des Art. VII FHSV die Vertragspartner Gesellschaften des anderen Vertragsteils dann nicht zum inländischen Gewerbebetrieb zulassen müssen, wenn diese nicht die entsprechenden inländischen Vorschriften erfüllen. Zum einen bezieht sich diese Regelung nämlich allein auf zulassungsrechtliche Fragen wie beispielsweise die Anforderungen der Gewerbeordnung. Zum anderen ist Art. VII FHSV aber auch fremdenrechtlicher Natur, sodass Voraussetzungen, die dessen Regelungsbereich begrenzen, ohnehin nicht dem kollisionsrechtlichen *ordre public* entstammen können[678].

Da der FHSV somit keine eigene Vorbehaltsklausel enthält, kommt eine Anwendung des deutschen *ordre public* aus Art. 6 EGBGB in Betracht. Zunächst ist dabei allerdings zu prüfen, ob diese Regelung des nationalen Kollisionsrechts im Anwendungsbereich des FHSV überhaupt Geltung beanspruchen kann. Mangels einer konkreten Regelung dieser Frage durch den Staatsvertrag ist durch Auslegung zu ermitteln, ob die Vertragsparteien die Anwendung nationaler Vorbehaltsklauseln generell ausschließen wollten oder ob diese gestattet ist[679]. Grundsätzlich gilt, dass die Anwendung des nationalen *ordre public* auf das Ergebnis staatsvertraglicher Kollisionsnormen ausgeschlossen ist, wenn keine anderweitige Vereinbarung getroffen wurde[680]. Denn die Vertragsparteien bezwecken mit ihrer individualvertraglichen Regelung gerade eine eindeutige Festsetzung des Kollisionsrechts zwischen den Parteien und, damit einhergehend, auch Rechtssicherheit in Bezug auf das anwendbare materielle Recht. Dem würde es entgegenstehen, wenn unbenannte Grundsätze des nationalen Rechts, die für die Vertragspartner im Einzelnen nicht ohne weiteres absehbar sind, zur Anwendung

---

677 *Ebenroth/Bippus*, DB 1988, 842, 847; *Kindler* in MüKo, BGB, IntGesR, Rn. 346; *Spahlinger/Wegen*, Internationales Gesellschaftsrecht, Rn. 244.

678 *Kindler* in MüKo, BGB, IntGesR, Rn. 346.

679 *Ebenroth/Bippus*, DB 1988, 842, 847; *Sonnenberger* in MüKo, Art. 6 Rn. 29; *Looschelders*, IPR, S. 103; *Staudinger/Blumenwitz* (1996) Rn. 52 f.

680 *Lorenz* in BeckOK, BGB, EGBGB, Art. 6, Rn. 7.

gelangten. Daher kann auch im Rahmen des FHSV der Art. 6 EGBGB nicht zur Anwendung gelangen.

Zum Teil wird allerdings die Auffassung vertreten, dass der Staatsvertrag eine stillschweigende Vorbehaltsklausel auf "niedrigster Stufe" enthalte[681]. Hiernach soll die gemeinsame Schnittmenge des deutschen und des US-amerikanischen *ordre public* als vereinbart gelten[682]. Dies wird mit dem Zweck des Staatsvertrages begründet, demzufolge es gerade darum ginge, Widersprüchlichkeiten abzuschaffen, aber sich gleichendes Recht im Zweifel bestehen zu lassen. Als Inhalt eines solchen gemeinsamen *ordre public* wird das Rechtsmissbrauchsverbot eingeordnet, das sowohl in den USA als auch in Deutschland verankert sein soll. Dem Verbot zufolge soll dann die Anwendung einer Norm zurückstehen müssen, wenn diese missbräuchlich durch die natürliche oder juristische Person genutzt wird. Nach den Vertretern dieser Auffassung kann einer Gesellschaft aufgrund des gemeinsamen *ordre public* dann die Anerkennung versagt werden, wenn sie sich ausschließlich zur Ausnutzung des "liberalen bis laxen" US-amerikanischen Gesellschaftsrechts dort in einem Bundesstaat gründen, aber nachfolgend ausschließlich in Deutschland geschäftlich tätig sind. In der US-amerikanischen Literatur sei dann von sog. *pseudo-foreign corporations* die Rede[683].

Diese Ansicht kann jedoch aus einer Reihe von Gründen nicht überzeugen. So ist das Rechtsmissbrauchsverbot im deutschen Kollisionsrecht richtigerweise aus dem gesetzlich nicht normierten Verbot der Gesetzesumgehung abzuleiten[684]. Selbst wenn man es aber im Rahmen des *ordre public* anwendete[685], müsste man jedenfalls den Ausnahmecharakter der Regelung berücksichtigen, denn nicht jede bewusste Herbeiführung von Anknüpfungstatsachen zur Erwirkung der Anwendbarkeit einer Rechtsordnung erfüllt den Tatbestand der Gesetzesumgehung[686].

---

681 *Ebenroth/Bippus*, DB 1988, 842, 847; *Ebenroth/Kemner/Willburger*, ZIP 1995, 972, 975.

682 Ähnlich dem deutschen internationalen Privatrecht sind die vom *ordre public* beinhalteten nationalen Regelungen auch im US-amerikanischen Kollisionsrecht nicht klar umrissen, „the unruly horse of public policy". Vgl. *Ailes*, Mich. L. Rev. 39 (1941), 392, 417.

683 Zu alldem *Ebenroth/Bippus*, DB 1988, 842, 847.

684 *Kaulen*, Anerkennung von Gesellschaften, S. 331; *Lorenz* in BeckOK, BGB, EGBGB, Einl. IPR, Rn. 75; *v. Hein* in MüKo, BGB, EGBGB, Einl. IPR, Rn. 282.

685 Dies entspricht der deutschen Rechtsprechungspraxis, vgl. *v. Hein* in MüKo, BGB, EGBGB, Einl. IPR, Rn. 282.

686 Vgl. z. B. BGH, Urt. v. 04. Juni 1971 - IV ZR 97/70, zu dem bewusst herbeigeführten Wechsel der Staatsangehörigkeit zum Zweck der Anwendbarkeit deutschen Familienrechts.

Grundsätzlich muss sich der deutsche Staat an solchen Anknüpfungsmomenten, die er selbst geschaffen hat und deren Ausnutzung ihm bewusst sein musste, auch festhalten lassen[687]. Zusätzlich müssen besonders missbräuchliche Umstände neben der reinen Umgehungsintention hinzukommen. Solche sind bei der reinen Gründung in einem Drittstaat im Zweifel eher abzulehnen. Vergleichsweise selten ist daher auch die gegenwärtige Anwendung des Rechtsmissbrauchsverbots in der Rechtsprechungspraxis[688] und ein entsprechend geringer Anwendungsbereich kann diesem Verbot auch nur im Rahmen eines gemeinsamen *ordre public* zukommen. Aber auch auf US-amerikanischer Seite besteht kein Rechtsmissbrauchsverbot im Rahmen eines *ordre public*. Generell schon zeugt das System des einzelbundesstaatlichen Gesellschaftsrechts in Kombination mit der Gründungstheorie davon, dass die Ausnutzung eines günstigen Gesellschaftsrechts durch entsprechende Gründung in einem der vorteilhaften US-Bundesstaaten geduldet wird[689]. Die *pseudo-foreign corporations* und entsprechende Gesetzesvorschriften, die auf diese Gesellschaften überlagernd innerstaatliches Gesellschaftsrecht anwenden, stellen eine Ausnahme im US-amerikanischen Recht dar und haben in erster Linie im Recht der US-Bundesstaaten Kalifornien und New York Bedeutung erlangt[690]. Das von Vertretern einer gegenteiligen Ansicht häufig zitierte Grundsatzurteil[691] *Western Air Lines, Inc. v. Sobieski* hat zwar die *pseudo-foreign corporations doctrine* entscheidend geprägt, wurde aber durch ein kalifornisches Gericht entschieden und hat somit keine Wirkung für die gesellschaftskollisionsrechtlichen Entscheidungen anderer US-Bundesstaaten. Die überwiegende Mehrheit aller US-Bundesstaaten gestattet jedoch die Wahl eines günstigen Gesellschaftsrechts. Die mehrheitliche Überzeugung zeigt sich bereits darin, dass die *pseudo-foreign statutes* verfassungsrechtlich umstritten sind und insbesondere unter Bezugnahme auf die durch den *commerce clause*

---

687 *Lorenz* in BeckOK, BGB, EGBGB, Einl. IPR, Rn. 75; *v. Hein* in MüKo, BGB, EGBGB, Einl. IPR, Rn. 282.

688 *Lorenz* in BeckOK, BGB, EGBGB, Einl. IPR, Rn. 75.

689 *Dammann*, RabelsZ 68 (2004), 607, 648.

690 Vgl. bspw. NY Bus. Corp. L. § 1317 und Sec. 2115 Cal. Corp. Code.

691 *Western Air Lines, Inc. v. Sobieski*, 191 Cal. App. 2nd. 399 (1961). In dieser Entscheidung wurde eine ehemalig kalifornische Gesellschaft in Delaware neu gegründet und kalifornische Gerichte wendeten dennoch kalifornisches Recht aufgrund der überwiegenden Verbindung der Gesellschaft zu Kalifornien an, s. hierzu die Besprechung von *Buxbaum*, Calif. L. Rev. 75 (1987), 29, 41 f.

gewährten Freiheiten angegriffen werden[692]. Selbst wenn es also ein Rechtsmissbrauchsverbot im Rahmen eines US-amerikanischen *ordre public* gäbe, würde wohl jedenfalls die bewusste Ausnutzung der Anknüpfung an den Gründungsort nicht darunter fallen[693].

Zudem wird im Rahmen der *pseudo-foreign corporations* Lehre bzw. den entsprechenden Gesetzen ohnehin nur bestimmten, auf die Innenverhältnisse einer Gesellschaft anwendbaren Regelungen des inländischen Rechts zur Anwendung verholfen. Die Rechts-, Geschäfts- und Handlungsfähigkeit, auf die es im Rahmen des FHSV nach den Ergebnissen dieser Arbeit einzig ankommt, wird von dieser Lehre jedoch nicht berührt[694]. Auch wenn daher die Gerichte eines US-Bundesstaates im konkreten Fall eine Gesellschaftsgründung als rechtsmissbräuchlich einordnen würden, hätte dies keine Konsequenzen für ihre Anerkennung der Rechtsfähigkeit der fremden Gesellschaft.

Schließlich bedarf es aber auch für eine stillschweigende *ordre public*-Vereinbarung im Rahmen des FHSV mehr als nur die Annahme, dass die Vertragsparteien wohl kaum Gemeinsamkeiten würden abschaffen wollen[695]. Immerhin haben diese Parteien eine klare Regelung zugunsten der Anknüpfung an die Gründungstheorie getroffen und hätten, wie beispielsweise in Art. XV Abs. 2 S. 1 Niederlassungsvertrag[696] zwischen der Bundesrepublik Deutschland und Spanien vorgesehen, eine Vorbehaltsklausel einfügen können. Nach alldem ist für die Annahme eines stillschweigend vereinbarten *ordre public*-Vorbehalts in Form einer Missbrauchskontrolle kein Raum mehr.

II. *Genuine link*-Erfordernis

In Rechtsprechung und Literatur wird zudem diskutiert, einer US-amerikanischen Gesellschaft dann die Anerkennung zu versagen, wenn sie keinerlei

---

692 *Horowitz*, Harv. L. Rev. 84 (1971), 806, 818 ff.; *Kruse*, San Diego L. Rev. 16 (1979), 943 ff.; *Rubenfeld*, 36 Clev. St. L. Rev. 355 (1988), mit Erläuterungen der US-amerikanischen Rechtsprechung hierzu. Der *commerce clause* ist in Art. I Sec. 8 (3) der *US Constitution* normiert und gewährt dem *US Congress* das Recht, den Geschäftsverkehr zwischen Staaten zu regulieren.

693 *Spahlinger/Wegen*, Internationales Gesellschaftsrecht, Rn. 245.

694 *Bungert*, ZVglRWiss 93 (1994), 117, 148; *Sandrock*, RabelsZ 42 (1978), 227, 246.

695 *Dammann*, RabelsZ 68 (2004), 607, 647 f.

696 Niederlassungsvertrag zwischen der Bundesrepublik Deutschland und dem Spanischen Staat vom 23. April 1970, BGBl. 1972 II S. 1041.

Verbindungspunkte im Sinne eines sog. *genuine link* zu dem Staat ihrer Gründung aufweist[697]. Das *genuine link*-Prinzip entstammt dem Völkerrecht und beruht maßgeblich auf der Rechtsprechung des Internationalen Gerichtshofes zu den Mindestanforderungen einer tatsächlichen Verbindung im Rahmen der Staatsangehörigkeit. Inhaltlich geht es dabei vorliegend um die Frage, ob sich eine US-amerikanische Gesellschaft nur dann auf die Anknüpfung des Art. XXV Abs. 5 S. 2 FHSV an das Recht ihres Gründungsstaates berufen darf, wenn sie auch tatsächliche, über die Gründung hinausgehende Beziehungen zu diesem Staat unterhält. Umstritten ist jedoch nicht nur die konkrete Herleitung des Prinzips und seine Verbindlichkeit im Völkerrecht, sondern auch seine Erstreckung auf Gesellschaften und die Anwendbarkeit neben staatsvertraglichen Regelungen. Nach einer Prüfung und Darstellung seiner Rechtsnatur und der Rechtsgrundlage, aus der sich das Prinzip entwickelt hat, muss daher weiterhin geprüft werden, inwieweit der *genuine link*-Grundsatz auch im Rahmen des Staatsvertrages zwischen Deutschland und den USA angewendet werden kann. Erst wenn sich das Erfordernis einer tatsächlichen Verbindung zwischen einer Gesellschaft und ihrem Gründungsstaat als völkerrechtlich verbindlich und auch konkret anwendbar darstellt, kann in einem letzten Schritt dessen Rechtsfolgen in Bezug auf ausländische Gesellschaften untersucht werden.

1. Rechtsgrundlage und Rechtsnatur des *genuine link*-Prinzips

Das *genuine link*-Gebot wird als ein allgemeines Prinzip des Völkerrechts mit die grenzüberschreitende Hoheitsausübung begrenzender Wirkung bezeichnet. Zwischen einem jeden Auslandssachverhalt und dem Staat, der diesen gesetzlich regelt, soll hiernach eine tatsächliche Verknüpfung vorliegen müssen, um das grenzüberschreitende Tätigwerden des Staates zu rechtfertigen[698]. Nach umstrittener Ansicht kann das *genuine link*-Erfordernis dabei als Völkergewohnheitsrecht i. S. v. Art. 38 Abs. 1 b) IGH-Statut begriffen werden, d. h. als ungeschriebenes Recht, das aus der ständigen Übung bzw. Anwendung dieses Rechtssatzes in Verbindung mit der allgemeinen Überzeugung der Völkerrechtsgelehrten und Staaten resultiert, dass es sich bei diesem angewandten Rechtssatz tatsächlich um geltendes Recht handelt. Das *genuine link*-Prinzip hat demnach dann

---

697 BGH, Urt. v. 13. Oktober 2004 - I ZR 245/01; OLG Naumburg, Urt. v. 19. Dezember 1995 - 7 U 146/95; OLG Düsseldorf, Urt. v. 15. Dezember 1994 - 6 U 59/94; *Bausback*, DNotZ 1996, 254, 258; *Dammann*, RabelsZ 68 (2004), 607, 644 ff.; Ebke, RIW 2004, 740, 743; *Kindler* in MüKo, IntGesR, Rn. 342 ff.; *Paal* RIW 2005, 735.

698 *Ipsen*, Völkerrecht, S. 320.

völkergewohnheitsrechtlichen Charakter, wenn es von der Weltgemeinschaft umfassend angewendet wird und dabei generell Einigkeit über die Rechtsverbindlichkeit des Prinzips herrscht. Einer eher selten vertretenen Meinung zufolge stellt das Kriterium jedoch einen von den Staaten anerkannten allgemeinen Rechtssatz i. S. v. Art. 38 Abs. 1 c) IGH-Statut dar, d. h. einen Rechtssatz, der weltweit in verschiedenen Rechtskreisen bekannt und akzeptiert ist. Ein „*von den Kulturvölkern anerkannter allgemeiner Rechtsgrundsatz*" lässt sich als ein Rechtssatz beschreiben, der sich in den meisten nationalen Rechtsordnungen wiederfinden lässt und der aufgrund dieser Tatsache universelle Gültigkeit erlangt[699]. Die Abgrenzung dieser beiden Quellen des Völkerrechts ist nicht immer eindeutig, da beiden das Element staatlicher Kenntnis und staatlicher Nutzung eines Rechtssatzes gemein ist. Zudem gibt es Meinungen, denen zufolge eine Einordnung des *genuine link*-Prinzips als auch auf Gesellschaften anwendbares, verbindliches Völkerrecht zweifelhaft ist. Im Folgenden wird daher untersucht, ob sich eine entsprechende Übung und Rechtsüberzeugung mit Blick auf das *genuine link*-Prinzip oder das Bestehen des Prinzips als anerkannter allgemeiner Rechtsgrundsatz nachweisen lässt. Dafür ist insbesondere die Rechtsprechung auf internationaler Ebene wie auch, als zusätzliches Indiz, die Rechtsprechung in den beiden Vertragsstaaten des FHSV auszuwerten. In der Rechtsprechung trat das *genuine link*-Prinzip erstmals in den fünfziger Jahren in Zusammenhang mit dem *Nottebohm*-Urteil[700] des Internationalen Gerichtshofes in Erscheinung.

a. Das Nottebohm-Urteil

Dem Internationalen Gerichtshof war die Frage vorgelegt worden, ob das Fürstentum Liechtenstein, dem *Friedrich Nottebohm* zum Zeitpunkt der Gerichtsverhandlung bereits etliche Jahre als Staatsangehöriger angehörte, gegenüber Guatemala, in dem sich Nottebohm im Jahr 1905 niedergelassen hatte, diplomatischen Schutz zugunsten Nottebohms geltend machen durfte. Nottebohm war bis zu der Annahme der Staatsangehörigkeit Liechtensteins deutscher Staatsangehöriger. Guatemala hatte Konfiskationsmaßnahmen im Rahmen des zweiten Weltkriegs getroffen, die sich vor allem auf die Güter der Staatsangehörigen befeindeter Staaten bezogen. Da Guatemala den Alliierten beigetreten war, wurde Nottebohm Opfer der angeordneten Maßnahmen. Liechtenstein, dessen Staatsangehörigkeit Nottebohm faktisch durch Geldzahlungen erlangt hatte, bemühte sich um eine Rückgabe der beschlagnahmten Güter unter Bezugnahme auf die

699 *Hobe*, Völkerrecht, Kap. 3, S. 171 f.

700 *Nottebohm* (Liechtenstein v. Guatemala), I.C.J. Reports 1955, 4.

gegenwärtige liechtensteinische Staatsangehörigkeit Nottebohms. Der Internationale Gerichtshof lehnte die Gewährung diplomatischen Schutzes ab. Er unterschied in seinem Urteil grundsätzlich zwischen Fragen der Staatsangehörigkeit, die einem jeden Staat individuell zu regeln belassen sind, und Fragen des diplomatischen Schutzes, die in den Bereich des Völkerrechts fallen. Für letztere sei die Staatsangehörigkeit zwar Voraussetzung, genüge jedoch nicht. Zusätzlich sei eine *genuine connection*, d. h. eine tatsächliche Beziehung zwischen der natürlichen Person und dem Staat zu fordern[701]. Da der internationale Gerichtshof die Beziehung zwischen Nottebohm und Lichtenstein für nicht intensiv genug erachtete, versagte er ihm auf Grund des Fehlens eines *genuine link* die Geltendmachung diplomatischen Schutzes. Den Formulierungen des Urteils zufolge, betrachtete der Gerichtshof das *genuine link*-Prinzip dabei als einen völkergewohnheitsrechtlichen Grundsatz, der dem Rechtsinstitut der Staatszugehörigkeit innewohnt. Die Entscheidung bezieht sich ausdrücklich darauf, dass sich das Erfordernis dieser tatsächlichen Verbindung der Übung der Staaten, den Urteilen von Gerichten und Schiedsgerichten sowie der Auffassung des Schrifttums entnehmen lässt[702]. In der Literatur ist jedoch durchaus umstritten, ob das Erfordernis einer effektiven Verbindung völkergewohnheitsrechtlichen Charakter hat[703]. Zu Recht wird teilweise

701 "*The requirement that such a concordance must exist is to be found in the studies carried on in the course of the last thirty years upon the initiative and under the auspices of the League of Nations and the United Nations. [...] In the same spirit, Article 5 of the Convention refers to criteria of the individual's genuine connections for the purpose of resolving questions of dual nationality which arise in third States. According to the practice of States, to arbitral and judicial decisions and to the opinions of writers, nationality is a legal bond having as its basis a social fact of attachment, a genuine connection of existence, interests and sentiments, together with the existence of reciprocal rights and duties. It may be said to constitute the juridical expression of the fact that the individual upon whom it is conferred, either directly by the law or as the result of an act of the authorities, is in fact more closely connected with the population of the State conferring nationality than with that of any other State. Conferred by a State, it only entitles that State to exercise protection vis-à-vis another State, if it constitutes a translation into juridical terms of the indiyidual's connection with the State which has made him its national.*", *Nottebohm* (Liechtenstein v. Guatemala), I.C.J. Reports 1955, 4, 23 (Judgment).

702 S. in der vorangegangenen Fußnote.

703 Zugunsten einer gewohnheitsrechtlichen Einordnung aufgrund des *Nottebohm*-Urteils s. *Graf Vitzthum/Proelß*, Völkerrecht, 3. Abschnitt, Rn. 107 (vgl. allerdings auch Rn. 119); gegen eine eindeutige Bestätigung der gewohnheitsrechtlichen Natur hierdurch s. *Hobe*, Einführung Völkerrecht, Kap. 2, S. 68; *Ebenroth/Bippus*, DB 1988, 842, 844 m. w. N.

betont, dass der *Nottebohm*-Entscheidung nicht selbst rechtsetzende Wirkung durch die Etablierung eines neuen Rechtsinstituts zukommen kann, sondern die Entscheidung nur bei Nachweis ihrer Spiegelung bestehender Staatenpraxis Bedeutung erlangt[704]. Sollte der Gerichtshof hingegen den Versuch unternehmen, einen neuen Rechtsgedanken einzuführen, so würde das *genuine link*-Prinzip nur dann als gewohnheitsrechtlich anerkannt eingeordnet werden können, wenn die Gerichte anderer Staaten auf dieses Urteil Rückgriff nehmen[705]. Die endgültige Bedeutung der *Nottebohm*-Entscheidung lässt sich somit erst anhand der dem Fall nachfolgenden Entwicklungen beurteilen.

Zudem ergibt sich aus diesem Urteil nicht, ob eine echte Verbindung als Voraussetzung der völkerrechtlichen Anerkennung der Staatsangehörigkeit auch im Rahmen von juristischen Personen, die über eine gewisse Staatszugehörigkeit hinaus keine Staatsangehörigkeit im eigentlichen Sinn aufweisen, Gültigkeit beansprucht. Ein Ansatzpunkt der Diskussion um die Übertragbarkeit der *Nottebohm*-Rechtsprechung auf Gesellschaften ist die umstrittene Rechtsnatur der Staatsangehörigkeit einer Gesellschaft[706]. Da eine Gesellschaft nicht in einer den natürlichen Personen vergleichbaren Weise Staatsangehörigkeit besitzt, bezweifeln manche schon an diesem Punkt die Anwendbarkeit des *genuine link*-Kriteriums für Gesellschaften. Nach anderer Ansicht wird der Rechtssatz als übertragbar empfunden, da der *telos* der Entscheidung, die Beschränkung diplomatischen Schutzes als Konsequenz einer fehlenden Verbindung, auch im Verhältnis zu Gesellschaften auftreten kann[707]. Es ist jedenfalls weit verbreitete Ansicht, dass Gesellschaften, wenngleich sie völkerrechtlich betrachtet nicht die Staatsangehörigkeit eines Staates besitzen können, doch jedenfalls einem Staat zugehörig sind und dass diese Zugehörigkeit ähnlich der Staatsangehörigkeit natürlicher Personen zu behandeln ist[708]. Im Ergebnis sind daher jedoch weitere Hinweise auf eine gewohnheitsrechtliche Geltung wie auch auf eine Übertragbarkeit der Wertungen auf gesellschaftsrechtliche Sachverhalte notwendig.

---

704 *Ebenroth/Bippus*, DB 1988, 842, 845.

705 *Verdross/Simma*, S. 789, § 1194; *Ebenroth/Bippus*, DB 1988, 842, 845.

706 S. nur *Bungert*, WM 1995, 2125, 2128; ders. DB 2003, 1043, 1044.

707 So bspw. *Wengler*, NJW 1970, 1473, 1477; *Großfeld/Erlinghagen*, JZ 1993, 217, 220.

708 *Hobe*, Einführung Völkerrecht, Kap. 2, S. 73 f.; *Stein/von Buttlar/Kotzur*, Völkerrecht, § 17, Rn. 265 und § 34, Rn. 571; *von Arnauld*, Völkerrecht, Rn. 599.

b. Das Barcelona Traction-Urteil

Im *Barcelona Traction*-Fall[709] erlitt die in Kanada gegründete Gesellschaft Barcelona Traction durch angebliche, völkerrechtsverletzende Handlungen spanischer Behörden erhebliche wirtschaftliche Verluste, doch Kanada weigerte sich im Wege des diplomatischen Schutzes gegen Spanien vorzugehen. Sodann legte Belgien, dessen Staatsangehörige etwa 80 % der Gesellschaftsanteile der Barcelona Traction besaßen, gegenüber Spanien Klage vor dem Internationalen Gerichtshof zugunsten der Gesellschafter und der Gesellschaft ein. Der Internationale Gerichtshof lehnte die Vertretung der Gesellschaft durch Belgien ab, da sich die Staatszugehörigkeit einer Gesellschaft allein nach der Gründungstheorie richten würde, nicht jedoch nach der sog. Kontroll-Theorie, die auf die Staatsangehörigkeit der die Gesellschaft kontrollierenden Personen abstellt. Für die Frage der Zuordnung einer Gesellschaft zu einem Staat für Fragen diplomatischen Schutzes hat der Internationale Gerichtshof weiterführend eine analoge Anwendung der Regeln der Ausübung diplomatischen Schutzes zugunsten natürlicher Personen befürwortet, jedoch auch gewisse Einschränkungen erwähnt: „*In allocating corporate entities to States for purposes of diplomatic protection, international law is based, but only to a limited extent, on an analogy with the rules governing the nationality of individuals.*"[710] Hieran anknüpfend stellt sich die Frage, ob das *genuine link*-Erfordernis eingedenk der *Nottebohm*-Entscheidung Teil dieser analog anzuwendenden Regeln ist.

Gewisse Abschnitte der Entscheidung sollen nach einer Ansicht im Schrifttum gegen eine analoge Anwendung sprechen[711]. Diese Ansicht bezieht sich auf den Umstand, dass der Internationale Gerichtshof eine Vergleichbarkeit mit dem *Nottebohm*-Fall ablehnte[712] und zudem urteilte: "*However, in the particular field of the diplomatic protection of corporate entities, no absolute test of the „genuine connection" has found general acceptance. Such tests as have been applied are of a relative nature, and sometimes links with one State have had to be weighed against those with another.*" Untersucht man diese Feststellungen eingehender, zeigt sich allerdings, dass ihnen keine generelle Absage an die

709 *Barcelona Traction, Light and Power, Co.* (Belgium v. Spain); I.C.J. Reports 1970, 3.

710 Barcelona Traction, Light and Power, Co. (Belgium v. Spain), I.C.J. Reports 1970, 3, 170 f.

711 S. hierzu *Schöbener/herbst/Perkams*, Internationales Wirtschaftsrecht, S. 67; *Kaulen*, Anerkennung von Gesellschaften, S. 315 f.

712 Barcelona Traction, Light and Power, Co. (Belgium v. Spain); I.C.J. Reports 1970, 3, 42 f.

Anwendung des *genuine link*-Prinzips auf Gesellschaften zu entnehmen ist[713]. Die fehlende Vergleichbarkeit mit dem *Nottebohm*-Fall wurde allein mit der mangelnden Vergleichbarkeit der tatsächlichen und rechtlichen Aspekte des *Barcelona Traction*-Sachverhaltes begründet.[714] Dies ist keinesfalls gleichzusetzen mit einer Entscheidung über die Nichtanwendbarkeit der *Nottebohm*-Lehre auf juristische Personen. Auch die Feststellung, dass es keinen belastbaren Test für das Vorliegen einer effektiven Verbindung zwischen Gesellschaft und Staat gibt, spricht nicht gegen eine völkergewohnheitsrechtlich anerkannte Notwendigkeit eines *genuine link*. Vielmehr fehlt es nach der Einschätzung des Gerichtshofes lediglich an einer völkerrechtlichen Einigung über die Kriterien, anhand derer eine tatsächliche Beziehung zu dem Staat, der diplomatischen Schutz ausüben will, nachgewiesen werden kann. Dies spricht jedoch nicht zwingend gegen eine generelle Anerkennung der gewohnheitsrechtlichen Geltung des *genuine link*-Prinzips.

Eine *genuine link* freundliche Auslegung wird zudem durch weitere im Rahmen von *Barcelona Traction* getroffene Feststellungen des Internationalen Gerichtshofes belegt. Tatsächlich stellt nämlich eine Analyse der tatsächlichen Verbindung zwischen der Gesellschaft und ihrem Gründungsstaat, d. h. also zwischen Barcelona Traction und Kanada, einen Schwerpunkt der Entscheidung dar[715]. Zwar erläutert der Internationale Gerichtshof auch die Grundregel, nach der es für Zwecke diplomatischen Schutzes maßgeblich auf die Gründung der Gesellschaft ankommt. Gleichzeitig stellt er jedoch auch dar, dass es sich hierbei um eine „althergebrachte“ Regel handelt und dass es auch Staaten gäbe, die darüber

---

713 A. A. *Bungert*, ZvglRWiss 93 (1994), 117, 153.

714 *„However, given both the legal and factual aspects of protection in the present case the Court is of the opinion that there can be no analogy with the issues raised of the decision given in that case.“, Barcelona Traction, Light and Power, Co.* (Belgium v. Spain), I.C.J. Reports 1970, 3, 170 f.

715 *„The traditional rule attributes the right of diplomatic protection of a corporate entity to the State under the laws of which it is incorporated and in whose territory it has its registered office. These two criteria have been confirmed by long practice and by numerous international instruments. This notwithstanding, further or different links are at times said to be required in order that a right of diplomatic protection should exist. Indeed, it has been the practice of some States to give a company incorporated under their law diplomatic protection solely when it has its seat (siège social) or management or centre of control in their territory, or when a majority or a substantial proportion of the shares has been owned by nationals of the State concerned. Only then, it has been held, does there exist between the corporation and the State in question a genuine connection of the kind familiar from other branches of international law.“, Barcelona Traction, Light and Power, Co.* (Belgium v. Spain), I.C.J. Reports 1970, 3, 42 f.

hinaus auch andere Verbindungselemente als Voraussetzung für die Gewährung diplomatischen Schutzes etabliert hätten. Es ist nicht unwahrscheinlich, dass sich der Gerichtshof hiermit auf die Maßgeblichkeit eines *genuine link* im internationalen Seerecht bezieht, das zu diesem Zeitpunkt bereits allgemein bekannt war[716]. Die fehlende Vergleichbarkeit des *Nottebohm*-Falls mit *Barcelona Traction* begründet er sodann mit der eindeutigen Zugehörigkeit der Gesellschaft zu Kanada, nicht aber etwa mit einer fehlenden Verbindung zu Belgien[717]. Dabei wird der kontinuierliche Fortbestand einer engen Verbindung zu Kanada, *close and permanent connection*, ausdrücklich betont.[718] Hieraus kann geschlossen werden, dass das *Barcelona Traction*-Urteil das *genuine link*-Kriterium auch für Gesellschaften für anwendbar erklärt[719]. Die Vergleichbarkeit des Sachverhalts mit der *Nottebohm*-Entscheidung scheiterte hier nämlich lediglich daran, dass Barcelona Traction im Gegensatz zu Nottebohm über gerade nicht zu beanstandende Verbindungen zu dem Staat verfügte, der ihr die Staatszugehörigkeit formal vermittelte. Wäre der Internationale Gerichtshof davon ausgegangen, dass eine echte Verbindung zu dem Staat, der die Staatszugehörigkeit vermittelt, nicht bestehen muss, wäre die Diskussion einer solchen Verbindung der Barcelona Traction Gesellschaft zu Kanada überflüssig gewesen. Die Rechtsprechung des Internationalen Gerichtshofes lässt demnach auf eine völkerrechtliche Verbindlichkeit der Anwendung des *genuine link*-Prinzips auch auf juristische Personen schließen.

---

716 Im internationalen Seerecht ist das Bestehen eines *genuine link* zwischen einem Schiff und dem Staat, unter dessen Flagge es fährt, anerkannte Voraussetzung für die Anerkennung einer entsprechenden Staatszugehörigkeit. S. im Einzelnen hierzu nachfolgend unter D., II., 1., c., cc., (1), (aa).

717 „*In the present case, it is not disputed that the company was incorporated in Canada and has its registered office in that country. The incorporation of the company under the law of Canada was an act of free choice. Not only did the founders of the company seek its incorporation under Canadian law but it has remained under that law for a period of over 50 years. It has maintained in Canada its registered office, its accounts and its share registers. Board meetings were held there for many years; it has been listed in the records of the Canadian tax authorities. Thus a close and permanent connection has been established, fortified by the passage of over half a century. This connection is in no way weakened by the fact that the company engaged from the very outset in commercial activities outside Canada, for that was its declared object. Barcelona Traction's links with Canada are thus manifold.*", *Barcelona Traction, Light and Power Co.* (Belgium v. Spain), I.C.J. Reports 1970, 3, 42, 43.

718 *Graf Vitzthum/Proelß*, Völkerrecht, 3. Abschnitt, Rn. 123.

719 *Ipsen*, Völkerrecht, § 7, Rn. 126; *Tersteegen*, Kollisionsrechtliche Behandlung ausländischer Kapitalgesellschaften, S. 308 f.; *Wengler*, NJW 1970, 1473, 1477.

c. *Ableitung aus Rechtssätzen des Völkerrechts*

Die Rechtsprechung des Internationalen Gerichtshofes in *Nottebohm* und *Barcelona Traction* deutet stark darauf hin, dass dieser von der gewohnheitsrechtlichen Geltung des *genuine link*-Prinzips für Gesellschaften ausgeht[720]. Dieses Kriterium müsste daher als Gewohnheitsrecht zum Zeitpunkt der Urteile bereits anerkannt gewesen sein. Dann aber müssten sich weitere Hinweise auf den Vorbestand oder die rechtliche Herkunft dieses Rechtssatzes finden lassen. Als mögliche Quellen des *genuine link*-Prinzips werden insbesondere das Interventions- und Einmischungsverbot der Staaten sowie das Rechtsmissbrauchsverbot diskutiert.

aa. *Ableitung aus dem Rechtsmissbrauchsverbot*

Nach einer eher selten vertretenden Auffassung soll das *genuine link*-Kriterium aus dem völkerrechtlichen Verbot des Rechtsmissbrauchs zu ziehen sein[721]. Dies soll darauf zurückzuführen sein, dass das *genuine link*-Prinzip im Völkerrecht regelmäßig im Zusammenhang mit Rechtssätzen diskutiert wird, denen die Abwägung der gegenläufigen Interessen von Staaten zugrunde liegt. Das völkerrechtliche Rechtsmissbrauchsverbot verbietet allerdings in erster Linie die unbillige Rechtsausübung oder die Gesetzesumgehung durch einen Staat. Auch wird eine solche Ableitung des *genuine link*-Prinzips aus dem Rechtsmissbrauchsverbot nur selten vertreten[722]. Angesichts der an eine völkergewohnheitsrechtliche Geltung zu stellenden Voraussetzungen einer übereinstimmenden *opinio juris*, kann durch diese Herleitung daher keine gewohnheitsrechtliche Anerkennung des *genuine link*-Prinzips begründet werden[723]. Selbst wenn das Rechtsmissbrauchsverbot nach

---

720 Hieraus erklärt sich, dass das *genuine link*-Prinzip bzw. die Frage nach einem Mindestmaß an Verbundenheit einer Gesellschaft zu dem Staat ihrer Korporation auch in anderen Fallkonstellationen besprochen wird. Gerade im Rahmen der Nationalität einer Gesellschaft wird dies regelmäßig in Investitionsschutzabkommen als Voraussetzung diskutiert und akzeptiert, wenngleich in solchen Fällen häufig nicht ausdrücklich von einem *genuine link* die Rede ist, *Perkams* in *Bungenberg/Griebel/Hobe/Reinisch*, International Investment Law, S. 641ff.

721 *Ziegenhain*, Exterritoriale Rechtsanwendung, S. 47.

722 Der Umfang des Rechtsmissbrauchsverbots (sowie auch dessen Existenz als Teil der allgemeinen Rechtsgrundsätze) ist bereits umstritten und entzieht sich einer eindeutigen Zuordnung, *Kokott* in FS Rudolf Bernhardt, 135, 139.

723 *Bungert*, WM 1995, 2125, 2130; offengelassen von *Neumann*, Genuine link-Kriterium, S. 72 f.

stark umstrittenener Ansicht[724] einen anerkannten allgemeinen Rechtsgrundsatz i. S. d. Art. 38 Abs. 1 c) IGH-Statut darstellen würde und man tatsächlich aus diesem Verbot ein *genuine link*-Kriterium meint herausziehen zu können, wäre dieses zudem immer noch sachlich auf eine rechtsmissbräuchliche Rahmenhandlung beschränkt. Eine Verallgemeinerung darüber hinaus wäre weder vom Wortlaut des Rechtsmissbrauchsverbots noch vom Konsens der Völkerrechtsgemeinschaft umfasst. Das Element der Unbilligkeit staatlichen Handelns lässt sich aber weder in der Anwendung staatsvertraglich vereinbarten Kollisionsrechts durch die Gerichte noch durch die Festlegung akzeptierter Anknüpfungsmodalitäten in Form der Gründungstheorie finden. Insbesondere stellt die Zuerkennung von Rechtsfähigkeit für Gesellschaften durch das nationale Recht eines Staates, zu dem diese Gesellschaften kaum Verbindungen aufweisen, nicht die Ausübung eines Rechts *"for an end different than that for which the right was created to the injury of another state*[725]*"* dar. Der die Rechtsfähigkeit zuerkennende Staat berührt dadurch vielleicht die Hoheitsrechte eines anderen Staates, er handelt jedoch nicht in missbräuchlicher Ausnutzung eines Rechts, da er auf staatsvertraglicher Rechtsgrundlage handelt.

bb. Ableitung aus dem Interventions- und Einmischungsverbot

Teils wird das *genuine link*-Kriterium als Bestandteil des Interventions- und Einmischungsverbots eingeordnet[726], teils lehnen Auffassungen im Schrifttum eine solche Ableitung und deren Anwendung für die – privatrechtlich geprägte – Rechtsanwendung auf Gesellschaften ab[727]. Das völkerrechtliche Verbot staatlicher Einmischung beruht gedanklich zum einen auf der Souveränität und Befugnis eines jeden Staates, auf seinem Territorium und für sein Staatsvolk Regelungen zu treffen, sowie zum anderen auf dem Grundsatz der Achtung der souveränen Staatengleichheit[728]. Begrenzt wird die Souveränität eines Staates durch die Herrschaftsgewalt der anderen Staaten. Der Grundsatz der Staatengleichheit garantiert hierbei, dass unabhängig von Größe, Wirtschaftskraft oder Einflussmöglichkeiten eines Staates, diesem all jene völkerrechtlichen Rechte und Pflichten zustehen

---

724 So z. B. *Meessen/Funke* in Loewenheim/Meessen/Riesenkampff/Kersting/Meyer-Lindemann, KartellR, Europäisches Recht, 1. Teil, E., V., Rn. 121.

725 *Kiss*, MPEPIL 1 (1992), 4 ff

726 *Ebenroth/Bippius*, DB 1988, 843, 845; *Eidenmüller*, Ausländische Kapitalgesellschaften, § 2, Rn. 31; *Kindler* in MüKo, IntGesR, Rn. 344.

727 *Veelken*, Interessensabwägung im Wirtschaftskollisionsrecht, S. 138 f.; *Kaulen*, Anerkennung, S. 318; *Neumann*, Genuine link Kriterium, S. 72.

728 Letztere ist in Art. 2 Nr. 1 UN-Charta niedergeschrieben.

bzw. obliegen, die auch den anderen Staaten zustehen[729]. Naturgemäß muss daher der Herrschaftsgewalt eines Staates dort seine Grenze finden, wo die Souveränität eines anderen Staates beginnt. Das *genuine link*-Kriterium könnte sich nun insofern aus dem Interventions- und Einmischungsverbot ableiten, als dann ein Eingriff in die Souveränität eines anderen Staates angenommen werden könnte, wenn ein extraterritorialer Sachverhalt nur Verbindungen zu diesem Staat und keine effektive, tatsächliche Verbindung zu dem Staat, der den Sachverhalt einer Regelung unterwerden will, aufweist. Grundsätzlich stellen solche Handlungen Akte extraterritorialer Hoheitsausübung dar, die sich auf im Ausland ereignende Vorgänge und dort befindliche Personen oder auf die Ausübung hoheitlicher Gewalt mit Wirkung auf fremdem Staatsgebiet beziehen[730]. Zu der Frage der Grenzen und Rechte im Rahmen extraterritorialer Hoheitsausübung speziell für den Fall der Anwendung nationaler materiellrechtlicher oder verfahrensrechtlicher Normen auf internationale Sachverhalte äußerte sich der Ständige Internationale Gerichtshof (StIGH) erstmals im *Lotus*-Fall[731]. In der Entscheidung stellte er die grundsätzliche völkerrechtliche Zulässigkeit extraterritorialer Hoheitsausübung fest. Den Staaten kommt nach den Wertungen des StIGH ein weiter Ermessensspielraum für die räumliche wie sachliche Ausgestaltung ihrer Hoheitsausübung zu und nur in Einzelfällen soll dieser Ermessenspielraum durch Verbotsnormen beschränkt werden. Das aus Art. 2 UN-Charta abgeleitete Interventions- und Einmischungsverbot stellt allerdings nach dem StIGH eine solche beschränkende Verbotsnorm für die Rechtssetzungsbefugnis der Staaten dar. Diese soll ein Mindestmaß an Verbindung des räumlichen und sachlichen Anwendungsbereichs einer Vorschrift zu dem regelnden Staat als Voraussetzung für eine völkerrechtlich geduldete, extraterritorial wirkende Vorschrift erfordern[732]. Hieraus ergibt sich, dass ein staatlich geregelter Sachverhalt eine echte Verknüpfung zu dem Staat, dessen Regelungen er unterliegt, aufweisen muss. Der den nationalen Vorschriften unterworfene Auslandssachverhalt muss nach dieser völkerrechtlichen Regelung noch „substantiell und hinreichend" mit einem Inlandssachverhalt verbunden sein, damit die Gesetzesnorm nicht gegen das Interventions- und

729 S. allgemein zum Prinzip der formalen Staatengleichheit *Kirchof* in Dürig/Herzog/Scholz, GG, Art. 3 Abs. 1, Rn. 180.

730 *Beitzke* in Wörterbuch des Völkerrechts, Bd. 1, S. 504ff.; *Ziegenhain*, Extraterritoriale Rechtsanwendung, S. 1 f.

731 StIGH (Judgment), *The Case of the S.S. „Lotus"* (France v. Turkey), PCJI Series A, No. 10 (1927).

732 *Ipsen*, Völkerrecht, § 7, Rn. 71.

Einmischungsverbot verstößt[733]. Im Ergebnis zeigt sich daher, dass sich dem Interventions- und Einmischungsverbot das Vorliegen eines *genuine link* als Bedingung auch für die Ausübung extraterritorialer Herrschaftsgewalt im Kontext staatlicher Rechtsetzung entnehmen lässt. Die gewohnheitsrechtliche Anerkennung dieser Ableitung zeigt sich auch in einer Staatenpraxis, die trotz der im *Lotus*-Fall ausdrücklich erklärten weiten Regelungsfreiheit bestrebt ist, nur Regelungen für Sachverhalte mit Inlandsbezug zu treffen[734]. Da sowohl die *Lotus*-Entscheidung als auch das Inkrafttreten der UN-Charta zeitlich vor der *Nottebohm* und der *Barcelona Traction*-Entscheidung erfolgten, sprechen gute Gründe dafür, dass die letztgenannten Entscheidungen lediglich die Bestätigung eines damals bereits gewohnheitsrechtlich anerkannten *genuine link*-Prinzips, unter anderem auch hergeleitet aus dem Interventions- und Einmischungsverbot, darstellen[735].

Es fragt sich allerdings, ob das *genuine link*-Erfordernis, im Zusammenhang exterritorialer Hoheitsausübung gesehen, überhaupt für die vorliegende Fallgestaltung nutzbar gemacht werden kann. Bei dieser Fragestellung geht es in erster Linie um einen Staat, der sich gegen das von ihm selbst anzuwendende fremde Recht wehren will. Zum Teil wird hierin keine Fragestellung des *genuine link*-Erfordernisses in seiner aus dem Interventions- und Einmischungsverbot abgeleiteten Form gesehen, da es um die eigene Rechtsanwendung nationaler Gerichte und nicht um einen Eingriff durch fremde Gerichte geht[736]. Dem ist jedoch entgegenzuhalten, dass es sich auch in der beschriebenen Anwendungssituation um eine Frage extraterritorialer Hoheitsausübung handelt. Es ist völkerrechtlich anerkannt, dass kein Staat die Anwendungsbereiche seiner gesetzlichen Regelungen frei bestimmen darf, sondern bei deren Gestaltung die Rechtssetzungsgewalt der anderen Staaten berücksichtigen muss. Diese Berücksichtigung fremder Rechtssetzungsbefugnis wird insbesondere durch die Verknüpfung der Regelung eines Auslandssachverhalts mit der Voraussetzung eines Inlandsbezuges erfüllt[737]. Es ist naheliegend, dass es in die Souveränität eines Staates eingreifen kann, eine Gesellschaft fremdem Recht zu unterstellen, obwohl diese lediglich Verbindungen zu dem eigenen Rechtssystem aufweist. Wird einer Gesellschaft Rechtsfähigkeit nach

---

733 *Ipsen*, Völkerrecht, § 7, Rn. 71; *Ziegenhain*, Extraterritotiale Rechtsanwendung, S. 46 f.

734 *Ipsen*, Völkerrecht, § 7, Rn. 71.

735 Die Charta der Vereinten Nationen trat am 24. Oktober 1945 in Kraft. Deutschland trat allerdings erst mit Gesetz vom 6. Juni 1973 bei, BGBl. 1973 II, Nr. 25 vom 09. Juni 1973, S. 430 ff. bei, wobei dies der völkergewohnheitsrechtlichen Geltung des Interventionsverbots keinen Abbruch tut. Der *Lotus*-Fall wurde am 26. Juli 1927 entschieden.

736 *Neumann*, Genuine link-Kriterium, S. 72.

737 *Stein/von Buttlar/Kotzur*, Völkerrecht, § 35, Rn. 606 ff.

US-amerikanischem Recht zuerkannt, obwohl es sich um ein Gebilde handelt, das nur Bezüge zu Deutschland hat, handelt es sich somit durchaus um einen Akt extraterritorialer US-amerikanischer Herrschaftsausübung auf einen Deutschland-bezogenen Sachverhalt, für die ein Anknüpfungspunkt zum regelnden US-Staat notwendig ist. Die extraterritoriale Herrschaftsausübung liegt nämlich nicht in der konkreten Rechtsanwendung eines Gerichts, sondern in der Ausgestaltung einer rechtlichen Vorschrift, die sich Sachverhalte außerhalb des Staatsgebiets des regelnden Staats unterwirft.

Im Ergebnis sprechen daher gute Gründe dafür, das *genuine link*-Kriterium als ein völkergewohnheitsrechtlich anerkanntes, aus dem Interventions- und Einmischungsgebot des Art. 2 UN-Charta abgeleitetes und durch völkerrechtliche Rechtsprechung bestätigtes Prinzip einzuordnen.

cc. Indizwirkung der deutsch- und US-amerikanischen Rechtsprechung

Schließlich ist auch die Praxis der US-amerikanischen und deutschen Rechtsprechung im Umgang mit dem *genuine link*-Prinzip als Indiz in die Überlegungen miteinzubeziehen. Von Relevanz ist dabei zum einen, ob hierdurch die völkergewohnheitsrechtliche Geltung des *genuine link*-Kriteriums weiter bestätigt werden kann, und zum anderen, ob dieses Kriterium auch in der Rechtsprechungspraxis auf Gesellschaften im Allgemeinen und im Rahmen des FHSV im Besonderen angewendet wird[738].

(1) US-amerikanisches Recht und Rechtsprechung

Im US-amerikanischen Recht konzentriert sich die Diskussion um das *genuine link*-Prinzip zunächst auf das dem Staatsangehörigenrecht benachbarte Rechtsgebiet des Seerechts, in dem das Prinzip zudem eine Kodifizierung erfahren hat. Weiterhin lässt sich die Rechtsprechung und die allgemeine Auffassung des Schrifttums zudem anhand der zum Völkerrecht ergangenen *restatements* nachvollziehen.

---

738 Zum Teil wird das *genuine link*-Prinzip als ein die Verweisung des Art. XXV Abs. 5 S. 2 FHSV unmittelbar einschränkendes und damit die Auslegung dieser Norm beeinflussendes Kriterium dargestellt. Richtig ist es jedoch, die staatsvertragliche Verweisung und die Nichtanerkennung des Verweisungsergebnisses durch das Völkergewohnheitsrecht als unterschiedliche Schritte zu sehen. Ähnlich wie bei einem *ordre public* wird nämlich erst das bereits durch die Kollisionsnorm ausgesprochene Verweisungsergebnis eingeschränkt. Art. 31 WÜRV ist daher nur eingeschränkt von Bedeutung, da es vorliegend nicht mehr um unmittelbar die Auslegung des FHSV geht. Eine übereinstimmende Anerkennung des *genuine link*-Prinzips durch die Vertragsparteien bildet jedoch ein weiteres Indiz für die Geltung des Prinzips als Völkergewohnheitsrecht.

(aa) Rezeption des *genuine link*-Kriteriums in benachbarten Rechtsgebieten

Das Seerecht hat in Zusammenhang mit der US-amerikanischen Rechtsprechung zum *genuine link*-Prinzip aufgrund der Regelung des Art. 5 Abs. 1 Konvention über die Hohe See von 1958 eine besondere Bedeutung[739]. Dieser regelt die Voraussetzungen, die ein Schiff erfüllen muss, um die Staatsangehörigkeit eines Staates zu erlangen und unter dessen Flagge fahren zu dürfen. Art. 5 Abs. 1 S. 3 dieser Konvention gestattet den Vertragsstaaten grundsätzlich die Aufstellung eigener Voraussetzungen, setzt jedoch als entscheidende Bedingung voraus[740]: „*Zwischen dem Staat und dem Schiff muss eine echte Verbindung bestehen; insbesondere muss der Staat über die unter seiner Flagge fahrenden Schiffe seine Hoheitsgewalt und seine Kontrolle in technischen, sozialen und Verwaltungsangelegenheiten tatsächlich ausüben.*“ Die Voraussetzung einer solchen Verbindung zwischen Schiff und Staat wird dabei von den Gerichten anerkannt. Mittlerweile wurde ein ganzer Katalog von Urteilen zum Vorliegen oder Fehlen eines *genuine link* als Bedingung i. S. v. Art. 5 Abs. 1 Konvention über die Hohe See erarbeitet[741]. Für diesen Bereich, der zwar in sich abgeschlossen, aber dennoch der Anerkennung der Staatsangehörigkeit von Gesellschaften benachbart ist, besteht demnach nicht nur die niedergeschriebene Voraussetzung eines *genuine link*, sondern darüber hinaus besteht hier zumindest einige Klarheit über den Inhalt des Kriteriums. Eine gewisse Vergleichbarkeit der Rechtsgebiete ergibt sich dabei aus dem Umstand, dass es bei der Anerkennung von Gesellschaften, wie auch bei dem Flaggenrecht der Schiffe, um mit der Staatszugehörigkeit verbundene Bereiche geht. Der Schutzgedanke des *genuine link*-Prinzips im Seerecht ähnelt zudem der Problematik der Scheinauslandsgesellschaften[742]. Denn eine Reederei, die unter einer sog. Billigflagge fährt, nutzt in gleicher Weise eine leicht zu erlangende Staatszugehörigkeit

---

739 Dass die Voraussetzung eines genuine link für Seerecht auch für (juristische Personen) Anwendung finden soll, zeigt bspw. *Damrosh/Henkin/Pugh/Schachter/Smit*, International Law, S. 1123.

740 Die Voraussetzung einer echten Verbindung wurde auch in Art. 91 Abs. 1 des Seerechtsübereinkommens der Vereinten Nationen vom 10. Dezember 1982 eingefügt, welches die gewohnheitsrechtliche Geltung des Prinzips im Seerecht bestätigt. Die USA haben, im Gegensatz zu Deutschland, das Seerechtsübereinkommen allerdings nicht ratifiziert. Dies ist aber unabhängig von den Voraussetzungen eines *genuine link*, welches sie bereits durch Ratifizierung der Konvention über die Hohe See anerkannt haben.

741 *United States v. Rosero*, 42 F.3d 166, 170 (1994); *E.E.O.C. v. Bermuda Star Line, Inc.*, 744 F.Supp. 1109, 1112 (1990); *Empresa Hondurena v. McLeod*, 300 F.2d 222, 235 (1960).

742 *Ebenroth/Kemner/Willburger*, ZIP 1995, 972, 973.

in einem für sie rechtlich besonders günstigen Staat aus, wie die Gesellschaft, die trotz ausschließlicher Verbindungen zu Deutschland die rechtlichen Vorteile des „laxen“ Gesellschaftsrechts eines US-Bundesstaates für sich nutzen möchte. Die Ratifikation, Anwendung und Durchsetzung des Art. 5 Abs. 1 Konvention über die Hohe See und die umfassende Beschäftigung der Rechtsprechung mit dem *genuine link*-Prinzip dieser Norm können daher darauf hindeuten, dass das Prinzip des *genuine link* auch über den engen Bereich des Flaggenrechts hinaus anerkannt ist.

(bb) Das *genuine link*-Kriterium und die US-amerikanischen Restatements

Die *restatements* des *American Law Institute* bieten einen guten Überblick über die Auseinandersetzung der Rechtsprechung mit dem *genuine link*-Prinzip. Zum Teil gehen die den *restatements* zugefügten, ergänzenden *comments* auch über die Rechtsprechung hinaus, indem sie das Recht in den Bereichen prognostizieren, in denen bisher keine Entscheidungen ergangen sind. Diese können dann selbstverständlich lediglich als Hinweis auf die in den USA herrschende Lehre verstanden werden. Gegner der Anwendbarkeit eines *genuine link*-Kriteriums im US-amerikanisch-deutschen Verhältnis beziehen sich gern auf die ohne Einschränkungen geltende, in den USA fest verankerte Gründungstheorie. Befürworter einer völkergewohnheitsrechtlichen Anerkennung des *genuine link*-Grundsatzes in den USA verweisen dementgegen auf solche *restatements*, die, im Gegensatz zu den gesellschaftsrechtlichen Anmerkungen, explizit für Rechtsprechung mit Bezug zu Auslandssachverhalten ergangen sind.

(i) § 296 Restatement (second) of Conflicts of Laws (1971)

Zum Teil heißt es, das *genuine link*-Erfordernis könne der Rechtsprechung der US-amerikanischen Gerichte nicht entnommen werden, weil das US-amerikanische Recht keine effektive Verbindung einer Gesellschaft zu ihrem Gründungsstaat neben dem Akt der Gründung fordere[743]. Die Notwendigkeit einer über die Gründung hinausgehenden Beziehung im Sinne des *genuine link* zwischen Gesellschaft und Gründungsstaat wurde bislang nicht vor Gericht diskutiert. Nach oben genannter Auffassung soll die Ablehnung der Bedingung einer solchen Verbindung zudem zwangsläufig aus den Voraussetzungen der Gründung einer Gesellschaft in den jeweiligen Bundesstaaten bzw. aus § 296 comment d Restatement (second) of Conflict of Laws zu lesen sein. Dieser enthält die allgemein gehaltene Aussage:

743 *Kaulen*, Anerkennung von Gesellschaften, S. 320 f.

> Incorporation can take place in a state where the corporation conducts no business and where none of the directors, officers or shareholders are domiciled provided that this is permitted by the local law of that state. If the requirements of the state of incorporation have been met, the fact of incorporation will be recognized in other states.

Da dieser *comment*, neben der Gründung, grundsätzlich gerade keine zusätzliche Voraussetzung für notwendig befindet, soll das *genuine link*-Erfordernis als darüberhinausgehende Voraussetzung dem US-amerikanischen Gesellschaftsrecht fremd sein. Dabei wird jedoch zum einen übersehen, dass der *comment d* zu § 296 Restatement (second) of Conflict of Laws in dieser Form wohl nicht mehr uneingeschränkt für alle Bundesstaaten Geltung beanspruchen kann. So wird beispielsweise in den Bundesstaaten Kalifornien und New York zwar die *incorporation doctrine* anerkannt, doch haben diese Staaten auch Regelungen formuliert, die die Folgen der Gründungsstaatsanknüpfung, namentlich die Anwendung des Rechts des Ortes der Gründung auf alle gesellschaftsrechtlichen Fragen, im Fall mangelnder Verbindungen zum Gründungsstaat beschränken[744]. Daher kann argumentiert werden, dass die Idee der Voraussetzung einer tatsächlichen Verbindung zwischen Gründungsstaat und der seinem rechtlichen Regelwerk unterliegenden Gesellschaft zumindest in manchen Bundesstaaten der USA. nicht unbekannt ist. Zudem bezieht sich § 296 Restatement (second) of Conflict of Laws nur auf die kollisionsrechtliche Frage der Anknüpfung des Gesellschaftsstatuts. Die Frage nach der Voraussetzung einer effektiven Verbindung zwischen einem Staat und der ihm zugehörigen Gesellschaft ist jedoch eine völkerrechtliche. Diese kann sich zwar im Ergebnis auch auf kollisionsrechtliche Fragestellungen auswirken, ist jedoch nicht originär dem Bereich des internationalen Privatrechts zuzuordnen.

(ii) § 211 und § 213 Restatement (third) of the Foreign Relations Law

Nach anderer Ansicht wiederum soll sich aus einem Abschnitt des Restatement (third) of the Foreign Relations Law ziehen lassen, dass jedenfalls der Rechtsgedanke eines *genuine link* in den USA anerkannt ist und sich darüber hinaus bestimmte Indikatoren für das Fehlen einer solchen Verbindung herausgebildet

---

744 Diese einschränkenden Regeln knüpfen nicht allgemein an das Erfordernis einer *genuine link* an, sondern benennen bestimmte Verbindungspunkte der Gesellschaft zum Gründungsstaat, bei deren Nichtexistenz ein Teil des Gesellschaftsrechts des anderen Staates zur Anwendung berufen wird; vgl. sec. 2115 C.C.C.

haben[745]. Diese sind zwar nicht von bindender Wirkung[746], haben jedoch erheblichen Einfluss auf die US-amerikanische Rechtssprechung und werden auch auf internationaler Ebene berücksichtigt[747].

§ 213 Restatement (third) of the Foreign Relations Law legt zunächst die Anknüpfung der Staatszugehörigkeit von Gesellschaften fest: „*For purposes of international law, a corporation has the nationality of the state under the laws of which the corporation is organized.*" Dieser alleinige Inhalt des § 213 Restatement (third) of the Foreign Relations Law ist für sich genommen nicht beachtlich, allein die nachgefügten Kommentare und Notizen werfen ein erhellendes Licht auf die Meinung der Völkerrechtsgelehrten in den USA In *comment c* wird hierzu ausgeführt, dass teilweise auch der Verwaltungssitz einer Gesellschaft als Anknüpfungspunkt für die Staatszugehörigkeit bzw. als zusätzlicher Anknüpfungspunkt neben der Gründung verwendet wird[748]. Weiterführend wird dann jedoch eingeschränkt: „*As in the case of an individual, a state may refuse to treat a corporation as a national of the state that created it, and reject diplomatic protection by that state, where there is no "genuine link" between them. (See § 211, comment c and Reporters' Note 1.).*" *Comment c* des § 211 Restatement (Third) of the Forein Relations Law, auf den in § 213 Restatement (Third) of the Foreign Relations Law Bezug genommen wird, führt weiterhin aus, dass nach völkerrechtlichen Grundsätzen die Anerkennung einer gewillkürt verliehenen Staatszugehörigkeit

---

745 *Ebenroth/Kemner/Willburger*, ZIP 1995, 972, 973.

746 Hinsichtlich der Bindungswirkung gilt, dass die *comments* und *notes* in den *Restatements* des *American Legal Institute* bloße Erläuterungen der den aktuellen Rechtsprechungsstand wiedergebenden *Restatements* sind. Gewicht haben sie dennoch insofern, als die *Restatements* nur von hochrangigen Gelehrten und Praktikern verfasst werden und daher jedenfalls einen allgemein respektierten Überblick über die aktuelle Rechtsansicht in den USA. darstellen. So lange kein gegenteiliges Urteil eines US-amerikanischen Gerichts erfolgt, kann daher von einer Gewichtigkeit dieser *comments* ausgegangen werden. So wohl auch *Ebenroth/Kemner/Willburger*, ZIP 1995, 972, 973.

747 *Herdegen*, AJCL 39 (1991), 207.

748 „*Nationality and state of incorporation.*
The traditional rule stated in this section, adopted for certainty and convenience, treats every corporation as a national of the state under the laws of which it was created. It has been suggested that the place of the siege social, or principal place of management, see Reporters' Note 6, is an alternative basis for corporate nationality under international law. In practical effect it is an additional requirement, since jurisdictions using that standard require that a firm be incorporated in the state where it has its siege. States generally treat the siege social not as conferring nationality, but as creating an equivalent connection. (See Comment d.) […]." § 213 comment c Restatement (Third) of the Foreign Relations Law (1987).

abgelehnt werden kann, wenn kein "genuine link" besteht, wobei die einzelnen Kriterien hierfür allerdings noch nicht präzisiert seien[749]. Schließlich enthält noch eine der *Reporters Notes*, die den *comments* erläuternde Anmerkungen beifügen, weitere Hinweise[750]. Diesen Anmerkungen lassen sich einige Kernaussagen der vorherrschenden Rechtsansicht zum Thema *genuine link* entnehmen. So wird in *comment* c zu § 213 Restatement (Third) of the Foreign Relations Law die Anwendung des *genuine link*-Erfordernisses in Zusammenhang mit der Zulässigkeit des diplomatischen Schutzes von Gesellschaften durch den Gründungsstaat anerkannt. Die Anwendung der *Nottebohm*-Rechtsprechung des Internationalen Gerichtshofes auf Gesellschaften wird hierdurch bestätigt und offensichtlich als völkerrechtlich verbindlich eingestuft. Dies kann gleichzeitig als Bestätigung einer entsprechenden Auslegung der *Barcelona Traction*-Entscheidung gewertet werden. Weiterhin stellt der Verweis auf *comment* c des § 211 Restatement (Third) of the Foreign Relations Law zudem die Zulässigkeit der Nichtanerkennung der Staatszugehörigkeit einer Gesellschaft bei fehlendem *genuine link* fest. Für die Anwendung im konkreten Sachverhalt wird auf das Problem der

---

749 "*Genuine link. A state is free to establish nationality law and confer nationality as it sees fit. However, under international law other states need not recognize a nationality that is involuntary or that is not based on an accepted "genuine link". The precise contours of this concept, however, are not clear. Laws that confer nationality on grounds of birth in a state's territory (ius soli) or of birth to parents who are nationals (ius sanguinis) are universally accepted as based on genuine links. Voluntary naturalization is generally recognized by other states but may be questioned where there are no other ties to the state, e.g., a period of residence in the state. […]*". § 211 comment c Restatement (Third) of the Forein Relations Law (1987).

750 „*1. Corporate and individual nationality distinguished. This section applies to corporations the concept of nationality that was developed for individuals, but rules about nationality of individuals can be applied to corporations only with caution. Whereas the individual exists and represents a single mind and body, corporations are a juridical construct and may unite large numbers of individuals having different nationalities. Corporate nationality, moreover, is peculiarly subject to manipulation.*

2. Diplomatic protection of corporations.

A state is entitled to represent and afford diplomatic protection to corporations having its nationality as to individual nationals. However, as indicated in Comment c, a respondent state is entitled to reject representation by the state of incorporation where that state was chosen solely for legal convenience, for example as a tax haven, and the corporation has no substantial links with that state, such as property, an office or commercial or industrial establishment, substantial business activity, or residence of substantial shareholders. Compare the Nottebohm case […].", § 211 Reporter' Note 1, 2 Restatement (Third) of the Foreign Relations Law (1987).

Rechtsunsicherheit bei der Benennung der Anknüpfungspunkte des *genuine link*-Prinzips hingewiesen. Schließlich zeigen die *Reporter's Notes* 1 und 2, dass das Problem von Scheinauslandsgesellschaften in diesem Zusammenhang diskutiert wird. Vermutlich aus diesem Gesichtspunkt heraus wird als letzter Punkt festgestellt, dass einer Gesellschaft dann mangels eines *genuine link* die Anerkennung diplomatischen Schutzes durch den Gründungsstaat versagt werden kann, wenn sie allein zur Ausnutzung rechtlicher Vorschriften in einem bestimmten Staat gegründet wurde, dort jedoch weder Büro noch Wohnsitze der Gesellschafter oder irgendeine Form geschäftlicher Aktivität nachweisen kann.

Diese Erläuterungen des *American Law Institute* sind zum einen im Kontext der Geltendmachung staatlichen Schutzes zu lesen. Zum anderen ist zu bedenken, dass dies zum gegenwärtigen Zeitpunkt allein als Meinung der Literatur zu werten ist, da es keine die *comments* und *reporter's notes* bestätigende Rechtsprechung gibt. Es fragt sich daher, für welchen Bereich diese Aussagen Geltung beanspruchen und wie verbindlich sie sind. So könnte angenommen werden, dass ein *genuine link*-Erfordernis nur dann relevant ist, wenn es um den tatsächlichen Fall des Abwehrens einer diplomatischen Schutzmaßnahme geht. Dann wäre das *genuine link*-Kriterium nicht als zusätzliche Bedingung für die völkerrechtliche Anerkennung von Staatszugehörigkeit aufzufassen, sondern als spezielle Voraussetzung für die Zulässigkeit diplomatischen Schutzes. Dem steht jedoch entgegen, dass in den *comments* und *notes* regelmäßig Bezug auf die Nationalität und nicht allein auf die Möglichkeit diplomatischen Schutzes genommen wird, wie beispielsweise im zweiten Absatz des *comment* c zu § 213 Restatement (Third) of the Foreign Relations Law: „*a state may refuse to treat a corporation as a national of the state that created it.*" Zudem sind die *comments* im Kontext der Hauptaussage des § 213 Restatement (Third) of the Foreign Relations Law zu lesen und diese beinhaltet nicht etwa Fragen diplomatischen Schutzes, sondern eine Definition der Anknüpfung der Nationalität von Gesellschaften im Völkerrecht. Daher sprechen überzeugende Gründe dafür, dass sich den besagten Auszügen der *restatements* entnehmen lässt, dass nach US-amerikanischer Ansicht auf völkerrechtlicher Ebene ein *genuine link*-Erfordernis als Völkergewohnheitsrecht im Bereich der Staatszugehörigkeit von Gesellschaften zu beachten ist.

(iii) Zwischenergebnis

Zwar gibt es im US-amerikanischen Recht einzelstaatliche Bestrebungen, einer Gesellschaft bei fehlender wesentlicher Beziehung zu ihrem Gründungsstaat bestimmte Normen des einzelstaatlichen Gesellschaftsrechts des Forumstaates aufzuzwingen. Diese Ansätze ähneln dem Grundgedanken des *genuine link* auch zum Teil. Dennoch kann hieraus nicht auf eine allgemeine, US-weite

Anerkennung des *genuine link*-Prinzips geschlossen werden, da diese Bestrebungen nur in einzelnen Bundesstaaten zu vermerken sind und die Mehrheit aller US-Bundesstaaten keine solchen speziellen, neben der Gründungstheorie bestehenden Regelungen getroffen hat. Allerdings stellen die *comments* zu § 213 Restatement (Third) of the Foreign Relations Law einen überzeugenden Hinweis auf die allgemeine Anerkennung des *genuine link*-Erfordernis als Gewohnheitsrecht auf völkerrechtlicher Ebene durch die Vereinigten Staaten von Amerika dar. Einem solchen Umgang mit dem Prinzip entspricht letztlich auch die langjährige Anwendung des *genuine link*-Kriteriums im Rahmen von Art. 5 Abs. 1 Konvention über die Hohe See von 1958.

(2) Deutsches Recht und Rechtsprechung

Der BGH hat die Frage nach dem Bestehen eines *genuine link*-Erfordernisses in zwei Urteilen angesprochen, die jeweils größere Beachtung im Gesellschaftsrecht und insbesondere im internationalen Privatrecht gefunden haben[751]. Auch die Oberlandesgerichte haben sich zum Teil mit dem Bestehen und dem Inhalt des Kriteriums auseinandergesetzt. Die Rezeption im Schrifttum ist dabei kontrovers ausgefallen und zeigt, dass dieser Themenbereich noch nicht ausdiskutiert ist.

(aa) BGH, Urt. v. 5. Juli 2004

Der BGH hat sich in zwei Urteilen zu dem Bestehen eines *genuine link*-Kriteriums geäußert. In seinem Urteil vom 5. Juli 2004[752] lässt er offen, ob das *genuine link*-Kriterium zwingende Voraussetzung für eine Anerkennung ist. Für den Fall, dass ein solches Kriterium zu beachten ist, schliesst er sich den Stimmen in der Literatur an, die das *genuine link*-Erfordernis schon bei kleinsten Geschäftsaktivitäten in den Vereinigten Staaten von Amerika verwirklicht sehen[753]. Zu Fragen der Ableitung des *genuine link*-Prinzips äußert er sich nicht, scheint dieses jedoch als Einschränkung von Scheinauslandsgesellschaften zu verstehen, die sich bewusst zur Umgehung deutschen Gesellschaftsrecht in, in diesem Fall, Delaware gegründet haben. Er spricht insoweit davon, dass es sich bei solch einer Scheinauslandsgesellschaft um eine „*nur zur Umgehung der strengeren Vorschriften des deutschen*

751 Ebke, RIW 2004, 740, 744; *Lach/Schill*, MittBayNot 2005, 240, 244f.; *Mellert*, BB 2004, 1869, 1870; *Paefgen*, EWiR 2004, 919, 920; *Wachter* in Handbuch des internationalen GmbH-Rechts, § 2, Rn. 5.

752 BGH, Urt. v. 05. Juli 2004 - II ZR 389/02.

753 Vgl. *Kindler* in MüKo, IntGesR, Rn. 253; *Mankowski*, EWiR 2003, 661 f.; *Paefgen*, DZWIR 2003, 441, 443.

Rechts in den USA gegründete „Briefkastenfirma" handelt, die über keinerlei tatsächliche, effektive Beziehungen zum Gründungsstaat verfügt und sämtliche Aktivitäten ausschließlich in der Bundesrepublik Deutschland enfaltet". Dies lässt auf eine Vermengung eines möglicherweise nach nationalem Recht vorliegenden Rechtsmissbrauchstatbestand mit einem völkerrechtlich vorliegenden *genuine link*-Prinzip schließen, da das *genuine link*-Prinzip keine Umgehungsabsicht erfordert. Eine Entscheidung über die Anwendbarkeit des *genuine link*-Kriteriums kann aus diesem Urteil jedenfalls nicht gezogen werden. Allerdings lässt sich das Dahinstehenlassen der Frage nach dem Erfordernis eines *genuine link* weder dahingehend auslegen, dass der BGH an der Völkerrechtsqualität des Kriteriums zweifelt, noch dahingehend, dass er an dessen konkreter Anwendbarkeit in Zusammenhang mit dem FHSV zweifelt.

(bb) BGH, Urt. v. 13 Oktober 2004

Schließlich hat sich der BGH in seiner aktuellsten Entscheidung[754] zum FHSV etwas eingehender mit dem *genuine link*-Erfordernis beschäftigt. In der *GEDIOS*-Entscheidung wird insbesondere die Frage behandelt, welche Form von geschäftlicher Aktivität eine effektive und tatsächliche Verbindung begründen kann. Es streiten sich die Klägerin „GEDIOS", eine 1998 in Kalifornien wirksam errichtete Gesellschaft, deren *president* in Nürnberg sitzt und die Beklagte „GeDIOS", die seit 1999 Inhaberin dieser in Deutschland eingetragenen Marke ist, um das Recht der Beklagten den Namen „GEDIOS" zu führen. Der Klägerin, die ihren Verwaltungssitz in Deutschland hat, wird von der Beklagten vorgeworfen, als Scheinauslandsgesellschaft in Deutschland keine Rechts- und Parteifähigkeit zu besitzen. Das Berufungsgericht hatte dem Antrag der Beklagten stattgegeben und die Klage der GEDIOS abgewiesen. Ausschlaggebend war nach Ansicht des Gerichts, dass die GEDIOS über keine echte, effektive Verbindung zu ihrem Gründungsstaat Kalifornien in Form von geschäftlichen Aktivitäten, einer organisatorischen Struktur oder dem Wohnsitz einer Mehrheit ihrer Anteilseigner in Kalifornien aufweisen konnte. Der BGH gab den Anträgen in der Revision jedoch im Ergebnis statt und entschied, dass man der GEDIOS nicht die Rechts- und Parteifähigkeit versagen könne. Er bestätigte die Anknüpfung an das Recht des Gründungsstaates und urteilte sodann, dass man auch hier das Erfordernis eines *genuine link*-Kriteriums dahinstehen lassen könne, da es jedenfalls nicht notwendig sei, dass der Verwaltungssitz am Ort des satzungsmäßigen Sitzes liege. Dennoch beschäftigte er sich mit den inhaltlichen Anforderungen eines

754 BGH, Urt. v. 13. Oktober 2004 – I ZR 245/01.

genuine link zwischen Gesellschaft und Gründungsstaat, das er als Korrekturmaßnahme in Ausnahmefällen einordnet und dessen Voraussetzungen er bereits bei einer geringen wirtschaftlichen Tätigkeit im Ausland als erfüllt ansieht[755]. Dieser Abschnitt des Urteils kann nur so zu verstehen sein, dass das Gericht grundsätzlich davon ausgeht, dass ein *genuine link*-Erfordernis als rechtsgültiges Prinzip existiert und dass dieses darüber hinaus auch auf Gesellschaften anwendbar ist[756]. Zudem wird hier sogar angenommen, dass das *genuine link*-Erfordernis selbst im Rahmen des FHSV Anwendung findet. Diese Anwendung wird einzig dadurch beschränkt, dass der BGH das Kriterium auch hier, wie bereits im Urteil vom 5. Juli 2004, nur restriktiv anwenden will. Die Formulierungen „extrem gelagerte Ausnahmefälle" und „Korrektur" zeigen, dass das *genuine link*-Erfordernis nicht ungeschriebene Bedingung einer jeden Anknüpfung an das Gründungsrecht ist, sondern wohl in erster Linie für solche Fälle gedacht ist, die offensichtlich eine Umgehung deutschen Rechts anstreben. Demgemäß setzt der BGH die Schwelle des *genuine link* niedrig an und lässt bereits geringste geschäftliche Tätigkeiten in jedem der US-Bundesstaaten als Beweis einer echten, effektiven Verbindung zu.

Aus dem Umstand, dass der BGH offensichtlich von der grundsätzlichen Existenz des *genuine link*-Prinzips und seiner denkbaren Anwendbarkeit auf den vorliegenden Fall ausgeht, lässt sich schlussfolgern, dass er diesem Kriterium gewohnheitsrechtliche Geltung zubilligt. Nicht ganz eindeutig zuordenbar ist allerdings das wiederholte Abstellen auf den Missbrauchstatbestand. Zwar könnte zunächst gemeint werden, dass der BGH das *genuine link*-Kriterium als Ableitung aus dem Rechtsmissbrauchsverbot versteht. Dem steht jedoch entgegen, dass der BGH einen Rechtsmissbrauch von Seiten der Gesellschaft und nicht von staatlicher Seite im Rahmen des *genuine link* prüft. Der völkerrechtliche Tatbestand des Rechtsmissbrauchsverbots setzt aber eine staatliche Rechtsumgehung voraus, nicht aber die von natürlichen oder juristischen Personen. Daher können sich die Äußerungen des BGH nur so verstehen lassen, dass dieser von der Anwendbarkeit eines Rechtsmissbrauchsverbots für juristische Personen auf nationaler Ebene ausgeht und neben diesem Verbot auch das

---

755 *„Bei den inhaltlichen Anforderungen an den „genuine link" ist zu beachten, dass dieses Erfordernis Mißbräuchen entgegenwirken soll und daher nur in extrem gelagerten Ausnahmefällen zur Korrektur der staatsvertraglich festgelegten Anerkennung führen kann […]. Es verlangt daher nicht, daß sich der tatsächliche Verwaltungssitz der Gesellschaft im Gründungsstaat befindet […]. Das „genuine link"-Erfordernis ist vielmehr regelmäßig bereits mit der Ausübung einer auch nur geringen wirtschaftlichen Tätigkeit im Gründungsstaat erfüllt […]. Dafür kann - was das Berufungsgericht nicht hinreichend beachtet hat - bereits eine geringe werbende Tätigkeit in den Vereinigten Staaten von Amerika ausreichen.*", BGH, Urt. v. 13. Oktober 2004 – I ZR 245/01.

756 So wohl auch *Thölke*, DNotZ 2005, 141, 143 f.

genuine link-Erfordernis prüft. Besteht keine effektive Verbindung der Gesellschaft zu ihrem Gründungsstaat liegt auch ein Rechtsmissbrauch nahe.

Im Ergebnis lassen sich der Rechtsprechung des BGH daher keine Hinweise darauf entnehmen, ob er das *genuine link*-Erfordernis aus dem Einmischungs- und Interventionsverbot oder aus dem Rechtsmissbrauchsverbot ableitet. Man könnte meinen, dass dies auch insgesamt dagegenspricht, die Rechtsprechung des BGH als Bestätigung eines völkerrechtlichen *genuine link*-Prinzips anzusehen. Tatsächlich ist jedoch allein der Umstand, dass der BGH das Kriterium nennt und den Sachverhalt hierunter subsumiert, Grund genug, anzunehmen, dass der Bundesgerichtshof geneigt ist, von der völkergewohnheitsrechtlichen Notwendigkeit einer echten Verbindung auszugehen. Deutlich wird jedoch ebenfalls, dass das Gericht den tatsächlich rechtlich anerkannten Regelungsbereich für äußerst gering erachtet. Das Erfordernis einer echten, tatsächlichen Verbindung steht dabei für den Gerichtshof derart im Hintergrund, dass dieses nur in Ausnahmefällen Bedeutung erlangen soll. Einige Stimmen in der Literatur interpretieren das stark restriktive Vorgehen des Gerichtshofes bei der Verwendung des *genuine link*-Kriteriums als Unsicherheit über die Rechtsnatur des *genuine link*-Prinzips[757]. Tatsächlich folgt der enge Anwendungsbereich des *genuine link*-Prinzips jedoch wohl eher aus der noch nicht abgeschlossenen völkerrechtsgemeinschaftlichen Klärung der inhaltlichen Anknüpfungsmomente des Kriteriums[758].

(cc) OLG Düsseldorf, Urt. v. 15. Dezember 1994

Das OLG Düsseldorf[759] hat als erstes deutsches Gericht die mögliche Notwendigkeit einer echten, tatsächlichen Verbindung zwischen Gesellschaft und Gründungsstaat diskutiert und sich im Ergebnis für die Anwendung dieses Prinzips als Begrenzung der Anerkennung von in den USA gegründeten Gesellschaften entschieden. Die in Frage stehende Gesellschaft namens O. Corp. war eine 1991 im US-Bundesstaat Delaware gegründete Gesellschaft mit beschränkter Haftung mit einer 1992 eingetragenen Zweitniederlassung in Deutschland. Der Hauptsitz der Gesellschaft war als in den USA liegend angegeben und wurde dementsprechend auf Briefköpfen inklusive eines dortigen Telefon- und Faxanschlusses, dessen Existenz von der Klägerin unwiderlegt angefochten wurde, aufgeführt. Als Ort der Niederlassung wurde hingegen Deutschland angegeben, von wo aus der *secretary* der Gesellschaft auch deren Geschäfte betrieb. Die Klägerin ist die Tochtergesellschaft einer US-amerikanischen Aktiengesellschaft und machte

757 *Sinewe*, EWir 2005, 115, 116.

758 S. zum Anwendungsbereich des *genuine link*-Prinzips nachfolgend unter D., II., 3.

759 OLG Düsseldorf, Urt. v. 15. Dezember 1994 – 6 U 59/94 = NJW-RR 1995, 1037.

die ihr von der Muttergesellschaft abgetretenen Forderungen gegen die Beklagte geltend. Das OLG Düsseldorf verneinte eine Anerkennung der O. Corp. unter Verweisung auf das *genuine link*-Kriterium. Im Gegensatz zu den Urteilen des BGH bemühte es sich um eine Erläuterung der Rechtsquelle dieses Prinzips und verwies im Zuge seiner interessanten Ausführungen auf das *Nottebohm*-Urteil des Internationalen Strafgerichtshofes und das Rechtsmissbrauchsverbot, wobei es letzteres als Ausfluss eines in beiden Vertragsstaaten bestehenden *ordre public* niedrigster Schwelle einordnete[760]. Der Verweis auf das *Nottebohm*-Urteil deutet

---

760 „*Unabhängig davon ist einer nach US-amerikanischem Recht gegründeten Gesellschaft auch dann die Anerkennung im Inland zu versagen, wenn ein Verstoß gegen den Grundsatz des sog. „genuine link" vorliegt. Dieser vom Internationalen Gerichtshof im sog. „Nottebohm-Case" entwickelte Grundsatz besagt, daß eine tatsächliche, effektive Bindung der im Inland tätigen Gesellschaft zu dem Gründungsstaat bestehen muß. Einer amerikanischen Gesellschaft, der ein „genuine link" im Sinne einer tatsächlichen, effektiven Beziehung zu den USA fehlt und die sämtliche Aktivitäten im Inland entfaltet, ist in der Bundesrepublik Deutschland die Anerkennung zu versagen. Es handelt sich dann um eine rechtsmißbräuchliche „pseudo-foreign Corporation". So werden in den Vereinigten Staaten solche Gesellschaften bezeichnet, die in US-Bundesstaaten mit einem „liberalen bis laxen" Gründungsrecht gegründet werden um strenges Gesellschaftsrecht des Bundesstaates zu umgehen, in dem die Gesellschaft später sämtliche geschäftlichen und gesellschaftlichen Aktivitäten entfaltet. Eine Gesellschaft, die im Sitzstaat sämtliche wirtschaftlichen und gesellschaftlichen Aktivitäten entfaltet, ist eben in diesem Sitzstaat nur scheinbar eine „fremde" Gesellschaft. In den Vereinigten Staaten ist in Einschränkung der Gründungstheorie anerkannt, daß insbesondere auf eine „typische Delaware Corporation" das Recht des Staates anzuwenden ist, in dem die Corporation ihre wesentlichen geschäftlichen und gesellschaftlichen Aktivitäten entfaltet, während das Gründungsrecht zurückstehen muß. Entsprechendes muß gelten im Verhältnis der Bundesrepublik Deutschland zu den Vereinigten Staaten. Obwohl im Handelsvertrag 1954 die Vertragsparteien einen ordre public-Vorbehalt nicht vereinbart haben, steht die Anerkennung amerikanischer Gesellschaften unter dem Vorbehalt des deutschen ordre public, soweit dieser sachlich mit dem amerikanischen ordre public übereinstimmt. In beiden Rechtsordnungen gehört das Verbot des Rechtsmißbrauchs zum jeweiligen ordre public. Die alleinige Anknüpfung an den Gründungsakt als Voraussetzung für die Anerkennung der Gesellschaft ist dann rechtsmißbräuchlich im Sinne des - fehlenden - sog. „genuine link", wenn außer dem formalen Akt der Gründung und eventuell einem statutarischen - aber insoweit fiktiven - Sitz keine realen Bindungen der Gesellschaft mehr zum amerikanischen Gründungsstaat bestehen. Es handelt sich dann um eine rechtsmißbräuchliche Umgehungsgründung allein zu dem Zweck, unter Ausnutzung der amerikanischen „liberalen bis laxen" Rechtsordnung - im vorliegenden Fall speziell des US-Bundesstaates D. - im Inland sämtliche gesellschaftlichen und geschäftlichen Aktivitäten zu entfalten.*", OLG Düsseldorf, Urt. v. 15. Dezember 1994 – 6 U 59/94 = NJW-RR 1995, 1037.

auf eine Interpretation des Prinzips als völkergewohnheitsrechtlich bestehendes Kriterium hin. Da das Oberlandesgericht dieses als „vom internationalen Gerichtshof im sog. „Nottebohm-Case“ entwickelten Grundsatz“ bezeichnet, handelt es sich nach Meinung des Gerichts wohl kaum um einen in allen Ländern ohnehin bestehenden Grundsatz, sodass eine Charakterisierung des Kriteriums als anerkannter allgemeiner Rechtsgrundsatz i. S. d. Art. 38 Abs. 1 c) IGH-Statut ausscheidet. Das ebenfalls thematisierte Rechtsmissbrauchsverbot ist, wie schon im Zusammenhang mit dem Urteil des BGH vom 13. Oktober 2004 erörtert, ein Verbot auf Ebene der nationalen Rechtsordnungen und stellt insofern keine Ableitungsmöglichkeit für das völkerrechtliche *genuine link*-Kriterium dar. Die Vermischung der Rechtsinstitute des *ordre public*, des *genuine link*-Grundsatzes und des Rechtsmissbrauchsverbots ist unglücklich und jedenfalls missverständlich. Selbstverständlich muss das völkerrechtliche Kriterium einer echten Verbindung zwischen Gesellschaft und Gründungsstaat von der zivilrechtlichen, internationalprivatrechtlichen Ergebniskontrolle des *ordre public* getrennt beurteilt werden. Auch das Rechtsmissbrauchsverbot stellt auf nationaler Regelungsebene ein eigenes Rechtsinstitut dar. Das Urteil des Oberlandesgerichts kann wohl aber so verstanden werden, dass die Verweisung auf das Gründungsrecht und die Anwendung des Gesellschaftsstatuts unter der einschränkenden Kontrolle all dieser Grundsätze erfolgt.

Das Urteil wurde von verschiedenen Stimmen in der Literatur kritisiert und zum Teil als eine verkappte Ablehnung der Anwendung des Gründungsrechts bezeichnet[761]. Zwar ist die Kritik an der nicht stringenten Erläuterung des *genuine link*-Erfordernis insofern berechtigt, als die drei Rechtsinstitute *genuine link*, Rechtsmissbrauch und *ordre public* nicht sauber abgegrenzt sind und die jeweiligen Rechtsquellen und deren Anwendbarkeit nur wenig Erörterung finden. Dem Vorwurf, das Gericht habe lediglich auf irgendeinem Wege zur Anwendung des Sitzrechts finden wollen, ist jedoch entgegenzuhalten, dass das Oberlandesgericht ausdrücklich Bezug auf das *Nottebohm*-Urteil nimmt und somit gerade nicht grundlagenlos die Anwendung des Gründungsrechts abweist. Vielmehr bezieht es sich damit auf eine die völkergewohnheitsrechtliche Geltung des *genuine link*-Prinzips bestätigende Entscheidung des Internationalen Gerichtshofes. Wie oben bereits ausführlich dargestellt, sprechen überzeugende Gründe dafür, die *Nottebohm*-Entscheidung als Ausfluss des ohnehin bereits völkergewohnheitsrechtlich bestehenden und aus dem Interventions- und Einmischungsverbot abzuleitenden *genuine link*-Kriteriums zu verstehen.

761 *Neumann*, Genuine link-Kriterium, S. 114.

(dd) OLG Sachsen-Anhalt (Naumburg), Urt. v. 19. Dezember 1995

Im vorgenannten Urteil[762] stritten die Parteien um die persönliche Haftung des Beklagten, der im Namen der S.A.G.-P., Inc. Backmittel von der Klägerin gekauft hatte. Die S.A.G.-P., Inc. war zwar wirksam in Delaware gegründet worden, zeigte jedoch allein in Deutschland Geschäftstätigkeiten auf und konnte darüber hinaus auch keine Verbindungen zu den USA nachweisen. Das Gericht schloss sich im Ergebnis hinsichtlich der Geltung eines *genuine link*-Erfordernisses dem OLG Düsseldorf in dessen Entscheidung vom 15. Dezember 1994 an, ergänzte sein Urteil jedoch mit einer diesbezüglich weitergehenden Begründung. So führt es nicht nur den *Nottebohm*-Fall an, sondern untersucht desweiteren die Anerkennung des *genuine link*-Kriteriums in der US-amerikanischen Rechtsprechung unter Einbeziehung der zu Art. 5 Abs. 1 Konvention über die Hohe See ergangenen Entscheidungen. Es untermauert schließlich seine Ansicht von der allgemeinen Akzeptanz eines *genuine link*-Kriteriums durch einen Verweis auf die Rechtsprechung des Schweizerischen Bundesgerichtes, welches die Anwendung des Gründungsrechts bei Umgehungsabsichten versagt. Dem Oberlandesgericht Düsseldorf weiterhin folgend nimmt auch das Oberlandesgericht Sachsen-Anhalt an, dass das *genuine link*-Kriterium im Rahmen des nationalen *ordre public* Anwendung findet. Dabei begründet es die Anwendbarkeit des *ordre public* trotz vorrangigen Staatsvertrages mit dem Vorhandensein eines *ordre public* „auf nidrigster Stufe", dessen Inhalt durch die übereinstimmenden Grundsätze des US-amerikanischen und des deutschen *ordre public* definiert wird. Durch diese umfassende Bestätigung der Rechtsprechung des Oberlandesgerichts Düsseldorf zur Geltung und Anwendung des *genuine link*-Prinzips und die Heranziehung weiterer Grundlagen zeigt sich, dass die deutsche Gerichtsbarkeit grundsätzlich von der völkergewohnheitsrechtlichen Gültigkeit des *genuine link*-Erfordernisses auch für Gesellschaften ausgeht. Zwar ist auch in dieser Entscheidung der Grundsatz einer echten, effektiven Verbindung mit dem Institut des *ordre public* vermengt. Aus dem Zusammenhang ergibt sich jedoch, dass das Oberlandesgericht durchaus von dem Grundsatz des *genuine link* im oben erörterten, also klassisch-völkerrechtlichen Sinn ausgeht. Dafür spricht neben der Erwähnung der *Nottebohm*-Entscheidung auch die Bezugnahme auf die völkerrechtliche Konvention über die Hohe See.

---

762 OLG Sachsen-Anhalt (Naumburg), Urt. v. 19. Dezember 1995 – 7 U 146/95.

(ee) OLG Düsseldorf, Urt. v. 01. Oktober 1997

Im einem weiteren Urteil[763] des OLG Düsseldorf, diesmal allerdings durch den 15. Senat, machte die Klägerin Ansprüche auf Erstattung von Gründungskosten und Zinsen gegen die Beklagte, eine in den USA gegründete, aber in Deutschland allein geschäftstätige Niederlassung einer US-amerikanischen Gesellschaft, die ihrerseits keine über die Gründung hinausgehende Verbindung zu den USA. aufwies, geltend. Alle Gesellschafter waren in Deutschland ansässig und die Gesellschaft unterhielt weder eine Geschäftsanschrift noch einen Telefonanschluss in den USA Auch in diesem Fall entschied das Oberlandesgericht, dass die Gesellschaft nicht anzuerkennen und daher direkt auf die Gesellschafter zuzugreifen wäre. In seiner Entscheidung lehnt das Oberlandesgericht zwar Art. XXV Abs. 5 S. 2 FHSV als Kollisionsnorm von vornherein ab, äussert sich jedoch dennoch zu Fragen der Begrenzbarkeit der Anerkennung. Hierzu stellt es fest, dass es sich bei Gesellschaften, die keinerlei Verbindungen zu ihrem Gründungsstaat haben und allein in Deutschland tätig sind, um rechtsmissbräuchlich agierende Gesellschaften handelt, die mit dieser Gesetzesumgehung gegen den *ordre public* verstoßen. Im Rahmen des *ordre public* kommt das Gericht auch auf das *genuine link*-Kriterium zu sprechen und erläutert, dass US-amerikanische Bundesstaaten den Gesellschaften anderer Bundesstaaten die Anwendung ihres Gründungsrechts versagen können, wenn es an einer echten, tatsächlichen Verbindung zu diesem Bundesstaat fehlt, da die Gesellschaft letztlich nur einen „fiktiven" Sitz dort hat.

Die Begründung des *genuine link*-Erfordernisses mit der angeblichen Nichtanwendung von Gründungsrecht im US-amerikanischen interlokalen Gesellschaftsrecht bei Scheinauslandsgesellschaften ist zu kritisieren. Denn wie bereits dargestellt, existiert nur in wenigen Bundesstaaten überhaupt die Möglichkeit, das eigentlich anwendbare Gründungsrecht mit bestimmten Normen des eigenen Gesellschaftsrechts zu überlagern[764]. Allerdings setzt sich das Oberlandesgericht in seiner Entscheidung auch mit Auffassungen anderer auseinander und erwähnt in diesem Zusammenhang, dass das Völkerrecht den Rechtsgrundsatz des *genuine link* kennt[765]. Im Ergebnis kann daher festgehalten werden, dass auch dieses Urteil als Bestätigung einer Anerkennung des *genuine link*-Prinzips durch die deutschen Gerichte verstanden werden kann. Für die Herleitung des Kriteriums

---

763 OLG Düsseldorf, Urt. v. 01. Oktober 1997 - 15 U 173/96.

764 Vgl. hierzu oben unter A., III., 2.

765 Vgl. Rz. 72 von OLG Düsseldorf, Urt. v. 01. Oktober 1997 - 15 U 173/96.

aus dem Völkerrecht kann die Entscheidung allerdings nur bedingt nutzbar gemacht werden.

(ff) OLG Koblenz, Urt. v. 16. Oktober 2003

Die Klägerin, eine in den USA. gegründete Gesellschaft, und die Beklagte hatten in dem dem Urteil[766] zugrundeliegenden Sachverhalt einen Vertrag über die Lieferung von Aluminium geschlossen. Die Klägerin machte Ansprüche auf Zahlung von Rechnungen sowie Zinszahlungen geltend, wogegen die Beklagte unter anderem vortrug, es handele sich bei der Klägerin um eine nicht anzuerkennende Scheinauslandsgesellschaft. Im Verlauf des Prozesses stellte sich heraus, dass alle Aktien der Klägerin von einer US-amerikanischen Gesellschaft gehalten wurden und selbst der Vorstand durch eine US-amerikanische Gesellschaft besetzt war. Das Gericht spricht sich im Rahmen dieses Urteils gegen die Anwendbarkeit des *genuine link*-Kriteriums aus und stellt damit zugleich die erste derartige Entscheidung eines Oberlandesgerichts dar. Gleichzeitig ist es jedoch auch das erste Oberlandesgericht, das dem Erfordernis einer echten Verbindung ausdrücklich völkergewohnheitsrechtliche Bedeutung beimisst, indem es von dem *„vom internationalen Gerichtshof im „Nottebohm Case" entwickelten, völkergewohnheitsrechtlichen genuine-link-Prinzip"* spricht. Es lässt die Anwendbarkeit in der Folge allerdings an der vorrangigen Stellung des FHSV scheitern, dessen klarer Wortlaut die Anwendung jedweder einschränkenden Bestimmungen ausschließen soll. Für die vorliegend zu untersuchende Frage nach der Rechtsnatur des *genuine link*-Kriteriums kann jedoch festgehalten werden, dass auch das Oberlandesgericht Koblenz das Kriterium als Völkergewohnheitsrecht betrachtet. Zudem macht das Oberlandesgericht deutlich, dass sich das völkergewohnheitsrechtliche Erfordernis einer tatsächlichen Verbindung auch auf juristische Personen bezieht. Zum einen lässt es die Anwendbarkeit nur aufgrund der Existenz einer völkervertraglichen Regelung in Form des FHSV scheitern. Zum anderen formuliert es, dass „zumindest auf der Ebene der Rechtsfähigkeit das genuine-link-Erfordernis nicht eingreifen" kann. Damit eröffnet das Oberlandesgericht einen theoretischen Anwendungsbereich des *genuine link*-Prinzips auf Gesellschaften außerhalb des Regelungsbereichs der Rechtsfähigkeit.

(gg) Zwischenergebnis

Die Rechtsprechung der deutschen Oberlandesgerichte lässt erkennen, dass diese grundsätzlich von der Rechtsstellung des *genuine link*-Kriteriums als

766 OLG Koblenz, Urt. v. 16. Oktober 2003 – 2 U 55/99.

verbindlicher Norm des Völkerrechts ausgehen. Dabei hat spätestens das Urteil des OLG Koblenz vom 16. Oktober 2003 in aller Klarheit zum Ausdruck gebracht, dass die Rechtsverbindlichkeit des Erfordernisses aus dessen Natur als Norm des Völkergewohnheitsrechts herrührt. Die Rechtsprechung des Bundesgerichtshofes zeigt sich im Vergleich weniger eindeutig, da die zum FHSV ergangenen Urteile die Anwendbarkeit des *genuine link* stets offenlassen. Allerdings deuten die wiederholte Befassung des Gerichtshofes mit dem Thema sowie die Subsumtion des Sachverhalts unter das Kriterium auf eine Anerkennung der völkergewohnheitsrechtlichen Geltung des *genuine link*-Prinzips auch in gesellschaftsrechtlichen Sachverhalten hin. Dafür spricht auch die Auseinandersetzung des aktuellsten BGH-Urteils[767] mit den inhaltlichen Anforderungen an das Erfordernis einer tatsächlichen, effektiven Verbindung zum Gründungsstaat.

(3) Das *genuine link*-Prinzip in anderen Bereichen des deutschen Rechts

Für eine Auslegung der deutschen Sichtweise der Rechtsnatur des *genuine link*-Kriteriums kann zusätzlich zu den gesellschaftsrechtlichen Entscheidungen der Judikative auch allgemein auf die Bedeutung einer echten, tatsächlichen Verbindung in anderen Rechtsgebieten zurückgegriffen werden. Denn eine weite Verbreitung des Prinzips deutet auf dessen grundsätzliche Anerkennung als verbindlicher Rechtsgrundsatz hin. Im internationalen Steuerrecht ist das Erfordernis einer echten, tatsächlichen Verbindung beispielsweise insoweit von Bedeutung, als es dem Staat erlaubt, Steuern allein für Einkünfte einzuziehen, die einen hinreichenden Bezug zum deutschen Staat aufweisen[768]. Auch im Rahmen der doppelten Staatsangehörigkeit bildet die effektive, tatsächliche Verbindung der Person zu dem jeweiligen Staat eine zwingende Voraussetzung für die völkerrechtliche Anerkennung dieser Staatsangehörigkeit[769]. Ebenfalls ist das Kriterium einer tatsächlichen Verbindung zum regulierenden Staat im internationalen Kartellrecht als Zuordnungsmoment von Belang[770]. Schließlich hat der *genuine link*-Grundsatz auch seinen Niederschlag im Rahmen des internationalen Zivilverfahrensrechts gefunden. § 23 ZPO stellt als besonderer Vermögensgerichtsstand den zuständigen Gerichtsstand für im deutschen Inland befindliches Vermögen dar, sofern der Beklagte keinen Wohnsitz in Deutschland hat. Ursprünglich genügten wegen des

767 S. oben unter D., 1., c., cc., (2), (aa).

768 *Vogel*, IStR 2003, 419, 420; *Neumann*, Genuine link-Kriterium, S. 75; *Ebenroth/Bippius*, DB 1988, 842, 845 (Fn. 46).

769 *Verdross/Simma*, S. 790, § 1138.

770 *Verdross/Simma*, S. 783, § 1189.

weiten Wortlauts der Norm bereits geringste Vermögensmassen, wie beispielsweise ein Regenschirm auf einem deutschen Flughafen[771], um den Inhaber vor deutschen Gerichten zu verklagen und ein unter Umständen auch im Ausland vollstreckbares Urteil zu erwirken. In seinem Urteil vom 2. Juli 1991[772] stellte der BGH dann fest, dass dieser besondere Vermögensgerichtsstand zu Recht in der Literatur als exorbitant oder auch als Kampfgerichtsstand bezeichnet wird. Da der Norm die „innere Berechtigung" zu fehlen scheine, sei eine völkerrechtskonforme Auslegung geboten. Neben der Einschränkung des Merkmals „Vermögen" fordert der BGH dabei insbesondere eine Verbindung der Rechtssache zu Deutschland i. S. eines hinreichenden Bezuges zum Inland[773]. Es zeigt sich somit, dass der BGH und ein Großteil der Literaturmeinungen auch für Fragen der zivilprozessualen Zuständigkeit eine echte Beziehung des Sachverhalts zu dem Staat des zuständigen Gerichts als völkerrechtliche Notwendigkeit für die Legitimität der Regelungsbefugnis betrachten.

Schließlich kennt man auch im internationalen Strafrecht die nur unter bestimmten Voraussetzungen zulässige Ausdehnung des Anwendungsbereichs innerstaatlicher Strafrechtsnormen auf außerstaatliche Sachverhalte. Zur Wahrung des völkerrechtlichen Interventions- und Einmischungsverbots ist dabei, dem Personalitätsprinzip entsprechend, an die Staatsangehörigkeit als Merkmal eines Inlandsbezuges und Beweises eines *genuine link* zwischen Sachverhalt und regelndem Staat vorrangig anzuknüpfen[774]. Zum Teil wird sogar darüber hinaus ein weiterer Inlandsbezug verlangt[775].

---

771 Auf Grund dieses einprägsamen Beispiels wird die Norm auch „Umbrella-Rule" genannt. S. allgemein zu der exorbitanten Anwendung des Vermögensgerichtsstandes *Rauscher*, Internationales Privatrecht, § 17, Rn. 2257.

772 BGH, Urteil vom 02. Juli 1991 - XI ZR 206/90; NJW 1991, 3092 ff.

773 *„Einschränkungen gegenüber der bisherigen Auslegung sind jedoch insoweit angebracht, als der Vermögensgerichtsstand nur gegeben sein kann, wenn der Rechtsstreit einen hinreichenden Bezug zum Inland hat. […] Der Senat schließt sich insoweit der zunehmend vertretenen Auffassung an, daß die Zuständigkeit deutscher Gerichte über § 23 S. 1 Alt. 1 ZPO nur begründet wird, sofern der Rechtsstreit einen über die Vermögensbelegenheit hinausgehenden Inlandsbezug aufweist […].*", BGH, Urt. V. 02. Juli 1991 - XI ZR 206/90. Der BGH folgt insoweit den von ihm zitierten Stimmen der Literatur.

774 *Holthausen*, NJW 1992, 214.

775 Vgl. *Holthausen*, NJW 1992, 214, 215.

d. Ergebnis zur Rechtsnatur des genuine link-Kriteriums

Im Ergebnis lässt sich feststellen, dass dem *genuine link*-Kriterium völkergewohnheitsrechtliche Bedeutung beizumessen ist. Die *Barcelona Traction*-Entscheidung des Internationalen Gerichtshofes ist so zu verstehen, dass die im *Nottebohm*-Urteil getroffene Entscheidung zugunsten der Notwendigkeit einer tatsächlichen, effektiven Beziehung zwischen einer natürlichen Person und dem Staat, von dem diese als Staatsangehörige diplomatischen Schutz erwartet, auch auf das Verhältnis einer juristischen Person und dem Staat, nach dessen Recht sie sich als ihm zugehörige rechtsfähige Gesellschaft darstellt, anzuwenden ist. Die *Nottebohm*-Entscheidung bezüglich der Voraussetzung eines *genuine link*-Kriteriums bestätigt dabei die völkergewohnheitsrechtliche Anerkennung des sich bereits aus dem Einmischungs- und Interventionsverbot des Art. 2 UN-Charta ableitenden *genuine link*-Prinzips. Dies findet seinerseits Bestätigung in der deutschen Rechtsprechung, die grösstenteils ausdrücklich und teilweise konkludent von dem Bestand und der Anwendbarkeit des *genuine link*-Grundsatzes ausgeht. Der US-amerikanischen Rechtsprechung kann zwar kein konkreter Anwendungsfall im Rahmen des FHSV entnommen werden, aber insbesondere die Auswertung der Restatements of Foreign Relations Law spricht deutlich für die Anerkennung des Prinzips als einen völkergewohnheitsrechtlich geltenden und allgemein zu beachtenden Grundsatz.

2. Geltung des genuine link-Kriteriums im Rahmen des FHSV

Der FHSV enthält keine ausdrückliche Erklärung zu dem Umgang mit Völkergewohnheitsrecht. Es ist daher umstritten, ob das *genuine link*-Kriterium im Anwendungsbereich des Staatsvertrages die Bedeutung einer notwendigen Voraussetzung hat. Dafür ist zum einen das Verhältnis von Völkergewohnheits- und Völkervertragsrecht von Bedeutung. Zum anderen stellt sich die Frage, ob das Erfordernis unausgesprochen in den Vertrag integriert oder dort derogiert worden ist.

Zum Teil wird diskutiert, ob dass öffentlich-rechtliche Völkerrecht für den Bereich des internationalen Privatrechts als dem Bereich des zwischen Privaten stattfindenden, rechtlichen Geschehens überhaupt Regelungskraft haben kann[776]. Das Völkerrecht betreffe in erster Linie das Miteinander von Staaten, nicht aber die Belange Privater. Tatsächlich handelt es sich vorliegend jedoch schon nicht um eine privatrechtliche Angelegenheit. Das *genuine link*-Kriterium soll vielmehr

776 *Neumann*, Genuine link-Kriterium, S. 76.

sicherstellen, dass der Staat, der für eine Gesellschaft die Regelungsbefugnis übernimmt und dieser rechtliche Selbstständigkeit als juristische Person vermittelt, auch tatsächlich über eine echte und effektive Verbindung zu dieser Gesellschaft verfügt. Dies ist demnach eine sich rein auf zwischenstaatlicher Ebene abspielende Frage, die nur in ihrer Wirkung letztlich auch Private berührt. Daher ist es für die vorliegend zu erörternde Frage ohne Belang, ob das *genuine link*-Erfordernis als Völkerrechtsnorm generell überhaupt im internationalen Privatrecht Wirkung entfalten kann.

Zunächst ist daher das Rangverhältnis zwischen Staatsvertragsrecht und Völkergewohnheitsrecht zu untersuchen. Relevant ist hier insbesondere, ob das *genuine link*-Prinzip bereits durch seine Rechtsnatur als Norm des Völkergewohnheitsrechts gegenüber dem Staatsvertrag vorrangig Anwendung beansprucht. Da Staatsverträge in sich geschlossene Regelungswerke sind, können sie nicht ohne weiteres durch andere Normen erweitert oder eingeschränkt werden[777]. Völkerrechtlich gesehen entspringt das *genuine link*-Kriterium als Völkergewohnheitsrecht, ebenso wie das Völkervertragsrecht, den Quellen des Völkerrechts. Das Völkerrecht kennt mehrere solche Quellen, die in Art. 38 Abs. 1 IGH-Statut aufgelistet. Von besonderer Bedeutung ist zwar grundsätzlich das *jus cogens*, das zwingende Recht, da dieses durch keinen Vertrag abgedungen werden kann[778]. Das *genuine link*-Prinzip ist allerdings nicht Teil dieses Rechtekatalogs zwingender Normen, der nur Normen von besonders grundlegender Bedeutung wie beispielsweise das Gewaltverbot oder das Verbot von Folter enthält. Normen des Völkergewohnheitsrechts sind hingegen dispositiv und können staatsvertraglich abbedungen werden[779].

a. Rangverhältnis nach nationalem deutschen Recht

Im deutschen Recht orientiert sich die Normenhierarchie völkerrechtlicher Bestimmungen unter anderem an Art. 25 GG. Hiernach sind die allgemeinen Regeln des Völkerrechts zwar Bestandteil des Bundesrechts, gehen dessen Gesetzen jedoch vor. Art. XXV Abs. 5 S. 2 FHSV ist als Teil des Staatsvertrages erst gemäß Art. 59 Abs. 2 GG auf Grund der Ratifizierung durch ein Bundesgesetz unmittelbar anwendbares Recht geworden. Damit kommt auch dem Staatsvertrag der Rang eines einfachen Bundesgesetzes zu[780]. Legt man diese

777 *Herdegen* in Dürig/Herzog/Scholz, GG, Art. 25, Rn. 32.

778 *Herdegen* in Dürig/Herzog/Scholz, GG, Art. 25, Rn. 32.

779 *Ipsen*, § 23 Rn. 1 ff.

780 *Jarass* in Jarass/Pieroth, Art. 59, Rn. 17, 19.

Erwägungen einem Abgleich der Rangstellung des unmittelbar geltenden, völkergewohnheitsrechtlichen *genuine link*-Prinzips mit der des FHSV zugrunde, liegt die Schlussfolgerung nahe, dass dem *genuine link*-Kriterium eine Vorrangsstellung gegenüber der staatsvertraglichen Regelung zukommen muss. Nach Art. 25 GG gehen die allgemeinen Regeln des Völkerrechts, zu denen auch das Völkergewohnheitsrecht zu zählen ist, den einfachen Bundesgesetzen, zu denen wiederum der FHSV gerechnet werden muss, vor[781].

Teilweise wird hiergegen Art. 3 Nr. 2 EGBGB angeführt. Dieser normiert eine Vorrangstellung völkervertraglicher Vereinbarungen gegenüber den nationalen Kollisionsnormen, soweit sie unmittelbar geltendes, innerstaatliches Recht geworden sind. Manche sind daher der Ansicht, dass diese Bevorzugung von Staatsvertragsrecht zur Folge hat, dass diese im Kollisionsrecht nicht als „einfaches Bundesrecht" den allgemeinen Regeln des Völkerrechts normenhierarchisch unterlegen sind[782]. Eine solche Aussage kann Art. 3 Nr. 2 EGBGB indes nicht entnommen werden. Dieser hält nur den ohnehin bestehenden Grundsatz *lex specialis derogat legi generali* fest. Dagegen spricht auch nicht, dass die Normierung eines ohnehin bestehenden Rechtsgrundsatzes überflüssig wäre. Es gilt allgemein, dass staatsvertragliches Recht, nachdem es durch das Zustimmungsgesetz wirksam geworden ist, zu innerstaatlichem Recht wird. Als solches kommt ihm der gleiche Anwendungsrang wie den Vorschriften des EGBGB zu. Es mag auch nicht immer offensichtlich sein, dass ein Staatsvertrag die speziellere Regelung enthält. Aufgrund der parteiautonomen, individualvertraglichen Rechtsnatur der Vereinbarung muss ihnen jedoch selbst bei einem inhaltlich vergleichbaren Ergebnis gegenüber den Normen des EGBGB Spezialität zugestanden werden. Da jedoch beide Arten von Kollisionsnormen sonst generell auf einer Stufe stehen, ist es durchaus sinnvoll, die bereits in der Literatur stark vertretene Auffassung der Spezialität zu Klarstellungszwecken auch gesetzlich festzuhalten[783]. Darüber hinaus gehend kann man Art. 3 Nr. 2 EGBGB jedoch keine Aussage dergestalt entnehmen, dass völkerrechtliche Kollisionsnormen generell über Bundesrecht stehen würden.

Man könnte jedoch erwägen, ob die Regelungen des FHSV aufgrund ihrer Spezialität nicht ohnehin schon Anwendungsvorrang vor dem allgemeineren Völkergewohnheitsrecht genießen. Dem steht jedoch entgegen, dass der Grundsatz des Vorrangs von speziellerem Recht im deutschen Recht nur auf gleicher

781 *Jarass* in Jarass/Pieroth, Art. 25, Rn. 17 f., zur grundsätzlichen Einordnung von allgemein anerkannten Regeln des Völkerrechts gegenüber einfachem Bundesrecht.

782 *Neumann*, Genuine link-Kriterium, S. 77 f.

783 *Kegel/Schurig*, IPR, S. 12.

Regelungsebene, d. h. nur zwischen normenhierarchisch gleichen Gesetzen, anwendbar ist. Da nach Art. 25 GG Völkergewohnheitsrecht Vorrang vor den einfachen Bundesgesetzen zukommt, ist eine Anwendung des *lex specialis*-Grundsatzes auf nationaler Ebene jedenfalls nicht ohne Berücksichtigung besonderer, völkerrechtlicher Gesichtspunkte möglich[784].

b. Rangverhältnis nach Völkerrecht

Auf völkerrechtlicher Ebene stehen Völkergewohnheitsrecht und Völkervertragsrecht hingegen gleichberechtigt nebeneinander. Dies ergibt sich bereits aus Art. 38 Abs. 1 IGH-Statut, der die völkerrechtlichen Abkommen und das Völkergewohnheitsrecht nebeneinander als Quellen des Völkerrechts aufzählt[785]. Für die zumindest theoretische Abdingbarkeit des völkergewohnheitsrechtlichen *genuine link*-Prinzips durch den FHSV spricht die dispositive Natur des Völkergewohnheitsrechts. Nach ganz überwiegender Auffassung können diese Vorschriften durch entsprechende völkervertragliche Vereinbarungen für unanwendbar erklärt werden[786]. Zudem wird von vielen angenommen, dass staatsvertragliches Recht als das *lex specialis* beziehungsweise *lex posterior* den gewohnheitsrechtlichen Regeln grundsätzlich vorgeht[787]. Im Völkerrecht ist die Anwendung der Rechtssätze *lex specialis derogat legi generali* und *lex posterior derogat legi priori* allgemein anerkannt und letzterer ist zudem in Art. 30 WÜRV niedergeschrieben und wird als Völkergewohnheitsrecht betrachtet[788]. Betrachtet man das Verhältnis von *genuine link*-Prinzip und FHSV auf völkerrechtlicher Ebene, ist somit Raum für eine Prüfung von sowohl der Spezialität des FHSV als auch einer möglichen Pro- oder Derogation des Prinzips durch den Staatsvertrag. Daher ist es von maßgeblicher Relevanz, ob für die vorliegende Rangkollisionsfrage an Gegebenheiten des nationalen deutschen Rechts und damit insbesondere an die Aussagen von Art. 25 GG und Art. 59 Abs. 2 GG anzuknüpfen ist oder ob diese Fragestellung auf völkerrechtlicher Ebene zu entscheiden ist. Einer Beurteilung auf völkerrechtlicher Ebene ist dabei der Vorzug zu geben[789]. Zum einen handelt es sich

---

784 S. hierzu im Folgenden unter D. II. 2. a. bb.

785 *Bungert*, ZVglRWiss 93 (1994), 117, 154.

786 *BVerfG*, Beschl. v. 07. April 1965 - 2 BvR 227/64; *Jarass* in Jarass/Pieroth, Art. 25, Rn. 9; *Eidenmüller*, Ausländische Kapitalgesellschaften, § 2, Rn. 33.

787 Differenzierter *Ipsen*, § 23 Rn. 3; Stein/v. Buttlar/Kotzur, § 2, Rn. 154.

788 *Vranes*, ZaöRV 65 (2005), 391 f.

789 So auch *Bungert*, ZVglRWiss 93 (1994), 117, 154; *Tomschin*, Anerkennung, S. 102, beide ohne Begründung; a. A. *Ebenroth/Bippus*, DB 1988, 843, 845; *Kindler* in MüKo, IntGesR, Rn. 344.

zuvorderst um das Nebeneinander zweier völkerrechtlicher Rechtsquellen. Die innerstaatlichen deutschen Vorschriften zur Normenhierarchie dürften aber für die Regelung des Anwendungsvorrangs von Völkergewohnheitsrecht gegenüber nationalen Normen geschaffen worden sein. Die Regelung der Normenhierarchie verschiedener völkerrechtlicher Vorschriften hatte der Gesetzgeber dabei sicherlich nicht im Blick. Zudem würde der dispositiven Natur des Völkergewohnheitsrechts kein Sinn zukommen, wenn die einzigen Vorschriften, durch die es abbedungen werden kann, auf innerstaatlicher Ebene im Rang hinter dem Gewohnheitsrecht zurückstehen und dadurch das Gewohnheitsrecht eben doch nicht ausschließen könnten[790]. Der deutsche Gesetzgeber hätte dann das Völkergewohnheitsrecht gleichsam zu zwingendem Recht erklärt. Dass aber das *jus cogens* und das Völkergewohnheitsrecht in ihrer Anwendung eben gerade nicht zu vergleichen sind, steht völkerrechtlich fest. Ähnlich ist im Übrigen auch das Bunderverfassungsgericht zu verstehen, dass dem Völkergewohnheitsrecht über Art. 25 GG nur die Tragweite beimisst, die es auch auf völkerrechtlicher Ebene hat[791]. Auch hiernach soll die Verdrängung durch völkervertragliche Regelungen möglich sein. Daher muss das Rangverhältnis von Völkergewohnheitsrecht und Völkervertragsrecht auf völkerrechtlicher Ebene entschieden werden. Dies führt dazu, dass dem *genuine link*-Prinzip im Rahmen des FHSV dann die Anwendung zu versagen wäre, wenn dieser das Prinzip ausdrücklich ausschließt oder wenn es sich bei den Regelungen des FHSV und insbesondere des Art. XXV Abs. 5 S. 2 FHSV um *lex specialis* handelt.

aa. Art. XXV Abs. 5 S. 2 FHSV als lex specialis zum genuine link-Kriterium

Zum Teil wird vertreten, dass der FHSV *lex specialis* zum *genuine link*-Grundsatz darstellt. Dies wird damit begründet, dass der FHSV und insbesondere die Anknüpfung des Art. XXV Abs. 5 S. 2 FHSV eine abschließende Regelung enthalten[792]. Dabei werden jedoch zwei getrennt zu behandelnde Fragen vermischt. Denn zum einen stellt sich die Frage, ob Art. XXV Abs. 5 S. 2 FHSV eine Vorschrift aus dem gleichen Regelungsbereich wie das *genuine link*-Prinzip darstellt und insofern eine gegenüber dieser Regelung speziellere Version darstellt. Dies könnte sowohl auf einer entsprechend sich abhebenden Formulierung der Fall sein wie auch aufgrund des Umstandes der individuellvertraglichen Vereinbarung.

---

790 *Neumann*, Genuine link-Kriterium, S. 77.
791 BVerfG, Beschl. v. 07. April 1965 - 2 BvR 227/64.
792 *Bungert*, ZVglRWiss 93 (1994), 117, 154.

Eine andere Frage ist es, ob der FHSV die Anwendung des *genuine link*-Kriteriums ausdrücklich ausschließt.

Vorliegend kann Art. XXV Abs. 5 S. 2 FHSV schon deshalb kein Spezialrecht zum völkergewohnheitsrechtlichen Erfordernis einer echten, effektiven Verbindung sein, weil sich die Regelungsbereiche nicht decken. Während die staatsvertragliche Vorschrift eine kollisionsrechtliche Regelung betrifft, bezieht sich das *genuine link*-Prinzip auf die angewendete Rechtsordnung selbst und fordert eine Anknüpfung der Erlangung der rechtlichen Selbstständigkeit als Gesellschaft dieser Rechtsordnung an eine tatsächlich existierende Verknüpfung mit dieser Rechtsordnung. Die Anknüpfung an die Gründungstheorie stellt also keine Spezialisierung des *genuine link*-Grundsatzes dar. Hierfür ist zu berücksichtigen, dass das *genuine link*-Prinzip die Gründungstheorie, d. h. die Anknüpfung an den Ort der Errichtung der Gesellschaft, nicht unmittelbar einschränkt. Vielmehr wird nur das Ergebnis der Anwendung des Gesellschaftsstatuts einem zusätzlichen Test unterzogen. Da sich damit der Regelungsbereich des *genuine link*-Kriteriums und der des Art. XXV Abs. 5 S. 2 FHSV nicht überschneiden, kann die Regelung des FHSV auch keine vorrangige Anwendung als *lex specialis* für sich in Anspruch nehmen.

bb. Ausschluss des genuine link-Kriteriums durch den FHSV

Schließlich wird gegen eine Anwendbarkeit des *genuine link*-Kriteriums auf US-amerikanische Gesellschaften mit Verwaltungssitz in Deutschland auch eingewendet, dass der FHSV selbst das *genuine link*-Prinzip ausschließe[793]. So müssen wohl auch die Auffassungen gedeutet werden, die von dem FHSV als *lex specialis* reden, aber dessen Vorrangstellung mit der abschließenden Rechtsnatur des FHSV begründen[794]. Ähnlicher Auffassung ist auch das OLG Koblenz, das in seinem Urteil[795] vom 16. Oktober 2003 feststellt:

> Da die beteiligten Völkerrechtssubjekte mit dem Abkommen für die betroffene Gesellschaft eine eindeutige Regelung getroffen haben, kann zumindest auf der Ebene der Anerkennung der Rechtsfähigkeit das genuine-link-Erfordernis nicht eingreifen. Andernfalls würde man letztlich die staatsvertraglich vereinbarte Gründungstheorie aushebeln und „über die Hintertür" die Sitztheorie einführen.

---

793 *Dammann*, RabelsZ 68 (2004), 607, 645; so wohl auch *Thorn* in Grüneberger, EGBGB, Anh 12, Rn. 3; *Spahlinger/Wegen*, Internationales Gesellschaftsrecht, Rn. 243; *Wessels/Ziegenhain*, GmbHR 1988, 423, 431.

794 S. hierzu wiederum *Bungert*, ZVglRWiss 93 (1994), 117, 154.

795 OLG Koblenz, Urt. v. 16. Oktober 2003 - 2 U 55/99.

Es ist daher zu untersuchen, ob Art. XXV Abs. 5 S. 2 FHSV tatsächlich dergestalt als abschließende Regelung formuliert ist, dass er dadurch eindeutig auch die Anwendung des *genuine link*-Prinzips auf Sachverhalte, die dem FHSV unterfallen, ausschließt. Hierfür soll zum einen sprechen, dass die Vorschrift des Art. XXIV Abs. 1 S. 3 e) FHSV den Vertragspartnern gestattet, Regelungen zu erlassen, die solchen Gesellschaften die Vergünstigungen des FHSV vorenthalten, die von dritten Staaten gehalten werden. Die Vertragsparteien hätten bei Formulierung des Vertrages bereits auf Situationen geachtet, in denen die Vergünstigungen möglicherweise missbräuchlich von jemandem in Anspruch genommen werden könnten, und den Parteien entsprechende Reaktionsmechanismen zugestanden. Da keine solche Ausnahmeregelung für Sachverhalte festgehalten wurde, in denen keine hinreichende Beziehung der Gesellschaft zu ihrem Gründungsstaat besteht, wäre ein *genuine link*-Kriterium offensichtlich nicht gewünscht[796]. Dieser Auffassung muss jedoch entgegengehalten werden, dass es einer solch ausdrücklichen Ausnahmeregelung zugunsten einer Anwendbarkeit des *genuine link*-Prinzip schon gar nicht bedurfte. Denn das Erfordernis einer echten und effektiven Verbindung hat als völkergewohnheitsrechtliche Norm ohnehin verbindliche Wirkung für die Vertragsparteien. Während die ausdrückliche Regelung des Art. XXIV Abs. 1 e) FHSV mithin notwendig war, um ggf. Drittstaaten von den mittelbaren Vergünstigungen des Staatsvertrages ausschließen zu können, sind Gesellschaften ohne Verbindungen zu ihrem Gründungsstaat aufgrund geltenden Völkerrechts bereits von den Vergünstigungen ausgeschlossen.

Auch kann nicht geltend gemacht werden, dass die Anwendung des *genuine link*-Prinzips im Rahmen des FHSV zu „unsinnigen Ergebnissen“ führen würde, weil dies die Errichtung von Scheinauslandsgesellschaften nicht verhindern, sondern nur den von diesen zu treibenden wirtschaftlichen Aufwand verstärken würde[797]. So kann es schon kaum als unsinnig bewertet werden, wenn eine Gesellschaft zu dem Staat, aus dessen Recht sie ihre Existenz als juristische Person ableitet, auch eine tatsächliche Beziehung aufweist. Zudem könnte aber eine Unpraktikabilität im Rahmen des FHSV auch deshalb nicht als Argument gegen eine Anwendung des *genuine link*-Grundsatzes gelten gelassen werden, weil ein solches Prinzip schon keine Vorschrift des Staatsvertrages darstellt. Es handelt sich hier gerade nicht um die Auslegung einer Regelung des FHSV, in die man Sinn und Zweck des Vertrages miteinfliessen lassen kann, sondern um eine unabhängig vom Staatsvertrag existierende, völkerrechtliche Vorschrift, die eben auch für

---

796 S. zu alldem *Dammann*, RabelsZ 68 (2004), 607, 645 f.

797 *Dammann*, RabelsZ 68 (2004), 607, 646.

US-amerikanische Gesellschaften in Deutschland Anwendung findet. Will man hingegen anführen, dass die wirtschaftlichen Folgen des *genuine link*-Kriteriums im Rahmen der Auslegung des Art. XXV Abs. 5 S. 2 FHSV zu berücksichtigen sind[798] und dieser daher als eine das *genuine link*-Prinzip ausschließende Regelung zu interpretieren ist, so ginge eine solche Auslegung weit über den Wortlaut der Kollisionsregelung hinaus. Die Auslegung der Vorschrift des Art. XXV Abs. 5 S. 2 FHSV anhand des wirtschaftlich ausgerichteten *telos* des FHSV kann die Regelung nicht zum „Füllhorn" jedweder die Wirtschaft begünstigenden Festlegung umwandeln. Vielmehr müssen sich auch Sinn und Zweck noch an dem durch den Wortlaut der Norm vorgegebenen Rahmen orientieren[799]. Dieser legt ausschließlich die Anwendung der Gründungstheorie für das auf die Gesellschaften anwendbare Recht fest. Für eine Auslegung in diesem Sinn spricht zudem, dass auch im Rahmen der gesellschaftrechtlichen Anerkennung nach der mit dem Art. XXV Abs. 5 S. 2 FHSV gleichlautenden Vorschrift des Art. 14 Abs. 5 des Französisch-US-amerikanischen Niederlassungsabkommens vom 25. November 1959 das *genuine link*-Prinzip durch die Zivilkammer des Cour de Cassation angewendet wird[800]. Die Verweisung auf das Gründungsrecht einer US-amerikanischen Gesellschaft führt auch dort nur zur Anwendung des US-amerikanischen Gründungsrechts, wenn die Gesellschaft eine echte und tatsächliche Verbindung zu den USA nachweisen kann[801].

Schließlich wird zum Teil auch angeführt, dass das *genuine link*-Prinzip nicht angewendet werden sollte, da die Anknüpfungskriterien für das Vorliegen einer tatsächlichen Verbindung zum Gründungsstaat zu umstritten seien. Abgrenzungsprobleme in der Praxis wären die unvermeidliche Folge und könnten so nicht dem Sinn und Zweck des FHSV genügen[802]. Allerdings zeigt sich bei der Untersuchung der zum *genuine link*-Prinzip ergangenen Rechtsprechung deutscher Gerichte, dass sich durchaus ein kategorisierbares Verständnis der Voraussetzunngen des *genuine link*-Prinzips herausgebildet hat[803]. Ebenso muss das Argument fehlgehen, dass das *genuine link*-Prinzip faktisch eine Verweisung i. S. d. Sitztheorie festlege und so dem Art. XXV Abs. 5 S. 2 FHSV zuwider handele[804]. Dem steht bereits

---

798 *Tomschin*, Anerkennung, S. 104.

799 Vgl. zur Auslegungsmethodik bei Staatsverträgen oben unter B., II., 2.

800 *Mankowski*, EWiR 2003, 661, 662 m. w. N. zur französischen Rechtsprechung.

801 *Mankowski*, EWiR 2003, 661, 662; *Mansel* in Leible/Ruffert, Völkerrecht und IPR, S. 89, 126.

802 *Dammann*, RabelsZ 68 (2004), 607, 646.

803 S. hierzu weiter unten unter D. II. 3.

804 OLG Koblenz, Urt. v. 16. Oktober 2003 - 2 U 55/99.

entgegen, dass das Prinzip keine kollisionsrechtliche Regelung darstellt. Aber auch im Ergebnis führt das *genuine link*-Prinzip keineswegs zu einem Ausschluss der Anknüpfung an den Ort der Gründung und unterwandert insofern nicht den im FHSV gewählten Anknüpfungsort. Die Anknüpfungskriterien des Erfordernisses einer effektiven Beziehung zum Gründungsort liegen nämlich weit unter der Voraussetzung eines effektiven Verwaltungssitzes im Rahmen der Sitztheorie[805].

Auch sonst ist keine Bestimmung innerhalb des FHSV ersichtlich, die die Anwendbarkeit des *genuine link*-Prinzips verhindert oder z. B. festlegt, dass auch noch dann das Gründungsrecht anzuwenden ist, wenn keinerlei Beziehungen zu dem die Rechtsfähigkeit zuerkennenden Staat besteht[806]. Die kollisionsrechtliche Regelung einer Anknüpfung an den Ort der Gründung enthält eine Verweisung. Ihr kann jedoch keine Aussagen über den Umgang mit völkerrechtlichen Normen entnommen werden, die aus ganz anderen, z. B. nämlich auf das Einmischungsverbot zurückgehenden, Gründen eine Verbindung zwischen einer Gesellschaft und einem Staat als notwendig festlegen. Wenn vorgebracht wird, dass die Anerkennung des Art. XXV Abs. 5 S. 2 FHSV die Frage der Anerkennung abschließend regeln würde, wird übersehen, dass diese Anerkennung eben nur die kollisionsrechtliche Anerkennung umfasst. Das *genuine link*-Prinzip hingegen überprüft lediglich, ob das Völkerrecht die Anwendung bestimmten nationalen Rechts auf eine juristische Person im internationalen Kontext duldet.

Für eine Trennung von Fragen der Gründungs- oder Sitztheorie von dem *genuine link*-Prinzip spricht auch, dass eine solche Unterscheidung der Rechtsprechung des Internationalen Gerichtshofes zugrunde liegt. In dem oben bereits erörterten Fall *Barcelona Traction* hat auch dieser zwischen einer Anknüpfung an den Ort der Gründung als Regelfall und einer getrennt davon zu beurteilenden Notwendigkeit einer besonderen Verbindung zum Gründungsstaat unterschieden[807]. Es ist daher zu dem Ergebnis zu kommen, dass der FHSV und insbesondere die Regelung des Art. XXV Abs. 5 S. 2 FHSV keinen Ausschluss des völkergewohnheitsrechtlichen Grundsatzes der Notwendigkeit einer tatsächlichen Verbindung enthalten.

---

805 S. auch hierzu wiederum unten unter D. II. 3.

806 *Kindler* in MüKo, IntGesR, Rn. 344.

807 *Barcelona Traction, Light and Power, Co.* (Belgium v. Spain), I.C.J. Reports 1970, 3, 42 f. Vgl. auch oben unter D. II. 1. b.

3. Inhalt des *genuine link*-Prinzips

Zwar existiert keine Definition für das Vorliegen des Grundsatzes einer tatsächlichen Verbindung, aber es steht jedenfalls fest, dass die Kriterien hierfür solche des Völkerrechts sein und damit zumindest über ein „Mindestmaß an Einsichtigkeit[808]" verfügen müssen. In diesem Rahmen ist es den Staaten selbst überlassen, Anknüpfungskriterien zu bestimmen. Die von einem Staat anzuwendenden Anknüpfungskriterien müssen demnach, völkerrechtlich nachvollziehbar, eine echte und effektive Verbindung zwischen dem Staat und der von ihm für rechtsfähig erklärten Gesellschaft begründen können. In den USA lassen sich als Negativkriterien gegen das Vorliegen einer echten Beziehung zum Gründungsstaat Auffälligkeiten wie eine ganz überwiegende Anzahl von Gesellschaftern mit fremder Nationalität und die Führung eines Büros oder die Aufrechterhaltung des effektiven Verwaltungssitzes auf fremdem Gebiet in §§ 211, 213 comment c Restatement of the Law (Third), Foreign Relations Law of the United States (1987) finden. In den Entscheidungen[809] zum Seerecht zeigt sich allerdings deutlich, dass die US-amerikanischen Gerichte bei der Ablehnung eines *genuine link* äusserst restriktiv vorgehen. So wurde zwar einem Schiff die effektive Beziehung zum Staat Panama, unter dessen Flagge es geltend machte zu fahren, aberkannt. Dieses Schiff hatte jedoch noch nie in einem Hafen Panamas angelegt, konnte keine Kapitäne mit entsprechender Herkunft nachweisen und auch die Eigentümer konnten keinerlei Bezug zu Panama belegen. Nach überwiegender Auffassung wird daher, abgesehen von solchen Ausnahmefällen, schon bei geringen geschäftlichen Aktivitäten oder faktischen Beziehungen zum Gründungsstaat ein *genuine link* zwischen Gesellschaft und Gründungsort von US-amerikanischer Seite angenommen[810].

Ein ähnliches Ergebnis zeigt eine Auswertung der deutschen Gerichtsentscheidungen zu den Anforderungen, die an eine echte und effektive Verbindung zu stellen sind. Zwar urteilte das Oberlandesgericht Düsseldorf noch am 15. Dezember 1994 in einer nachfolgend stark umstrittenen Entscheidung, dass eine im US-Bundesstaat Delaware gegründete Gesellschaft mangels eines *genuine link* zu den USA nicht als Gesellschaft in Deutschland anzuerkennen sei[811]. Bei dieser Gesellschaft handelte es sich um die Tochtergesellschaft einer US-amerikanischen Brokerfirma, die ihre gesamte Geschäftstätigkeit von Deutschland aus

808 BVerfG, Beschl. v. 22. März 1983 - 2 BvR 475/85 = BVerfGE 63, 343, 369.

809 S. hierzu oben unter D., II., 1., c., cc., (1), (aa).

810 *Ebenroth/Kemner/Willburger*, ZIP 1995, 972, 973.

811 OLG Düsseldorf, Urt. v. 15. Dezember 1994 - 6 U 59/94.

abwickelte und die weder über Geschäftsanschrift noch Telefonnummer in den USA. verfügte. Es existierte zwar ein Warenoptionsvertrag mit einer Aktiengesellschaft nach New Yorker Recht, der ausdrücklich die Anwendung des Rechts des US-Bundesstaates New York festlegte. Das Oberlandesgericht hielt dies jedoch nicht für ausreichend, um eine effektive, tatsächliche Beziehung zum Gründungsstaat nachzuweisen[812]. Der Umstand, dass das Gericht weder die Geschäftstätigkeit mit einer US-amerikanischen Gesellschaft noch die Vereinbarung US-amerikanischen Vertragsrechts im Rahmen des *genuine link*-Prinzips erörtert und genügen hat lassen, wurde im Nachhinein von Stimmen in der Literatur kritisiert[813]. In der nächsten Entscheidung eines Oberlandesgerichts bestand allerdings noch nicht die Möglichkeit einer Korrektur dieser Rechtsprechung. Auch dem Urteil[814] des Oberlandesgerichts Sachsen-Anhalt vom 19. Dezember 1995 lag zwar eine nach dem Recht des US-amerikanischen Bundesstaates Delaware gegründete Gesellschaft als Beklagte vor, deren fehlende Rechtsfähigkeit die Klägerin vortrug. Ebenso knüpfte das Gericht für die Rechtsfähigkeit gemäß Art. XXV Abs. 5 S. 2 FHSV an das Recht des Gründungsortes der Gesellschaft an. Im Folgenden konnte es jedoch bei Anwendung des *genuine link*-Grundsatzes das Fehlen einer tatsächlichen Beziehung der Gesellschaft zu ihrem Gründungsstaat Delaware vergleichsweise unproblematisch feststellen, da die beklagte Gesellschaft ihr Gewerbe allein in Deutschland ausübte und weder Angestellte noch Geschäftsführer in den USA besaß. Außer dem Umstand der Gründung selbst und der Existenz eines *registered agent* im US-amerikanischen Bundesstaat Delaware waren weder rechtliche noch tatsächliche Beziehungen zu den USA ersichtlich. Die Existenz des *registered agent* bzw. eines Zustellungsbevollmächtigten, ließ das Gericht zu Recht nicht als *genuine link* genügen. Denn dies gehört zu den Gründungsvoraussetzungen einer Gesellschaft nach Sec. 132 Delaware General

---

812 „*Die alleinige Anknüpfung an den Gründungsakt als Voraussetzung für die Anerkennung der Gesellschaft ist dann rechtsmissbräuchlich i. S. des – fehlenden – sog. „genuine link", wenn außer dem formalen Akt der Gründung und eventuell einem statutarischen – aber insoweit fiktiven – Sitz keine realen Bindungen der Gesellschaft mehr zum amerikanischen Gründungsstaat bestehen.*", OLG Düsseldorf, Urt. v. 15. Dezember 1994 - 6 U 59/94.

813 *Dammann*, RabelsZ 68 (2004), 607, 646; *Ebenroth/Kemner/Willburger*, ZIP 1995, 972, 974 f.

814 OLG Sachsen-Anhalt, Urt. v. 19. Dezember 1995 - 7 U 146/95.

Corporation Law[815]. Im vorliegenden Fall war der Zustellungsempfänger ein auf solche Dienstleistungen spezialisiertes Unternehmen mit dem Namen *Registered Agents Ltd.*, das die Position des *registered agent* für eine Vielzahl von Gesellschaften übernahm. Die Existenz eines Zustellungsempfängers am Gründungsort wurde vom Oberlandesgericht daher als reine Formalität angesehen, die eine „*tatsächliche und effektive Bindung zu den Vereinigten Staaten von Amerika nicht zu begründen*" vermochte[816]. Da die Bestellung eines solchen *registered agent* für die Aufrechterhaltung der Gesellschaft in Delaware rechtlich verpflichtend ist, kann diesem für das Vorliegen einer echten Verbindung in der Tat nicht mehr Bedeutung beigemessen werden als den übrigen Gründungsformalitäten. Geht man daher davon aus, dass das *genuine link*-Prinzip im Mindestmaß wenigstens ein Plus zu den Gründungsvoraussetzungen enthalten muss, durfte das Oberlandesgericht ein solches Plus zu Recht als durch das Bestehen eines *registered agent* für nicht gegeben annehmen. Eine Aussage über die Voraussetzungen des *genuine link*-Kriteriums unabhängig davon, dass eine effektive Verbindung nicht bereits durch die Gründung erfüllt ist, musste das Gericht hier daher nicht treffen.

In einem Urteil[817] vom 10. Oktober 1997 nahm dann der 15. Zivilsenat des Oberlandesgerichts Düsseldorf eine ähnliche Fallgestaltung zum Anlass, sich eingehend mit der am Urteil des 6. Zivilsenats des Oberlandesgerichts Düsseldorf vom 15. Dezember 1994 geäusserten Kritik auseinanderzusetzen. Dabei erwähnt

---

815 Sec. 132 DGCL:

"*a) Every corporation shall have and maintain in this State a registered agent, which agent may be any of:*

(1) The corporation itself;

(2) An individual resident in this State;

(3) A domestic corporation (other than the corporation itself), a domestic partnership (whether general (including a limited liability partnership) or limited (including a limited liability limited partnership)), a domestic limited liability company or a domestic statutory trust; or

(4) A foreign corporation, a foreign partnership (whether general (including a limited liability partnership) or limited (including a limited liability limited partnership)), a foreign limited liability company or a foreign statutory trust.

b) Every registered agent for a domestic corporation or a foreign corporation shall:

(1) If an entity, maintain a business office in this State which is generally open, or if an individual, be generally present at a designated location in this State, at sufficiently frequent times to accept service of process and otherwise perform the functions of a registered agent [...]."

816 OLG Sachsen-Anhalt, Urt. v. 19. Dezember 1995 - 7 U 146/95.

817 OLG Düsseldorf, Urt. v. 10. Oktober 1997 - 15 U 173/96.

der 15. Zivilsenat auch, dass dem 6. Zivilsenat vorgewurfen worden war, die Verbindungen zu den USA in Form eines US-amerikanischem Recht unterliegenden Brokervertrages nicht als *genuine link* anerkannt zu haben. Die Entscheidung des 15. Zivilsenats lässt jedoch im weiteren Verlauf offen, ob es diese Auffassung ebenfalls teilt. In dem Urteil des 15. Zivilsenats kam es für eine Entscheidung gegen das Vorliegen eines *genuine link* nämlich nicht mehr auf die Einordnung einzelner Verträge an, da die US-amerikanische Gesellschaft nach Meinung des Gerichts in Deutschland „*nicht als wirksam gegründete Gesellschaft anzusehen* [war], *[...] ihr fehlte jegliche Aktivität in den Vereinigten Staaten. Ihr dortiger Firmensitz war lediglich fiktiv und ihre gesamte Tätigkeit wurde von D. aus ins Werk gesetzt*". Im Einzelnen machte das Gericht dies daran fest, dass alle Gesellschafter und *director* in Deutschland ansässig gewesen seien, die Gesellschaft über keinen Telefonanschluss in den USA verfügt habe und dass die Adresse des statutarischen Firmensitzes lediglich formell als im US-Bundesstaat Delaware gelegen angegeben worden sei. Die Adresse entsprach nämlich der Adresse des kommerziellen *registered agent* der Gesellschaft. Diese Entscheidung bestätigt somit das Urteil vom 19. Dezember 1994 insoweit, als jedenfalls die rein mit dem Gründungsakt selbst zusammenhängenden Formalien und tatsächlichen Gegebenheiten nicht als hinreichend für ein *genuine link* erachtet werden. Weder positiv noch negativ wird jedoch in der Entscheidung Stellung zu der Frage der darüberhinausgehenden Anforderungen an eine tatsächliche Verbindung genommen.

Auch die Entscheidung[818] des Oberlandesgerichts Koblenz vom 16. Oktober 2003 enthält zwar keine ausdrücklichen Hinweise auf die an eine effektive Verbindung zu stellenden Mindestanforderungen, geht jedoch offenbar ebenfalls von geringen Anforderungen aus. Das Gericht lehnte in seiner Entscheidung zunächst grundsätzlich die Anwendung des *genuine link*-Prinzips ab, stellte dann jedoch hilfsweise fest, dass jedenfalls eine effektive Beziehung zum Gründungsstaat gegeben sei. Dies schloss es aus dem Umstand, dass alle Aktien der Gesellschaft von einer US-amerikanischen Gesellschaft gehalten wurden und dass ebenfalls eine US-amerikanische Gesellschaft zum Vorstand der Gesellschaft bestellt worden war. Auf ausgeprägte Geschäftsbeziehungen kam es hiernach nicht an. Allerdings kann dem Urteil schon nicht entnommen werden, ob auch nur einer der beiden genannten Anknüpfungspunkte für den Nachweis eines *genuine link* gereicht hätte. Noch weniger bietet es Anhaltspunkte für eine allgemein gefasstere Aussage zu den Kriterien einer echten und effektiven Verbindung. Es lässt sich allerdings annehmen, dass das Oberlandesgericht Koblenz von nicht

---

818 OLG Koblenz, Urt. v. 16. Oktober 2003 - 2 U 55/99.

besonders hohen Anforderungen ausgegangen sein kann, da es nicht im Geringsten an einer tatsächlichen Verbindung der streitgegenständlichen Gesellschaft zu ihrem Gründungsstaat aufgrund der beiden genannten Merkmale zweifelte.

Eine klare Entscheidung hinsichtlich des deutschen Rechtsprechungsansatzes an die Voraussetzungen für das Bestehen eines *genuine link* hat schließlich das Urteil[819] des 2. Zivilsenats des Bundesgerichtshofes vom 5. Juli 2004 gebracht. Auch hier stand die Rechtsfähigkeit einer im US-amerikanischen Bundesstaat Delaware gegründeten Gesellschaft als *incorporation* US-amerikanischen Rechts in Frage. Der Bundesgerichtshof entschied in Bezug auf die Anforderungen einer tatsächlichen Verbindung, dass jedewede Form einer geschäftlichen Tätigkeit, einschließlich des Bestehens eines Broker-Vertrages, diese erfüllen würde[820]. Der Gerichtshof macht somit deutlich, dass selbst geringe Geschäftstätigkeiten mit Bezügen zu einem jedweden US-amerikanischen Bundesstaat den Anforderungen an eine tatsächliche und echte Verbindung genügen. Die geringe Höhe der Schwelle einer „geschäftlichen Aktivität" wird besonders dadurch hervorgehoben, dass der Bundesgerichtshof die Existenz eines einzelnen Vertrages mit einem US-amerikanischen Geschäftspartner bereits als hinreichend bezeichnet. Im konkreten Fall hielt er daher auch einen Vertrag der Gesellschaft über ein Depot in einem US-amerikanischen Bundesstaat für einen gültigen Nachweis über den Bestand einer tatsächlichen Beziehung zwischen der Gesellschaft und ihrem Gründungsstaat. Dabei hält der Bundesgerichtshof es nicht für notwendig, dass die geringe geschäftliche Tätigekeit in dem US-Bundesstaat erfolgen muss, in dem sie gegründet wurde[821].

Kurz darauf bestätigte der 1. Zivilsenat des Bundesgerichtshofes die vorgenannte Entscheidung in seinem Urteil[822] vom 13. Oktober 2004 und konkretisierte die inhaltlichen Anforderungen des *genuine link*-Kriteriums. Im Mittelpunkt des

---

819 BGH, Urt. v. 05. Juli 2004 - II ZR 389/02.

820 „*Denn das fragliche Erfordernis wird auch von seinen Befürwortern nicht dahingehend verstanden, dass der tatsächliche Verwaltungssitz der Gesellschaft sich im Gründungsstaat befinden muss. Ausreichend wäre vielmehr, dass die Gesellschaft irgendwelche geschäftlichen Aktivitäten in den USA – nicht notwendig im Gründungsbundesstaat (hier: Delaware) – entwickelt […], wofür z. B. das Bestehen eines Broker-Vertrages mit einem US-amerikanischen Partner genügt […]. Da die S. Inc. für die ihr anvertrauten Aktien ein Depot bei der Al. B. Inc. in Bo. unterhielt, ließe sich ein genuine link zu den USA nicht verneinen.*", BGH, Urt. v. 05. Juli 2004 - II ZR 389/02.

821 BGH, Urt. v. 05. Juli 2004 - II ZR 389/02; *Müller* in Spindler/Stilz, Aktiengesetz, Band 2, IntGesR, Rn. 21.

822 BGH, Urt. v. 13. Oktober 2004 - I ZR 245/01.

Sachverhalts stand eine nach dem Recht des US-amerikanischen Bundesstaates Kalifornien gegründete Kapitalgesellschaft, die geschäftlich allein in Deutschland tätig war. Der Senat führte aus, dass nur geringste Anforderungen an die Gesellschaften für den Nachweis eines *genuine link* zu stellen sind[823]. Die "geringe werbende Tätigkeit" der Gesellschaft im konkreten Fall lag bereits in dem Bereitstellen eines Telefon- und Faxanschlusses in den USA, der eingehende Anrufe weiterleitete. In der Literatur wurde das Urteil von denen, die eine Anwendung des *genuine link*-Kriteriums ablehnen, kritisiert und von den Befürwortern grundsätzlich wohlwollend aufgenommen. Kritisiert wurde allerdings nicht die Festsetzung der inhaltlichen Anforderungen an das *genuine link*-Erfordernis selbst, sondern der Umstand, dass der Bundesgerichtshof die Anwendung des Prinzips nicht generell verwirft[824]. Im Übrigen haben sich die dem Grundsatz einer tatsächlichen Verbindung positiv gegenüberstehenden Auffassungen die Ergebnisse des Urteils zu eigen gemacht und setzen die von einer Gesellschaft zu erfüllenden Voraussetzungen im Rahmen der *genuine link*-Prüfung auf niedrigster Stufe an[825].

Im Ergebnis lässt sich daher feststellen, dass sowohl die deutsche wie auch die US-amerikanische Rechtsprechung die inhaltlichen Anforderungen an das Bestehen eines *genuine link* äussert niedrig ansetzen[826]. Dies erklärt sich auch aus dem Umstand, dass sowohl Rechtsprechung wie Schrifttum den *genuine link*-Grundsatz als ein Missbrauchskorrektiv empfinden, das nur in Ausnahmefällen einzusetzen ist. Dabei kann der *genuine link* in all solchen reellen und materiellen Umständen liegen, die über den formellen Aspekt der Existenz als US-amerikanische Gesellschaft hinausgehen[827]. Dies kann sowohl in Umständen liegen, die die Organe oder Gesellschafter betreffen, als auch in geringfügigsten Geschäftstätigkeiten oder einer organisatorischen Präsenz in einem Bundesstaat

823 *„Bei den inhaltlichen Anforderungen an den „genuine link" ist zu beachten, dass dieses Erfordernis Missbräuchen entgegenwirken soll und daher nur in extrem gelagerten Ausnahmefällen zur Korrektur der staatsvertraglich festgelegten Anerkennung führen kann […]. Das „genuine link"-Erfordernis ist vielmehr regelmäßig bereits mit der Ausübung einer auch nur geringen wirtschaftlichen Tätigkeit im Gründungsstaat erfüllt […]. Dafür kann – was das Berufungsgericht nicht hinreichend beachtet hat – bereits eine geringe werbende Tätigkeit in den Vereinigten Staaten von Amerika ausreichen.*", BGH, Urt. v. 13. Oktober 2004 - I ZR 245/01. Vgl auch *Paal*, RIW 2005, 735, 739.

824 *Kleinert*, GmbHR 2005, 56 ff.

825 *Kindler* in MüKo, IntGesR, Rn. 345.

826 S. zu den im Schrifttum besprochenen Voraussetzungen, die sich allesamt auf der von der Rechtsprechung zuletzt festgelegten Anforderungshöhe befinden bspw. *Kindler* in MüKo, IntGesR, Rn. 345; *Paefgen*, DZWIR 2003, 441, 443.

827 *Kindler* in MüKo, IntGesR, Rn. 345; *Mankowski*, EWiR 2003, 661, 662.

USA Die Entwicklung der Rechtsprechung lässt darauf schließen, dass jede Verbindung, die nicht ganz offensichtlich fiktiven Charakters ist oder offensichtlich die Umgehung des *genuine link*-Kriteriums bezweckt, wie z. B. in Form von Strohmännern als Gesellschafter[828], den Anforderungen einer tatsächlichen Verbindung gerecht wird. Die Voraussetzungen des *genuine link*-Prinzips sind damit klar umrissen und gewähren den US-amerikanischen Gesellschaften Rechtssicherheit in Bezug auf die von ihnen zu erfüllenden Anforderungen an eine Anerkennung als Gesellschaft US-amerikanischen Formats in Deutschland.

4. Ergebnis

Das *genuine link*-Prinzip stellt einen gewohnheitsrechtlich anerkannten Grundsatz des Völkerrechts dar, der seinen Niederschlag bereits in verschiedenen Konventionen gefunden hat. Abzuleiten ist er unter anderem aus dem Interventions- und Einmischungsverbot des Art. 2 Abs. 1 UN-Charta. Aufgrund der *Nottebohm* und der *Barcelona Traction*-Entscheidungen des Internationalen Gerichtshofes hat sich bestätigt, dass dieser Grundsatz auch im Rahmen der Anerkennung von Gesellschaften anzuwenden ist. Im Bereich einer in Deutschland tätigen US-amerikanischen Gesellschaft muss diese für ihre Anerkennung daher nachweisen, dass sie über eine effektive, tatsächliche Bindung zu einem US-amerikanischen Bundesstaat verfügt. An die Voraussetzung eines solchen *genuine link* sind allerdings nur niedrige Anforderungen zu stellen, sodass bereits geringste geschäftliche Aktivitäten in den USA für den Nachweis genügen. Die Anwendung des völkerrechtlichen *genuine link*-Prinzips wird dabei nicht durch Art. XXV Abs. 5 S. 2 FHSV als speziellere Regelung ausgeschlossen, da beide Vorschriften unterschiedliche Regelungsbereiche tangieren. Ebenso lässt sich dem FHSV kein allgemeiner Ausschluss von Völkergewohnheitsrecht oder speziell dem *genuine link*-Prinzip entnehmen. Insbesondere führt dessen Anwendung nicht zu einer mittelbaren Festlegung der Sitztheorie entgegen der Maßgabe des FHSV. Denn der Grundsatz einer echten und effektiven Verbindung erfordert gerade nicht, dass der Verwaltungssitz einer Gesellschaft in ihrem Inkorporationsstaat liegen muss.

---

828 *Mankowski*, EWiR 2003, 661, 662.

III. Nichtanerkennung in den USA

Schließlich wird neben den vorgenannten Anerkennungsgrenzen auch erwogen, eine Anerkennung US-amerikanischer Gesellschaften dann zu versagen, wenn diese ebenfalls nach US-amerikanischem Gesellschaftskollisionsrecht versagt würde[829]. Hintergrund dieser Anerkennungsgrenze soll die Überlegung sein, dass es kaum Inhalt des Staatsvertrages sein kann, Deutschland zur Anerkennung von Gesellschaften zu verpflichten, die selbst in den USA nicht als wirksam gegründete Gesellschaften betrachtet werden. Es wird allerdings nicht klar herausgestellt, an welche Form der „Nichtanerkennung" im Heimatstaat die Vertreter dieser Meinung gedacht haben. Möglich wäre, dass hier solche Gesellschaften gemeint sind, die von den USA. als nicht rechtsexistent angesehen werden, da sie nicht wirksam nach den gesellschaftsrechtlichen Bestimmungen ihres Heimatstaates gegründet wurden. Hiergegen spricht jedoch, dass in einem solchen Fall die Anerkennung dieser Gesellschaften durch Deutschland bereits dadurch ausgeschlossen wäre, dass auch im FHSV nur an wirksam gegründete Gesellschaften angeknüpft wird und nur diesen die im FHSV niedergelegten Rechte zuerkannt werden[830]. Sofern sich die „Nichtanerkennung" hingegen auf die *outreach statutes* von US-Bundesstaaten wie Kalifornien bezieht, die teilweise innerstaatliches Recht auf sog. *pseudo-foreign corporations* anwenden, geht dies ebenfalls fehl. Weder stellen solche Regelungen die grundsätzliche Rechtsfähigkeit einer Gesellschaft in Frage noch stellen diese Regelungen, die nur in wenigen US-Bundesstaaten angewendet werden, einheitliches Gesellschaftskollisionsrecht aller US-Bundesstaaten dar.

---

829 Ebenroth/Bippius, DB 1988, 842, 846.

830 Zu diesem naheliegenden Ergebnis gelangen auch *Kaulen*, Anerkennung von Gesellschaften, S. 338.

E. Fazit

Abschließend werden nachfolgend die einzelnen, im Rahmen dieser Untersuchung gefundenen Ergbnisse zusammengefasst sowie das Gesamtergebnis mit Blick auf die eingangs dargestellte Fragestellung abschließend gewürdigt. Hieran schließt sich final ein Ausblick auf zukünftige gesetzgeberische Entwicklungen auf nationaler Ebene, verbunden mit der Bewertung der Notwendigkeit einer weitergehenden Regelung der Problematik, an.

I. Zusammenfassende Darstellung der Zwischenergebnisse

1. *„Art. XXV Abs. 5 S. 2 FHSV stellt eine kollisionsrechtliche Regelung dar.“*

In einem ersten Schritt hat die Beurteilung des Art. XXV Abs. 5 S. 2 FHSV ergeben, dass dieser eine kollisionsrechtliche Aussage trifft und keine bloße fremdenrechtliche Regelung enthält. Dieses Ergebnis lässt sich insbesondere durch die Wortlautauslegung des Begriffs der „Anerkennung“ sowie der „Anerkennung des rechtlichen Status“ belegen. Der systematischen Auslegung können hingegen, ebenso wie der teleologischen Auslegung, keine eindeutigen Hinweise auf die Rechtsnatur des Art. XXV Abs. 5 S. 2 FHSV entnommen werden. Die Einordnung als kollisionsrechtliche Regelung wird jedoch durch die ergänzend hinzugezogene historische Auslegung bestätigt.

2. *„Die Regelung des Art. XXV Abs. 5 S. 2 FHSV beruft das Recht des Gründungsortes einer Gesellschaft zur Anwendung.“*

Art. XXV Abs. 5 S. 2 FHSV knüpft für die Anerkennung von Gesellschaften an das Recht ihres Gründungsstaates an. Dies ergibt die Untersuchung des Wortlauts der deutschen wie auch der englischsprachigen Fassung des Vertragstexts. Eine an *telos* und Systematik orientierte Auslegung der Bestimmung widerspricht diesem Ergebnis nicht.

3. *„Der Gründungsort stellt im Rahmen des FHSV einen Ort dar, der in erster Linie durch einen formalen Akt der Inkorporation wie beispielsweise der Registrierung bezeichnet ist, oder der sich mangels eines solchen Ortes nach dem Ort der Rechtsordnung richtet, nach der die Gesellschaft errichtet wurde.“*

Im Ergebnis kann der Ort, nach dessen Regeln und Gesetzen eine Gesellschaft errichtet worden ist, nicht mit einem einzelnen konkret zu benennenden Anknüpfungsobjekt gleichgesetzt werden. Hinweise auf den Ort der Errichtung können in mehreren Umständen liegen, sodass auch der Begriff des Gründungsorts mehrere

Anknüpfungsaspekte beinhaltet. Vorzugsweise ist jedoch in entsprechender Wertung der Anknüpfungsmethodik des Art. 10 EGBGB-RefE an den Ort der Registrierung einer Gesellschaft anzuknüpfen. Sollte es keine Registrierung bzw. vergleichbar nach außen wirkende Erklärung geben, ist hilfsweise an das Recht des Ortes anzuknüpfen, nach dem die Gesellschaftsgründer ihre Gesellschaft strukturiert und errichtet haben.

4. *„Art. XXV Abs. 5 S. 2 FHSV stellt eine sachlich auf das Rechts-, Geschäfts- und Handlungsfähigkeitsstatut beschränkte Kollisionsregelung dar."*

Auf der Grundlage des Zusammenspiels der einzelnen Auslegungsmethoden stellt sich Art. XXV Abs. 5 S. 2 FHSV als eine ausschließlich das Rechts-, Geschäfts- und Handlungsfähigkeitsstatut umfassende Verweisung dar. Auch wenn nach der Formulierung des Art. 31 WÜRV die Auslegung zunächst am Wortlaut ansetzt, kommt der grammatischen, teleologischen und der systematischen Auslegungsmethode gleiches Gewicht zu. Dabei soll die teleologische Auslegung die Ergebnisse der grammatischen bestenfalls bestätigen oder sonst die Bedeutung einer Bestimmung des Vertrages mit dem Ziel größtmöglicher Effektivität konkretisieren. Sie darf sich jedoch nicht zu Gunsten der Effektivität über Wortlaut und Sinn der Bestimmungen hinwegsetzen. Die *travaux préparatoires* stellen nach Art. 32 WÜRV ein nur subsidiär zu gebrauchendes Auslegungsmittel zur weiteren Klarifizierung der bereits vorgenommenen Auslegung bereit. Gemessen an diesen Kriterien ist Art. XXV Abs. 5 S. 2 FHSV als eine kollisionsrechtliche Norm einzuordnen, die das Rechts-, Geschäfts- und Handlungsfähigkeit einer Gesellschaft regelnde Recht einer der beiden Vertragsstaaten zur Anwendung beruft. Zwar enthält die grammatische Auslegung des deutschen Wortlauts der Regelung nur Indizien für dieses Auslegungsergebnis, jedoch deutet der englische Wortlaut eindeutig auf eine eingeschränkte Verweisung hin. Da nach Art. 33 Abs. 1 WÜRV alle authentischen Vertragstexte in gleicher Weise maßgebend sind und nach Art. 31 Abs. 3 und 4 WÜRV eine gleichlaufende Bedeutung beider Texte vermutet wird, kann die durch Auslegung des englischen Wortlauts bestimmte Bedeutung auch auf den weniger eindeutigen deutschen Wortlaut erstreckt werden. Dieses grammatische Auslegungsergebnis wird durch die systematische Auslegung gestützt. Zwar ist nur einem Teil der besprochenen Normzusammenhänge eine Aussage in Bezug auf den Art. XXV Abs. 5 S. 2 FHSV zu entnehmen. Diese Aussagen sprechen allerdings allesamt für eine auf die Rechts-, Geschäfts- und Handlungsfähigkeit beschränkte Verweisung. Nur die teleologische Auslegung erweist sich im Gegensatz hierzu als wenig zielführend. Weder unterstützt sie eine Deutung der Vorschrift im vorgenannten Sinn noch begünstigt sie auf der anderen Seite überzeugend eine Auslegung im Sinne eines einheitlichen Gesellschaftsstatuts.

Schließlich sprechen auch nach der historischen Auslegung gute Gründe für ein sachlich eingeschränktes Verständnis des Art. XXV Abs. 5 S. 2 FHSV.

5. *„Die Parteifähigkeit einer Gesellschaft ist nicht von Art. XXV Abs. 5 S. 2 FHSV mitumfasst, sondern wird selbstständig durch Art. VI FHSV festgelegt.“*

Der Umfang der Anerkennung in Art. XXV Abs. 5 S. 2 FHSV ist begrenzt auf das Rechtsfähigkeitsstatut, während das Parteifähigkeitsstatut von Art. VI FHSV determiniert wird. Während sich der Wortlaut der Bestimmungen einer eindeutigen Auslegung entzieht, kann aus systematischen und teleologischen Erwägungen auf eine Auslegung zugunsten der gesonderten Regelung der Partei- und Prozessfähigkeit durch Art. VI FHSV geschlossen werden.

6. *„Unionssrechtliche Vorgaben können über bereichsspezifische Meistbegünstigungsregelungen, wie beispielsweise Art. VII Abs. 4 FHSV, in völkerstaatsvertraglich geprägten Beziehungen Anwendung finden.“*

Kollisionsregelungen und -wertungen des Gemeinschaftsrechts können sich auch auf das Verhältnis eines Mitgliedstaates zu Drittstaaten im Rahmen eines Staatsvertrages auswirken. Dies ist jedoch nur über die für den konkreten Bereich formulierten Meistbegünstigungsregelungen möglich. Für den Bereich grenzüberschreitenden Handels stellt die die Niederlassungsfreiheit regelnde Vorschrift des Art. VII Abs. I FHSV in Verbindung mit der entsprechenden Meistbegünstigungsregelung des Art. VII Abs. 4 FHSV eine entsprechende bereichsspezifische Meistbegünstigungsregelung dar, von der kollisionsrechtliche Regelungen, die die Anerkennung einer Gesellschaft betreffen, umfasst sein können. Im Bereich der durch den AEUV für die Mitgliedstaaten festgeschriebenen Niederlassungsfreiheit konkretisiert die Rechtsprechung des EuGHs die kollisionsrechtlichen Implikationen dieser Grundfreiheit.

7. *„Die nationale wie unionsrechtliche Rechtsprechung zu Art. 49, 54 AEUV begründet die Anwendung der Gründungstheorie auf Zuzugsfälle.“*

Mehrheitlich hat sich im Gemeinschaftsrecht wie im deutschen Schrifttum und der nationalen Rechtsprechung die Auffassung für den Bereich der Zuzugsfälle durchgesetzt, dass allein die Anwendung der Gründungstheorie für das Gesellschaftsstatut von Gesellschaften, die ihren Verwaltungssitz nach Deutschland verlegen, den Geboten der in Art. 49, 54 AEUV verankerten Niederlassungsfreiheit gerecht wird. Sollten US-amerikanische Gesellschaften daher über eine Meistbegünstigungsregelung einen Anspruch auf gleichgünstige Behandlung zu EU-Auslandsgesellschaften haben, so würden auch sie im Fall der Sitzverlegung nach Deutschland der Gründungstheorie unterfallen.

8. *„Der FHSV schließt die Anwendung unionsrechtlicher Wertungen über Meistbegünstigungsregelungen weder ausdrücklich noch stillschweigend aus."*

Den Wertungen des FHSV lässt sich kein Ausschluss einer Anwendung von Gemeinschaftsrecht im Rahmen der umfassenden Anerkennung von Gesellschaften entnehmen. So stellt der Art. XXV Abs. 5 S. 2 FHSV schon deshalb kein *lex specialis* dar, da ihm nur eine Festlegung des Rechts-, Geschäfts- und Handlungsfähigkeitsstatuts zu entnehmen ist. Die Ausschlussregelung des Art. XIV Abs. 6 FHSV und das Fehlen einer entsprechenden Regelung in Art. VII FHSV für andere Bereiche bekannter zukünftiger unionsrechtlicher Vergünstigungen deuten daraufhin, dass die Parteien sich zudem gerade nicht über einen entsprechenden Ausschluss im Bereich der Niederlassungsfreiheit einig waren. Dies wird bestätigt durch Aussagen der entstehungszeitlichen Literatur zur Praxis des US-amerikanischen Verhandlungspartners, Einschränkungen zu Meistbegünstigungsregelungen, auch in Zusammenhang mit der in der Entstehung befindlichen Europäischen Wirtschaftsgemeinschaft, im Zweifel abzulehnen. Auch eine analoge Anwendung der Ausschlussregelung des Art. XIV FHSV muss mangels einer Regelungslücke und mangels eines entsprechenden Konsenses der Vertragsparteien scheitern. Schließlich lässt der Vertragstext des FHSV auch keinen Raum für das Vorliegen einer stillschweigend vereinbarten, vertragsimmanenten Schranke.

9. *„Auch dem Gemeinschaftsrecht sind keine Wertungen entgegen einer Anwendung seiner Vorgaben im Rahmen von Meistbegünstigungsregelungen zu entnehmen."*

Auch das Gemeinschaftsrecht enthält keine Ausschlussnormen zu Lasten einer entsprechenden Anwendung des Meistbegünstigungsgrundsatzes des FHSV. Insbesondere ist der Norm des Art. 351 Abs. 1 und Abs. 3 AEUV, der das Verhältnis von Gemeinschaftsrecht zu Staatsverträgen regelt, die vor 1958 geschlossen wurden, kein zwingendes Verbot einer Einbeziehung von Gemeinschaftsrecht über die Meistbegünstigungsregelung im Kontext des FHSV zu entnehmen. Einer Anwendung des Art. VII Abs. 4 FHSV auf die Niederlassungsfreiheit der Art. 49, 54 AEUV steht das Gemeinschaftsrecht daher nicht entgegen.

10. *„Die materiellen Voraussetzungen der Anwendung der Art. 49, 54 AEUV und Art. VII Abs. 4 FHSV werden von US-amerikanischen Gesellschaften mit schwerpunktmäßiger Geschäftstätigkeit in Deutschland nicht erfüllt."*

Der von der Ausgestaltung der Europäischen Union als hochintegriertem Staatenverbund geprägte Sachverhalt der freien Niederlassung von Gesellschaften der EU-Mitgliedstaaten stellt sich nicht als gleichartig zu den tatsächlichen Umständen der Niederlassung einer sich außerhalb einer vergleichbaren Integrationsgemeinschaft befindlichen Drittstaatengesellschaft dar. Die beiden Sachverhalte sind mangels entsprechender rechtlicher Verzahnung der Vertragsparteien nicht vergleichbar. Das im Rahmen einer Anwendung der Meistbegünstigungsregelung nach Art. VII Abs. 4, XXV Abs. 4 FHSV notwendige Erfordernis gleichartiger Voraussetzungen liegt somit nicht vor. US-amerikanischen Gesellschaften kommt daher keine Meistbegünstigung mit Blick auf die Niederlassungsfreiheit der Art. 49, 54 AEUV und der daraus abgeleiteten Gründungstheorie zu.

11. *„Auch eine mittelbare Anwendung der unionsrechtlichen Wertungen über den Nachweis entsprechend verankerter Überzeugungen und nationaler Interpretationsansätze des Begriffs der Niederlassungsfreiheit ist nicht möglich."*

Auch im Rahmen einer Auslegung der in Art. VII FHSV verankerten Niederlassungsfreiheit kann nicht auf das unionsrechtliche Verständnis dieses Begriffs Rückschluss genommen werden. Vielmehr muss dieser aus sich selbst heraus oder nach Maßgabe vertragsspezifischer Definitionen ausgelegt werden. Erst wenn dies nicht möglich ist, kann auf die der Begrifflichkeit sonst üblicherweise zukommende Bedeutung zurückgegriffen werden. Im Ergebnis ist es schon deshalb nicht möglich, die Grundsätze der EuGH-Rechtsprechung zur Niederlassungsfreiheit auf den Staatsvertrag zwischen den USA und Deutschland anzuwenden, da das heutige (unionsrechtliche) Verständnis der Niederlassungsfreiheit sich erst deutlich nach dem Abschluss des FHSV herausgebildet hat. Es verbleibt daher bei der Anwendung der Gründungstheorie nur für das Rechts-, Geschäfts- und Handlungsfähigkeitsstatut und bei der Anwendung nationaler Kollisionsregelungen für das restliche Gesellschaftsstatut.

12. *„Das im Rahmen des Art. XXV Abs. 5 S. 2 FHSV zur Anwendung berufene Statut wird nicht durch einen staatsvertraglichen, nationalen oder stillschweigend vereinbarten ordre public beschränkt."*

Ein im Rahmen des FHSV vereinbarter *ordre public* ist bereits nicht ersichtlich und die Anwendung des nationalen *ordre public* scheitert an einer damit verbundenen Umgehung der staatsvertraglichen Wertungen. Es liegt zudem kein stillschweigend vereinbarter *ordre public* auf niedrigster Schwelle in Form einer Rechtsmissbrauchskontrolle vor, denn gerade das US-amerikanische Recht ist in der Tendenz für eine Förderung der ortsbezogen flexiblen Gesellschaftsgründung bekannt.

13. *„Das genuine link-Prinzip stellt ein gewohnheitsrechtlich anerkanntes Rechtsinstitut dar, das auch auf grenzüberschreitend tätig werdende Gesellschaften angewendet werden kann. Für den Nachweis einer effektiven Verbindung der Gesellschaft zu ihrem Gründungsstaat genügen geringfügige Verbindungsmomente."*

Das *genuine link*-Prinzip stellt einen gewohnheitsrechtlich anerkannten Grundsatz des Völkerrechts dar, der seinen Niederschlag bereits in verschiedenen Konventionen gefunden hat. Abzuleiten ist er unter anderem aus dem

Interventions- und Einmischungsverbot des Art. 2 Abs. 1 UN-Charta. Durch die *Nottebohm* und *Barcelona Traction*-Entscheidungen des Internationalen Gerichtshofes wurde bestätigt, dass dieser Grundsatz auch im Rahmen der Anerkennung von Gesellschaften anzuwenden ist. Im Bereich einer in Deutschland tätigen US-amerikanischen Gesellschaft muss diese für ihre Anerkennung daher nachweisen, dass sie über eine effektive, tatsächliche Bindung zu einem US-amerikanischen Bundesstaat verfügt. An die Voraussetzung eines solchen *genuine link* sind allerdings nur geringe Anforderungen zu stellen, sodass bereits geringfügige geschäftliche Aktivitäten in den USA für den Nachweis genügen.

14. „*Die Anwendung des genuine link-Prinzips wird weder durch Spezialität der staatsvertraglichen Regelungen des FHSV noch durch eine explizit formulierte Anwendungsbeschränkung völkerrechtlichen Gewohnheitsrechts ausgeschlossen.*“

Die Anwendung des völkerrechtlichen *genuine link*-Prinzips wird nicht durch den kollisionsrechtlichen Art. XXV Abs. 5 S. 2 FHSV als speziellere Regelung ausgeschlossen, da beide Vorschriften unterschiedliche Bereiche tangieren. Ferner lässt sich dem FHSV kein allgemeiner Ausschluss von Völkergewohnheitsrecht oder speziell dem *genuine link*-Prinzip entnehmen. Insbesondere führt dessen Anwendung nicht zu einer mittelbaren Festlegung der Sitztheorie entgegen der Maßgabe des FHSV. Der Grundsatz einer effektiven Verbindung zum Herkunftsstaat erfordert gerade nicht, dass der Verwaltungssitz einer Gesellschaft in ihrem Inkorporationsstaat liegen muss.

II. Gesamtwürdigung

Die vorstehenden Untersuchungen haben gezeigt, dass auf US-amerikanische Gesellschaften mit Verwaltungssitz in Deutschland ein gespaltenes Gesellschaftsstatut zur Anwendung kommt. Für diese Fälle wird nach Maßgabe des FHSV auf das Recht des US-amerikanischen Gründungsorts verwiesen, während für das übrige Gesellschaftsstatut nach nationalem Recht das Recht des deutschen Verwaltungssitzes maßgeblich ist. Auch über die staatsvertragliche Meistbegünstigungsregelung in Verbindung mit der Niederlassungsfreiheit ist hiervon kein Abweichen möglich. Weitere Beschränkungen bei der Anwendung des jeweiligen Rechts bestehen im Wesentlichen jedoch nicht. Dieses Ergebnis zeigt, dass, bei konsequenter Berücksichtigung der formalen Anforderungen an die Auslegung völkerrechtlicher Verträge, zu anderen Rückschlüssen zu gelangen ist als bislang vielfach vertreten. Für die durch eine Aufspaltung des Gesellschaftsstatuts auftretenden Fragestellungen lassen sich, wie aufgezeigt, Lösungen finden. Für eine grundsätzliche Ablehnung dieser Vertragsauslegung fehlt daher, nicht zuletzt aufgrund überzeugender Wortlaut- und Systematikargumente, die Grundlage. Zudem hat sich gezeigt, dass auch unionsrechtliche Wertungen nicht länger im Bereich staatsvertraglicher Rechtsanwendung unberücksichtigt bleiben dürfen. Wenngleich im vorliegenden Fall eine Anwendung der auf der unionsrechtlichen Niederlassungsfreiheit beruhenden Gründungstheorie über die Meistbegünstigungsregelung des FHSV an den materiellen Voraussetzungen scheitert, erfordert die grundsätzliche Eröffnung des Anwendungsbereichs doch eine entsprechende Prüfung vergleichbarer Regelungen in anderen Altverträgen.

III. Ausblick

Grundsätzlich lassen sich wiederkehrend Ansätze des deutschen Gesetzgebers erkennen, das deutsche Gesellschaftsrecht wie auch das deutsche Gesellschaftskollisionsrecht an die Erfordernisse des internationalen Handels anzupassen. Die in dieser Arbeit diskutierte Fragestellung wäre zu Teilen nur noch von rechtsdogmatischem und historischem Interesse, würde die Anknüpfung des Gesellschaftsstatuts an den Ort der Gesellschaftsgründung, wie seit langem diskutiert, gesetzlich normiert. Dies ist derzeit allerdings nicht absehbar. Zwar bezweckt das MoMiG grundsätzlich auch eine Verbesserung der Attraktivität des deutschen Standortes für Kapitalgesellschaften. Es trifft jedoch nur zurückhaltend Regelungen für eine verbesserte Mobilität von Gesellschaften und enthält gerade keine grundsätzliche Aussage zugunsten einer Hinwendung zur Gründungstheorie. Das Ermöglichen eines Auseinanderfallens des statutarischen Sitzes und des tatsächlichen Verwaltungssitzes mag man als kleinen Schritt in diese Richtung verstehen. Umgekehrt kann dies aber auch als erneute gesetzgeberische Absage an eine Änderung der Anknüpfung eingeordnet werden, da hierdurch die Regelungen der § 4a GmbHG, § 5 AktG obsolet würden. In gleicher Weise konnte auch der Referentenentwurf des Bundesjustizministeriums vom 8. Januar 2008 für ein Gesetz zum Internationalen Privatrecht der Gesellschaften, Vereine und juristischen Personen des Privatrechts allenfalls als Tendenz des Gesetzgebers zugunsten der Gründungstheorie gedeutet werden. Auch hier lässt sich jedoch aus dem Umstand, dass der Vorschlag des Bundesjustizministeriums nicht weiterverfolgt wurde, schließen, dass eine Anpassung des nationalen Gesellschaftskollisionsrechts entsprechend der unionsrechtlich bereits festgelegten Gründungstheorie unwahrscheinlich ist. Daher wird das gespaltene Gesellschaftsstatut im deutsch-US-amerikanischen Verhältnis auch in der nächsten Zukunft noch Relevanz haben. Angesichts des starken Interesses Deutschlands an dem weiteren Ausbau der Handelsbeziehungen zu den USA[831] ergibt sich hieraus durchaus Handlungsbedarf. Die zu ergreifenden Maßnahmen sollten schon aus Gründen der Rechtssicherheit nicht der Judikative als rechtsprechendes, nicht jedoch rechtsetzendes Organ oblassen werden. Der Abschluss multilateraler Handelsverträge mit den USA, z. B. durch die Europäische Union, war zuletzt aufgrund der protektionistischen US-administrativen Handelspolitik unwahrscheinlich[832]. Der in der EU begrüßte Wechsel der US-Regierung im Januar 2021 brachte die erhoffte Trendwende in der US-Außenhandelspolitik nicht mit sich. Der im Juni 2021 von der EU-Kommission und der US-Regierung gegründete Handels- und Technologierat (TTC) löste zwar einen Zollkonflikt[833], konzentriert sich im Übrigen aber auf technologie- und sicherheitsbezogene Kooperationen abseits eines formalen Abkommens.[834] Ein Freihandelsabkommen wird damit weder gegenwärtig vom TTC verhandelt, noch steht der Abschluss eines solchen Abkommens zu erwarten: Die neue US-Regierung hat mittlerweile verschiedentlich Verhandlungen zu Freihandelsabkommen abgebrochen.[835] Im Sommer 2021 verzichtete der US-Präsident

831 So bekräftigt Bundeskanzlerin *Angela Merkel* bei einer Rede vor dem Bund der deutschen Industrie die Bemühungen um das Transatlantische Freihandelsabkommen mit den Worten: *„Nichts wünschen wir uns mehr als ein Freihandelsabkommen zwischen Europa und den Vereinigten Staaten.“*, zitiert über https://www.welt.de/politik/deutschland/article113325729/USA-und-EU-forcieren-gigantische-Freihandelszone.html (zuletzt aufgerufen am 13.03.2022).

832 Die Verhandlungen zum TTIP wurde unmittelbar nach dem Wahlsieg von US-Präsdident Donald Trump ausgesetzt, vgl. https://www.zeit.de/thema/ttip (zuletzt aufgerufen am 13.03.2022). Der Abschluss umfassender Freihandelsverträge wurde 2019 nicht diskutiert, vgl. https://www.zeit.de/2018/29/usa-eu-handelskrieg-verhandlungen-donald-trump (zuletzt aufgerufen am 13.03.2022).

833 Im Mai 2018 haben die USA unter der Federführung des US-Präsidenten *Donald Trump* Sonderzölle auf die US-Einfuhr von Aluminium und Stahl aus der Europäischen Union erhoben. https://www.faz.net/aktuell/wirtschaft/der-handelsstreit/trump-verhaengt-strafzoelle-auf-stahl-und-aluminium-gegen-eu-laender-15616614.html (zuletzt aufgerufen am 13.03.2022).

834 https://ec.europa.eu/trade/policy/countries-and-regions/countries/united-states/; https://www.dw.com/de/eu-und-usa-beginnen-neue-handelsgespräche/a-59324270 (zuletzt aufgerufen am 13.03.2022).

835 Die US-Regierung unter Präsident Biden hat sich sowohl gegen ein Freihandelsabkommen mit Großbritannien ausgesprochen (https://deutsche-wirtschafts-nachrichten.de/514680/Kein-Freihandelsabkommen-Biden-erteilt-Johnson-eine-herbe-Abfuhr) wie auch entsprechende Gespräche mit der Schweiz beendet (https://www.tagesanzeiger.ch/biden-beerdigt-us-freihandelsplaene-mit-der-schweiz-273058437251; jeweils zuletzt aufgerufen am 13.03.2022).

auf die Verlängerung der sog. *Trade Promotion Authority*, einer Vollmacht, die ihm umfangreiche Möglichkeiten zur Verhandlung und zum Abschluss von Freihandelsabkommen eingeräumt hätte.[836] Insgesamt wird die Außenhandelspolitik der Biden-Regierung mehr als eine Fortführung, denn als eine Aufhebung der Trump-Außenhandelspolitik eingeordnet.[837]

Damit verbleibt es im bilateralen amerikanisch-deutschen Verhältnis bei der Option einer Neuverhandlung des FHSV, die auf Grundlage der Kündigungsmöglichkeit des Staatsvertrages durchaus initiiert werden könnte. Da Deutschland das größte Exportland innerhalb der Gemeinschaft ist und einen Anteil von etwa 30 % an EU-Exporten in die USA hält[838], gibt es für beide Seiten entsprechende Anreize. Ein politischer Wille ist allerdings derzeit angesichts diverser anderer drängender transatlantischer Herausforderungen nicht zu erkennen. Im Ergebnis sollte der Gesetzgeber daher die Kollisionsregel des FHSV, nicht zuletzt auch vor dem Hintergrund des Aufrufes des Europäischen Rats zu einer Harmonisierung des Gesellschaftskollisionsrechts[839], zum Anlaß nehmen, die Notwendigkeit der Beibehaltung der Sitztheorie einer erneuten Überprüfung zu unterziehen. Für den Abschluss künftiger Handelsverträge lässt sich den Ergebnissen der vorliegenden Arbeit der Handlungshinweis entnehmen, die sachliche Reichweite von Kollisionsnormen klar zu bezeichnen. Für die Auslegung von Altverträgen gilt, dass über deren Meistbegünstigungsregelungen eine Anwendung von gemeinschaftrechtlichen Begünstigungen auch auf Drittstaaten in Betracht kommen kann. Hier besteht noch Handlungsbedarf der Exekutive

---

836 https://www.handelsblatt.com/meinung/kommentare/kommentar-us-praesident-biden-zahlt-einen-hohen-preis-fuer-seine-handelspolitische-nostalgie/27383060.html (zuletzt aufgerufen am 13.03.2022).

837 https://www.forbes.com/sites/stuartanderson/2022/01/04/biden-following-trumps-lead-dims-the-outlook-for-us-trade/?sh=78b70de51d9a (zuletzt aufgerufen am 13.03.2022).

838 https://www.ifw-kiel.de/de/publikationen/medieninformationen/2021/usa-wichtigster-handelspartner-der-eu-und-deutschlands/ (zueletzt aufgerufen am 13.03.2022).

839 Vgl. die Mitteilung des Europäischen Rates, Das Stockholmer Programm – Ein offenes und sicheres Europa im Dienste und zum Schutz der Bürger, ABl. EU 2010/C 115/01, unter Ziff. 3.1.2: „*Der Europäische Rat ist der Auffassung, dass der Prozess der Angleichung der Kollisionsnormen auf Unionsebene in den Bereichen, in denen dies erforderlich ist (wie z. B. Trennung und Scheidung), ebenfalls fortgeführt werden sollte. Er könnte außerdem den Bereich des Gesellschaftsrechts, der Versicherungsverträge und der Sicherungsrechte umfassen.*“ Eine Harmonisierung steht auch nicht im Widerspruch zur wettbewerblichen Marktintegration, sondern verhält sich neutral, vgl. hierzu *Müller-Graff*, EWS 2009, 489, 499.

und der Legislative, da Art. 351 Abs. 2 AEUV den Mitgliedstaaten aufgibt, auf die Anpassung solcher Regelungen hinzuwirken, die sich als unvereinbar mit den unionsrechtlichen Verträgen herausstellen. Wie sich am Beispiel des FHSV zeigt, ist eine Bewertung der Meistbegünstigungsregelungen in Altverträgen bislang nur ungenügend erfolgt.

*****

Literaturverzeichnis

Ailes, Edgar: Substance and Procedure in the Conflicts of Law, in Michigan Law Review 39 (1914), S. 392–418.

Altmeppen, Holger (Hrsg.): Gesetz betreffend die Gesellschaften mit beschränkter Haftung, 10. Auflage 2021 (zit.: *Bearb.* in Altmeppen, GmbHG, §, Rn.).

Altmeppen, Holger: Schutz vor "europäischen" Kapitalgesellschaften, in Neue Juristische Wochenschrift 2004, S. 97–104.

Arnold/Hill/Kern: Der neue Freundschafts-, Handels- und Schifffahrts-Vertrag zwischen der Bundesrepublik Deutschland und den Vereinigten Staaten von Amerika vom 29. Oktober 1954, Beilage zum Bundesanzeiger Nr. 141 vom 26.07.1955, S. 1–10.

Balthasar, Stephan: Gesellschaftsstatut und Gläubigerschutz: ein Plädoyer für die Gründungstheorie, in Recht der Internationalen Wirtschaft 2009, S. 221–227.

Baumbach, Adolf/Hueck, Alfred (Hrsg.): Kommentar zum Gesetz betreffend die Gesellschaften mit beschränkter Haftung, 22. Auflage, München 2019 (zit.: *Bearb.* in GmbHG, §, Rn.).

Bausback, Winfried: Der dingliche Erwerb inländischer Grundstücke durch ausländische Gesellschaften: Zusammenwirken von deutschem Kollisionsrecht, ausländischem materiellen Recht und dem formalisierten Beweisverfahren der GBO, dargestellt unter besonderer Berücksichtigung des US-amerikanischen Rechts, in Deutsche Notar-Zeitschrift 1996, S. 254–266.

Behrens, Peter: Der Anerkennungsbegriff des Internationalen Gesellschaftsrechts, in Zeitschrift für Unternehmens- und Gesellschaftsrecht 1978, S. 499–514.

Behrens, Peter: Internationales Gesellschaftsrecht nach dem Überseering-Urteil des EuGH und den Schlussanträgen zu Inspire Art, in Praxis des Internationalen Privat- und Verfahrensrechts 2003, S. 193–207.

Behrens, Peter: Gemeinschaftsrechtliche Grenzen der Anwendung inländischen Gesellschaftsrechts auf Auslandsgesellschaften nach Inspire Art, in Praxis des Internationalen Privat- und Verfahrensrechts 2004, S. 20–26.

Beitzke, Günther: Einige Bemerkungen zur Rechtsstellung ausländischer Gesellschaften in deutschen Staatsverträgen, in Glossner, Ottoarndt/Reimers, Walter (Hrsg.), Festschrift für Martin Luther zum 70. Geburtstag, München 1976, S. 1–20 (zit.: *Beitzke* in FS Luther, S.).

Bergmann, Nina: Niederlassungsfreiheit: Wegzug und Zuzug von Gesellschaften in der EU, in Zeitschrift für Europarechtliche Studien 2012, S. 233–257.

Berndt, Joachim: Die Rechtsfähigkeit US-amerikanischer Kapitalgesellschaften im Inland, in JuristenZeitung 1996, S. 187–191.

Bernhardt, Rudolf: Die Auslegung völkerrechtlicher Verträge insbesondere in der neueren Rechtsprechung internationaler Gerichte, Heidelberg 1963 (zit.: *Bernhardt*, Auslegung völkerrechtlicher Verträge, S.).

Bernhardt, Rudolf: Interpretation in International Law, in Bernhardt, Rudolf (Hrsg.), in Encyclopedia of Public International Law, Band 2, Amsterdam 1995, S. 1416–1426.

Bernütz, Stefan/Loll, Dietrich: Zur steuerlichen Meistbegünstigung aufgrund des Freundschaftsabkommens mit den USA, in Internationales Steuerrecht 2012, S. 744–749.

Beveridge, Norwood: The Internal Affairs Doctrine: The Proper Law of a Corporation, in The Business Lawyer 44 (1988), S. 693–719.

Böttcher, Leif/Kraft, Julia: Grenzüberschreitender Formwechsel und tatsächliche Sitzverlegung - Die Entscheidung VALE des EuGH, in Neue Juristische Wochenschrift 2012, S. 2701–2704.

Brötel, Achim: Die Auslegung völkerrechtlicher Verträge im Lichte der Wiener Vertragsrechtskonvention, in Juristische Ausbildung 1988, S. 343–349.

Bungenberg, Marc/Griebel, Jörn/Hobe, Stephan/Reinisch, August (Hrsg.): International Investment Law, Baden-Baden 2015 (zit.: *Bearb.* in Bungenberg/Griebel/Hobe/Reinisch, International Investment Law, S.).

Bungert, Hartwin: Sitzanknüpfung für Rechtsfähigkeit von Gesellschaften gilt auch nicht mehr im Verhältnis zu den USA, Anmerkung zu BGH vom 29.1.2003, VII ZR 155/02, in Der Betrieb 2003, S. 1043–1046.

Bungert, Hartwin: Deutsch-Amerikanisches internationales Gesellschaftsrecht, Staatsvertragliche Festschreibung der Überlagerungstheorie?, in Zeitschrift für vergleichende Rechtswissenschaft 93 (1994), S. 117–176.

Bungert, Hartwin: Die GmbH im US-amerikanischen Recht - close corporation, Köln 1993 (zit.: *Bungert*, GmbH - Close Corporation, S.).

Bungert, Hartwin: Gesellschaftsrecht in den USA, Eine Einführung mit vergleichenden Tabellen, 3. Auflage München 2003 (zit.: *Bungert*, GesR in den USA, S.).

Buxbaum, Richard M.: The threatened constitutionalization of the Internal Affairs Doctrine in Corporation Law, in California Law Review 75 (1987), S. 29–57.

Calliess, Christian/Ruffert, Matthias (Hrsg.): EUV/AEUV, Das Verfassungsrecht der Europäischen Union mit der Europäischen Grundrechtecharta, 5. Auflage, München 2016 (zit.: *Bearb.* in Calliess/Ruffert, EUV/AEUV, Art., Rn.).

Canaris, Claus-Wilhelm: Die Feststellung von Lücken im Gesetz, Eine methodologische Studie über Voraussetzungen und Grenzen der richterlichen

Rechtsfortbildung praeter legem, 2. Auflage, Berlin 1983 (zit.: *Canaris*, Die Feststellung von Lücken im Gesetz, S.).

Coulter, Thomas A.: Testing the United States' Commitment to international law: The Conflict between Title VII and Treaties of Friendship, Commerce, and Navigation, in Wake Forest Law Review 25 (1990), S. 287–313.

Coyle, John F./Yackee, Jason Webb: Reviving the Treaty of Friendship: Enforcing international investment law, in Arizona State Law Journal 49 (2017), S. 61–114.

Dahm, Georg/Delbrück, Jost/Wolfrum, Rüdiger: Völkerrecht, Die Formen völkerrechtlicher Handlungen, Die inhaltliche Ordnung der Gemeinschaft, Band I/3, 2. Auflage, Berlin 2002 (zit.: *Dahm/Delbrück/Wolfrum*, Völkerrecht, §, S.).

Dalebout, Richard: Cumulative Voting for Corporation Directors: Majority Shareholders in the Role of a Fox guarding the Hen House, in Brigham Young University Law Review 1989, S. 1199–1226.

Dammann, Jens: Amerikanische Gesellschaften mit Sitz in Deutschland – Zugleich eine Anmerkung zu BGH, Urteil vom 29.1.2003, VIII ZR 155/02, in Rabels Zeitschrift für ausländisches und internationales Privatrecht 68 (2004), S. 607–652.

Damrosch, Lori Fisler/Henkin, Louis/Pugh, Richard Crawford/Schachter, Oscar/Smit, Hans (Hrsg.): International Law, Cases and Materials, 4. Auflage, St. Paul 2001 (zit.: *Bearb.* in Damrosh/Henkin/Pugh/Schachter/Smit, International Law, S.).

Dannemann, Gerhard: Die ungewollte Diskriminierung in der internationalen Rechtsanwendung – Zur Anwendung, Berücksichtigung und Anpassung von Normen aus unterschiedlichen Rechtsordnungen, Tübingen 2004 (zit.: *Dannemann*, Ungewollte Diskriminierung, S.).

DeMott, Deborah: Perspectives on Choice of Law for Corporate Internal Affairs, in Law and Contemporary Problems 48 (1985), S. 161–198.

Dörr, Oliver/Schmalenbach, Kirsten (Hrsg.): Vienna Convention on the Law of Treaties, A Commentary, 2. Ed., Berlin 2018 (zit.: *Bearb.* in Vienna Convention – A Commentary, S.).

Drobnig, Ulrich: Kritische Bemerkungen zum Vorentwurf eines EWG-Übereinkommens über die Anerkennung von Gesellschaften, in Zeitschrift für das gesamte Handels- und Wirtschaftsrecht 129 (1967), S. 93–120.

Drobnig, Ulrich: Skizzen zur internationalprivatrechtlichen Anerkennung, in Ficker, Claudius/König, Detlef/Kreuzer, Karl (Hrsg.), Festschrift für Ernst von Caemmerer zum 70. Geburtstag, Tübingen 1978, S. 687–704 (zit.: *Drobnig* in FS von Caemmerer, S.).

Drygala, Tim: Europäische Niederlassungsfreiheit vor der Rolle rückwärts, in Europäische Zeitschrift für Wirtschaftsrecht 2013, S. 569–574.

Dürig, Günther/Herzog, Roman/Scholz, Rupert (Hrsg.): Kommentar zum Grundgesetz, 95. Lieferung, München 2021 (zit.: *Bearb.* in Dürig/Herzog/Scholz, GG, Art., Rn.).

Ebenroth, Carsten Thomas: Die verdeckten Vermögenszuwendungen in transnationalen Unternehmen, Bielefeld 1979 (zit.: *Ebenroth*, Vermögenszuwendungen, S.).

Ebenroth, Carsten Thomas/Bippus, Birgit: Die Anerkennungsproblematik im Internationalen Gesellschaftsrecht - Am Beispiel des Freundschafts-, Handels- und Schiffahrtsvertrages zwischen der Bundesrepublik Deutschland und den Vereinigten Staaten von Amerika vom 29.10.1954, in Neue Juristische Wochenschrift 1988, S. 2137–2146.

Ebenroth, Carsten Thomas/Boujong Karlheinz/Joost, Detlef (Hrsg.)/Strohn, Lutz (Hrsg.): Handelsgesetzbuch, Kommentar, 4. Auflage, München 2020 (zit.: *Bearb.* in Ebenroth/Boujong/Joost/Strohn, HGB, §, Rn.).

Ebenroth, Carsten Thomas/Kemner, Mathew J./Willburger, Andreas: Die Auswirkungen des genuine-link Grundsatzes auf die Anerkennung US-amerikanischer Gesellschaften in Deutschland, in Zeitschrift für Wirtschaftsrecht 1995, S. 972–975.

Ebenroth, Carsten Thomas/Sura, Achim: Das Problem der Anerkennung im internationalen Gesellschaftsrecht, in Rabels Zeitschrift für ausländisches und internationales Privatrecht 43 (1997), S. 315–343.

Ebenroth, Carsten Thomas/Sura, Achim: Transnationale Unternehmen und deutsches Mitbestimmungsgesetz, in Zeitschrift für das gesamte Handels- und Wirtschaftsrecht 144 (1980), S. 610–627.

Ebke, Werner: Conflict of Corporate Law and the Treaty of Friendship, Commerce and Navigation between the United States of America and the Federal Republic of Germany, in Rasmussen-Bonne, Hans Eric/Freer, Richard/Lücke, Wolfgang (Hrsg.), Balancing of Interests, Liber Amicorum, Festschrift für Peter Hay zum 70. Geburtstag, Frankfurt a. M. 2005, S. 119–139 (zit.: *Ebke* in FS Hay, S.).

Ebke, Werner: Anmerkung zu BGH, Urteil vom 13.10.2004 – I ZR 245/01, in JuristenZeitung 2005, S. 299–303.

Ebke, Werner: Rezension zu „Alan R. Bromberg/Larry E. Ribstein: Partnership, Bd. I und II, Boston/Toronto/London 1988“, in Zeitschrift für vergleichende Rechtswissenschaft 89 (1990), S. 247–254.

Eidenmüller, Horst: Ausländische Kapitalgesellschaften im deutschen Recht, München 2004 (zit.: *Eidenmüller*, Ausländische Kapitalgesellschaften, S.).

Eidenmüller, Horst: Wettbewerb der Gesellschaftsrechte in Europa – zugleich Besprechung des Urteils des Europäischen Gerichtshofs vom 5.11.2002 in der Rechtssache C-208/00 (Überseering BV gegen Nordic Construction Company Baumanagement GmbH), in Zeitschrift für Wirtschaftsrecht 2002, S. 2233–2245.

Ferid, Murad: Internationales Privatrecht, Das neue Recht: ein Leitfaden für Praxis und Ausbildung, 3. Auflage, Frankfurt a.M. 1986 (zit.: *Ferid*, IPR, Rn.).

Fikentscher, Wolfgang: Probleme des internationalen Gesellschaftsrechts, in Monatsschrift für Deutsches Recht 1957, S. 71–75.

Fingerhuth, Jörn/Rumpf, Joachim: MoMiG und die grenzüberschreitende Sitzverlegung – Die Sitztheorie ein (lebendes) Fossil?, in Praxis des Internationalen Privat- und Verfahrensrechts 2008, S. 90–96.

Fleischer, Holger/ Goette, Wulf (Hrsg.): Münchener Kommentar zum GmbH-Gesetz, Band 1, 4. Auflage, München 2022 (zit.: *Bearb.* in MüKo, GmbHG, §, Rn.).

Fleischer, Holger: Die Rechtsprechung zum deutschen internationalen Gesellschaftsrecht seit 1991, in Juristenzeitung 2008, S. 233–242.

Foley, Henry E.: Incorporation, Multiple Incorporation, and the Conflict of Laws, in Harvard Law Review 42 (1929), S. 516–549.

Franz, Alexander: Internationales Gesellschaftsrecht und deutsche Kapitalgesellschaften im In- bzw. Ausland, in Betriebs-Berater 2009, S. 1250–1259.

Funken, Katja: Das Anerkennungsprinzip im internationalen Privatrecht: Perspektiven eines europäischen Anerkennungskollisionsrechts für Statusfragen, Tübingen 2009 (zit.: *Funken*, Das Anerkennungsprinzip).

Garner, Bryan A. (Hrsg.): Black's Law Dictionary, 11. Ed., St. Paul 2019 (zit.: *Garner*, Black's, Begriff).

Gebert, Daniel/Fingerhuth, Jörn: Die Verlegung des Ortes der Geschäftsleitung ins Ausland – Steuerrechtliche Fallstricke im Licht aktueller gesellschaftsrechtlicher Entwicklungen, in Internationales Steuerrecht 2009, S. 445–449.

Goette, Wulf/Habersack, Mathias/Kalls, Susanne (Hrsg.): Münchener Kommentar zum Aktienrecht, Band 7, Europäisches Aktienrecht, SE-VO, SEBG, Europäische Niederlassungsfreiheit, 5. Auflage, München 2021 (zit.: *Bearb.* in MüKo, AktG, Bd. 7, Abschnitt, Kapitel, Rn.).

Grabitz, Eberhard/Hilf, Meinhard/Nettesheim, Martin (Hrsg.): Das Recht der Europäischen Union, Vertrag über die Arbeitsweise der Europäischen Union, 73. Ergänzungslieferung, München 2021 (zit. *Bearb.* in Grabitz/Hilf/Nettesheim, EU-Recht, AEUV, Art., Rn.).

Grasmann, Günther: System des internationalen Gesellschaftsrechts: Außen- und Innenstatut der Gesellschaften im internationalen Privatrecht, Herne 1970 (zit.: *Grasmann*, System des Internationalen Gesellschaftsrechts, Rn.).

Großfeld, Bernhard: Die Anerkennung der Rechtsfähigkeit juristischer Personen, in Rabels Zeitschrift für ausländisches und internationales Privatrecht 31 (1967), S. 1–48.

Großfeld, Bernhard: Zur Geschichte der Anerkennungsproblematik bei Aktiengesellschaften, in Rabels Zeitschrift für ausländisches und internationales Privatrecht 38 (1974), S. 344–371.

Großfeld, Bernhard/Erlinghagen, Susanne: Internationales Unternehmensrecht und deutsche unternehmerische Mitbestimmung, in JuristenZeitung 1993, S. 217–225.

Grothe, Helmut: Die „ausländische Kapitalgesellschaft & Co.“: Zulässigkeit grenzüberschreitender Grundtypvermischungen und Anknüpfung des Gesellschaftsstatuts unter besonderer Berücksichtigung des europäischen Gemeinschaftsrechts, Köln u.a. 1989 (zit. *Grothe*, Die ausländische Kapitalgesellschaft & Co., S.).

Grüneberg, Christian: Beck'sche Kurzkommentare, Bürgerliches Gesetzbuch (mit Nebengesetzen insbesondere mit Einführungsgesetz (Auszug) einschließlich Rom I-, Rom II- und Rom III-Verordnungen sowie EU-Güterrechtsverordnungen, Haager Unterhaltsprotokoll und EU-Erbrechtsverordnung, Allgemeines Gleichbehandlungsgesetz (Auszug), Wohn- und Betreuungsvertragsgesetz, Unterlassungsklagengesetz, Produkthaftungsgesetz, Erbbaurechtsgesetz, Wohnungseigentumsgesetz, Versorgungsausgleichgesetz, Lebenspartnerschaftsgesetz, Gewaltschutzgesetz), 81. Aufl., München 2022 (zit.: *Bearb.* in Grüneberger, Gesetz, §/Art., Rn.).

Hahn, Hartmut: DBA- und EG-rechtliche Diskriminierungsverbote - zwei Paar Schuhe, in Betriebs-Berater 2005, S. 521–529.

Halloran, Michael/Hammer, Douglas: Section 2115 of the New California General Corporation Law – The Application of California Corporation Law to Foreign Corporations, in UCLA Law Review 23 (1976), S. 1282–1332.

Harvard Law Review Association: The Internal Affairs Doctrine: Theoretical Justifications and Tentative Explanations for Its Continued Primacy, in Harvard Law Review 115 (2002), S. 1480–1501.

Hau, Wolfgang/Poseck, Roman: Beck'scher Online-Kommentar zum Bürgerlichen Gesetzbuch, 61. Ed., München 2022 (zit. *Bearb.* in BeckOK, BGB, §, Rn.)

Häublein, Martin/Hoffmann-Theinert, Roland (Hrsg.): Beck'scher Online-Kommentar zum Handelsgesetzbuch, 33. Ed., München 2021 (zit.: *Bearb.* in BeckOK, HGB, §, Rn.).

Hausmann, Rainer/Odersky, Felix (Hrsg.): Internationales Privatrecht in der Notar- und Gestaltungspraxis, Personenrecht und Rechtsgeschäfte, Familienrecht, Erbrecht, Schuldvertrags- und Sachenrecht, Gesellschaftsrecht, 3.

Auflage, München 2017 (zit.: *Bearb.* in Hausmann/Odersky, IPR in der Notarpraxis, Kapitel, Rn.).

Hay, Peter: US-Amerikanisches Recht, Ein Studienbuch, 7. Auflage, München 2020 (zit.: *Hay*, Amerikanisches Recht, S.).

Henn, Henry/Alexander, John: Laws of Corporations and Other Business Enterprises, 3. Auflage, St. Paul 1983 (zit.: *Henn/Alexander*, Corporations, S.).

Herdegen, Matthias: Völkerrecht, 20. Auflage, München 2021 (zit.: *Herdegen*, Völkerrecht, S.).

Herdegen, Matthias: Rezension zu "Restatement Third, Restatement of the Foreign Relations Law of the United States, American Law Institute, St. Paul 1987", in American Journal of Comparative Law 39 (1991), S. 207–213.

Hirte, Heribert/Bücker, Thomas (Hrsg.): Grenzüberschreitende Gesellschaften, Ein Praxishandbuch, 2. Auflage, München 2006 (zit.: *Bearb.* in Hirte/Bücker, Grenzüberschreitende Gesellschaften, S.).

Hobe, Stephan: Einführung in das Völkerrecht, 11. Auflage, Tübingen 2020 (zit.: *Hobe*, Einführung Völkerrecht, Kap., S.).

Holthausen, Dieter: Die Strafbarkeit von Auslandstaten Deutscher und das völkerrechtliche Interventionsverbot, in Neue Juristische Wochenschrift 1992, S. 214–216.

Horowitz, Harold: The Commerce Clause as a Limitation on State Choice-of-Law Doctrine, Harvard Law Review 84 (1971), S. 806–824.

Ipsen, Knut: Völkerrecht, 7. Auflage, München 2018 (zit.: *Ipsen*, Völkerrecht, §, Rn.).

Jarass, Hans/Pieroth, Bodo (Hrsg.): Grundgesetz für die Bundesrepublik Deutschland, Kommentar, 16. Auflage, München 2020 (zit.: *Bearb.* in Jarass/Pieroth, Art., Rn.).

Jayme, Erik: Betrachtungen zur dépeçage im internationalen Privatrecht, in: XXX (Hrsg.), Festschrift für Gerhard Kegel zum 75. Geburtstag, Stuttgart 1987, S. 253–268 (zit.: *Jayme* in FS Kegel (1987), S.).

Jestädt, Guido: Anerkennung der Rechts- und Parteifähigkeit US-amerikanischer Gesellschaften vor deutschen Gerichten aufgrund des deutsch-amerikanischen Freundschaftsvertrages – zugleich Besprechung von BGH, Urteil vom 29.1. 2003 – VIII ZR 155/02, in Entscheidungssammlung zum Wirtschafts- und Bankrecht, WuB II N. Art. 25 FHSV 1.03, S. 635–639.

Junker, Abbo: Internationales Privatrecht, 4. Auflage, München 2021 (zit.: *Junker*, Internationales Privatrecht, §, Rn.).

Kaulen, Dorothee: Die Anerkennung von Gesellschaften unter Artikel XXV Abs. 5 S. 2 des deutsch-US-amerikanischen Freundschafts-, Handels- und

Schifffahrtsvertrags von 1954, Frankfurt am Main 2008 (zit.: *Kaulen*, Anerkennung von Gesellschaften, S.).

Kegel, Gerhard/Schurig, Klaus: Internationales Privatrecht, 9. Auflage, München 2004 (zit.: *Kegel/Schurig*, IPR, Kapitel, Unterabschnitt, S.).

Kegel, Gerhard: Internationales Privatrecht, 6. Auflage, München 1987 (zit.: *Kegel*, IPR, 6. Auflage, S.).

Kern, Ernst: Deutsch-amerikanischer Freundschafts-, Handels- und Schiffahrtsvertrag, Grundlage für deutsche Investitionen in den USA, in Betriebs-Berater 1956, S. 257–258.

Kersting, Christian: Corporate Choice of Law - A Comparison of the United States and European Systems and a Proposal for a European Directive, in Brooklyn Journal of International Law 28 (2002), S. 1–74.

Kieninger, Eva-Maria: Wettbewerb der Privatrechtsordnungen im europäischen Binnenmarkt, Tübingen 2002 (zit.: *Kieninger*, Wettbewerb der Privatrechtsordnungen, S.).

Kindler, Peter: Der reale Niederlassungsbegriff nach dem VALE-Urteil des EuGH, in Europäische Zeitschrift für Wirtschaftsrecht 2012, S. 888–893.

Kindler, Peter: GmbH-Reform und internationales Gesellschaftsrecht, Auswirkungen auf grenzüberschreitend strukturierte Kapitalgesellschaften, in Die Aktiengesellschaft 2007, S. 721–731.

Kiss, Alexandre: Abuse of Rights, in Max Planck Encyclopedia of Public International Law 1 (1994), S. 1–35.

Kleinert, Jens: Der GmbHR-Kommentar, BGH v. 13.10.2004 - I ZR 245/01, BGH v. 4.11.2004 - III ZR 172/03, in Die GmbH-Rundschau, S. 56–60.

Kokott, Juliane: Missbrauch und Verwirkung von Souveränitätsrechten bei gravierenden Völkerrechtsverstößen, in: Beyerlin, Ulrich/Bothe, Michael/Hofmann, Rainer/Petersmann, Ernst-Ulrich (Hrsg.), Festschrift für Rudolf Bernhardt, Recht zwischen Umbruch und Bewahrung, Völkerrecht, Europarecht, Staatsrecht, S. 135–152, 1995 (zit.: *Kokott* in FS Bernhardt, S.).

Koppensteiner, Hans-Georg: Internationale Unternehmen im deutschen Gesellschaftsrecht, Frankfurt am Main 1971 (zit.: *Koppensteiner*, Internationale Unternehmen, S.).

Kropholler, Jan: Internationales Privatrecht einschließlich der Grundbegriffe des internationalen Zivilverfahrensrechts, 6. Auflage, Tübingen 2006 (zit.: *Kropholler*, Internationales Privatrecht, S.).

Kruchen, Carsten: Grundrechtsfähigkeit und Niederlassungsfreiheit von US-amerikanischen Rechtsanwaltsgesellschaften und internen Ermittlungen – Kommentar zur Entscheidung des BVerfG vom 27.6.2018 – 2 BvR 1287/17, 2 BvR 1583/17, in Die Aktiengesellschaft 2018, S. 616–621.

Kruse, Mark E.: California's Statutory Attempt to regulate foreign corporations: Will it survive the Commerce Clause?, in San Diego Law Review 16 (1979), 943–965.

Kühne, Gunther: Der Anwendungsbereich des Renvoi im Lichte der Entwicklung des IPR, in Heldrich, Andreas/Sonnenberger, Hans Jürgen (Hrsg.), Festschrift für Murad Ferid zum 80. Geburtstag am 11. April 1988, S. 251–267 (zit.: *Kühne* in FS Ferid, S.).

Lach, Sebastian/Schill, Stephan: Anforderungen an den „genuine link" zur Anerkennung der Rechtspersönlichkeit einer US-amerikanischen Gesellschaft – Anmerkungen zum Urteil des BGH vom 13. Oktober 2004 - I ZR 245/01, in Mitteilungen des Bayerischen Notarvereins 2005, S. 240–245.

Lane, Gregory S.: Friendship, Commerce, and Navigation Treaties: An Analysis of the foreign corporation's exemption from United States Labor Standards, in Pepperdine Law Review 16 (1989), S. 383–408.

Latty, Elvin R.: Pseudo-Foreign Corporations, in Yale Law Journal 65 (1955), S. 137–173.

Leible, Stefan/Hoffmann, Mathis: „Cartesio" - fortgeltende Sitztheorie, grenzüberschreitender Formwechsel und Verbot materiellrechtlicher Wegzugsbeschränkungen, in Betriebs-Berater 2009, S. 58–64.

Leible, Stefan/Hoffmann, Jochen: „Überseering" und das deutsche Gesellschaftskollisionsrecht, in Zeitschrift für Wirtschaftrecht 2003, S. 925–931.

Leible, Stefan/Ruffert, Matthias (Hrsg.): Völkerrecht und IPR, Jena 2006 (zit.: *Bearb.* in Leible/Ruffert, Völkerrecht und IPR, S.).

Leuering, Dieter: Von Scheinauslandsgesellschaften hin zu „Gesellschaften mit Migrationshintergrund", in Zeitschrift für Rechtspolitik 2008, S. 73–77.

Lewis, John Bruce/Ottley, Bruce L.: Title VII and Friendship, Commerce and Navigation Treaties: Prognostications based upon Sumitomo Shoji, in Ohio State Law Journal 44 (1983), S. 45–91.

Litsoukov, Nikita: BaFin and the SEC: An international comparison of supervisory practice, Veröffentlichung vom 2. November 2015, abzurufen über die Webseite der BaFin unter https://www.bafin.de/SharedDocs/Veroeffentlichungen/EN/Fachartikel/2015/fa_bj_1510_bafin_und_sec_en.html (zuletzt aufgerufen am 22.09.2021).

Loewenheim, Ulrich/Meessen, Karl. M./Riesenkampff, Alexander/Kersting, Christian/Meyer-Lindemann, Hans Jürgen (Hrsg.): Kommentar zum Kartellrecht, 4. Auflage, München 2020 (zit.: *Bearb.* in Loewenheim/Meessen/Riesenkampff/Kersting/Meyer-Lindemann, KartellR, Europäisches Recht, Teil, Abschnitt, Rn.).

Looschelders, Dirk: Die Anpassung im Internationalen Privatrecht, Zur Methodik der Rechtsanwendung in Fällen mit wesentlicher Verbindung zu mehreren nicht miteinander harmonierenden Rechtsordnungen, Heidelberg 1995 (zit.: *Looschelders*, Anpassung, S.).

Looschelders, Dirk: Internationales Privatrecht - Art. 3–46 EGBGB, Düsseldorf 2013 (zit.: *Looschelders*, IPR, Art., Rn.).

Lorenzen, Ernest: The Renvoi Theory and the Application of Law, in Columbia Law Review 10 (1910), S. 190–207.

Majchrzak, David: Corporate Chaos: Who should govern Corporate Affairs?, in Thomas Jefferson Law Review 24 (2001), S. 83–100.

Mankowski, Peter: Gelten die bilateralen Staatsverträge der Bundesrepublik Deutschland im Internationalen Erbrecht nach dem Wirksamwerden der EuErbVO weiter?, in Zeitschrift für Erbrecht und Vermögensnachfolge 2013, S. 529–534.

Mankowski, Peter: Völkerrechtliche Meistbegünstigung und europäisches IPR/IZVR, in Leible, Stefan/Ruffert, Matthias (Hrsg.), Jena 2006 (zit.: *Mankowski* in Leible/Ruffert, Völkerrecht und IPR, S. 235–274).

Mankowski, Peter: Kurzkommentar zum Urteil des BGH vom 29.01.2003 - VII ZR 155/02, in Entscheidungen zum Wirtschaftsrecht 2003 (§ 50 ZPO 1/03), S. 661–662.

Mankowski, Peter: Preisangaben in ausländischer Währung und deutscher Werbemarkt, in Gewerblicher Rechtsschutz und Urheberrecht 1995, S. 539–548.

Mansel, Heinz-Peter: Substitution im internationalen Zwangsvollstreckungsrecht - Zur funktionellen Rechtsvergleichung bei der Sachrechtsauslegung, in: Pfister, Bernhard/Will, Michael R. (Hrsg.), Festschrift für Werner Lorenz zum siebzigsten Geburtstag, Tübingen 1991, S. 689–715 (zit.: *Mansel* in FS Werner Lorenz, S.).

Mansel, Heinz-Peter: Staatlichkeit des Internationalen Privatrechts und Völkerrecht, in: Völkerrecht und IPR, Leible, Stefan/Ruffert, Matthias (Hrsg.), Jena 2006 (zit.: *Mansel* in Leible/Ruffert, Völkerrecht und IPR, S. 89–130).

Marsh, Harold/Finkle, Roy/Sonsini, Larry (Hrsg.): Marsh's California Corporation Code, Band 2, 4. Auflage, New York 2010 (zit.: *Bearb.* in Marsh's California Corporation Code, S.).

Mellert, Christoph: Urteil mit Anmerkung, Haftung der Gesellschafter für Verbindlichkeiten einer amerikanischen Inc. mit Verwaltungssitz im Inland nach dem Gründungsrecht, in Betriebs-Berater 2004, S. 1868–1870.

Merkt, Hanno: US-amerikanisches Gesellschaftsrecht, 3. Auflage, Frankfurt am Main 2013 (zit.: *Merkt*, US-amerikanisches GesR, Rn.).

Michalski, Lutz/Heidinger, Andreas/Leible, Stefan/Schmidt, Jessica (Hrsg.): Kommentar zum Gesetz betreffend die Gesellschaften mit beschränkter Haftung,

3. Auflage, München 2017 (zit.: *Bearb.* in Michalski, GmbHG, Bd., Abschnitt, Rn.).

Mörsdorf, Oliver: Was von „Daily Mail“ übrig blieb - Die Wegzugsbesteuerung von EU-Gesellschaften nach dem EuGH-Urteil „National Grid Indus“, in Europäische Zeitschrift für Wirtschaftsrecht 2012, S. 296–301.

Müller, Jörg Paul/Wildhaber, Luzius: Praxis des Völkerrechts, 3. Auflage, Bern 2001 (zit.: *Müller/Wildhaber*, Praxis des Völkerrechts, S.).

Müller-Graff, Peter-Christian: Gesellschaftsrecht im Kontext des Europäischen Wirtschaftsordnungsrechts, in Europäisches Wirtschafts- und Steuerrecht 2009, S. 489–502.

Münchener Kommentar

- zum Bürgerlichen Gesetzbuch, siehe unter *Säcker u.a.*
- zum Aktienrecht, siehe unter *Goette u.a.*
- zum GmbH-Gesetz, siehe unter *Fleischer u.a.*

Neumann, Barbara: Das genuine-link-Kriterium, Ein zusätzliches ungeschriebenes Merkmal in Art. XXV Abs. 5 S. 2 des deutsch- (US)amerikanischen Handelsvertrages, Berlin 2006 (zit.: *Neumann*, Genuine link-Kriterium).

Newman, John Hugh: The Pseudo-Foreign Corporation in California, in Hastings Law Journal 28 (1976), S. 119–147.

N.N.: The Internal Affairs Doctrine: Theoretical justifications and the tentative explanations for its continued primacy, in Harvard Law Review 115 (2002), S. 1480–1501.

N.N.: Pseudo-Foreign Corporations and the Internal Affairs Doctrine, in Duke Law Journal 1960, S. 477–483.

Oldham, J. Thomas: California regulates Pseudo-foreign Corporations - Trampling upon the Tramp?, in Santa Clara Law Review 17 (1977), S. 85–132.

Oldham, J. Thomas: Regulating the Regulators: Limitations upon a State's ability to regulate corporations with multi-state contacts, in Denver Law Journal 57 (1980), S. 345–399.

Paal, Boris: Deutsch-amerikanischer Freundschaftsvertrag und genuine link: Ein ungeschriebenes Tatbestandsmerkmal auf dem Prüfstand, in Recht der internationalen Wirtschaft 2005, S. 735–740.

Paefgen, Walter: Deutsche „corporations“ im System des Gesellschaftskollisionsrechts, in Deutsche Zeitschrift für Wirtschafts- und Insolvenzrecht 2003, S. 441–447.

Paefgen, Walter: Anmerkung zu BGH, Urt. v. 5. Juli 2004 - II ZR 389/02, in Entscheidungen zum Wirtschaftsrecht 2004, S. 919–920.

Raiser, Thomas/Veil, Rüdiger: Recht der Kapitalgesellschaften, Ein Handbuch für Praxis und Wissenschaft, 6. Auflage, München 2015 (zit.: *Raiser/Veil*, Recht der Kapitalgesellschaften, §, Rn.).

Rauscher, Thomas: Internationales Privatrecht, Mit internationalem Verfahrensrecht, 5. Auflage, Heidelberg 2017 (zit.: *Rauscher*, Internationales Privatrecht, §, Rn.).

Ress, Georg: Supranationaler Menschenrechtsschutz und der Wandel der Staatlichkeit, in Zeitschrift für ausländisches öffentliches Recht und Völkerrecht 64 (2004), S. 621–639.

Ress, Georg/Schreuer, Christoph (Hrsg.): Wechselwirkungen zwischen Völkerrecht und Verfassung bei der Auslegung völkerrechtlicher Verträge: Referate und Thesen mit Diskussion, Heidelberg 1982 (zit.: *Bearb.*, Auslegung völkerrechtlicher Verträge, S.).

Rubenfeld, Jed: State Takeover Legislation and the Commerce Clause: The Foreign Corporations Problem, in Cleveland State Law Review 36 (1988), S. 355–383.

Säcker, Franz Jürgen/Rixecker, Roland/Oetker, Hartmut/Limperg, Bettina (Hrsg.): Münchener Kommentar zum Bürgerlichen Gesetzbuch, Band 13, Internationales Privatrecht II, Internationales Wirtschaftsrecht, Einführungsgesetz zum Bürgerlichen Gesetzbuch (Art. 50–253), Teil 10, Internationales Handels- und Gesellschaftsrecht, 8. Auflage, München 2021 (zit. *Bearb.*, MüKo, Bd. 13, IntHuGR, Rn.).

Sandrock, Otto: Die Multinationalen Korporationen im Internationalen Privatrecht, Internationalrechtliche Probleme multinationaler Korporationen, in Berichte der deutschen Gesellschaft für Völkerrecht 18 (1978), S. 169–249.

Sandrock, Otto (Hrsg.): Die Konkretisierung der Überlagerungstheorie in einigen zentralen Einzelfragen, Ein Beitrag zum internationalen Gesellschaftsrecht, in Festschrift für Günther Beitzke zum 70. Geburtstag am 26. April 1979, Berlin 1979, S. 669–696 (zit.: *Sandrock*, FS Beitzke, S.).

Sandrock, Otto: Ein Amerikanisches Lehrstück für das Kollisionsrecht der Kapitalgesellschaften, in Rabels Zeitschrift für ausländisches und internationales Privatrecht 42 (1978), S. 227–267.

Schlütter, Birgit: Developments in customary international law: theory and the practice of the international court of justice and the international ad hoc criminal tribunals for Rwanda and Yugoslavia, Leiden 2010 (zit.: *Schlütter*, Customary internation law, S.).

Schnitger, Arne: Geltung der Grundfreiheiten des EGV für Drittstaatsangehörige im Steuerrecht, in Internationales Steuerrecht 2002, S. 711–716.

Schöbener, Burkhard/Herbst, Jochen, Perkams: Internationales Wirtschaftsrecht, Heidelberg 2010 (zit.: Schöbener/herbst/Perkams, Internationales Wirtschaftsrecht, S.).

Schröder, Jochen: Die Anpassung von Kollisions- und Sachnormen, Berlin 1961, Unveränderte Neuauflage Berlin 2017 (zit.: *Schröder*, Die Anpassung von Kollisions- und Sachnormen, S.).

Schulze, Reiner (Hrsg.): Bürgerliches Gesetzbuch, Handkommentar, 11. Auflage, Baden-Baden 2022 (zit.: *Bearb.* in Schulze, BGB, Gesetz, Art., Rn.).

Schurig, Klaus: Kollisionsnorm und Sachrecht, Zu Struktur, Standort und Methode des internationalen Privatrechts, Berlin 1981 (zit.: *Schurig*, Kollisionsnorm und Sachrecht, S.).

Schurig, Klaus: Das deutsch-amerikanische internationale Gesellschaftsrecht im Fahrwasser des europäischen?, in: Balancing of Interests, Liber Amicorum, Peter Hay zum 70. Geburtstag, Frankfurt am Main 2005 (zit.: *Schurig*, FS Hay, S.).

Schwarz, Günter Christian/Holland, Björn: Enron, WorldCom…und die Corporate Governance Diskussion, in Zeitschrift des internationalen Privatrechts 2002, S. 1661–1704.

Schwarze, Jürgen/Becker, Ulrich/Hatje, Armin/Schoo, Johann (Hrsg.): EU-Kommentar, 4. Auflage, Baden-Baden 2019 (zit.: *Bearb.* in Schwarze/Becker/Hatje/Schoo, EU-Kommentar, AEUV, Art., Rn.).

Schwenk, Jochen: Der neue Freundschafts-, Handels- und Schifffahrtsvertrag zwischen der Bundesrepublik Deutschland und den Vereinigten Staaten von Amerika, in JuristenZeitung 1957, S. 197 – 204.

Sinewe, Patrick: Rechts- und Parteifähigkeit einer US-amerikanischen Gesellschaft mit tatsächlichem Verwaltungssitz in Deutschland und geringer werbender Tätigkeit in USA („GEDIOS“), in Entscheidungen zum Wirtschaftsrecht 2005, S. 115–117.

Sonnenberger, Hans Jürgen: Vorschläge und Berichte zur Reform des europäischen und deutschen internationalen Gesellschaftsrechts: vorgelegt im Auftrag der zweiten Kommission des Deutschen Rates für Internationales Privatrecht, Spezialkommission Internationales Gesellschaftsrecht, Tübingen 2007 (zit. *Sonnenberger*, Vorschläge und Berichte zur Reform des europäischen und deutschen internationalen Gesellschaftsrechts).

Sonnenberger, Hans Jürgen/Bauer, Frank: Vorschlag des Deutschen Rates für Internationales Privatrecht für eine Regelung des internationalen Gesellschaftsrechts auf europäischer / nationaler Ebene, in Recht der internationalen Wirtschaft 2006, Beilage 1 zu Heft 4, S. 1–4.

Spahlinger, Andreas/Wegen, Gerhard: Internationales Gesellschaftsrecht in der Praxis, München 2005 (zit.: *Spahlinger/Wegen*, Internationales Gesellschaftsrecht, Rn.).

Spindler, Gerald/Stilz, Eberhard (Hrsg.): Kommentar zum Aktiengesetz, Band 2, §§150–410, IntGesR, SpruchG, SE-VO, 4. Auflage, München 2019 (zit.: *Bearb.* in Spindler/Stilz, Aktiengesetz, Band 2, IntGesR, Rn.).

(von) Staudinger, Julius (Hrsg.): Kommentar zum Bürgerlichen Gesetzbuch: mit Einführungsgesetz und Nebengesetzen, Einführungsgesetz zum Bürgerlichen Gesetzbuch/IPR, nachfolgende Bände:

- Internationales Gesellschaftsrecht, 12. Auflage, Berlin 1998 (zit.: *Bearb.* in Staudinger, IntGesR, Rn.).
- Übersicht Art. 7, 9–12, 47, 48 EGBGB, Neubearbeitung 2019 (zit.: *Bearb.* in Staudinger, Übersicht Art. 7 EGBGB u.a., Art., Rn.).
- Einleitung zum Internationalen Privatrecht, Neubearbeitung 2019 (zit.: *Bearb.* in Staudinger, BGB, Einl IPR, Rn.).

Stein, Torsten/von Buttlar, Christian/Kotzur, Markus: Völkerrecht, 14. Auflage, München 2017 (zit.: *Stein/von Buttlar/Kotzur*, Völkerrecht, §, Rn.).

Stein, Eric: Conflict of Laws-Rules by Treaty: Recognition of Companies in a Regional Market, in Michigan Law Review 68 (1969/1970), S. 1327–1346.

Stevens, Matt: Internal Affairs Doctrine: California versus Delaware in a Fight for the Right to regulate foreign corporations, in Boston College Law Review 48 (2007), S. 1047–1087.

Stoll, Hans: Rechtliche Inhaltskontrolle bei internationalen Handelsgeschäften, in Festschrift für Gerhard Kegel zum 75. Geburtstag, 26. Juni 1987, Stuttgart 1987, S. 623–662 (zit.: *Stoll* in FS Kegel (1987), S.).

Stoll, Hans: Die Anpassung von Kollisionsnormen und Sachnormen, in Zeitschrift für das gesamte Familienrecht 1963, S. 318–319.

Streinz, Rudolf (Hrsg.): EUV/AEUV, Vertrag über die Europäische Union/Vertrag über die Arbeitsweise der Europäischen Union, 3. Auflage, München 2018 (zit.: *Bearb.* in Streinz, EUV/AEUV, Vertrag, Art., Rn.).

Strupp, Karl/Schlochauer, Hans-Jürgen (Hrsg.): Wörterbuch des Völkerrechts, Band 1, Berlin 1960 (zit.: *Bearb.* in Wörterbuch des Völkerrechts, Bd. 1, S.).

Süß, Rembert/Wachter, Thomas (Hrsg.): Handbuch des internationalen GmbH-Rechts, 3. Auflage, Bonn 2016 (zit. *Bearb.* in Handbuch des internationalen GmbH-Rechts, §, Rn.).

Symeonides, Symeon: Louisiana Conflicts Law: "Two Surprises", in Louisiana Law Review 54 (1993), S. 497–549.

Symeonides, Symeon: Oregon's New Choice-of-Law Codification for Tort Conflicts: An Exegesis, in Willamette Law Review 44 (2007), S. 205–252.

Tersteegen, Jens Axel: Kollisionsrechtliche Behandlung ausländischer Kapitalgesellschaften im Inland unter besonderer Berücksichtigung von Scheinauslandsgesellschaften, München 2002 (zit.: *Tersteegen*, Kollisionsrechtliche Behandlung ausländischer Kapitalgesellschaften, S.).

Thacher, Thomas: Incorporation in one state for business to be done in another, in Yale Law Journal 1 (1891), S. 52–56.

Thölke, Ulrich: Anerkennung der Rechtspersönlichkeit einer US-amerikanischen Gesellschaft - Anmerkung zum BGH, Urteil vom 13.10.2004 - I ZR 245/01, in Deutsche Notar-Zeitschrift 2005, S. 141–146.

Tietje, Christian/Nowrot, Karsten (Hrsg.): Internationales Wirtschaftsrecht, 3. Auflage, Berlin 2021 (zit.: Tietje, Internationales Wirtschaftsrecht, S.).

Tomschin, Nadja: Die Anerkennung US-amerikanischer Gesellschaften in Deutschland, Frankfurt am Main 2011 (zit.: *Tomschin*, Anerkennung, S.).

Trautmann, Clemens: Europäisches Kollisionsrecht und ausländisches Recht im nationalen Zivilverfahren, Tübingen 2011 (zit.: *Trautmann*, Kollisionsrecht im nationalen Zivilverfahren, S.).

Trautman, Donald: The Relation between American Choice of Law and Federal Common Law, in Law and Contemporary Problems 41 (1977), S. 105–130.

Tung: Frederick: Before Competition: Origins of the Internal Affairs Doctrine, in The Journal of Corporation Law 32 (2006), S. 33–101.

Veelken, Winfred: Interessenabwägung im Wirtschaftskollisionsrecht, Baden-Baden 1988 (zit.: *Veelken*, Interessenabwägung im Wirtschaftskollisionsrecht, S.).

Verdross, Alfred/Simma, Bruno (Hrsg.): Universelles Völkerrecht: Theorie und Praxis, Unveränderter Nachdruck der 3. Auflage, Berlin 1910 (zit.: *Verdross/Simma*, Universelles Völkerrecht, S., §).

(Graf) Vitzthum, Wolfgang/Proelß, Alexander: Völkerrecht, 8. Auflage, Berlin 2019 (zit.: *Graf Vitzthum/Proelß*, Völkerrecht, Abschnitt, Rn.).

Vogel, Klaus (Begr.)/Lehner, Moris (Hrsg.): Doppelbesteuerungsabkommen der Bundesrepublik Deutschland auf dem Gebiet der Steuern vom Einkommen und Vermögen: Kommentar auf der Grundlage der Musterabkommen, 7. Auflage, München 2021 (zit.: *Bearb.* in DBA, Einl OECD, Rn.).

Vogel, Klaus: Progressionsvorbehalt, Progressionserhöhung und Progressionserstreckung, in Internationales Steuerrecht 2003, S. 419–420.

Vorwerk, Volkert/Wolf, Christian (Hrsg.): Beck'scher Online-Kommentar zur Zivilprozessordnung, 43. Ed., München 2021 (zit.: *Bearb.* in BeckOK, ZPO, §, Rn.).

von Arnauld, Andreas: Völkerrecht, 4. Auflage, Heidelberg 2019 (zit.: *von Arnauld*, Völkerrecht, Rn.).

von Bar, Christian/Mankowski, Peter: Internationales Privatrecht, Band 1, Allgemeine Lehren, 2. Auflage, München 2003 (zit.: *v. Bar/Mankowski*, IPR, Bd. 1, Rn.).

von der Groeben, Hans/Schwarze, Jürgen/Hatje, Armin (Hrsg.): Europäisches Unionsrecht, Vertrag über die Europäische Union - Vertrag über die Arbeitsweise der Europäischen Union - Charta der Grundrechte der Europäischen Union, 7. Auflage, Baden-Baden 2015 (zit.: *Bearb.* in von der Groeben/Schwarze/Hatje, Europäisches Unionsrecht, Vertrag, Art., Rn.).

von Hoffmann, Bernd/Thorn, Karsten: Internationales Privatrecht einschließlich der Grundzüge des Internationalen Zivilverfahrensrechts, 9. Auflage, München 2007 (zit.: *von Hoffmann/Thorn*, Internationales Privatrecht, S.).

von Maltzan, Vollrath: Der neue deutsch-amerikanische Freundschafts-, Handels- und Schiffahrtsvertrag, in Bulletin des Presse- und Informationsamtes der Bundesregierung vom 19. November 1954, Nr. 217, S. 1979–1988.

von Samson-Himmelstjerna, Alexander: Überblick über die Gesellschaftsformen der Vereinigten Staaten von Amerika, in Recht der internationalen Wirtschaft 1983, S. 152–159.

Vranes, Erich: Lex Superior, Lex Specialis, Lex Posterior – Zur Rechtsnatur der "Konfliktlösungsregeln", in Zeitschrift für ausländisches öffentliches Recht und Völkerrecht 65 (2005), S. 391–405.

Wagner, Rolf/Timm, Birte: Der Referentenentwurf eines Gesetzes zum Internationalen Privatrecht der Gesellschaften, Vereine und juristischen Personen, in Praxis des internationalen Privat- und Verfahrensrechts 2008, S. 81–90.

Walden, Daniel: Das Kollisionsrecht der Personengesellschaften im deutschen, europäischen und US-amerikanischen Recht, Baden-Baden 2001 (zit.: *Walden*, Kollisionsrecht der Personengesellschaften, S.).

Walker, Herman Jr.: Treaties for the Encouragement and Protection of Foreign Investment: Present United States Practice, in The American Journal of Comparative Law 5 (1956), S. 229–247.

Walker, Herman Jr.: Provisions on Companies in United States Commercial Treaties, in The American Journal of international Law 50 (1956), S. 373–393.

Walker, Herman Jr.: Modern Treaties of Friendship, Commerce and Navigation, in Minndesota Law Review 42 (1958), S. 805–824.

Wassermeyer, Franz (Hrsg.): Doppelbesteuerung, Kommentar zu allen Doppelbesteuerungsabkommen, 155. Ergänzungslieferung, Stand: Oktober 2021 (zit. *Bearb.* in Wassermeyer, DBA, Staat, Abschnitt, Rn.).

Wegen, Gerhard/Spahlinger, Andreas/Barth, Marcel (Hrsg.): Gesellschaftsrecht des Auslands in Einzeldarstellungen, 4. Ergänzungslieferung, München 2021, (zit.: *Bearb.* in Wegen/Spahlinger/Barth, Gesellschaftsrecht des Auslands, Staat, Rn.).

Weller, Marc-Philippe: Das internationale Gesellschaftsrecht in der neuesten BGH-Rechtsprechung, in Praxis des internationales Privat- und Verfahrensrechts 2003, 324–328.

Wengler, Wilhelm: Die Aktivlegitimation zum völkerrechtlichen Schutz von Vermögensanlagen juristischer Personen im Ausland, in Neue Juristische Wochenschrift 1970, S. 1473–1478.

Wessels, Susan/Ziegenhain, Hans-Jörg: Sitz- und Gründungstheorie im internationalen Gesellschaftsrecht, in Die GmbH-Rundschau 1988, S. 423–431.

Wiedemann, Herbert: Gesellschaftsrecht Band 1, Grundlagen, München 1980 (zit.: *Wiedemann*, Gesellschaftsrecht, S.).

Wiedemann, Herbert: Internationales Gesellschaftsrecht, in Lüderitz, Alexander/Schröder, Jochen, Festschrift für Gerhard Kegel zum 65. Geburtstag, Internationales Privatrecht und Rechtsvergleichung im Ausgang des 20. Jahrhunderts, Bewahrung oder Wende, Frankfurt a.M. 1977, S. 187–211 (zit.: *Wiedemann* in FS Kegel (1977), S.).

Wiethölter, Rudolf: Interessen und Organisation der Aktiengesellschaft im amerikanischen und deutschen Recht, Karlsruhe 1961 (zit.: *Wiethölter*, Organisation der Aktiengesellschaft, S.).

Wilson, Robert R.: A decade of new Commercial Treaties, in The American Journal of international Law 50 (1956), S. 927–933.

Ziegenhain, Hans-Jörg: Extraterritoriale Rechtsanwendung und die Bedeutung des Genuine Link-Erfordernisses – Eine Darstellung der deutschen und amerikanischen Staatenpraxis, München 1992 (zit.: *Ziegenhain*, Extraterritoriale Rechtsanwendung, S.).

Ziemons, Hildegard/Jaeger, Carsten/Pöschke, Moritz: Beck'scher Online-Kommentar, GmbHG, 50. Ed., München 2021 (zit.: *Bearb.* in BeckOK, GmbHG, §, Rn.).

Zimmer, Daniel: Nach Inspire Art - Grenzenlose Gestaltungsfreiheit für deutsche Unternehmen?, in Neue Juristische Wochenschrift 2003, S. 3585–3592.

Zitelmann, Ernst: Internationales Privatrecht, Band 1, Leipzig 1897 (*Zitelmann*, IPR I, S.).

Index

www.ingramcontent.com/pod-product-compliance
Ingram Content Group UK Ltd.
Pitfield, Milton Keynes, MK11 3LW, UK
UKHW021840290926
8980IPUK00005B/555

9 783631 926697